基隆中元祭：史實、記憶與傳說

吳蕙芳 著

臺灣學生書局 印行

摘　要

　　基隆中元祭於 2001 年被觀光局訂為臺灣十二大節慶之一，2008 年又被文建會訂為臺灣重要文化資產，此乃全臺首個被政府核可認證的地方無形資產，可見基隆中元祭之價值與意義。惟今日基隆中元祭最為人強調的特色——姓氏輪值主普制，及倍受關注的漳泉族群融合、普度賽會取代武力械鬥等內涵，即一般習稱的「以血緣關係化解地域衝突」、「以賽陣頭代替打破頭」之說法，實立基於戰後官方修纂印行的地方志書、民間宗親會刊物及廟宇碑刻等，主要源自個人記憶與傳說之記載，而據此形塑出來的基隆中元祭圖像已與其歷史事實面貌有相當差距，值得分析探究以釐清狀況。

　　本書第一部分「戰後的記憶、傳說與運作」，是從戰後的基隆中元祭圖像開始切入，說明今日被視為基隆中元祭之最大特色及深具意義之重要內涵是如何被形塑與流傳的；又為配合此一地方節慶活動的持續進行，輪值主普之宗親組織是如何集結同姓力量以規劃各項工作與籌措經費支援。第二部分「歷史事實的追溯與建構」則是深入探究基隆中元祭的數個歷史面相，包括姓氏輪值主普制的原始意涵與運作方式、普度活動中的重要建築物——主普壇之演變與發展、身兼數種不同身份的地方領袖在基隆中元祭活動裡的角色扮演與影響，以及日治時期基隆中元祭活動呈現出的工商團體、新式

社團、行政部門等不同力量之參與情形及其歷史意義。

　　本書冀望將戰後社會大眾普遍認知的基隆中元祭圖像，與經由學院方式建構出來之基隆中元祭歷史事實互作印證，以觀察圖像形塑與史實建構之不同歷程與蘊含真義，亦藉此突顯公共歷史學與學院歷史學間之緊密關係及彼此合作之必要性與重要性。

The Mid-summer Ghost Festival in Keelung：Historical Fact, Memory and Legend

Wu, Huey-fang

In 2001, the Keelung Mid-summer Ghost Festival became one of Taiwan's 12 major festivals set by the Tourism Bureau. In 2008, the Council for Cultural Affairs established it as an important cultural asset, making it the first local intangible asset in Taiwan to be certified by the government and demonstrating the value and significance of the Keelung Mid-summer Ghost Festival. However, the most important qualities of the Festival, emphasized and understood by many people today as the rotation of surnames, the ethnic fusion between the Zhang and Quan clans, and universal salvation rituals replacing fighting ("using blood relationship to resolve regional conflicts" and "using game troupes instead of shedding blood"), were actually described in official local chronicles printed after the World War II, folk clan association publications, and temple inscriptions, etc. These accounts came mainly from personal memories as well as recorded folklore. There is quite a gap between the historical facts and the images of the Keelung Mid-summer Ghost Festival shaped by these accounts. Hence it is worth deeper analysis and investigation to bring out the truth.

The first part of this book, "Post-war memories, folklore and operations," begins with the post-war images of the Keelung Mid-summer Ghost Festival, and then describes how the most significant features of the Keelung Mid-summer Ghost Festival and its most meaningful essential contents were formed and passed on. In addition, to help sustain the local festival activities, it describes how the different clans in the rotation of surnames came together to lay out the work plans and come up with the financial support. In the second part of the book, "Retrospect and construction of the historical facts," makes an in-depth inquiry of several Keelung Mid-summer Ghost Festival's historical features, including rotation of surnames' original meaning and operation, the evolution and development of the most important construction in the universal salvation ritual - the main altar, the roles and influence of the multi-identity local leaders during the

Keelung Mid-summer Ghost Festival activities, as well as the participation and historical meaning of industrial and commercial organizations, new style of social organizations, and administrative departments in the Keelung Mid-summer Ghost Festival activities during the Japanese ruled period.

The mission of this book is to compare and confirm the post-war general cognitive understanding of the Keelung Mid-summer Ghost Festival images against the actual historical facts constructed through academic methods, that is, to observe the different processes and underlying meaning of created images and historical facts. This book also wants to highlight the close relationship as well as the necessity and importance of cooperation between public history and academic history.

基隆中元祭：史實、記憶與傳說

目次

歷史事實的追溯與建構

一、附表：

二、附圖：

三、附錄：

第一章　緒論

第一節　從唐山到臺灣：中元節慶活動的流傳

　　中元節是華人社會歷史悠久的傳統節日，其淵源一般認爲來自道教三元說的地官日與佛教盂蘭盆會，然其強調之祭祖（有主之鬼）與祭厲（無主之鬼）內涵，實可溯及先秦時即已出現的新穀登場祭告祖先及以祭祀厲鬼避災遠禍之行爲，[1]而其背後亦涉及與自然時序密切相關的陰陽五行思想。[2]

1　有關中元節的起源及其於中世紀發展之詳細情形，可參考 Stephen F. Teiser, *The Ghost Festival in Medieval China*, Princeton University Press, 1988；該書已有中譯本，見〔美〕太史文著，侯旭東譯，《幽靈的節日：中國中世紀的信仰與生活》（杭州：浙江人民出版社，1999）。而兩岸有關該書的評介可參見：蒲慕州，〈評 Stephen F. Teiser 著 *The Ghost Festival in Medieval China*, Princeton University Press,1988〉，《新史學》，3 卷 1 期（臺北，1992.03），頁 191-198；楊繼東，〈書評：*Ghost Festival in Medieval China*（by Stephen Teiser, Princeton University Press, 1988）〉，《唐研究》，2 卷（北京：北京大學出版社，1996），頁 470-475。此外，該書出版十二年後，亦有數本學位論文對唐代的中元節再作討論，參見：楊欽堯，〈唐代的節日——以七月十五日爲主探討〉（臺北：國立臺灣大學歷史系碩士論文，2000.06）；吳明遠，〈中國五、六世紀盂蘭盆會之探源〉（臺北：國立臺灣大學歷史系碩士論文，2001.06）；

　　惟中元節的起源雖與道教、佛教密切相關，然道教中有此節日及與之相應的儀式進行應始於北魏；而佛教中出現盂蘭盆會，約在南朝的齊梁政權；即以時間角度觀察，不論是道教中元節或佛教盂蘭盆會等宗教活動之開啟，均不始於道教創立與佛教傳入的漢代，而是這些宗教在中國流傳相當時日後的北魏與南朝齊梁時，且當時或因北方崇道、南方尊佛的一般趨勢，相關史料刊載往往是北方言中元節，南方記盂蘭盆會。唐代的大一統局面使此二宗教活動有混合情形，且將相關儀式舉行之地點從宗教性的佛寺道觀擴及世俗性的朝廷宮殿之中。至宋代的中元節配合宴飲及百戲等活動更為世俗性與節慶化，且與宋朝政權同時存在的邊疆外族，因與中國接觸往來亦受影響而出現為七月中元節之「迎節」、「送節」舉行的宴飲活動，更顯見此節日之普遍流行於不同族群間。再發展至明清時期，相關活動的世俗性與慶典化更為濃厚，歡熱氣氛更勝於以往；其中，放水燈活動尤受矚目，男女老少參與其中之種種文字描述，普遍見於文人雅士的手稿筆記，亦即明清時期的中元節已將祭典儀式與慶典活動整合，發展成活潑熱鬧的人鬼同歡七月慶場面。[3]

　　立臺灣大學歷史系碩士論文，2001.06）；張耀方，〈敦煌文書所見唐代節慶之研究〉（臺中：逢甲大學中國文學研究所碩士論文，2003.06）。

2　高洪興，〈中國鬼節與陰陽五行：從清明節和中元節說起〉，《復旦學報（社會科學版）》，2005年4期（上海，2005.07），頁135-136。

3　蕭登福，《道教與佛教》（臺北：東大圖書公司，2009），頁284-303；松本浩一，〈中元節的產生與普度的變遷〉，《民俗與文化》，5輯（蘆洲，2008.12），頁7-14；吳蕙芳，〈基隆中元祭的淵源與發展〉，《白沙人文社會學報》，5期（彰化，2006.10），頁91-97、107-108。

　　臺灣於清康熙年間納入中國版圖，大量內地移民的遷入，帶來中元節慶的相關習俗，而地方志書的文字紀錄早於康熙時期即出現，惟相關內容刊載並不多，如蔣毓英纂修的《臺灣府志》僅言：

> 中元，人家各祀所出；以楮作錢、銀、綺錦焚之，又為畫衣裳雜服，上書菩薩經文，名為經衣，延僧登壇說法，撒物食羹飯，俗謂普施盂蘭盆會。4

高拱乾纂修的《臺灣府志》載：

> 中元，人家各祀其先；以楮作五色綺繡之狀焚之，云為泉下作衣裳。所在為盂蘭盆會，每會一老僧主之；黃昏後登壇說法，撒物食羹飯，謂之「普施」。5

而時間較兩部《臺灣府志》晚二、三十年出版的《諸羅縣志》則有較多說明：

> 七月十五之前後為盂蘭會，比丘登壇說法設食，以祀無祀之鬼；謂之普施。家各祀其先，焚五色之楮；楮如綺繡，云為

4　蔣毓英纂，《臺灣府志》（清康熙二十餘年刊本，1681-1690），收入高賢治主編，《臺灣方志集成（清代篇）：1輯（1）》（永和：宗青圖書出版有限公司，1995），卷6，歲時，頁64。

5　高拱乾纂，《臺灣府志》（清康熙卅三年刊本，1694），收入高賢治主編，《臺灣方志集成（清代篇）：1輯（2）》，卷7，風土志，歲時，頁192。又相同內容亦載於《重修臺灣府志》，見周元文纂，《重修臺灣府志》（清康熙五十一年刊本，1712），收入高賢治主編，《臺灣方志集成（清代篇）：1輯（3）》，卷7，風土志，歲時，頁244。

泉下作寒衣。夫釋氏之說，以是日為地官赦罪，故無祀者祀之。若家之祖先，既有子孫歲時承祀矣；且祖先何罪，必於是日遇赦而歸，乃得食乎？末俗牢不可破，舉世皆然，可嘆也！[6]

與《諸羅縣志》出刊時間及內容差距不大的《鳳山縣志》言：

七月十五日，作盂蘭會。以一老僧主之。黃昏後，登壇說法，設酒食以祀鬼，謂之「普施」。人家亦以是日追薦祖先，與清明同其孝享。而說者謂是日乃地官赦罪，使赴屬壇之祭；今而祭其祖先，是以有罪待祖先也。噫！春露秋霜，熟無報本之恩？謂以有罪待祖先，此正所謂強詞奪正理耳，惡足乎訓！[7]

《臺灣縣志》則載：

七月十五日，浮屠謂地官赦罪之日，各宮廟社里斂金延僧拜懺，是夜搭檯演放燄口，俗所謂「普度」是也。每費至數十餘金。人家祭其祖先，與清明節無異；亦春露秋霜、追遠報

6 　周鍾瑄纂修，《諸羅縣志》（清康熙五十六年刊本，1717），收入高賢治主編，《臺灣方志集成（清代篇）：1 輯（10）》，卷8，風俗志，歲時，頁152。

7 　陳文達纂，《鳳山縣志》（清康熙五十八年刊本，1719），收入高賢治主編，《臺灣方志集成（清代篇）：1 輯（11）》，卷之7，風土志，歲時，頁86-87。

本之意也。[8]

從上述康熙時期的方志資料，可知此時臺灣的中元節有幾個特色：首先，中元節活動實以「斂金延僧拜懺」等祭典儀式爲主，似較無慶典活動內容；惟祭典儀式進行並不限七月十五日一天，而可在七月十五日之前後日舉行。其次，中元節的祭祀對象在康熙前期提及祖先（有主之鬼），康熙後期則載祀無主之鬼；即先有自家祖先祭祀，再擴及無人奉祀之孤魂野鬼，此種將祖先與厲鬼均奉爲祭祀對象之內容，實沿襲內地風俗而來。第三，此時中元祭儀之相關內容已不分佛道，因「比丘」、「盂蘭會」、「釋氏」、「浮屠」屬佛教名詞，「地官赦罪」乃道教說法，而方志中之記載實將兩者混爲一談，亦與內地情形相同。惟以上數項特點所代表的均屬臺南、鳳山、嘉義等南臺灣狀況而非北臺灣風貌。

乾隆時期的臺灣中元節相較於康熙時期已發展得相當豐富而多樣化，不僅有祭典儀式內容，亦出現慶典活動項目，如《重修福建臺灣府志》曰：

> （七月）十五日曰中元，爲盂蘭會。數日前，好事者斂金爲首，延僧眾作道場，以一老僧主之。豎高棚，陳設飯食、牲醴、蕉果、糕餅等盤，堆高至七、八尺或丈餘；黃昏後，登壇說法，撒物食羹飯，名曰「放焰口」，亦曰「變食」；以

8　陳文達纂，《臺灣縣志》（清康熙五十九年刊本，1720），收入高賢治主編，《臺灣方志集成（清代篇）：1輯（11）》，輿地志一，歲時，頁64。

一粒飯可化作百千粒飯，供祀無祀之鬼，謂之「普度」。是
夜頭家為紙燈千百，滿路插之，名曰「放路燈」；又先製燈
盞，沿海浮之，眾燈齊燃，燦若列星，名曰「放水燈」：亦
謂水路會。沿街或三、五十家為一局，張燈結采，排設圖畫、
玩器，鑼鼓喧雜，觀者如堵。事畢，演劇以為樂，謂之「壓
醮尾」；月盡方罷。是日，家各祀其先，與清明節無異；亦
「春露秋霜，追遠報本」之意也。[9]

引文中提及祭典儀式結束後有「演劇以為樂」即屬慶典活動內容。
又類似文字紀錄亦見於《重修臺灣府志》、《續修臺灣府志》、《重
修臺灣縣志》、《重修鳳山縣志》等陸續出刊的地方志書中，[10]只
是相關內容更為詳細豐富，如《重修臺灣府志》、《續修臺灣府志》
均仔細刊載盂蘭盆會中陳設食物有「餅餌、香櫞、柚子、蕉果、黃

9　劉良璧纂輯，《重修福建臺灣府志》（清乾隆五年刊本，1740），收
　　入高賢治主編，《臺灣方志集成（清代篇）：1 輯（4）》，卷 6，風
　　俗，歲時，頁 97-98。

10　六十七、范咸纂輯，《重修臺灣府志》（清乾隆十年刊本，1745），
　　收入高賢治主編，《臺灣方志集成（清代篇）：1 輯（5）》，卷 13，
　　風俗一，歲時，頁 403-404；余文儀纂，《續修臺灣府志》（清乾隆
　　廿九年刊本，1764），收入高賢治主編，《臺灣方志集成（清代篇）：
　　1 輯（7）》，卷 13，風俗一，歲時，頁 502；王必昌纂輯，《重修臺
　　灣縣志》（清乾隆十七年刊本，1752），收入高賢治主編，《臺灣方
　　志集成（清代篇）：1 輯（12）》，卷 12，風土志，風俗，頁 399；
　　王瑛曾纂修，《重修鳳山縣志》（清乾隆廿九年刊本，1764），收入
　　高賢治主編，《臺灣方志集成（清代篇）：1 輯（14）》，卷 3，風土
　　志，氣候（附歲時），頁 48。

梨、鮮薑」,並設「紙牌、骰子、煙筒等物」;[11]《重修臺灣縣志》言及進行盂蘭盆會時,「數日前,好事者釀金爲首,延僧衆作道場,將會中人年月生辰列疏」,而普度儀式後,「縱貧民上檯爭相奪取,每釀事端」,故官方禁止搭檯,「始於各家門首設供,風俗爲之一靖」。[12]至於放水燈實況之補充文字如《重修臺灣府志》、《續修臺灣府志》載:「有放水燈者,頭家爲紙燈千百,晚於海邊燃之。頭家幾人則各手放第一盞,或捐中番錢一或減半,置於燈內,衆燈齊燃;沿海漁船爭相攫取,得者謂一年大順」。[13]而位居離島的澎湖,方志之相關記載與南臺灣亦有不同,其言:

> 澎人最喜祀鬼祭孤。澳中必推一、二人爲頭家,斂錢做會,延道五人作道場功果,或三晝夜、或一晝夜不等。每道場至夜必放燄口祭幽,又有破地獄、打鬼門之名,總謂之普度;……媽宮一澳,兵民錯處,尤爲特甚。余抵任即訪聞其弊,屆期出示嚴禁,並親身前往阻止;飭令祭品論人分派,不許仍前攘奪,此風遂息。然普度祭孤,例所不禁,仍准其照舊作道場,亦不許其做破地獄、打鬼門之事。[14]

11　六十七、范咸纂輯,《重修臺灣府志》,卷13,風俗一,歲時,頁404;余文儀纂,《續修臺灣府志》,卷13,風俗一,歲時,頁502。

12　王必昌纂輯,《重修臺灣縣志》,卷12,風土志,風俗,頁399。

13　六十七、范咸纂輯,《重修臺灣府志》,卷13,風俗一,歲時,頁404;余文儀纂,《續修臺灣府志》,卷13,風俗一,歲時,頁502。

14　胡建偉纂輯,《澎湖紀略》(清乾隆卅一年刊本,1766),收入高賢治主編,《臺灣方志集成(清代篇):1輯(10)》,卷7,風俗紀,歲時,頁156。

　　由此可知乾隆時期臺灣的中元節慶活動已不限七月十五日當天或前後數日，而是長達一整個月的活動；同時，「放焰口」（「變食」）、「放路燈」、「放水燈」（「水路會」）等各種儀式已普遍出現，且因活動多樣、費用增加，須由數個負責人（頭人）共同分攤花費以承擔相關工作的情形亦已明顯看出。又整個中元節的氣氛除對亡者祭祀而有的宗教性莊嚴外，生者參與慶典的世俗性及歡娛感亦貫穿其間，即此時臺灣的中元節實已發展成如內地般將祭典儀式與慶典活動結合為人鬼同歡一整個月的重要節慶活動。

　　乾隆以後的臺灣各地中元節慶活動愈為普遍，除持續內地風俗外，[15]亦顯現地方特色，如道光年間臺灣中部的彰化有童子普，[16]嘉義的童子普則於農曆七月廿九日舉行，其產生背景為：

　　　此舉自道光年間始設，惟其未設之由，因街內眾童子嬉戲，

15　嘉慶年間纂修臺灣方志者觀察到「居臺灣者，皆內地人，故風俗與內地無異」之現象，參見：謝金鑾、鄭兼才合纂，《續修臺灣縣志》（清嘉慶十二年刊本，1807），收入高賢治主編，《臺灣方志集成（清代篇）：1輯（13）》，卷1，地志，風俗，頁51；李元春輯，《臺灣志略》（清嘉慶十四年刊本，1809），收入高賢治主編，《臺灣方志集成（清代篇）：1輯（35）》，卷1，風俗，頁35。又嘉慶以後諸多方志有關中元節慶活動的記載亦有重覆以往內容者，參見：陳壽祺纂、魏敬中重纂，《福建通志臺灣府》（清道光十五年刊本，1835），收入高賢治主編，《臺灣方志集成（清代篇）：1輯（22）》，雜識，風俗，頁629。

16　周璽纂輯，《彰化縣志》（清道光十年刊本，1830），收入高賢治主編，《臺灣方志集成（清代篇）：1輯（16）》，卷9，風俗志，漢俗，頁287。

公捐多少錢，買些少物件，在孤杆腳致祭童子孤魂，連祭二年。一年不祭，遍街路下午時鬼聲啼哭，悉屬童子之聲。陰風陣陣，哭聲不絕。街內童子，多不平安。公議塑大士一身，延僧道士五人誦經懺一天，超度童子孤魂，遂為定例。曰童子普。[17]

而道咸年間臺灣東部的噶瑪蘭廳形成由「各里社僉舉首鳩金」，且各首事子弟於普度前一夜，「皆捧一座紙燈，上書姓名、舖號，結隊成隊，送至溪頭」放水燈，以「引餒鬼以就食也」，[18]可知當時負責放水燈之首事們應有作生意之商行店家，乃會在水燈上書其商舖名號。臺灣北部的淡水廳則從道光到同治年間出現為防止搶奪祭品而有的「主事者各執器械，周圍守護」之「押孤」畫面。[19]

17　不明撰人，《嘉義管內采訪冊》（清道光廿四年刊本，1844），收入高賢治主編，《臺灣方志集成（清代篇）：1 輯（30）》，打貓南堡，歲序，頁 39。

18　柯培元，《噶瑪蘭志略》（清道光十七年刊本，1837），收入高賢治主編，《臺灣方志集成（清代篇）：1 輯（19）》，卷 11，風俗志，頁 113；又《噶瑪蘭廳志》亦有類似記載，見陳淑均纂輯，《噶瑪蘭廳志》（清咸豐二年刊本，1852），收入高賢治主編，《臺灣方志集成（清代篇）：1 輯（18）》，卷 5（上），風俗（上），民風，頁 193。

19　鄭用錫，《淡水廳志稿》（南投：臺灣省文獻委員會，1998），卷 2，風俗，頁 160；又《淡水廳志》亦言及當地有「持械守護謂之壓孤」的中元景象，見陳培桂纂修，《淡水廳志》（清同治十年刊本，1871），收入高賢治主編，《臺灣方志集成（清代篇）：1 輯（15）》，卷 11，考一，風俗考，頁 300。

　　至光緒年間，臺灣南部的安平於七月普度時「演唱地獄故事。係鎮臺衙、臺南府衙、安平縣衙三所年年演唱，不敢或違。時有遇官長議欲刪除舊例，常見滿衙官吏胥役不能平安，多逢鬼祟；是此例不能除也。一次費金一、二百圓」；又以安平「城內而論，自七月初一起，至三十日止，普度者相繼不絕。舉燒紙一款言之，所燒之紙，有值十金、八金者；至貧之家所燒紙幣，亦值金數角。相習成風，毫無吝惜」，[20]可見眾人對此節俗的重視。而中部的雲林則「斗六街及各境，是月下浣共打醮六、七天。祭時燈火爛熳，陳設極豐；祭畢；將棚廠八柱米飯分發孤老」，[21]可知雲林的祭典儀式似分數區進行，且已出現祭祀後將供品分送孤老的慈善之舉。至於北部竹、苗一帶的中元普度活動是分由三座不同廟宇進行相關儀式，其中，七月十四日在北埔慈天宮、七月十五日於樹杞林國王宮、七月十七日在九芎林國王宮，而北埔慈天宮的慶讚中元活動是由各村莊輪流負責，以富商舖戶輪董其事。[22]另離島的澎湖則是「按各

20　不明撰者，《安平縣雜記》（清光緒廿四年刊本，1898），收入高賢治主編，《臺灣方志集成（清代篇）：1 輯（27）》，風俗現況，頁15；節令，頁6。

21　倪贊元纂，《雲林采訪冊》（清光緒二十年刊本，1894），收入高賢治主編，《臺灣方志集成（清代篇）：1 輯（30）》，斗六堡，歲時，頁26。

22　沈茂蔭纂修，《苗栗縣志》（清光緒二十年刊本，1894），收入高賢治主編，《臺灣方志集成（清代篇）：1 輯（20）》，卷7，風俗考，頁 117；林百川、林學源合輯，《樹杞林志》（清光緒廿四年刊本，1898），收入高賢治主編，《臺灣方志集成（清代篇）：1 輯（31）》，風土考，歲時，頁 101。

鄉各標營普度,均有定日,以豐富相尚。最甚者莫如銅山標普度,每人必用全副豬羊,殺生甚多,或至數十隻」,如此行為被時人批評為「未免過奢」,[23]即一地之分區普度及因此而來的牲豚祭祀競奢行為,此時已明顯可見。

　　光緒廿一年(1895)臺灣為日人統治,中元節慶習俗仍持續不斷,來臺日人中曾任職臺灣總督府民政局的佐倉孫三,對臺灣中元節整體觀察後的文字紀錄是:

> 臺人勤業貨殖之風,無貴賤,無老少皆然。是以一年三百六十餘日,營營栖栖,未嘗休業撤勞。唯中元盂蘭會,戶戶爭奇、家家鬥奢,山珍、海味,酒池、肉林,或聘妓吹彈、或呼優演戲,懸采燈,開華筵,歌唱管絃,亘一月之久;竟以薦祓幽魂之事,為耳目娛樂之具。大家則費數百金,小家則靡數十金,若計以全臺,其所費實不貲也!日東以七月十五、十六、十七之三日為盂蘭盆,掃祖先墳墓,飾裝佛壇,供茶飯,延僧讀經,或門前燎柴、或築樓鳴鼓,童男童女群團歌舞,以為一歲中樂事。至近年,以其群團歌舞,或亂風趨侈,禁之。而追遠原本之美風依然,亦其宜而已。
>
> 評曰:人間不可無娛樂之事,但失其程度,則百害千弊,駢起不可底止。余獨恐臺俗盂蘭盆會,少失其程度耳。[24]

23 林豪纂輯,《澎湖廳志》(清光緒十九年刊本,1893),收入高賢治主編,《臺灣方志集成(清代篇):1輯(17)》,卷9,風俗,歲時,頁317-318。

24 佐倉孫三,《臺風雜記》(臺北:臺灣銀行,1961),頁6-7。

可見中元節慶活動在日治時期已發展成民間社會的年度歡樂盛
事，且本島漢人對此節慶活動之投入大量物力、財力，實令殖民統
治者難以認同而提出批評，惟相關中元節慶活動於臺灣各地區的細
部了解與完整掌握仍有待進一步地探究釐清。

第二節　戰後基隆地方史研究的回顧

　　歷史上的基隆早於大航海時代即以其特殊地理位置爲歐人關
注，據以爲亞洲基地。然基隆有大量漢人的移居拓墾並形成民間社
會雛型，實至清代才逐漸浮現，且因外力刺激之開埠通商，促成該
地經濟發展與各項新式建設的進行，實爲日後臺灣的現代化奠基。
至日本殖民統治力量深入的半世紀間，基隆被擴展成全臺第一大
港，隨著港口與城市的整建經營，不僅帶動當地資源開發、商貿活
動熱絡等經濟榮景，亦促成基隆地方領袖興起、民間信仰與力量凝
聚等重要地域社會現象產生；凡此種種，不僅形塑日治時期基隆此
一海港城市之政治、經濟、社會風貌與特色，亦持續影響到戰後基
隆各領域之發展與演變，並因此開拓出基隆地方史研究在西荷、清
代、日治與戰後四個不同階段的各式議題探討。

　　大致而言，戰後投入基隆地方史研究者主要有兩股力量，一是
地方政府與文史工作者之合作，一是學界的努力。其中，前者的成
果除民國四〇年代以來的《基隆市志》、《基隆年鑑》、《基隆大
事記》等地方志書之陸續編纂與出版外，另有七〇年代以來持續刊
行之「基隆文獻」、「基隆文心叢刊」兩系列涉及史學、文學與藝
術等領域內各式主題之書籍，總數達二百七十種以上；這些成果雖

數量不少，然絕大多數爲編著而非專論性質，偏向調查紀錄、現狀介紹或實況報導等內容。[25]

　　至於學界的努力，則可分爲專文、專著與學位論文兩部分說明。首先就專文、專著而言，早於民國四〇年代即有賴永祥將十七世紀派兵進入雞籠港，並佔領社寮島的西班牙駐菲律賓總督施爾瓦（Don Fernando de Silva）之任內報告書部分譯成中文，提供學界參考利用；[26]又有題名野人者對雞籠地名作考證。[27]至五〇年代廖漢臣有關於戰後基隆中元普度的現況調查報告，[28]六〇年代黃師樵則對早期基隆的開發歷程作初步探討。[29]再至七〇年代唐羽曾對明鄭時期取金淡水、雞籠一事作考證，[30]徐麗明關注鴉片戰爭前後雞

25　吳蕙芳，〈基隆地方史研究的拓展〉，《臺灣學通訊》，56 期（臺北，2011.08），頁 14-15；又「基隆文獻」系列書籍自民國七十八年至一〇一年間共出刊廿一期，然自第十四期開始亦計入「基隆文心叢刊」系列書籍中。

26　賴永祥，〈菲督施爾瓦之雞籠佔領報告〉，《臺灣風物》，5 卷 5 期（臺北，1955.05），頁 8-10。

27　野人，〈臺灣雞籠考〉，《臺灣風物》，8 卷 1/2 期（臺北，1958.01-04），頁 1-2。

28　廖漢臣，〈基隆普度調查報告〉，《臺灣文獻》，15 卷 4 期（臺中，1964.12），頁 123-134。

29　黃師樵，〈光復以前基隆開發小史〉，《臺灣文獻》，24 卷 1 期（臺中，1973.03），頁 84-99。

30　唐羽，〈明鄭之取金淡水、雞籠考〉，《臺灣文獻》，41 卷 3/4 期（臺中，1990.12），頁 37-51。

籠之角色與地位，[31]而江燦騰則對日治時期基隆港市崛起與變遷之背景予以考察分析；[32]另有劉還月、鈴木滿男持續對戰後基隆中元祭作觀察報導並分述其意涵與中日間的差異性，[33]國立藝術學院傳統藝術研究中心則對基隆中元祭此一重要地方節慶活動的來龍去脈予以說明。[34]

　　民國八○年代，中村孝志關心十七世紀的雞籠發展情形，[35]鮑曉鷗（José Eugenio Borao）專注西班牙人在雞籠的經營、道明會傳教事業的拓展，及北臺灣的原住民狀況；[36]陳慈玉將重心置於日治

31　徐麗明，〈鴉片戰役前後之雞籠〉，《德育學報》，2 期（臺北，1986.10），頁 23-30。

32　江燦騰，〈日據前期基隆港市崛起與變遷之背景考察〉，《臺北文獻》，直字 82 期（臺北，1987.12），頁 145-188。

33　劉還月，〈祭先民、讚中元──盛大精彩的「雞籠中元祭」〉，《民俗曲藝》，42 期（臺北，1986.08），頁 4-14；鈴木滿男，〈盆に來る靈──台灣の中元節を手がかりとした比較民俗學的試論──〉，收入大島建彥編，《無緣佛》（東京：岩崎美術社，1988），頁 28-86。又民國七○年代吳季芬亦有關於基隆中元祭之報導文章，惟全文屬圖說性質，文字內容非常有限，見吳季芬，〈基隆中元祭〉，《民俗曲藝》，49 期（臺北，1987.09），頁 19-29。

34　國立藝術學院傳統藝術研究中心，《鷄籠中元祭》（基隆：基隆市政府民政局，1989）。

35　中村孝志主講，曹永和譯，〈十七世紀中葉的淡水、基隆、臺北〉，《臺灣風物》，41 卷 3 期（臺北，1991.09），頁 118-132。

36　José Eugenio Borao, "Spanish Presence in Taiwan, 1626-1642", 《臺大歷史學報》，17 期（臺北，1992.12），頁 315-330；José Eugenio Borao, "The Aborigines of Northern Taiwan According to Seventeenth-century Spanish Sources", 《中央研究院臺灣史田野研究通訊》，27 期（臺

時期基隆顏家與臺灣礦業的發展，並涉及與日本財閥間關係，[37]另陳慈玉、莊珮柔亦關注屬基隆郡的瑞芳庄礦業擴展涉及之家族與礦工問題，[38]而朱德蘭重視日治時期長崎華商與基隆批發商間的貿易情形，[39]賴金文著重戰後基隆港市發展與人口之成長、分布狀況；[40]此外，陳緯華繼續對戰後基隆中元祭之各項活動作調查紀錄，[41]而李豐楙等人則對基隆中元祭的祭典儀式有較完整的解

北，1993.06），頁 98-120；José Eugenio Borao, "The Catholic Dominican Missionaries in Taiwan, 1626-1642"，收入林治平主編，《臺灣基督教史——史料與研究回顧國際學術研討會論文集》（臺北：財團法人基督教宇宙光傳播中心，1998），頁 33-76。

37 陳慈玉，〈日本殖民時代的基隆顏家與臺灣礦業〉，收入《近世家族與政治比較論文集》，下冊（臺北：中央研究院近代史研究所，1992），頁 621-656；陳慈玉，〈日本植民地時代の基隆炭礦株式會社——臺灣土著資本家と日本財閥事業研究〉，收入西嶋定生博士追悼論文集編纂委員會，《東アジアの展開と日本》（東京：山川出版社，2000）。

38 陳慈玉，〈日據時期的顏家與瑞芳礦業〉，《臺北縣立文化中心季刊》，53 期（板橋，1997.06），頁 28-35；莊珮柔，〈日治時期臺籍礦工的社會與生活——以臺北州基隆郡瑞芳庄礦工為例〉，《史匯》，3 期（桃園，1999.04），頁 181-203。

39 朱德蘭，〈日據時期長崎華商泰益號與基隆批發行之間的貿易〉，收入《中國海洋發展史論文集》，5 輯（臺北：中央研究院人文社會科學研究所，1993），頁 427-461。

40 賴金文，〈基隆市的人口成長與分布〉，《臺北商專學報》，46 期（臺北，1996.12），頁 1-35；賴金文，〈基隆港市的成長過程及其發展課題〉，《臺北商專學報》，55 期（臺北，2000.12），頁 339-371。

41 陳緯華，〈記乙亥年「雞籠中元祭」〉，《臺灣文獻》，48 卷 1 期（南投，1997.03），頁 155-177。

析。[42]值得注意的是，此時唐羽、陳慈玉對基隆礦業及顏氏家族所作之研究成果已以專書形式出版。[43]

民國九〇年代後以基隆為主題之研究成果日益增加，關注課題可概分為四大項，即一、基隆對外戰爭與涉外關係，二、基隆港市開拓與對外貿易，三、基隆礦業擴展與顏氏家族成長，四、基隆民間社會發展與信仰生活。其中，屬第一項者包括陳宗仁對西班牙時期雞籠堡壘的關注及早期雞籠、淡水情勢之變化，[44]其更將相關研究課題集結成專書刊行；[45]李毓中、鮑曉鷗對西班牙經營北臺灣的

---

42 李豐楙等，《雞籠中元祭祭典儀式專輯》（基隆：基隆市政府，1991）。

43 唐羽，《魯國基隆顏氏家乘》（基隆：基隆顏氏家乘纂脩小組，1997）；唐羽，《臺陽公司八十年志》（基隆：臺陽股份有限公司，1999）；陳慈玉，《臺灣礦業史上第一家族——基隆顏家研究》（基隆：基隆市立文化中心，1999）；又該書屬基隆市政府出版的「基隆文心叢刊」系列書籍中的第一一二種。

44 陳宗仁，〈西班牙統治時期雞籠堡壘的興築與毀棄〉，《臺灣文獻》，54卷3期（南投，2003.09），頁17-39；陳宗仁，〈十七世紀中西（班牙）交通史的轉折——雞籠據點的經營與菲律賓總督中國政策的挫敗（1626-1642）〉，收入輔仁大學歷史學系編，《天主教輔仁大學歷史學系創立四十週年學術研討會論文集》（新莊：天主教輔仁大學，2003），頁 253-288；陳宗仁，〈明朝文獻中「雞籠」與「淡水」地名的出現及其背景：兼論十六世紀下半葉北臺海域情勢的轉變〉，收入《海洋文化論集》（高雄：國立中山大學人文社會科學研究中心、文學院，2010），頁225-254。

45 陳宗仁，《雞籠山與淡水洋：東亞海域與臺灣早期史研究（1400-1700）》（臺北：聯經出版事業股份有限公司，2005）；有關該書之評介可見陳郁欣，〈評介陳（宗仁）著《雞籠山與淡水洋——東亞海域與臺灣

整體觀察與說明，[46]康培德、吳佳芸對西荷時期雞籠地區原住民的觀察，[47]邱馨慧研究荷蘭時期北臺灣重心從雞籠到淡水之演變歷程，[48]尹章義對清代雞籠角色定位的說明，[49]劉敏耀、許毓良對基隆炮臺的研究，[50]許毓良、卜鳳奎對基隆法國公墓的討論，[51]許毓

早期史研究（1400-1700）》〉，《臺北文獻》，直字 167 期（臺北，2009.03），頁 221-238。

46 李毓中，〈北向與南進：西班牙東亞殖民拓展政策下的菲律賓與臺灣（1565-1642）〉，收入《曹永和先生八十壽慶論文集》（臺北：樂學書局有限公司，2001），頁 31-48。鮑曉鷗著，Nakao Eki 譯，《西班牙人的臺灣體驗（1626-1642）：一項文藝復興時代的志業及其巴洛克的結局》（臺北：南天書局有限公司，2008）；該書英文版見 José Eugenio Borao Mateo, *The Spanish Experience in Taiwan, 1626-1642 : The Baroque Ending of a Renaissance Endeavor*, Hong Kong : Hong Kong University Press, 2009.

47 康培德，〈十七世紀上半的馬賽人〉，《臺灣史研究》，10 卷 1 期（臺北，2003.06），頁 1-22；康培德，〈荷蘭東印度公司筆下「歪哥兼帶衰」的雞籠 Kimauri 人 Theodore〉，《臺灣文獻》，62 卷 3 期（南投，2011.09），頁 149-190；吳佳芸，《從 Basay 到金雞貂：臺灣原住民社群關係之性質與變遷》（臺北：國史館，2011）。

48 邱馨慧，〈從基隆到淡水——荷蘭時代北臺灣的政治經濟移轉〉，《淡江史學》，23 期（淡水，2011.09），頁 205-221。

49 尹章義，〈與清修《明史》外國列傳〈雞籠〉篇相關的幾個問題的初步探索〉，《東吳歷史學報》，10 期（臺北，2003.12），頁 151-177。

50 劉敏耀，〈基隆砲臺研究〉，《臺灣文獻》，52 卷 1 期（南投，2001.03），頁 153-180；許毓良，〈基隆獅球嶺砲臺考〉，《臺北文獻》，直字 142 期（臺北，2002.12），頁 123-156。

良、許文堂對中法戰爭的重視，[52]呂青華、朱德蘭對基隆社寮島沖
繩人之調查與研究等。[53]

　　屬第二項者如呂月娥、陳凱雯、林佩欣研究日治時期基隆港口
都市形成、人口結構與社會參與情形，[54]松田吉郎對日治時期基隆

51　許毓良，〈基隆法國公墓考〉，《臺灣風物》，52 卷 2 期（臺北，2002.06），
　　頁 111-137；卞鳳奎，〈日治時期基隆法國軍人公墓移交問題之探討〉，
　　《臺灣文獻》，59 卷 2 期（南投，2008.06），頁 221-247。

52　許毓良，〈清法戰爭中的基隆之役——兼論民族英雄墓的由來〉，《臺
　　灣文獻》，54 卷 1 期（南投，2003.03），頁 295-326；許毓良，〈「西
　　仔反」在臺灣——清法戰爭的基隆、淡水、澎湖之役〉，《臺北文獻》，
　　直字 150 期（臺北，2004.12），頁 299-344；許毓良，〈清法戰爭前
　　後的北臺灣（1875-1895）——以 1892 年基隆廳、淡水縣輿圖為例的
　　討論〉，《臺灣文獻》，57 卷 4 期（南投，2006.12），頁 263-303；
　　許文堂，〈清法戰爭中淡水、基隆之役的文學、史實與集體記憶〉，
　　《臺灣史研究》，13 卷 1 期（臺北，2006.06），頁 1-50。

53　呂青華，〈基隆社寮島における沖繩人の調查報告〉，《東方學報》，
　　25 期（臺北，2005.10），頁 146-155；朱德蘭，〈基隆社寮島の石花
　　菜與琉球人村落（1895-1945）〉，收入《第 11 回琉中歷史關係國際
　　學術會議論文集》（沖繩：琉球中國關係國際學術會議，2008），頁
　　217-248；朱德蘭，〈基隆社寮島の沖繩人集落（1895-1945）〉，收
　　入《東アジアの文化と琉球・沖繩——琉球沖繩・日本・中國・越南》
　　（東京：彩流社，2010），頁 49-77。

54　呂月娥，〈日治時期基隆港口都市形成歷程之研究〉，《臺灣史蹟》，
　　39 期（臺北，2001.12），頁 1-38；陳凱雯，〈從漁村到商港——日
　　治時期基隆港口都市的形成〉，《兩岸發展史研究》，1 期（桃園，
　　2006.08），頁 257-299；林佩欣，〈日治時期基隆街（市）人口職業
　　結構與地方參與〉，《史耘》，12 期（臺北，2007.06），頁 71-86。

信用組合的掌握，[55]鄭俊彬對二戰結束前後基隆港檢疫業務的了解等。[56]

　　屬第三項者有洪健榮從清季基隆煤務討論觀察當時的風水問題，[57]陳凱雯分析日治時期基隆的工人運動，[58]鄭俊彬說明戰後煤礦與基隆社會之互動關係及礦工生活紀實，[59]唐羽、顏義芳觀察基隆顏家與礦業發展，[60]陳慈玉關注基隆顏氏家族勢力的擴展，[61]而許雪姬、葉立誠則有關於顏家與其它家族的比較研究等。[62]

55　松田吉郎，〈從「基隆信用組合」到「基隆市第一信用合作社」〉，《臺灣史學雜誌》，7 期（臺北，2009.12），頁 115-137。

56　鄭俊彬，〈臺灣光復前後基隆港檢疫業務實施的問題〉，《臺北文獻》，直字 144 期（臺北，2003.06），頁 97-125。

57　洪健榮該文分上下兩次刊載，時間跨越民國八〇年代末與九〇年代初，見洪健榮，〈當「礦脈」遇上「龍脈」——清季北臺雞籠煤務史上的風水論述（上）〉，《臺灣風物》，50 卷 3 期（臺北，2000.09），頁 15-68；洪健榮，〈當「礦脈」遇上「龍脈」——清季北臺雞籠煤務史上的風水論述（下）〉，《臺灣風物》，50 卷 4 期（臺北，2001.01），頁 155-188。

58　陳凱雯，〈日治時期基隆的工人運動——以《民報》為中心〉，《史匯》，8 期（桃園，2004.09），頁 107-127。

59　鄭俊彬，〈被遺忘的「生煤」——煤與基隆社會的互動（1945-1980）〉，《臺北文獻》，直字 148 期（臺北，2004.06），頁 275-304；鄭俊彬，〈基隆礦工的生活紀實〉，《臺北文獻》，直字 151 期（臺北，2005.03），頁 175-213。

60　唐羽，《基隆顏家發展史》（南投：國史館臺灣文獻館，2003）；唐羽，〈從工商社會之家乘探討今譜之體例——以基隆顏家為個案之研究〉，《臺北文獻》，直字 152 期（臺北，2005.06），頁 115-170；

　　屬第四項者含陳凱雯對日治時期慶安宮與奠濟宮之廟宇發展及其相關活動、神社興建與昇格，以及透過公會堂的成立掌握地方社會發展等議題之研究，[63]王俊昌對日治時期基隆佛教傳布與基隆粉料廠的考察，[64]謝宗榮、曾子良對戰後基隆中元祭活動相關事項之探討，[65]謝聰輝對基隆廣遠壇儀式與文檢之剖析，[66]陳青松對基

顏義芳，〈基隆顏家與臺灣礦業開發〉，《臺灣文獻》，62 卷 4 期（南投，2011.12），頁 105-130。

61　陳慈玉，〈婚姻與家族勢力：日治時期臺灣基隆顏家的婚姻策略〉，收入游鑑明主編，《無聲之聲（Ⅱ）近代中國的婦女與社會》（臺北：中央研究院近代史研究所，2003），頁 173-202；陳慈玉，〈日治時期顏家的產業與婚姻網絡〉，《臺灣文獻》，62 卷 4 期，頁 1-54。

62　許雪姬，〈林獻堂《環球遊記》與顏國年《最近歐美旅行記》的比較〉；葉立誠，〈日治時期顏、施兩家服飾特徵及其意涵：以施素筠的生命史為例〉；兩文均見於《臺灣文獻》，62 卷 4 期，頁 161-220、55-104。

63　陳凱雯，〈日治時期基隆慶安宮的祭典活動——以《臺灣日日新報》為主〉，《民俗曲藝》，147 期（臺北，2005.03），頁 161-200；陳凱雯，〈基隆奠濟宮發展之研究（1875-1945）〉，收入顏尚文主編，《臺灣佛教與傳統漢人民間信仰研究》（嘉義：國立中正大學臺灣人文研究中心，2008），頁 149-188；陳凱雯，〈日治時期基隆神社的興建與昇格之研究〉，《臺灣學研究》，10 期（臺北，2010.12），頁 75-96；陳凱雯，〈日治時期基隆公會堂之研究——兼論基隆地方社會的發展〉，《海洋文化學刊》，3 期（基隆，2007.12），頁 75-105。

64　王俊昌，〈日本佛教在基隆地區的傳佈——以真宗本願寺派為考察對象〉，《海洋文化學刊》，7 期（2009.12），頁 67-110；王俊昌，〈消失的蜻蜓：基隆粉料廠的興衰〉，《檔案季刊》，9 卷 3 期（臺北，2010.09），頁 59-86。

65　謝宗榮，〈己卯年雞籠慶讚中元祭典區域與儀式空間〉，《臺北文獻》，直字 136 期（臺北，2001.06），頁 73-104；該文經修改後收入謝宗榮，

隆夜學校及傳統文學的說明，[67]卓佳芬對基隆八斗子漁村的掌
握，[68]鄭俊彬從來臺外人角度解析近代基隆的社會變遷，[69]游淑珺
透過近代基隆地區的俗語內容觀察漢人移民與戰亂經驗等。[70]

　　再就學位論文而言，自民國五〇年代迄今，臺灣各大學以「基
隆」為研究主題的碩、博士論文高達六百多篇，惟九成以上屬自然
科學與社會科學領域，特別是關於當代基隆港市發展、中小學教育

《臺灣的廟會文化與信仰變遷》（蘆洲：博揚文化事業有限公司，2006），
頁 249-292。曾子良，〈雞籠中元祭之傳統及其當代轉化之探討〉，
《海洋文化學刊》，創刊號（基隆，2005.12），頁 37-66。

66 謝聰輝，〈基隆廣遠壇普度科儀與文檢研究〉，《民俗與文化》，5
輯，頁 25-49；謝聰輝，〈臺灣道法二門道壇建醮文檢研究——以基
隆廣遠壇乙酉年松山慈惠堂七朝醮典演法為例〉，《清華學報》，39
卷 2 期（新竹，2009.06），頁 181-225。

67 陳青松，〈日治時期的文史瑰寶——石坂莊作〉，《臺灣文獻》，53
卷 2 期（南投，2002.06），頁 235-244；陳青松，〈全臺第一所私立
職業學校——基隆夜學校〉，《臺北文獻》，直字 152 期（臺北，2005.06），
頁 239-268；陳青松，〈漫談基隆地區傳統文學發展史（上）〉，《臺
北文獻》，直字 160 期（臺北，2007.06），頁 69-122；陳青松，〈漫
談基隆地區傳統文學發展史（下）〉，《臺北文獻》，直字 161 期（臺
北，2007.09），頁 59-94；陳青松，〈基隆天鵝洞及其楹聯文學〉，
《臺北文獻》，直字 171 期（臺北，2010.03），頁 171-221。

68 卓佳芬，〈基隆八斗子漁業發展與漁村生活〉，《臺灣風物》，57 卷
2 期（臺北，2007.06），頁 127-164。

69 鄭俊彬，〈近代基隆的社會變遷——以來臺外人的觀察為中心
（1624-1877 年）〉，《臺北文獻》，直字 139 期（臺北，2002.03），
頁 47-103。

70 游淑珺，〈近代基隆地區俗語中的漢人移民與戰亂經驗〉，《臺北文
獻》，直字 144 期（臺北，2003.06），頁 147-198。

等課題最受矚目，僅一成可歸屬於人文學範疇，且投入者的學科背景不限人文學領域。[71]其中較早者乃八〇年代的吳秀櫻曾對基隆慈雲社的《崑腔》音樂加以探究，[72]羅曉萍則對基隆港碼頭聚落之形成予以分析說明，[73]而陳緯華、陳燕如分別對戰後與日治時期的基隆中元祭作研究，[74]陳穎慧注意基隆暖暖地區地方劇團——靈義郡的變遷，[75]莊珮柔則對日治時期基隆瑞芳地區礦業發展作討論。[76]

民國九〇年代以後相關之學位論文亦成長快速，討論課題一如前述可分數項，如屬基隆對外戰爭與涉外關係者有陳宗仁對西荷時期雞籠、淡水地位轉變的討論，[77]吳佳芸重視西荷時期雞籠原住民族群 Basay 的性質與變遷。[78]屬基隆港市開拓與對外貿易者有呂月

71 吳蕙芳，〈基隆地方史研究的拓展〉，頁 15。

72 吳秀櫻，〈基隆慈雲社《崑腔》音樂之研究〉（臺北：中國文化大學藝術研究所碩士論文，1991.06）。

73 羅曉萍，〈基隆港碼頭聚落的建構與形塑〉（臺北：國立臺灣師範大學地理學研究所碩士論文，1996.06）。

74 陳緯華，〈雞籠中元祭：儀式、文化與記憶〉（臺北：國立政治大學民族學研究所碩士論文，1997.01）；陳燕如，〈中元普度與政商之間：日據時期基隆地方領袖的發展〉（臺北：國立臺灣師範大學歷史研究所碩士論文，1998.06）。

75 陳穎慧，〈地方劇團的變遷——基隆暖暖地區靈義郡為例〉（淡水：國立藝術學院戲劇系碩士論文，1998.06）。

76 莊珮柔，〈日治時期礦業發展與地方社會——以瑞芳地區為例（1895-1945）〉（桃園：國立中央大學歷史研究所碩士論文，2000.01）。

77 陳宗仁，〈東亞海域多元勢力競爭下雞籠、淡水地位的轉變〉（臺北：國立臺灣大學歷史學研究所博士論文，2002.04）。

78 吳佳芸，〈從 Basay 到金雞貂——臺灣原住民社群關係之性質與變遷〉（臺北：國立臺灣師範大學臺灣史研究所碩士論文，2010.01）。

娥對日治時期基隆港口都市形成歷程之探討，[79]陳凱雯重視日治時期基隆港的都市化問題，[80]洪淑清對日治時期基隆漁業的研究，[81]尹姿文對戰後基隆港營運與消長變遷的討論。[82]屬基隆民間社會發展與信仰生活者有 Evan Dawley 以日治時期的基隆為例，說明臺灣人族群意識之形塑歷程；[83]孫涵暐對日治以來基隆書道會的研究，[84]李桂花對戰後基隆托兒所發展之探討，[85]安城秀關注韓國教會在基隆的發展情形，[86]游淑珺、吳淑娟、卓佳芬、李宜玲、高旗分別對基隆地區俗語、詩歌與海洋文化、漁民民俗等議題之投入，[87]黃旗清、

79　呂月娥，〈日治時期基隆港口都市形成歷程之研究〉（桃園：中原大學建築學研究所碩士論文，2001.07）。

80　陳凱雯，〈帝國玄關——日治時期基隆的都市化與地方社會〉（桃園：國立中央大學歷史研究所碩士論文，2005.07）。

81　洪淑清，〈日治時期基隆漁業史之研究〉（基隆：國立臺灣海洋大學環境生物與漁業學系碩士論文，2009.07）。

82　尹姿文，〈國際局勢、經濟政策與港口發展：戰後基隆港的營運和消長（1950-1973）〉（南投：國立暨南大學歷史研究所碩士論文，2004.06）。

83　Evan Dawley, "Constructing Taiwanese Ethnicity : Identities in a City on the Border of China and Japan," Cambridge, Ph. D. Dissertation of the Department of History in Harvard University, 2006.

84　孫涵暐，〈「基隆市書道會」的創立及其發展之研究（1933-2008）〉（臺北：臺北市立教育大學中國語文學系碩士論文，2010.01）。

85　李桂花，〈光復以來基隆市托兒所的發展（民國 34-93 年）〉（臺北：國立臺北教育大學幼兒教育學系碩士論文，2005.12）。

86　安城秀，〈基督教傳播與臺灣港市的韓人移民：以基隆韓國教會為中心〉（基隆：國立臺灣海洋大學海洋文化研究所碩士論文，2011.06）。

87　游淑珺，〈基隆地區俗語研究〉（淡水：淡江大學中國文學研究所碩士論文，2002.01）；吳淑娟，〈臺灣基隆地區古典詩歌研究〉（臺北：

辜秋萍、李游坤、張慧美對基隆不同地區廟宇及相關活動的討論，[88]洪嘉蕙、余佳芳、顏婉吟、郭雅婷、俞思妤、連明偉對基隆中元祭各個不同面向的關注等。[89]

中國文化大學中國文學研究所碩士論文，2003.06）；卓佳芬，〈基隆八斗子海洋文化之型塑〉（臺北：國立臺灣師範大學臺灣文化及語言文學研究所碩士論文，2007.06）；李宜玲，〈基隆和平島海洋文化〉（臺北：國立臺灣師範大學臺灣文化及語言文學研究所碩士論文，2010.01）；高旗，〈基隆漁民民俗研究：以外木山漁村之信仰與禁忌為例〉（基隆：國立臺灣海洋大學海洋文化研究所碩士論文，2011.06）。

88 黃清旗，〈基隆和平島民間信仰宮廟之研究〉（新莊：輔仁大學宗教學系碩士論文，2007.01）；辜秋萍，〈基隆市陰廟神格化現象之研究——以八斗子地區為例〉（雲林：國立雲林科技大學文化資產維護系碩士論文，2007.08）；李游坤，〈臺灣基隆廣遠壇的傳承與演變研究〉（新莊：輔仁大學宗教學系碩士論文，2011.06）；張慧美，〈基隆慶安宮與地方社會〉（花蓮：國立東華大學臺灣文化學系碩士論文，2011.06）。

89 洪嘉蕙，〈鄉土藝術融入國小藝術與人文之課程設計——以「雞籠中元祭」為例〉（新竹：國立新竹教育大學美勞教育研究所碩士論文，2007.01）；余佳芳，〈從基隆中元祭探討臺灣傳統節慶演變之研究〉（臺南：國立成功大學藝術研究所碩士論文，2007.06）；顏婉吟，〈節慶文化活動服務品質之探討——以基隆中元文化祭為例〉（基隆：國立臺灣海洋大學航運管理學系碩士論文，2007.06）；郭雅婷，〈雞籠中元祭節慶文化產業行銷策略之研究〉（臺北：國立臺灣師範大學運動與休閒管理研究所碩士論文，2008.07）；俞思妤，〈「雞籠中元祭」之道教科儀唱腔研究〉（臺北：國立臺灣師範大學民族音樂研究所碩士論文，2009.06）；連明偉，〈雞籠中元祭——儀式、組織與權力〉（臺北：國立臺北教育大學社會科教育學系碩士論文，2009.07）。

　　綜觀戰後學界有關基隆地方史之研究，實始於民國四〇年代，五〇、六〇年代持續發展，至七〇、八〇年代已出現專書著作，而九〇年代以後更為興盛；然這些成果，多數仍以單篇之專文或學位論文形式呈現，較少完整專著的出版；若就時間斷限而言，日治與戰後之各式議題頗受關注，惟近年來隨著相關史料的陸續發掘與解讀，西荷時期的研究成果已有急起直追之勢。再就討論課題而言，則基隆對外戰爭與涉外關係、基隆港市開拓與對外貿易、基隆礦業擴展與顏氏家族成長、基隆民間社會發展與信仰生活四大項均有相應之成果出現，特別是在西荷時期雞籠與淡水的地位轉換、西班牙對雞籠的經營以及原住民 Basay 社群關係的性質變遷、日治時期基隆礦業與顏家的發展演變、戰後基隆中元祭等課題，均已有專書成果問世；而專文實以基隆對外戰爭與涉外關係之成果較多，學位論文則以基隆民間社會發展與信仰生活的成果較豐；特別是民國九〇年代以後投入基隆地域社會與文化課題之研究生實較以往增加許多，且學科背景往往不限人文學範疇，亦涉及社會科學，甚至自然科學領域，如此之發展態勢應可促成基隆地方史研究朝跨學科領域、跨時間斷代之方向邁進，而其中，最令筆者關注者乃基隆中元祭之研究。

　　蓋學界有關基隆中元祭之現況調查報告早於民國五〇年代即出現，七〇、八〇年代持續之，而以基隆中元祭為主題之兩部專書分別出現於七〇年代末、八〇年代初的三年間（民國七十八年至八十年間，1989-1991），以基隆中元祭為主題之專文則於九〇年代陸續刊出；至於以基隆中元祭為研究對象的學位論文，於八〇年代就有二本，九〇年代更是在短短三年內（民國九十六年至九十八年

間，2007-2009）出現六本；其中，研究者的學科背景有人文學、社會科學範圍內之各不同學門，研究時間涉及日治、戰後不同階段，研究角度則遍及人類學、歷史學、教育學、管理學，以及文化、藝術等領域之各式立論。

面對單一主題如此多樣化的研究成果，實令筆者甚感好奇欲一窺究竟，筆者尤其想了解的是：基隆中元祭課題之研究透過不同學科背景者的投入，是否令該課題之面貌更為清晰完整？人文學者與社會科學者，或以歷史學角度，乃至其它各不同學門立場對基隆中元祭課題之探討有何異同之處？又造成哪些影響？此外，由於基隆中元祭之淵源背景與發展過程實涉及清代、日治及戰後三個階段，然以往之研究成果多討論戰後情形，較少關注日治及清代狀況，令人頗感缺憾；有鑑於此，筆者欲立基前人之研究成果，對基隆中元祭課題再作分析探究，以釐清相關問題。又為適切呈現前述諸問題，筆者規劃之全書架構除首章緒論，即先對中元節慶活動因唐山移民之跨海傳承至臺灣的早期發展情形予以交代，並對戰後基隆地方史研究之成果略作回顧外；主體內容共分成兩大部分，第一部分題名「戰後的記憶、傳說與運作」，係以兩章篇幅分別對戰後社會大眾普遍認知的基隆中元祭圖像之形塑歷程，及基隆中元祭的實際運作狀況加以說明；第二部分題名「歷史事實的追溯與建構」，則是透過史學研究方法，以四章規模探討溯及清代及日治時期基隆中元祭的數個歷史面相，包括姓氏輪值主普制的原始意涵與運作方式、普度活動中的重要建築物——主普壇之演變與發展、身兼數種不同身份的地方領袖在基隆中元祭活動裡的角色扮演與影響，以及日治時期基隆中元祭活動呈現出的工商團體、新式社團、行政部門

等不同力量之參與情形及其歷史意義；最後在結論中，筆者將透過
"公共歷史學（Public History）"概念，對戰後社會大眾普遍認知
的基隆中元祭圖像，與經由學院方式建構出來的基隆中元祭歷史事
實互相印證，作出綜合性的闡釋與進一步的解說，並藉此突顯公共
歷史學與"學院歷史學（Academic History）"間之緊密關係及彼
此合作之必要性與重要性。

戰後的記憶、傳說與運作

第二章
基隆中元祭的圖像：
從官方到民間

　　基隆中元祭是基隆最具代表性的傳統節慶活動，民國九十年（2001）被觀光局訂為臺灣十二大節慶之一，民國九十七年（2008）又被文建會訂為地方上重要文化資產，此乃全國第一個被官方核可認證的地方無形資產，其所據理由有三，即「一、風俗習慣之歷史傳承與內容顯現人民生活文化典型特色。二、人民歲時重要節慶儀式，顯示藝能特色。三、民俗藝能之發生與變遷，其構成上具有地方特色，且影響人民生活」，[1]由此可知基隆中元祭於當地民間社會的重要價值與深刻意義。然基隆中元祭的起源為何？其呈現之特色內涵為何？又是如何傳承與發展的？這些問題涉及基隆中元祭

1　〈行政院文化建設委員會公告〉（2008.01.29）發文字號：文資籌三字第 0972100852 號，轉引自《2008 戊子年雞籠中元祭主普基隆市郭姓宗親會活動手冊》（基隆：基隆市文化局、基隆市郭姓宗親會，2008），頁 7。

圖像的形塑實值得深入關注及詳細探究，今配合多方史料予以勾勒說明。

第一節　官方記載形塑

　　戰後有關基隆中元祭的文字紀錄，特別是涉及其漳泉械鬥起源背景與姓氏輪值主普制特色內涵的相關記載，首見於官方出版的《基隆市志》（後稱舊版《基隆市志》）。舊版《基隆市志》由民國四十一年（1952）二月廿五日成立的基隆市文獻委員會負責編纂，[2] 該組織隸屬基隆市政府，設立目的原爲蒐集及保存基隆地方資料，後決議創修市志二十種，載至民國四十二年（1953）底事，而民國四十三年（1954）以後事，則以逐年編印年鑑方式與市志銜接，[3] 並補撰大事記說明。[4]

2　基隆市文獻委員會初設於仁愛國校樓上，次年（民國四十二年）遷至
　　義一路 107 號二樓，與市立圖書館合署辦公；見《基隆市志》（基隆：
　　基隆市文獻委員會，1956），第十七種，教育篇，頁 309。

3　舊版《基隆市志》分概述、自然環境、沿革、人口、商業、水產、工
　　礦、農林、港務、公用事業、社會組織、民政、衛生、地政、財政、
　　保安、教育、司法、文物、人物篇，共二十種，其記載內容之時間斷
　　限，除〈民政篇〉載至民國四十三年事，餘均載至民國四十二年事，
　　始期視各篇不同情況而定，《基隆市年鑑》則記載民國四十三年以後
　　事；參見：《基隆市志》（基隆：基隆市文獻委員會，1954），第一
　　種，概述，〈序一〉，頁 1；〈基隆市志創修記略〉，頁 5。

4　有關《基隆大事記》的編纂構想本起於《基隆市志》修撰時，並可配
　　合《基隆市年鑑》的編纂，惟後來相關工作有拖延，《基隆大事記》
　　於民國七十年才出版；參見：《基隆市年鑑》（基隆：基隆市文獻委

　　基隆市文獻委員會依規定應設委員十五人，由於創修市志，爲集思廣益起見，先後聘請委員七十三人，使整個委員會多達七十六人，含主任委員一人，由市長謝貫一兼任，副主任委員二人，其中一人由議長黃樹水（1899-1971）兼任，另一人則兼總纂，委員兼基隆市年鑑稿審查委員六人，市志稿審查委員廿二人，並延聘專家學者多人爲特約編纂。[5]這些委員中有多人乃日治時期實際參與基隆中元祭相關事務者，如擔任常務委員的楊阿壽（1900-1991）曾負責昭和九年（1934）主醮事、蔡慶雲則負責昭和六年（1931）主會事，擔任市志稿審查委員的吳百川曾負責昭和八年（1933）主普事、陳讚珍（1887-1958）負責昭和三年（1928）主壇事、蔡金池負責昭和元年（1926）主壇事，擔任委員的林應時（1888-1970）曾負責昭和七年（1932）主會事、范昆輝負責昭和四年（1929）主會事、陳漢周負責昭和十年（1935）主普與昭和十一年（1936）主會事等。[6]惟仔細查閱陸續刊行的各種舊版《基隆市志》，可知其相關基隆中元祭的紀錄頗爲有限，且分別刊載於民國四十五年

　　員會，1958），1輯，頁166；《基隆市年鑑》（基隆：基隆市文獻委員會，1970），2輯，頁238；《基隆大事記》（基隆：基隆市政府，1981）。

5　《基隆市志》載文獻會全體委員有七十五人，《基隆市年鑑》載文獻會全體委員有七十六人，差別僅柯文理（於民國四十五年過世）一人；又基隆市文獻委員會全體名單及基隆市志編撰人員名單可參見：《基隆市志》，第十七種，教育篇，頁310-313；《基隆市年鑑》，1輯，頁166-168；《基隆風物誌》（基隆：國民通訊社，1954），頁100。

6　有關各委員曾負責日治時期基隆中元祭各項實際工作之資料，參見本書第四章第三節表4-2。

（1956）出版、由酆賓周（1921-1972）等人編纂的沿革篇，[7]與民
國四十七年（1958）出版、由陶文輝（1898-1964）等人修撰的文
物篇。[8]

　　舊版《基隆市志》沿革篇因敘述基隆開發歷程而涉及漳泉械鬥
事，其云：

> 雍正元年（西曆一七二三年）閩省漳州人，由八里坌移居於
> 雞籠牛稠港，虎子山，稱為崁仔頂街，是為市街創建之嚆矢。
> 後至乾隆年間，又建新店街及暗街仔街，自是漸開拓，傍及
> 漁業。嘉慶年間，開闢交通至噶瑪蘭（今宜蘭縣），雞籠成
> 為往來要樞。人煙繁盛，土地狹隘，乃填平海埔，建設茅屋
> 漁寮。當是時，泉州之移民，亦漸次北往，然以地勢所限，

7　酆賓周湖南平江人，民國卅八年隻身輾轉入臺定居，得市長謝貫一之
　　延攬任基隆市文獻委員會編纂，民國四十五年以後轉至臺北市政府服
　　務，著述除《基隆市志》沿革篇外，另有《瀟湘小札》、《臺陽雜記》
　　等；見《臺北市志》（臺北：臺北市文獻委員會，1988），卷9，人
　　物志，宦績篇，頁77-78。

8　陶文輝祖籍福建，曾任臺灣省文獻委員會協纂，參與《臺灣省通志稿》
　　之纂修，負責民國四十八年出版的〈勝蹟篇〉；後又參與《臺灣省通
　　志》的整修，負責民國五十九年出版的〈勝蹟篇〉。參見：鄧憲卿主
　　編，《臺灣省文獻委員會志》（南投：臺灣省文獻委員會，1998），
　　頁80、113；《基隆市志》（基隆：基隆市政府，2001），卷7，人物
　　志，列傳篇，頁38。又舊版《基隆市志》文物篇雖於志書上掛名陶文
　　輝，然據陳其寅云，其亦有參與編纂工作，見陳其寅，〈自述〉，收
　　入《懷德樓文稿》（基隆：財團法人基隆市文化基金會，1992），頁
　　155，而陳其寅參與編纂者有二，即第十九種文物篇與第二十種人物篇。

迫向山地發展。因之漳泉居民，或以田土境界，或以水道灌
溉，時生齟齬，輒起械鬥。咸豐十年八月，云有慶安宮之某
僧，率先煽動，領漳人至魴頂，與泉人擊鬥，焚屋劫財，血
流溪澗，官莫能止。自是漳泉相仇，糾紛常起。如蚵殼港之
義民廟，乃安葬械鬥而死者一百零八人之骨骸，誠為雞籠
史實中之慘事。此風至清末始戢，今則畛域盡泯，民情歡
洽矣。[9]

文中明言基隆因早期開發歷史背景之影響，漳泉移民對立嚴重，糾
紛時起，咸豐十年（1860）曾爆發大規模械鬥，死亡人數多達一百
零八人，實基隆地方史之慘事，而漳泉械鬥之風直至清末才停止，
然此風氣停止之原因，文中並未交代。

另舊版《基隆市志》文物篇內容有三章，即古蹟名勝、藝文與
風俗，其中介紹風俗民情時言及農曆七月中元普度事，其曰：

普度為佈施陰間餓鬼孤魂之祭典，又謂之盆祭，盂蘭盆祭
等。本市例有私普與公普之分，私普係私人出力出錢，公普
係公眾出力出錢。時間在七月初一日開鬼門起至七月三十關
鬼門止。……公普亦稱中元祭或盂蘭盆會。以各區域各路段
之寺廟為中心，其費用由市民題緣金及各富家募集，普度日
期由主普團擇定之。主普團因恐孤魂餓鬼作祟，故每年多依
例以七月廿五日起為主普日。主普，本市以姓輪值，分張（內

9　《基隆市志》（基隆：基隆市文獻委員會，1956），第三種，沿革篇，
頁16。

包括其他屬姓）吳，（內包括其他屬姓）劉，（內包括其他
屬姓）陳，（內包括其他屬姓）謝，（內包括其他屬姓）林，
（內包括其他屬姓）江，（內包括其他屬姓）鄭，（內包括
其他屬姓）何，（內包括其他屬姓）韓，（內包括其他屬姓）
賴，（內包括其他屬姓）許，（內包括其他屬姓）十一姓為
十一單位，光復後增列其他雜姓一單位，故共有十二單位輪
流主普，謂之中姓普，為本市大主普。其祭典依舊例設壇於
忠二路慶安堂（媽祖廟），設醮於高砂市場圓頂亭（前高砂
公園音樂臺）。其他非中姓之家，亦各在附近之寺廟成立普
度，每年普度，先向神前擲筶，指定爐主（頭家）為今年主
普團。此外尚有碼頭工會之工普，商家之商普，沿海岸漁民
之漁普等，清末尚有金郎普，即小孩普，今已取消矣。[10]

文中提及基隆中元祭之普度種類甚多，然最重要的是由各姓氏輪流
負責主普之活動，其輪值姓氏在清代有十一姓，戰後則增為十二
姓。又該段文字或因排版校勘疏忽，致輪值主普諸姓部分之標點段
落有誤，然無礙全文的意思表達。

　　值得注意的是，前述兩段文字除基隆早期發展情形及漳泉械鬥
事有較明確的時間座標外，其餘內容主要為現況描述，無演變歷程
交代，且兩段文字分置不同主題內，可知當時並未將漳泉械鬥事與
姓氏輪值主普事相結合，即兩者間並無明顯的因果關係。

10　《基隆市志》（基隆：基隆市文獻委員會，1958），第十九種，文物
　　篇，頁 125-126。

　　舊版《基隆市志》自民國四十三年開始出版第一種，至民國四十八年（1959）二十種全部刊行完畢，以後持續印刷以供需要；[11]然二十年後，又有針對舊版《基隆市志》內容之不足而重修或增補者（後稱舊版重修本《基隆市志》），此時基隆市文獻委員會已裁撤，由民政局接掌相關工作，[12]從民國六十八年（1979）開始，先後出版數種舊版重修本《基隆市志》，[13]其中，民國六十八年刊印的風俗篇與民國七十六年（1987）刊印的交通篇又涉及基隆中元祭事，且內容較以往增加許多。

　　舊版重修本《基隆市志》風俗篇由基隆耆宿洪連成（1922-2004）執筆，[14]共分氏族、語言、禮俗、宗教四章，其中氏族章的第一節「本市的開發」言及漳泉械鬥事，其云：

11　如第十九種文物篇於 1986 年有增印本，見《基隆市志》（基隆：基隆市政府，1986，增印），文物篇。

12　基隆市文獻委員會於民國六十一年九月一日奉令歸併基隆市政府民政局，見《基隆市年鑑》（基隆：基隆市文獻委員會，1973），3 輯，頁柒-52；《基隆市年鑑》（基隆：基隆市民政局，1976），4 輯，頁貳-24。

13　舊版重修本《基隆市志》有風俗、行政、自治、漁業、交通、戶口、農林、社會、司法等九篇，共九冊。

14　《基隆市志》（基隆：基隆市政府民政局，1979），風俗篇，〈序〉。洪連成生於基隆市安樂區，臺北高商畢業，曾任新聞記者、基隆市安樂區區長、基隆市中正區區長，退休後擔任基隆市志編纂者，見《雞籠早期風情畫》（基隆：基隆市政府，1988），頁 24；又該書屬基隆市政府出版的「基隆文心叢刊」系列書籍中的第十三種。

雍正元年（公元一千七百二十三年）閩省漳州人，由八里坌
移居於鷄籠牛稠港，虎子山，稱為崁仔頂街，是為市街創建
之嚆矢。後至乾隆年間，又建新店街及暗街仔街，自是漸次
開拓，傍及漁業。嘉慶年間，開闢交通至噶瑪蘭（今宜蘭縣），
鷄籠成為往來要樞。人煙繁盛，土地狹隘，乃填平海埔，建
設茅屋漁寮。故至道光二十年（公元一千八百四十年）時，
基隆港口附近已有居民七百餘戶。當嘉慶年間，泉州之移
民，亦漸次北來，然以地勢所限，迫向山地發展，即今之暖
暖街為中心，附近漢人與山胞皆在此交易，一時較現在繁
榮，因之漳、泉居民，或田土境界，或以水道灌溉，時生齟
齬、輒起械鬥。咸豐十年（公元一千八百五十一年）八月，
漳、泉人在魴頂之械鬥最烈，因而死者一百零八人，自是漳
泉相仇，糾紛常起，今安樂區之義民廟，乃安葬械鬥而死者
一百零八人之骨骸，誠為鷄籠開發史中之慘事。此風至清
末，由於識者之士諄諄善誘，以普渡賽會以代血鬥，始戢，
今則畛域盡泯，民情歡洽矣。[15]

其中咸豐十年的文字紀錄應為校勘不清下的錯誤刊載，因公元一千
八百五十一年換算成中國紀年是咸豐元年（1851）而非咸豐十年。
又此段文字與舊版《基隆市志》沿革篇不同的是：基隆開發史上的
大規模漳泉械鬥是發生於咸豐元年而非咸豐十年，且事件之後直到
清末，才經由有識之士誘導，主張以普度賽會代替武力血鬥，乃使

15　《基隆市志》，風俗篇，頁 14。

今日基隆民間社會族群界限泯除，彼此相處融洽，即此處交代了基隆漳泉械鬥風氣消弭的原因，然仍未清楚說明究竟是到清末的何時才無漳泉械鬥風氣。

而禮俗章的第三節「歲時」載及農曆七月中元普度事，曰：

> 本市中元普渡，可沿至清咸豐五年起，議定以姓輪值主持，分張廖簡姓、吳姓、劉唐杜姓、陳胡姚姓、謝姓、林姓、江姓、鄭姓、何藍韓姓、賴姓、許姓等十一姓氏同族團體，光復後增列聯姓；即郭姓、王姓、曾姓、楊姓、黃姓、柯蔡姓、邱姓、蘇周連姓、李姓、白姓等同族團體聯合主祭，共十二單位依次輪流主管。參加範圍仍包括金（金包里堡，即今臺北縣金山、萬里二鄉），雞（今之本市），貂（三貂嶺堡今台北縣之瑞芳以北三鄉鎮），石（石碇堡今之汐止），一百二十年來保持不變。……本市普渡，例分私普及公普。私普，各地在七月中，日必有祭。寺廟有廟普，巷里之街普，工人之工普，各行業之商普，漁民之漁普等。今則規定於七月十五日舉行之。清末尚有金郎普，今已廢。[16]

此段文字與舊版《基隆市志》文物篇的差異在於，其明確指出基隆中元裡的姓氏輪值主普制是從清咸豐五年（1855）開始的，且範圍包括金、雞、貂、石四區，一百二十年來始終未變。值得注意的是，咸豐五年時的基隆隸屬淡水廳，至光緒元年（1875）基隆才設廳，然其行政範圍至光緒十四年（1888）才確定，下轄金包里、三貂、

16　《基隆市志》，風俗篇，頁 237-238。

雞籠、石碇四堡，[17]故姓氏輪值主普制開始運作時的咸豐年間，乃至後來的道光、同治年間，基隆中元祭涉及之範圍應非如文中所述，而是將日後發展狀況附會增添到昔日情景。

又宗教章的第七節「通俗信仰」提及移民與信仰關係時言：

> 昔時漳人大多居基隆街，而泉人則聚居在沿基隆河之七堵、暖暖；終清一代漳泉械鬥不輟，而漳人祀開漳聖王，泉人祀保儀大夫，賽會亦各自舉行。……械鬥之發端，起於內地之姓爭、鄉爭，而臺灣則發生各屬分類械鬥。此類械鬥與寺廟有關者甚多。據日臺灣總督府社寺臺帳記載，本市玉田里奠濟宮，主祀開漳聖王。咸豐年間分類械鬥時，開漳聖王派遣神兵助戰，保護漳人，陷泉人於海塵殺之，神靈顯著云。咸豐初年，基隆街之漳人，與暖暖之泉民以魴頂（今南榮公墓內）為界，因放牧互有走失牛羊，或爭耕地，或耕作物被踐踏，時因細小之事而起械鬥，咸豐三年，漳人糾同鄉欲襲擊暖暖泉人，泉人預知，設伏，盡殲漳人於魴頂，死者連為首之慶安宮和尚計一百零八人。此事件又與寺廟相關。……如前述咸豐三年之漳泉械鬥悲劇之後，漳人即有人提議糾集報復，若是，則循環報復，永無已時，漳泉雙方均受其害，識者更覺其非，乃由重望者呼籲，暫綏報復，先行收理遺骸，超渡亡魂，以免冤鬼作祟，此議正合市民厭鬥心理，眾和之。於是合埋於蚵榖〔殼〕港河畔（今之成功二路），後日人建

---

17 張勝彥，《清代臺灣廳縣制度之研究》（臺北：華世出版社，1993），頁 31、53 註 95。

築軍眷宿舍，迫遷於現址，安樂區嘉仁里石山，建義民公祠，
俗稱老大公墓，自咸豐五年起，每七月中元由十一姓輪流主
普，開關鬼門，即在此舉行，是本市主普由各姓輪值之緣
起。……前述械鬥犧牲之說，乃前基隆區長許梓桑氏所口
述，許氏生於同治十二年，日人據臺時已出任公職，係前清
童生，距該慘案不久父老相傳當耳熟能詳，況係民俗改革之
同風會長，其說應屬可信。[18]

這段文字實將前述氏族章載及之咸豐元年漳泉械鬥事與禮俗章所
說的咸豐五年姓氏輪值主普事兩者整合，只是死亡達一百零八人的
大規模漳泉械鬥事發生之時間由咸豐元年再改為咸豐三年
（1853）；又咸豐三年大規模漳泉械鬥事發生後，有識之士便呼籲
停止報復，此舉得眾人支持而附和之，故產生姓氏輪值主普制。

　　前述引文中曾言該段文字內容的史料來源有二，一是日治時期
臺灣總督府社寺臺帳記載，一是前基隆區長許梓桑（1874-1945）
的口述。其中，前者是指日治時期臺灣總督府為掌握漢人民間社會
生活情形，而令各地公學校長訪查學校附近所立寺廟之歷史與現
況，並作成文字紀錄，此乃未刊行之日文手稿本，其中關於基隆各
廟宇情況載於《社寺廟宇ニ關スル調查（臺北廳）》的〈基隆公學
校長報告〉部分。然詳察此份報告內容，與前段引言相關者，僅咸
豐三年漳泉械鬥，基隆街的漳州人與暖暖街的泉州人開戰，後因開

18　《基隆市志》，風俗篇，頁 429-431。

漳聖王顯靈，使漳人免受敵人危害一事；[19]引文中其它諸事均與此報告無關，因此可知前述引文內容的主要史料依據，是日治時期在基隆擔任公職與同風會長職的許梓桑之口述，再由撰寫方志的洪連成以文字轉述形成。

由於許梓桑較洪連成年長四十八歲，許梓桑過世時洪連成已廿三歲，洪氏於許氏晚年時彼此互有往來，並產生此段陳年舊事之回憶確有可能，惟因許氏與洪氏均已逝去，詳細過程難以得知。然必須注意的是，即使此段內容確為許梓桑所言，其性質亦屬許氏記憶中的口耳相傳結果，因許氏出生時距咸豐三年漳泉械鬥發生與咸豐五年姓氏輪值主普制開始兩事，已相去二十年以上，許氏並非親眼目睹或親身經歷的當事者或當時人，且許氏對洪氏訴說往事，應在洪氏成年、許氏晚年之時，更離漳泉械鬥發生事與姓氏輪值主普開始事間隔九十年之遙。

舊版重修本《基隆市志》風俗篇出版後八年又有交通篇的刊行，主要由曾任基隆市公用課長的林傳本執筆。[20]交通篇第六章〈觀光事業〉中載「老大公墓附述雞籠中元祭」亦有相關文字說明如下：

> 清代大陸移民湧向臺灣，而官不能禁，尤其漳、泉移基人口驟增，後來之泉州移民，以地勢所限迫向山區發展，因之漳、泉居民，或因土地境界，或以水道灌溉，時生齟齬，輒起械鬥。咸豐元年（西元一八五一年）八月，漳、泉在魴頂之械

19　《社寺廟宇二關スル調查：臺北廳》（手稿本），〈基隆公學校長報告〉。

20　《基隆市志》（基隆：基隆市政府民政局，1987），交通篇，序。

鬥最烈，因而死者一百零八人，誠為基隆開發史中之慘事。
基隆早期濱海潮灒，荊莽叢生，瘟疫肆虐，對於移民拓墾者，
在缺乏醫藥情形，客死異鄉而成無主孤魂。加上漳、泉相仇，
糾紛常起，識者之士相約出面呼籲收集屍骸，慰安亡靈，建
老大公墓於蚵殼河（今之西定河）畔，即舊主普壇後面。日
人據臺後為紀念日皇大正登基，建高砂公園，迫令將老大公
墓遷葬於石山（今之安樂區嘉仁里），並諄諄善誘，以普渡
賽會用代血鬥，即賽陣頭取代打破頭之重大民俗改革。今則
畛域盡泯，民情歡洽。咸豐四年，漳、泉士紳，亟謀革除狠
勇械鬥之陋習，並超渡抗荷，抗西之烈士、械鬥、渡海、瘟
疫死難先民孤魂，沿襲中原本土風俗，議定七月舉行中元普
渡醮祭，抽籤結果由張廖簡、吳、劉唐杜、陳胡姚、謝、林、
江、鄭、何藍韓、賴、許等十一姓輪流主持普渡，參加地區
包括金（金包里即今之萬里、金山一帶）鷄（基隆）貂（三
貂嶺即今瑞芳、貢寮、雙溪一帶）石（石碇即今之七堵、暖
暖、汐止、石碇一帶）四堡。翌年始具中土規模，由爐主籌
辦，邀請主會、主醮、主壇、主普四大柱舉行祭典，初由碼
頭苦勞間（如今之碼頭工會）承擔，後改由慶安宮承辦至
今。[21]

上述內容實將舊版重修本《基隆市志》風俗篇裡分載於氏族、禮俗、
宗教三章內，三段文字所陳述之觀念予以整合呈現，只是死亡人數

21　《基隆市志》，交通篇，頁 303-304。

多達一百零八人的漳泉械鬥事發生時間並未更改，仍沿用以往的咸豐元年，而非依據日人寺廟調查報告所記載的咸豐三年。

又本段文字中出現若干今昔不分或史實錯置狀況，如言咸豐元年大規模漳泉械鬥事後，「識者之士相約出面呼籲收集屍骸，慰安亡靈，建老大公墓於蚵殼河（今之西定河）畔，即舊主普壇後面」，令人誤以舊主普壇建築早於老大公墓的出現，事實上該段文字是在說明大規模漳泉械鬥後埋屍所建老大墓的地點，即後來每年中元普度主普祭臺的位置所在後方。

另外，文中將「日人據臺後為紀念日皇大正登基，建高砂公園，迫令將老大公墓遷葬於石山（今之安樂區嘉仁里），並諄諄善誘，以普渡賽會用代血鬥，即賽陣頭取代打破頭之重大民俗改革」一段文字接在咸豐元年大規模漳泉械鬥事後，似表明日人據臺之後才出現「諄諄善誘」之舉，乃透過普度賽會方式取代漳泉械鬥的血拼對立，此與前述舊版重修本風俗篇所載的清末時間紀錄明顯不同。同時，該段引文提及高砂公園是為紀念日皇大正登基而建築一事，亦與日人之記載有差，因日人資料顯示：高砂公園是為慶祝皇太子（即後來的大正天皇）御婚創建的。[22]

---

22 石坂莊作編，《基隆港》（臺北：成文出版社有限公司，1985，臺 1 版，據株式會社臺灣日日新報社，1917，3 版影印），頁 28；加藤守道編，《基隆市》（基隆：基隆市役所，1929），收入《基隆概況》（臺北：成文出版社有限公司，1985，臺 1 版），頁 32；基隆市教育會編，《基隆史》（臺北：臺灣日日新報社，1934），收入《基隆概況》，頁 22。另有關基隆地方研究對高砂公園歷史背景誤解之說明可見黃文德主編，《日治時期的基隆與宜蘭》（臺北：國家圖書館，2012），頁 97。

更值得注意的是，本段引文出現以往從未言及的新增部分，即強調姓氏輪值主普制係以賽陣頭代替打破頭的重大民俗改革，其超度對象非僅漳泉械鬥之眾多死難者，而可上溯至大航海時代以來基隆當地對抗荷、西異族入侵之烈士，及渡海、瘟疫死亡的先民孤魂；又革除械鬥陋習之議始於咸豐四年（1854），至次年（咸豐五年）才正式施行。再仔細觀察新增文字，可知其將超度對象擴至對抗西班牙異族入侵之基隆烈士，實來自老大公廟於民國七十四年（1985）重刻之〈基隆市老大公廟重建緣起〉碑文，[23] 而被民國七十六年出版的舊版重修本《基隆市志》交通篇引用；至於咸豐四年聚集漳、泉士紳革除陋習之議部分，應是受到民國六十九年（1980）吳姓宗親會於輪值主普後出版的報告書所載內容之影響而成，只是兩者間文字有差異：一是將普度對象由報告書中刊載的對抗基隆山上匪賊而犧牲者改為方志中所說的抗荷、西烈士與械鬥、渡海、瘟疫死難之先民孤魂；另一是將輪值主普十一姓的產生方式由報告書中刊載的「互議結果推定」，改為方志中所說的「抽籤結果」。[24]（詳見後文）

自舊版重修本《基隆市志》數段文字記載建構出來的基隆中元祭圖像，此後不斷交錯運用於基隆各式官方出版品中，如民國七十七年（1988）出版的《基隆鄉土文物專輯》一書言：

23　〈基隆市老大公廟重建緣起〉碑（1966 立，1985 改建遷立）。

24　參見吳貞吉編纂，《基隆吳姓庚申年主普報告書》（基隆：基隆吳姓宗親會，1980），頁 9。

到了清代，從福建漳州、泉州一帶移民而來的人數大量增加。兩地的人，常因拓墾的土地境界，或水道灌溉等問題，發生爭鬥。咸豐元年（西元一八五一年）八月間，更引起了激烈的械鬥，慘死了一百餘人。幸好這次血的教訓，終於喚起了因生存競爭而被隱藏的鄉親情誼，由有識之士約請雙方收集死者遺骸，建立老大公廟（就是義民祠，在舊主普壇後面）來奉祀亡靈。同時，勸導大家，用普渡賽會來代替械鬥，希望彼此不要再存有地域觀念，而能融洽的相處在一起。

咸豐四年（西元一八五四年），漳州、泉州的士紳，為了徹底革除械鬥的陋習，並超渡抵抗荷蘭、西班牙的烈士與因械鬥、渡海瘟疫而死的先民孤魂，商議後，決定沿襲中原本土的風俗，在七月舉行中元普渡醮祭。抽籤結果，由張廖簡、吳、劉唐杜、陳胡姚、謝、林、江、鄭、何藍韓、賴、許等十一姓輪流主辦，參加的範圍包括金包里（萬里、金山一帶）、基隆、三貂嶺與石碇等地。咸豐五年時，才具有中土規模，由爐主籌辦，邀請主會、主壇、主醮、主普四大柱舉行。最初由碼頭元發號苦勞間（有如現在的碼頭工會）負責；後來，改由慶安宮承辦。[25]

---

25 王仁君總編，《基隆鄉土文物專輯》（基隆：基隆市政府，1988），頁 108-109。另一出版品《基隆》亦有類似內容刊載，惟該刊物僅載基隆市政府編印，不明出版時間，而從其扉頁印有收藏圖書館標注的民國七十七年六月八日贈書等字，可知此書至少於民國七十七年六月前已出版，較民國七十七年十二月出刊的《基隆鄉土文物專輯》一書更早。

民國八十八年（1999）出版的《鷄籠中元祭》曰：

> 基隆之有中元祭，緣起於咸豐元年（公元一八五一年）八月
> 之漳泉分類械鬥，橫死者甚多，報仇尋釁將起之際，漳泉有
> 識之士及時出面調停，再次械鬥之舉終於戢止。代之以字姓
> 輪值超度沉淪，以血緣代替地域觀念，以賽陣頭代替打破頭
> 的陋習。……
>
> 清朝中期由於漳、泉移基人口驟增，後來之泉州移民，因平
> 坦地區為早來之漳州移民捷足先登，通向山區發展，因之
> 漳、泉居民，或因土地境界、或以水道灌溉，時生齟齬，輒
> 起械鬥，咸豐元年（公元一八五一年）八月，漳泉人在魴頂
> 之械鬥最烈，因而死者一百零八人，誠為基隆開發史中之慘
> 事。……
>
> 咸豐四年（公元一八五四年）漳、泉士紳丞謀革除狠勇械鬥
> 之陋習，諄諄善誘，以普渡賽會以代血鬥，即賽陣頭取代打
> 破頭，並超渡抗荷、抗西之烈士，因械鬥、渡海、瘟疫死難
> 先民孤魂、沿襲中原本土風俗，議定七月舉行中元普度醮
> 祭，以字姓輪值主普。抽籤結果，由張廖簡、吳、劉唐杜、
> 陳胡姚、謝、林、江、鄭、何藍韓、賴、許等十一姓輪流主
> 持普度事宜，參加範圍包括金（金包里即今萬里、金山一帶）
> 鷄（基隆、瑞芳一帶）貂（三貂嶺今雙溪、貢寮一帶）石（石
> 碇今之汐止、七堵、暖暖、平溪一帶）四堡。咸豐五年始具

規模，由爐主籌辦，邀請主會、主壇、主醮、主普四大柱舉行祭典。[26]

民國九十二年（2003）出版的《港都雞籠·文化出航——基隆港人文拼圖調查研究》一書亦載：

> 雞籠的移民以來自福建的漳州人、泉州人最多。泉州人來得較晚，因此聚集在雞籠河沿岸暖暖、七堵等傍山地區。
>
> 漳、泉人常因農田境界或灌渠道路發生衝突。咸豐元年（1851年）8月，又因小事在魴頂（南榮公墓）引發大規模械鬥，死亡百餘人。漳、泉相仇，常起紛爭，地方士紳相約出面呼籲收集遺骸，以撫平亡靈，建老大公墓。……
>
> 咸豐四年（1854年），漳、泉士紳為謀求革除械鬥之陋習，並超度抗荷、抗西之烈士及在械鬥、渡海、瘟疫死難之先民孤魂，乃沿襲中原風俗，議定農曆七月舉行中元普度醮祭，自咸豐五年（1855年）開辦，抽籤結果由張廖簡、吳、劉唐杜、陳胡姚、謝、林、江、鄭、何藍韓、賴、許等十一姓輪流主持普度事宜。參加範圍包括，金、雞、貂、石四堡。

---

26 《八十八年雞籠中元祭》（基隆：基隆市政府，1999），頁 1-2、10-12；又相同文字亦見於《八十九年雞籠中元祭》（基隆：基隆市政府，2000），頁 1-2、10-12。

咸豐五年開辦，初由碼頭元發號苦勞間承辦，後改由慶安宮承接。[27]

而民國九十二年刊行的新版《基隆市志》住民志，內含禮俗、民族與宗教三篇，均由撰寫舊版重修本《基隆市志》風俗篇的洪連成執筆，相關基隆中元祭事主要載於宗教篇，內容大致與以往文字相同。[28]

又民國七十三年（1984）張春熙任基隆市長時，將每年農曆七月半舉行的基隆中元普度擴展成大規模的觀光活動，並正式定名此一歷史悠久的傳統節慶活動為「鷄籠中元祭」；[29]而為吸引各地群眾參與，市政府積極配合該傳統節慶活動籌辦各式具特色之展演；如民國八十年的「基隆民間宗教信仰特展」、[30]民國八十四年（1995）

---

27 陳世一編纂，《港都雞籠・文化出航——基隆港人文拼圖調查研究》（基隆：基隆市立文化中心，2003），頁 24-25；又該書屬基隆市政府出版的「基隆文心叢刊」系列書籍中的第一六三種。

28 《基隆市志》（基隆：基隆市政府，2003），卷 2，住民志，宗教篇，頁 55-56。

29 民國七十三年林姓輪值主普，邀請基隆市政府協同辦理中元普度祭典，市長張春熙為積極輔導祭典活動，並藉以「端正禮俗，改善民俗風氣，發展觀光事業」，遂正式將基隆中元普度活動定名為「雞籠中元祭」；見《基隆市志》（基隆：基隆市政府，2001），卷 2，住民志，禮俗篇，頁 34。

30 陳迪華主編，《千秋一爐香——基隆民間宗教信仰特展專輯》（基隆：基隆市立文化中心，1991）；又該書屬基隆市政府出版的「基隆文心叢刊」系列書籍中的第廿三種。

的「中元民俗采風特展」、[31]民國八十五年（1996）的「中元・印象——節慶的另一種響聲特展」。[32]至民國八十六年（1997）李進勇任基隆市長時，更積極將基隆中元祭從地區性的民俗活動推向全國性，乃至國際性的文化藝術活動，故將基隆中元祭相關活動擴大為藝文華會活動，並規畫出未來數年基隆中元祭藝文華會活動主題，[33]及配合各主題而舉行的特色展演，如民國八十八年的「國際鬼節信仰特展」、[34]民國八十九年（2000）的「千禧年神佛無疆界

---

31 胡美蓮主編，《悲天憫人：中元民俗采風展專輯》（基隆：基隆市立文化中心，1995）；又該書屬基隆市政府出版的「基隆文心叢刊」系列書籍中的第六十一種。

32 黃素貞主編，《中元・印象——節慶的另一種響聲》（基隆：基隆市立文化中心，1996）；又該書屬基隆市政府出版的「基隆文心叢刊」系列書籍中的第七十三種。

33 自民國八十八年起，基隆市政府規畫出未來八年的基隆中元祭藝文華會活動主題，即民國八十八年的「文化普度、藝術中元」、民國八十九年的「天下眾生、平安喜樂」、民國九十年的「福路雞籠」、民國九十一年的「燈耀基隆、光之物語」、民國九十二年的「祭祀文化圖騰」、民國九十三年的「活力港都、舞動中元」、民國九十四年的「福度中元、風華雞籠」、民國九十五年的「福入基隆 F.R.U.L.（代表孝Filial、敬 Respect、博愛 Universial Love）」；參見：《'99 己卯年雞籠中元祭藝文華會活動手冊》（基隆：基隆市立文化中心，1999），頁4、6；余燧賓主編，〈一九九九雞籠中元祭藝文華會活動成果專輯〉（基隆：基隆市立文化中心，1999），又該書屬基隆市政府出版的「基隆文心叢刊」系列書籍中的第一一六種。

34 余燧賓主編，《一九九九雞籠中元祭藝文華會：國際鬼靈信仰特展》（基隆：基隆市立文化中心，1999）；又該書屬基隆市政府出版的「基隆文心叢刊」系列書籍中的第一一七種。

特展」、[35]民國九十年的「金銀紙特展」、[36]民國九十一年（2002）的「國際水燈特展」、[37]民國九十二年的「符咒特展」等。[38]從基隆中元祭藝文華會各式展演訴求之重點可知，其逐漸朝向特定主題之不同族群與各個國家的相關介紹以呈現多元化面貌，並邁向國際化視角；而在此目標下，「族群融合」成為當代基隆中元祭活動的聚焦重點，因其可對內強調臺灣各族群的融合，對外則宣稱全世界各族群之包容匯聚，又為強調現今國內外的族群融合，在文宣製作上往往連結到歷史上的族群融合，故清代基隆大規模漳泉械鬥事的發生、姓氏輪值主普制的出現，及因之而來的「以血緣關係化解地域衝突」、「以賽陣頭代替打破頭」等說法就不斷被重覆、強化與突顯。如《悲天憫人：中元民俗采風展專輯》曾言：「雞籠中元祭是目前規模最大也最受矚目的中元祭典，咸豐年間那場漳泉械鬥早已成為塵封往事，但撫平歷史恩怨促進族群和諧的祭典意義卻依然

35　《2000年雞籠中元祭藝文華會活動導覽手冊》（基隆：基隆市立文化中心，2000）；許梅貞主編，《2000年雞籠中元祭藝文華會：千禧神佛無疆界特展》（基隆：基隆市立文化中心，2000），又該書屬基隆市政府出版的「基隆文心叢刊」系列書籍中的第一三二種。

36　許梅貞主編，《2001雞籠中元祭藝文華會系列活動金銀紙展陳——平安・賜福・畫金銀》（基隆：基隆市立文化中心，2001）；又該書屬基隆市政府出版的「基隆文心叢刊」系列書籍中的第一三六種。

37　許梅貞主編，《2002年雞籠中元祭藝文華會國際水燈展》（基隆：基隆市立文化中心，2002）；又該書屬基隆市政府出版的「基隆文心叢刊」系列書籍中的第一五〇種。

38　許梅貞主編，《2003基隆中元祭藝文華會——鐵情掛意・符語傳咒》（基隆：基隆市立文化中心，2003）；又該書屬基隆市政府出版的「基隆文心叢刊」系列書籍中的第一六一種。

存在」；[39]《2002 年雞籠中元祭藝文華會國際水燈展》專輯則指出：
雞籠中元祭的意義之一，在「加強族群的認同與融合」；其代表之
意涵，「不僅是敬天畏神、悲憫孤魂，它也象徵族群的融合」；[40]
此外，《生命祭典——當代藝術裝置展》亦云：

> 藉由源於慎終追遠的祖先悼念，傳統信仰中的鬼神思想，以
> 及地緣衝突裡的血緣關係化解的基隆中元祭精神，在傳承上
> 凸顯其深刻的歷史背景，以及豐富文化意涵，才能由此發展
> 出對現實生活中各不同人群團體與社會組織的包容與關
> 懷。[41]

而基隆市文化局每月定期出版的《文化開傳》刊物於民國九十
五年（2006）八月號介紹藝文華會特展言：

> 一百五十二年前，一場大規模的漳、泉械鬥造成嚴重的人員
> 傷亡，基隆地區有識之士為避免仇隙械鬥再起乃約請雙方陣
> 營收集死者遺骸，並建立老大公墓，也就是後來的老大公
> 廟。並協議在每年農曆七月十五，由一姓或數姓宗親輪流主

---

39 胡美蓮主編，《悲天憫人：中元民俗采風展專輯》，頁 45。

40 許梅貞主編，《2002 年雞籠中元祭藝文華會國際水燈展》，頁 2、8；
又專輯中亦有載基隆中元祭的歷史背景說明，內容與官方說法相同，
詳細文字可見頁 18-20。

41 《生命祭典——當代藝術裝置展》（基隆：基隆市文化局，2009），
頁 4；又書中亦載基隆中元祭的歷史背景說明，內容與官方說法相同，
詳細文字可見頁 14。

普舉行中元祭典儀式，撫慰亡靈，希望藉由血緣關係化解因地域隔閡所造成的械鬥陋習。[42]

其說明基隆中元祭的內容為：

> 雞籠中元祭緣於咸豐元年（1851）之漳泉械鬥，雙方死傷眾多，漳泉地方人士出面調解，讓械鬥衝突終於平息，取代以字姓輪值主普，超度普施孤魂幽靈，以血緣代替地域觀念，以賽陣頭來代替打破頭的陋習，達成社會和諧、共存共榮的大同世界。[43]

民國九十七年八月《文化開傳》介紹「基隆中元印象——白明德、林堅城攝影雙人展」時指出基隆中元祭：

> 緣起於咸豐元年（1851 年）八月之漳泉械鬥，雙方死傷慘重甚多，報仇尋釁將起之際，漳泉有識人士出面調停，再次械鬥之舉終於停止，代之以字姓輪值超度沈淪，以血緣代替地域觀念，以賽陣頭來代替打得頭破血流的陋習。至今已有一百五十四年之歷史，從未間斷過。[44]

42　〈2006 雞籠中元祭藝文華會：「尋根——宗親組織源流」特展〉，《文化開傳》，2006/8（基隆，2006.08），頁 14。

43　〈2006 雞籠中元祭〉，《文化開傳》，2006/8，頁 16。

44　〈雞籠中元印象——白明德、林堅城攝影雙人展〉，《文化開傳》，2008/8（基隆，2008.08），頁 31。又當年白明德曾自行編印《雞籠中元印象》一書，內容提及基隆中元祭的起源，亦有類似說法，見白明德編著，《雞籠中元印象》（基隆：編者自印，2008），頁 6-8。

民國一百年（2011）基隆中元祭的藝文華會主題為「競和、再生」，
而當年八月號的《文化開傳》介紹藝文華會內容時言：

> 「雞籠中元祭」從清咸豐 5 年（西元 1855 年）開始至今，
> 已是第 157 屆。這原是一個結合佛教「孝親報恩」的盂蘭盆
> 會，及道教「普度亡魂」祭典的宗教活動。先民為了弭平漳、
> 泉械鬥造成族群裂痕，以姓氏輪值主普的方式，賦予基隆中
> 元節「族群合諧」的意義，因而被文建會評選為全國第一號
> 無形文化資產。[45]

又每年基隆中元祭活動期間由市政府與輪值主普宗親會共同出版
的文宣手冊，亦不斷重覆類似內容，複製相同觀念，如民國九十四
年（2005）手冊扉頁即載：

> 傳統的、現代的
> 文化的、民俗的
> 族群融合、悲天憫人、雅俗共賞
> 關懷的、包容的、慶典的、歡樂的嘉年華會
> 中元祭，伊始於咸豐五年（1855），至今 151 年，
> 屬於基隆特有的人文情懷，
> 誠摯邀請您來……

內頁則載：

45　〈2011 辛卯年「雞籠中元祭藝文華會展陳活動」──建國一百、福智
　　鱟江〉，《文化開傳》，2011/8（基隆，2011.08），頁 34。

基隆中元祭，起緣於咸豐元年（一八五一）八月之漳泉械門，
雙方死傷眾多；挑釁報仇將發生的時候，漳泉地方人士出面
調解，再次械門之衝突終於平息；取代以字姓輪值主普，超
渡普施孤魂幽靈，以血緣代替地域觀念，以賽陣頭來代替打
破頭的陋習；達成社會和諧，共存共榮的大同世界，行之百
年歷史悠久。

基隆中元祭開始於咸豐五年（一八五五），至今已有一百五
十一年；張廖簡、吳、劉唐杜、陳胡姚、謝、林、江、鄭、
何藍韓、賴、許等十一字姓，依抽籤次序輪流當值主普。[46]

類似文字說明亦見於民國九十六、九十七、九十八年改為大張折頁
的文宣內容中。[47]

第二節　學界調查研究

　　學界較早對基隆中元祭作調查的是曾任職臺灣省文獻委員會
的廖漢臣，[48]其於民國五十三年（1964）賴姓輪值主普時，觀察基
隆中元祭活動並作成完整詳細之紀錄。惟廖氏紀錄中言及姓氏輪值
主普制是置於慶安宮的相關說明裡，內容如下：

46　《2005 乙酉年鷄籠中元祭》（基隆：基隆市文化局、基隆市聯姓會/
　　值東柯蔡姓，2005），扉頁、頁2。

47　參見：《2007 丁亥鷄籠中元祭》（基隆：基隆市文化局、主普黃姓宗
　　親會，2007）、《2008 戊子鷄籠中元祭》（基隆：基隆市文化局、主
　　普郭姓宗親會，2008）、《2009 己丑鷄籠中元祭》（基隆：基隆市文
　　化局、主普張廖簡姓宗親會，2009）。

> 該廟的「普度」，最初是由市內各有力者，分為「主會」、「主醮」、「主壇」、「主普」四大柱，合力舉辦，後由各大姓出頭承辦，所謂各大姓，就是張（包括廖、簡），吳，劉（包括唐、杜），陳（包括胡、姚），謝，林，江，鄭，何（包括藍、韓），賴，許十一姓，以張為首，以許為殿，每十一年輪流主辦一次，故有「張頭許尾」之稱。值到本省光復，有王、李、柯、蔡、周、連、白……等各姓，不甘示弱，結成聯姓會，加入主辦，合為十二姓，現在每十二年，各姓輪流主普一次。[49]

而漳泉械鬥事則是放在老大公廟的相關說明裡，其內容爲：

> 「老大公」就是一羣該市的開拓者。雍正年間，漳人初來該市從事開墾，在崁仔頂——今孝一路一帶卜居，到了乾隆年間，建立新店街及暗街仔街（即今孝一路至孝四路），嘉慶初年，漳人進出今宜蘭縣，成立噶瑪蘭廳，該市成為前山至後山的要路，漳人漸聚漸眾，二十三年，鳩資建廟，即今慶安宮。不久，泉人繼後而來，看著瀕海地方，已被漳人佔住，就向當時的平埔番贌耕近山荒地，因此漳泉二籍住民，常因越墾而起紛爭，甚至釀成械鬥。其時，有漳人一〇五人勇敢戰死，白骨曝露荒野，慶安宮內某一住持，見而憫之，撿拾

48 廖漢臣曾任臺灣省文獻委員會協纂、編纂，參與《臺灣省通志稿》、《臺灣省通志》等書之修撰工作；見鄧憲卿主編，《臺灣省文獻委員會志》，頁 80、83、91、112、114。

49 廖漢臣，〈基隆普度調查報告〉，頁 123。

白骨，把它葬在今麥克阿瑟路口，嗣後漳人安居樂業，追念
這一○五人的犧牲者的恩澤，始為之建祠奉祀每年普度，就
虔誠地來祭祀亡靈，後來日移月遷，遂成慣例。[50]

廖氏調查內容屬人類學特色的現狀時況紀錄，無附徵引資料，惟其
調查報告對漳泉械鬥死亡人數與慶安宮住持角色扮演之記載與當
時已出刊的舊版《基隆市志》說法不同，且文字中對漳泉械鬥事與
姓氏輪值主普事二者欠缺明確的時間定位，令人無從得知相關事件
發生的先後順序，然從文字鋪陳中明顯呈現，此時對於基隆中元祭
的認知是：漳泉械鬥事與姓氏輪值主普制二者間並無因果關聯性。

　　民國七十三年，基隆市長張春熙因將基隆中元祭擴展為大型觀
光活動，需加強對基隆中元祭的淵源背景、歷史演變及祭典意涵之
了解，因此委託學界進行調查研究，此共有兩次，第一次是民國七
十七年賴姓輪值主普時由國立藝術學院傳統藝術研究中心主持，後
於民國七十八年出版《雞籠中元祭》一書；另一次則為民國七十九
年（1990）聯姓會輪值主普（邱丘姓值東）時由李豐楙等人負責，
後於民國八十年刊行《雞籠中元祭祭典儀式專輯》一書。其中，前
者言及基隆中元祭之特色時云：

> 早期移民的祖籍觀念很深，因此漳州人、泉州人發展成兩個
> 不同的聚落；漳州人大多居住在基隆市區，靠補魚、勞役為
> 生；而泉州人偏向山區發展，著重農業開發，彼此常因土地

50　廖漢臣，〈基隆普度調查報告〉，頁 124；又類似內容亦見於廖漢臣，
　　《臺灣的年節》（臺中：臺灣省文獻委員會，1973），頁 130-131。

界限，或水道灌溉使用，以及漳、泉分類的仇恨而有糾紛衝突，且有械鬥事件的發生。清咸豐年間，漳泉人在魴頂發生了激烈的大規模械鬥事件，死者約一百餘人。於是漳、泉兩籍的有力人士相約出面，呼籲收埋遺骸以慰安亡靈，建老大公廟於現在成功國小對面。為謀革除狠勇械鬥的陋習，超度因械鬥、渡海、瘟疫死難的先民孤魂，沿襲中原本土的宗教信仰習俗，議定農曆七月舉行中元普度醮祭，由漳泉三籍人士共同祭祀。當初基隆人口較少，有十一個較有聲勢力量的大姓，遂決定由這十一個字姓宗親團體輪流主持普度事宜。這十一個大姓按先後次序分別是：張廖簡、吳、劉唐杜、陳胡姚、謝、林、江、鄭、何藍韓、賴、許，俗稱「張頭許尾」。一百多年來，基隆中元普度祭典在基隆成為不分畛域、籍貫，由漳、泉、粵三籍人士所組成的十數個字姓團體輪流舉辦，不但普度了孤魂，無形中也化解了漳、泉兩籍人民的仇恨械鬥，使糾紛消弭無形，整合了基隆地區的人際關係。這是基隆中元普度祭典的特別意義，中元祭的公普也因而成為基隆的重要民俗傳統。[51]

後者則曰：

在臺灣全省的中元普度習俗中，像基隆地區以字姓的宗親會組織作為推動活動的主力，並以整個地區作為普度區域的，是極為難得的例子，百餘年來已成為「雞籠中元祭」的特有

---

51 國立藝術學院傳統藝術研究中心，《雞籠中元祭》，頁43-44。

傳統。這一由血緣關係所組成的字姓團體，在咸豐初年是經歷了地緣衝突——漳泉拚之後，基於地方的和諧與發展，漳泉籍移民在有識之士的倡議下共同捐棄成見，在咸豐五年（乙卯）組成十一字姓，抽籤的順序依次是張廖簡、吳、劉唐杜、陳胡姚、謝、林、江、鄭、何藍韓、賴、許。……咸豐初年（或曰三年），由於放牧走失牛羊、踏損耕地；買賣物品的價格糾紛，因此爆發了一場較大規模的械鬥，在魴頂一帶，雙方互有死傷，據父老傳聞共有一百零八人（這是民間社會習知的成數、聖數，也是好漢的數目象徵）。其後雖有報復的提議，但在清廷當道及地方父老有識之士的呼籲下，要求大家捐棄私心，發揚仁德，因此收埋遺骸，告慰亡靈，合葬於蚵殼港河畔（今成功二路）。類似因為地緣而生的糾紛、械鬥，常冤冤相報，無有了期，因而有智慧的仁厚長者共商協議，決定按照血緣關係，本是同一家，不分漳與泉，共同組成十一字姓，從咸豐五年起輪流主普，化解了彼此的誤解。[52]

　　此二部由基隆市政府委託的調查研究中，《鷄籠中元祭》一書無附參考書目，《鷄籠中元祭祭典儀式專輯》則於書末附參考書目，載及《基隆市志》、《鷄籠中元祭》及廖漢臣的調查紀錄等資料，而觀察二段引文內容可知其主要來自舊版重修本《基隆市志》風俗篇與交通篇。惟引文中也有新增內容，即《鷄籠中元祭祭典儀式專

52　李豐楙等，《鷄籠中元祭祭典儀式專輯》，頁18、28。

輯》中提及咸豐初年大規模械鬥原因之一在於「買賣物品的價格糾紛」，此部分的史料來源應為舊版《基隆市志》文物篇於最終附錄「地方掌故資料」載王初學口述的〈漳泉之爭〉事，[53]該口述篇幅不到五百字，以往鮮為人關注，此乃首度被提及。而從《雞籠中元祭》、《雞籠中元祭祭典儀式專輯》二書內容可知，此時官方志書的相關記載已開始為學界採用，納入調查事件的背景說明中。

民國八十四年，與廖漢臣同屬人類學田野調查模式的陳緯華，曾對當年吳姓輪值主普的基隆中元祭作出文字觀察紀錄，其內容提及：

> 咸豐元年八月，漳、泉人在魴頂發生大規模械鬥，損失了一百零八（中國人慣用的數字）條人命，雙方大傷元氣，經協調後，相約收集遺骸於一處，予以祭祀，此即老大公廟之源起。經過這次的械鬥，漳、泉之民皆覺長此以往對雙方都有害，終於在兩方耆老士紳的研商後，於咸豐五年（一八五五），決定不再以武力解決紛爭，並擴大民間的普渡活動，以姓氏輪值，每年舉行盛大的公普，一方面祭慰因械鬥或開發移民過程中客死的無主孤魂，一方面也讓人們在賽會中發洩情緒以取代血鬥。這就是延續一百四十一年的「雞籠中元祭」之濫觴。[54]

陳氏在文中清楚說明這段內容是依據基隆市政府出版的《雞籠中元

---

53 《基隆市志》，第十九種，文物篇，頁 144。
54 陳緯華，〈記乙亥年「雞籠中元祭」〉，頁 156。

祭》手冊而來，[55]即基隆中元祭緣起的官方說法持續被學界引用，作為田野調查時的歷史背景依據。而民國八十八年林姓輪值主普時謝宗榮也曾作田野調查，其言：

> 咸豐初年（或曰三年）的一次大規模械鬥之後，地方父老遂商議捐棄成見，決定按照血緣關係，不分漳泉，共同組成字姓組織，從咸豐五年（一八五五）開始輪流於每年中元普度時擔任主普，以化解彼此的誤解。[56]

謝氏亦明指這段文字引自《鷄籠中元祭祭典儀式專輯》一書。

此外，民國九十四年由曾子良主持之基隆市文化局有關中元祭的計畫案，即針對該傳統節慶活動涉及之祭祀文化特色、宗親組織史料，以及逐年主題特展設計三部分作研究、調查與規畫，計畫報告書內言及基隆中元祭的起源，實完全引自洪連成著作，亦基隆市政府的官方說法。[57]

除田野調查紀錄與研究外，各大學不同學門或領域的研究所學位論文也有以基隆中元祭為主題者，最早是民國八十六年陳緯華撰的碩士論文〈鷄籠中元祭：儀式、文化與記憶〉，陳文屬人類學領域內的研究，旨在透過基隆中元祭觀察二大問題：一是儀式氣氛與

---

55 陳緯華，〈記乙亥年「鷄籠中元祭」〉，頁 172，註 1。

56 謝宗榮，〈己卯年鷄籠慶讚中元祭典區域與儀式空間〉，頁 75。

57 曾子良主持，〈基隆中元祭祀文化特色、宗親組織之史料調查暨逐年主題特展之規畫研究〉（基隆：基隆市文化局計畫案報告，2006.06），頁 4；曾氏另有專文發表且將內容載入計畫報告書中，參見曾子良，〈鷄籠中元祭之傳統及其當代轉化之探討〉，頁 41-42。

集體意識存在間的關係，一是儀式秩序於文化變遷中的角色扮演。
文中對基隆中元祭的背景認識有數段說明，如：

> 隨著耕地的開發、商業的發展，漳州人和泉州人之間，為了
> 耕地、水源、地盤等等的問題經常發生械鬥，並因咸豐年間
> 的大規模械鬥而衍生了後來的「雞籠中元祭」，這一次的械
> 鬥以及由之而產生的「雞籠中元祭」對基隆的社會產生了極
> 大的影響。自此之後分類械鬥不再，社會中的字姓團體成為
> 重要組織，祖籍分類的意識逐漸變淡。
>
> 早期移居基隆的移民，因到達時間的不同而自然地形成不同的
> 居住區域，先到的漳州人大都聚居於基隆的市區，大約就是現
> 在的中正、信義、仁愛、安樂、中山等區，而後到的泉州人則
> 居住於山區，大約是今天的暖暖、七堵區，在開發一段時間後，
> 雙方便經常因水源、耕地等的爭奪而引起械鬥，咸豐元年（1851
> 年）八月，漳泉雙方在魴頂（今仁愛區南榮路第一隧道與八堵
> 隧道之間）發生大規模的械鬥，造成重大傷亡（據稱有一百零
> 八人死亡），在一番思索後，雙方皆覺長此以往並非辦法，為
> 避免類似事件再發生，地方士紳大老便決定以「賽陣頭代替打
> 破頭」，把向來受人們重視的普渡祭典制度化，產生每年由字
> 姓團體來負責主辦的公普，打破以往的地域觀念，增加彼此的
> 接觸與了解，化解了長久以來的流血衝突。[58]

---

58 陳緯華，〈雞籠中元祭：儀式、文化與記憶〉，頁 9、21。

文中未載數段文字之史料來源，然論文徵引書目中列有基隆市政府出版的《雞籠中元祭》、《雞籠中元祭祭典儀式專輯》與廖漢臣的〈基隆普度調查報告〉等資料，[59]可知其立論根據。

　　民國八十七年（1998）陳燕如撰的碩士論文〈中元普度與政商之間：日據時期基隆地方領袖的發展〉，該文屬歷史學課題之研究，全文重點是探討日治時期地方領袖在基隆中元祭裡的角色扮演，特別涉及基隆經濟發展的重要背景與宗親組織在民間社會的影響力。由於作者專注於日治時期的討論，且屬歷史學特色的細部探究，故徵引書目中雖列出舊版《基隆市志》、舊版重修本《基隆市志》及陳緯華碩士論文等參考資料，[60]然其論文內容並無關於基隆中元祭的緣起說法。

　　民國九十二年江志宏撰的博士論文〈臺灣傳統常民社會的明幽二元思維──從中元普度談起〉，[61]此屬社會學領域內之研究，旨在探究鬼神觀念在臺灣傳統民間社會的作用力與影響力，該文主體部分共六章，其中一章專論基隆中元祭；兩年後此一學位論文正式出版成專書《臺灣傳統常民社會的明幽二元思維──普度、祭厲與善書》，該書言及基隆中元祭的由來如下：

　　　清朝基隆地區墾荒初期，由於漳、泉移基人口驟增，晚來的

59　陳緯華，〈雞籠中元祭：儀式、文化與記憶〉，頁 143-144。

60　陳燕如，〈中元普度與政商之間：日據時期基隆地方領袖的發展〉，頁 192、197。

61　江志宏，〈臺灣傳統常民社會的明幽二元思維──從中元普度談起〉（臺北：國立臺灣大學社會學研究所博士論文，2003.07）。

泉州移民因土地所限，被迫移向山區發展。然漳泉移民仍因土地、水源衝突不斷，牛羊放牧亦時生齟齬，加上地緣觀念濃厚，致經常發生械鬥事件。咸豐元年（1851）（另有三年及十年之說），漳、泉兩邑移民在魴頂（今南榮公墓）發生大規模械鬥，導致一○八人死亡。由於此次械鬥事件傷亡太過慘重，地方頭人乃出面呼籲集中埋葬死者遺骸，並於西定河畔（即今之自來街一帶）建老大公墓撫慰亡靈。

此外，咸豐四年（1854 年），漳、泉士紳為消弭逞狠械鬥之陋習，乃倡議以普度代替械鬥，以賽陣頭取代打破頭，並超度抗荷、抗西之烈士與渡海、械鬥而死的先民，議定農曆七月舉行中元普度，同時倡議以字姓團體輪值主普，希望藉宗氏五百年前同一家為號召，弭平族群間的鴻溝，共同超度因械鬥、瘟疫、海難、番害等事件而死的亡靈。自咸豐五年（1855）起，中元普度輪值始具規模。當時由十一個姓氏團體輪流主辦普度，此十一姓依抽籤順序為張廖簡、吳、劉唐杜、陳胡姚、謝、林、江、鄭、何藍韓、賴、許，當年輪值的姓氏稱為「主普」，其它參與的姓氏則稱為「讚普」。[62]

文中明言此段文字的史料基礎為舊版重修本《基隆市志》、《雞籠中元祭》、《悲天憫人：中元民俗采風展專輯》，三書均屬基隆市政府出版的官方性質資料。值得注意的是，作者曾對舊版《基隆市志》沿革篇刊載的咸豐十年漳泉械鬥事，與舊版重修本《基隆市志》

62　江志宏，《臺灣傳統常民社會的明幽二元思維——普度、祭厲與善書》（臺北：稻香出版社，2005），頁 62-64。

風俗篇刊載的咸豐三年漳泉械鬥事質疑，惟其認為「不管是咸豐十年或咸豐三年，都與耆老所說的咸豐元年有小小出入。不過，以漳泉械鬥做為基隆字姓團體輪普之緣起，已成為市民們的共識」。[63]

　　民國九十六年洪嘉蕙撰的碩士論文〈鄉土藝術融入國小藝術與人文之課程設計——以「雞籠中元祭」為例〉，此屬教育學領域內之課題，主要是將基隆中元祭之相關內容與意涵融入國小鄉土藝術與人文課程中，文末附有「雞籠中元祭鬼節嘉年華」、「雞籠中元祭藝文華會」、「美麗的田寮河」三個不同學習階段的教案設計以提供教師參考應用。由於教學內容與教案設計均以基隆中元祭為主題，勢須對相關內容有所掌握，故洪氏明言其曾「參加基隆市社區大學『雞籠中元祭』的課程研習班，更收集了更多相關的文獻資料」，[64]並因此整理出一節的文字篇幅以說明基隆中元祭的起源與內涵，洪氏指出中元祭的背景是：

> 雞籠的移民以來自福建漳州人、泉州人最多，漳、泉人常因農田境界或灌渠發生衝突。咸豐元年（西元 1851 年）8 月，又因小事在魴頂（今南榮公墓）引發大規模械鬥，死傷百餘人。漳、泉相仇，常起紛爭，地方仕紳相約出面呼籲收集遺骸，以撫平亡靈，建老大公廟，並盼停止此類械鬥，提出了「賽陣頭代替打破頭」口號，……咸豐四年（西元 1854 年）

63　江志宏，《臺灣傳統常民社會的明幽二元思維——普度、祭厲與善書》，頁 64。

64　洪嘉蕙，〈鄉土藝術融入國小藝術與人文之課程設計——以「雞籠中元祭」為例〉，頁 45。

> 漳、泉仕紳為謀求革除械鬥之陋習，並超渡抗荷、抗西之烈
> 士以及在械鬥、渡海、瘟疫死難之先民孤魂，乃沿襲中元風
> 俗，議定農曆七月舉行中元普渡醮祭，自咸豐五年（西元
> 1855 年）開辦，抽籤結果由張廖簡、吳、劉唐杜、陳胡姚、
> 謝、林、江、鄭、何藍韓、賴、許等十一姓輪流主持普渡事
> 宜，參加範圍包括金、雞、貂、石四堡。[65]

引文未明其史料來源，惟觀諸內容可知其並未超脫舊版重修本《基
隆市志》刊載範圍。

　　民國九十六年余佳芳撰的碩士論文〈從基隆中元祭探討臺灣傳
統節慶演變之研究〉，此屬文化研究領域之課題討論，旨在透過基
隆中元祭的「轉變過程」、「產生現象」及「出現問題」三部分，
討論地方節慶活動受外界因素（如公部門、全球化介入等）影響下
之變化情形，並觀察節慶活動發展與臺灣社會文化變遷之關連性。
文中言及基隆中元祭起源時載：

> 早期漳泉移民相處並不和諧，尤其是在基隆一帶，因為基隆
> 地形多丘陵地，漳泉移民爭地權、水權加上族群意識、信仰
> 等不同，常引發集體械鬥的情形，到了咸豐初年漳、泉移民
> 以魴頂（今仁愛區南邊南榮公墓）為界。……咸豐元年（西
> 元 1851 年）八月由於放牧時走失羊群踏損耕地爆發了一場

65　洪嘉蕙，〈鄉土藝術融入國小藝術與人文之課程設計——以「雞籠中
　　元祭」為例〉，頁 48-49。類似文句亦重覆出現於該論文的其它部分，
　　參見頁 50、61、62-63、172、附錄 1、附錄 4-5、附錄 35。

較大規模的械鬥，在鮘頂一帶雙方互有傷亡，據傳共有一百零八人死亡，其後雖有報復的提議，但在清廷及地方父老勸導下暫時平息，要求大家捐棄私心收埋遺骸，告慰亡靈合葬於石山，建義民祠或稱老大公墓，後稱老大公廟。另有一說法是，漳州婦人所畜母豬生子豬數隻，旋售與泉人，因價款發生誤會，雙方起了衝突。

基隆中元祭源自不同聚落的漳、泉移民因拓地、水權、濃厚的地域及意識觀念問題，導致咸豐元年（西元 1851 年）發生械鬥的悲劇，因而經由地方有力人士、地方仕紳出面協調，呼籲收集遺骸將之埋葬，建立老大公廟以撫平亡靈，並盼停止此類械鬥，因此自咸豐四年（西元 1854 年）漳、泉士紳為謀求革除械鬥之陋習，結合字姓血緣團體，成立宗親會，期待透過字姓宗親的結合讓彼此不分地緣而能依循著姓氏而凝聚彼此的關係，另外因為過去基隆地理位置為兵家必爭之地，在歷史上抗荷、抗西的烈士不少加上基隆為海港常有渡海、瘟疫死難的先民，所以發起沿襲中原的風俗，議定於每年農曆七月舉行中元普渡醮祭儀式，並於咸豐五年（西元 1855 年）正式開始舉辦基隆中元祭。[66]

論文裡明指該段文字的史料來源為《辛巳年鄭姓主普紀念專輯》與舊版《基隆市志》文物篇中王初學的說法，而考諸相關資料，可知王初學的說法僅涉及漳州婦人因售豬價款問題與泉人發生誤會起

---

66 余佳芳，〈從基隆中元祭探討臺灣傳統節慶演變之研究〉，頁 30-31。

衝突部分，故該段文字的主要依據應為民國九十年鄭姓宗親會輪值
主普後的紀念專輯；又觀察鄭姓宗親會的輪值主普紀念專輯內容，
可知其係引用舊版《基隆市志》、舊版重修本《基隆市志》、[67]《雞
籠中元祭》、《雞籠中元祭祭典儀式專輯》資料而來。[68]

　　民國九十六年顏婉吟撰的碩士論文〈節慶文化活動服務品質之
探討——以基隆中元文化祭為例〉，此屬管理學領域內之課題，全
文以參與基隆中元祭活動的遊客及基隆市文化局、基隆中元祭實際
執行單位為研究對象，經由問卷調查與統計討論節慶活動中有關服
務品質的諸項問題，最後試圖提供基隆市文化局與執行單位對應之
行銷策略與建議，而文中言及基隆中元祭的由來：

> 基隆中元文化祭始自清咸豐五年（一八五五），其緣由為：
> 咸豐一年八月，基隆地方的漳州人與暖暖地方以安溪人為主
> 的泉州人，在魴〔魴〕頂（今南榮公墓）發生了激烈的械鬥
> 事件，死傷枕藉以致屍骨難以辨識，地方士紳收其骸骨一百
> 零八具（中有慶安宮僧侶一位，傳云為率先搧動的頭人之

67　鄭姓輪值主普紀念專輯中雖未明言其引用舊版重修本《基隆市志》內
　　容，然書中對舊版《基隆市志》載咸豐十年發生大規模漳泉械鬥事的
　　時間予以質疑，故言：「按，此年代疑有誤，亦說是咸豐元年，且咸
　　豐五年起已有十一字姓聯合輪值主普」，即將大規模漳泉械鬥事時間
　　改為咸豐元年，而咸豐元年之時間刊載實出現於舊版重修本《基隆市
　　志》而非舊版《基隆市志》中，故紀念專輯內容確有舊版重修本《基
　　隆市志》之說法。

68　《基隆中元祭辛巳年鄭姓主普紀念專輯》（基隆：基隆市鄭姓宗親會，
　　2004），頁33-34。

一），分別集葬於蚵殼港、獅球嶺義民廟，幾經遷移，現座落安樂路一段的老大公廟，已成每年七月中元祭開龕門（開鬼門）、關龕門（關鬼門）祭典的場所。咸豐三年，基隆地方發生猛烈的傳染病，染者即死，當時稱為老鼠病（黑死病），地方極為不安，因此翌年本港海防廳長及本市士紳，聚集慶安宮，為地方平安互議創設慶讚中元普渡祭典，藉以追祭義靈並撫慰人心，會議結束後，當場十一姓代表和海防廳王廳長抽籤，依次由張（廖簡）、吳、劉（唐杜）、陳（胡姚）、謝、林、江、鄭、何（藍韓）、王（旋榮遷北京，不及組織）、賴、許各姓，由次年（咸豐五年，一八五五年）起，開始輪流主持普渡；另地方行商、士紳亦可經由主普外之主會、主壇、主醮等三大柱輪流承擔普渡祭典。[69]

引文中除重覆傳統說法外，又新增咸豐三年基隆發生嚴重傳染病（黑死病），地方頗不安寧，故次年由基隆港海防廳長及士紳集會創議設中元普度祭典之事，惟文中未言該段引文的史料來源，論文末列出的參考書目亦無前述涉及基隆中元祭說法的數種資料，而仔細探究後可知，此新增內容實來自民國九十五年出版的柯蔡姓輪值主普中元祭紀念專輯之記載。[70]（詳見後文）

---

69 顏婉吟，〈節慶文化活動服務品質之探討——以基隆中元文化祭為例〉，頁 18-19。

70 《二○○五（歲次乙酉）雞籠中元祭主普聯姓會值東基隆市柯蔡姓宗親會紀念專輯》（基隆：基隆市柯蔡姓宗親會，2006），頁 1-2。

　　民國九十七年郭雅婷撰的碩士論文〈雞籠中元祭節慶文化產業行銷策略之研究〉，此亦屬管理學領域之課題討論，主要是從產品、價格、地點、推廣與合作五個面向，探討基隆中元祭節慶文化產業的行銷策略，並分析該傳統節慶活動的轉變與文化意義，文中載基隆中元祭緣起內容如下：

> 　　清朝移民基隆的人口驟增，主要以來自福建的漳州人、泉州人最多，當是時，泉州之移民，亦漸次北往，然以地勢所限，迫向山區發展。因之漳、泉居民，或因田土境界，或以水道灌溉，牛羊放牧等，時生齟齬，輒起械鬥，構仇甚深。……咸豐元年（西元 1851 年）8 月，又因小事但積恨日久，在魴頂（今南榮公墓）引發大規模械鬥，死傷百餘人，誠為基隆開發史中之慘事。漳、泉相仇，常起紛爭，於是地方仕紳相約出面呼籲，暫緩報復，先行收埋遺骸，以撫平亡靈，建老大公廟，並盼停止此類械鬥，此議正合士民厭鬥心理，眾合之，並提出了「賽陣頭代替打破頭」口號，……咸豐四年（西元 1854 年）基隆地方仕紳為謀求革除械鬥之陋習，又因基隆早期濱海潮灘，荊莽叢生、瘟疫肆虐，移民拓墾者，在缺乏醫藥情形下，客死異鄉而成無主孤魂者眾多，加上海盜、倭寇之侵犯，外夷佔據，致被殺害犧牲者亦不少，因此議定農曆七月舉行中元普渡醮祭，抽籤結果由張廖簡、吳、劉唐杜、陳胡姚、謝、林、江、鄭、何藍韓、賴、許等十一姓輪流主持普渡事宜，於咸豐五年（西元 1855 年）開辦。參加範圍包括金、雞、貂、石四堡。普渡的對象包括移民過

程中發生海難、瘟疫以及因與原住民、西、荷、日、法等發生摩擦事件死難之先民孤魂。[71]

郭氏指出該段文字資料來自新版《基隆市志》住民志的禮俗篇、《大船入港、快樂出帆：基隆的故事》，以及柯蔡姓輪值主普的紀念專輯；其中，除宗親會編纂的輪值主普紀念專輯外，餘均屬官方出版品，而新版《基隆市志》與《大船入港、快樂出航：基隆的故事》二書的相關內容實來自舊版重修本《基隆市志》。[72]又值得注意的是，引文中提到普度對象含因與原住民、日、法發生摩擦事件死難之先民孤魂，乃以往未曾言及者，其中，普度因原住民事死難者與民國八十九年立的〈基隆開基老大公廟略誌〉碑刻提及之因番害死難者同，[73]惟普度因日、法摩擦事死難者部分則不明其史料依據。

　　民國九十八年連明偉撰碩士論文〈雞籠中元祭──儀式、組織與權力〉，此屬教育學領域的課題討論，主要是探究基隆中元祭整體儀式進行過程中涉及的組織運作與權力變化，此組織包括市政府、宗親會、社區大學、廟宇等單位；論文內容亦言及基隆中元祭的起源：

71　郭雅婷，〈雞籠中元祭節慶文化產業行銷策略之研究〉，頁 49-50。

72　新版《基隆市志》住民志的禮俗篇與宗教篇均載基隆中元祭相關事，參見：《基隆市志》，卷 2，住民志，禮俗篇，頁 27；卷 2，住民志，宗教篇，頁 55-56。而另一書刊載基隆中元祭事則見薛麗妮主編，《大船入港、快樂出航：基隆的故事》（基隆：基隆市立文化中心，2001），頁 25；又該書屬基隆市政府出版的「基隆文心叢刊」系列書籍中的第一三七種。

73　〈基隆開基老大公廟略誌〉（2000 立）。

當年基隆街的漳州人與暖暖街的泉州人以魴頂（今南榮公墓）及獅球嶺為界，卻常因土地、水源及其他枝微末節的細故發生爭執，引發械鬥，至今基隆地區仍流傳著「尪公不過獅球嶺」的俗諺。……雙方長久以來的不和，終於在咸豐初年，於魴頂爆發了一次基隆地區有史以來死傷最為慘重的械鬥，共造成一百零八人死亡。……由於雙方皆感到如此打殺下去，無法安居樂業，且代價慘痛。在咸豐四年時，遂由地方有力人士出面協調，當時北臺灣的望族板橋林家亦參與其中。雙方決定先收埋死者屍骸，超渡亡魂，以免冤鬼作祟，並於埋骨處建老大公墓。同時雙方在協調下決定放棄嫌隙成見，停止冤冤相報，議定於每年七月中元普渡時，共同祭祀死難亡魂。自咸豐五年（西元 1855 年）起，漳泉雙方更打破地域觀念，以血緣為主的「字姓」每年輪流主普，超渡同樣因渡海來臺謀生，卻因為海難、械鬥、番害或抵抗荷蘭、西班牙而喪生的亡靈。另外，為了展現各字姓的實力及對亡者的敬意，在普渡時「以賽陣頭代替打破頭」，請民間遊藝團體、子弟班在七月的各項慶典中，以聲勢浩大的陣頭互相競技，更添喜慶氣氛。[74]

連氏文中未說明上段文字引自何種資料，惟內容不脫傳統官方說法；而文中亦提及普度對象含因番害死難者，一如郭雅婷之論文所言，故亦當引自老大公廟碑刻所載。

---

74 連明偉，〈雞籠中元祭──儀式、組織與權力〉，頁 14-15。

此外，引文中尚言及：咸豐四年地方人士協調漳泉對立會議中有北臺灣望族板橋林家之參與，此說法應來自舊版《基隆市志》文物篇末所載王初學之口述內容，或撰寫舊版重修本《基隆市志》風俗篇與新版《基隆市志》住民志的洪連成口述，因洪氏曾於臺灣省文獻委員會對基隆耆老作口述歷史座談會時陳述此一內容，[75]故連氏此段文字實是參考上述資料而來。

又該論文曾對發生於魳頂之大規模漳泉械鬥時間有咸豐元年、三年與十年之三種不同說法提出質疑，然其認為咸豐三年說的真實性較高，所依據理由有三：一是基隆地區有「咸豐三、講到今」的俗諺，而「咸豐三」指得就是魳頂械鬥一事，此乃民間社會百年來口耳相傳下的結果；二是漳、泉和解會議舉行於咸豐四年，會議當務之急是「先收埋死者屍骸，超渡亡魂」，若械鬥事發生於咸豐元年，何以能拖三年才收埋屍骸；三是《大清文宗顯皇帝實錄》中於咸豐三年載有臺灣府城被圍事，又言「臺地械鬥之案所在時有」，然咸豐元年則未載任何與臺灣相關之事，故連氏推論咸豐三年漳泉械鬥事，「雖因官方未派員處理而未列入紀錄，但也應有耳聞才是」。[76]

民國九十八年兪思好撰碩士論文〈「雞籠中元祭」之道教科儀唱腔研究〉，此屬藝術領域內之課題，全文主要闡明基隆中元祭裡道教科儀唱腔，包括曲調運用與唱腔音樂形態，以充分了解道教科

---

75 臺灣省文獻委員會編，《基隆市鄉土史料——基隆市耆老口述歷史座談會紀錄——》（南投：臺灣省文獻委員會，1992），頁44-45。

76 連明偉，〈雞籠中元祭——儀式、組織與權力〉，頁16-17。

儀的音樂本體，論文中亦涉及基隆中元祭的背景交代，內容如下：

> 基隆地方原來港灣腹地狹小，海上礁石多、陸上山陵綿延，
> 三面環山一面環海的特殊地理位置，易守難攻，且亦常有海
> 盜入侵建築，故開發較晚。
>
> 直至清雍正初年（西元 1723 年）始有漳人居住入墾基隆，
> 主要分布在港口附近與獅球嶺以北地區；而泉州人則分布於
> 獅球嶺以南，暖暖地區的河谷山地。由於漳、泉兩者祖籍相
> 異，信仰與風俗習慣迥然，在福建家鄉早傳不合而造成多次
> 械鬥情形，來台後更因土地、耕種、水路、經商等經濟利益
> 因素，而引發了族群械鬥的導火線，也就是所謂的「漳泉
> 拚」。……
>
> 諸如此類的衝突不僅時常發生，更自咸豐元年（西元 1851
> 年）始越演越烈，尤其以咸豐三年（1853 年）雙方在魴頂
> 爭鬥的情形最為嚴重，死傷慘重屍骨遍野，後據市志所載，
> 共有一百零八人因此罹難，而這些不幸喪生的罹難者多為在
> 台無親無故的羅漢腳。經過這次嚴重的械鬥後，地方上有識
> 之士紛紛出面調解，發起協商，建議合葬雙方死難者骸骨，
> 並尊稱「老大公」，建立「老大公廟」。此在洪連成先生的
> 《滄海桑田話基隆》中有所敘述：……
>
> 並且策劃以「字姓」輪值主普方式，由宗親會每年輪流舉辦
> 中元普度、普施孤魂幽靈，藉以消弭族群間鬥爭、化解因地
> 域隔閡引發的械鬥陋習。因由民間自發性主辦，且以年年輪
> 值作為規範，故各氏宗親會皆責無旁貸，自此即開啟了接續

一百五十餘年不間斷的「雞籠中元祭」。[77]

　　俞氏引文中明指其依據爲舊版重修本《基隆市志》與洪連成《滄海桑田話基隆》兩書，而兩種資料出自一人之手，且均由基隆地方政府發行出版。[78]

　　綜觀上述有關基隆中元祭的調查研究、學位論文，乃至專書，其相關基隆中元祭歷史淵源與發展情形之內容主要來自官方出版品的《基隆市志》，無論是舊版《基隆市志》、舊版重修本《基隆市志》、新版《基隆市志》，與《雞籠中元祭》、《雞籠中元祭祭典儀式專輯》、《大船入港、快樂出航：基隆的故事》、《滄海桑田話基隆》，以及屬民間出版品的鄭姓、柯蔡姓宗親會輪值主普紀念專輯，而窺諸各式書籍之源頭主要仍爲《基隆市志》，特別是舊版重修本《基隆市志》的風俗篇與交通篇，故文字刊載不斷重覆類似觀念與同樣說法。又由於近十餘年來學界之學位論文以基隆中元祭課題爲研究者實不限一種學門，而是遍及社會科學領域中的人類學、社會學、教育學、管理學、文化研究，以及人文學領域中的藝

77　俞思妤，〈「雞籠中元祭」之道教科儀唱腔研究〉，頁 2-3。

78　洪連成於舊版重修本《基隆市志》風俗篇、新版《基隆市志》住民志與《滄海桑田話基隆》三書中言及基隆中元祭相關事，其內容與文字均大同小異，相關資料可參見：《基隆市志》，風俗篇，頁 14、237-238；《基隆市志》，卷 2，住民志，宗教篇，頁 55-56；洪連成，《滄海桑田話基隆》（基隆：基隆市立文化中心，1993），頁 109；又《滄海桑田話基隆》一書屬基隆市政府出版的「基隆文心叢刊」系列書籍中的第三十五種。

術等學門，由此可知相關基隆中元祭的官方說法與傳統內容即在前述各領域與學門範疇間不斷複製、流傳與影響。

第三節　民間流通傳布

　　基隆民間社會對中元祭的相關說法，較早見於老大公廟的碑刻文字。老大公廟是基隆甚受矚目的廟宇，廟內有三個碑刻，均涉及基隆中元祭事。最早的碑刻文字是民國五十年（1961）鐫於舊碑上，後因民國七十四年老大公廟神龕改建及廟宇整修而將舊碑毀棄，並將舊碑文字重刻至新碑上形成的〈基隆市老大公廟重建緣起〉碑，[79]碑文言：

> 溯自明末因祖國外擾內亂西班牙於公元一六二九年乘機竊据本省北部淡水金包里雞籠恣意掠奪姦淫婦女殘殺善良我先烈不堪異族踩躪激於義憤群起抗暴一時殺退群寇終因匪援強盛義士勢孤犧牲壹佰餘位壯烈成仁地方民眾為感忠義鳩資集骸在本市原蚵壳港河岸（陸軍營前）建築義塜號曰（老

79　〈基隆市老大公廟重建緣起〉碑上之文字最早立於民國五十年的舊碑中，然民國七十四年老大公廟神龕改建及廟宇整修時毀棄舊碑，將舊碑文重刻於新碑上，故今日見到的這個碑刻屬新碑載舊文情形；又新碑重刻舊文時，將舊碑鐫刻時間載為「中華民國五十五年歲次辛丑」，此有誤，因歲次辛丑應為民國五十年。相關史料與解說可見吳蕙芳，〈地方碑刻與基隆中元祭〉，《書目季刊》，44卷1期（臺北，2010.06），頁83-84。

大公墓）四時祭獻香煙不斷而本市每年慶讚中元拔度水陸孤魂普施餓鬼恒例開閉鬼門均以該廟為主體[80]

碑文明確指出：基隆中元祭的普度對象是十七世紀對抗西班牙異族入侵而壯烈犧牲者，並非十九世紀漢人族群對立背景下的漳泉械鬥死難者。惟該碑文被民國七十六年舊版重修本《基隆市志》交通篇載「老大公墓附述雞籠中元祭」時引用，相關說明文字卻將普度對象由對抗西班牙異族入侵而壯烈犧牲的先民烈士，擴大為「抗荷，抗西之烈士」，及因「械鬥、渡海、瘟疫死難先民孤魂」。

　　類似內容亦見於老大公廟內的另一碑刻，即民國六〇、七〇年代刻成，置於龕門內的〈雞籠開基老大公廟略誌〉碑，[81]其言：

溯自明末因外擾內亂西班牙於公元一六二九年乘機竊據本省北部雨尾，金包里，雞籠等地，恣意掠奪，姦淫婦女，殘殺善良，我先烈不堪異族踩躪，激於義憤群起抗暴，一時殺退群寇終因匪援強盛，義士勢孤無援不幸犧牲壹佰餘位壯烈成仁，識者之士相約出面呼籲收集遺骸起造義墳慰安亡靈號曰「老大公墓」以垂範後世促起邦人景仰效法先烈成仁起義

80　〈基隆市老大公廟重建緣起〉碑。

81　〈雞籠開基老大公廟略誌〉碑載撰刻時間為「癸丑孟秋月」，癸丑年為民國六十二年，然據廟方說法此碑乃民國七十四年（歲次乙丑）老大公廟神龕改建及廟宇整修時撰刻的，即兩者差距十二年，筆者推測原因或在於刻碑時間的歲次有誤造成，即將乙丑年誤載為癸丑年；相關說明參見吳蕙芳，〈地方碑刻與基隆中元祭〉，頁85-86。

精神，謹誌不朽。[82]

該碑文內容實前述碑文的沿續，即民國五十年出現相關基隆中元祭
之說法，持續流傳至民國六〇、七〇年代仍保留不變。

民國八十九年老大公廟新鐫〈基隆開基老大公廟略誌〉碑，對
基隆中元祭事又有不同於以往的記載，碑文云：

> 先民從唐山渡海來台灣開拓早期開發基隆者多為福建漳州
> 及泉州之移民又以漳州人較早進入崁頂一帶平地定居泉州
> 人後來被迫往山區發展為土地境界或水道灌溉時而引起糾
> 紛咸豐元年八月漳泉人在魴頂發生大規模械鬥雙方橫死共
> 計佰餘人為此地方有識者痛定思痛為穩定社會安寧出面調
> 解仍將這些客死異鄉之孤魂立墓祭祀稱為「老大公墓」並自
> 咸豐五年起沿襲中原宗教習俗以姓氏輪值方式於每年農曆
> 七月舉行中元普度以祭慰因械鬥或瘟疫海難番害等無主孤
> 魂以血緣來代替祖籍的觀念化解了兩族長期仇恨這是先民
> 的智慧留下基隆人團結延續的力量[83]

該碑文將基隆中元祭裡的姓氏輪值主普制產生原因明指為清咸豐
元年的漳泉械鬥事，且自咸豐五年開始運作此制，而姓氏輪值主普
制後的基隆中元普度，其祭慰對象除械鬥亡者外，亦有因瘟疫、海
難、番害形成之無主孤魂，並強調此舉實透過血緣方式化解長期以
來的地域衝突，促成日後基隆人的團結；這些內容實將舊版重修本

---

82 〈雞籠開基老大公廟略誌〉碑（1973 立）。
83 〈基隆開基老大公廟略誌〉碑。

《基隆市志》交通篇的文字重現於碑刻上，惟普度對象新增因「番害」造成之無主孤魂，而此新增之普度對象即被前述郭雅婷與連明偉引用至其學位論文中。

除老大公廟碑刻外，基隆另一重要廟宇慶安宮亦有碑刻涉及基隆中元祭事，即民國九十四年刻成的〈基隆市慶安宮謁祖進香紀事〉碑，碑文旨在說明該廟自日治至戰後曾三次赴福建湄州、泉州、漳州之媽祖廟，迎回三地媽祖像供奉廟內之歷程，碑文末特別申明此舉之意涵乃：

> 本宮先後三載舉辦宗教之旅活動，分赴福建各地，迎回媽祖神尊，為全台僅見之「湄洲媽」、「泉州媽」與「漳州媽」共祀之廟宇。念我祖先，多由漳、泉渡海而來，早年械鬥頻傳，死傷英靈無數！而今奉請漳州、泉州媽祖安座本宮，正可超拔先人之痛，彰顯族群融合之諦，誠為本宮之一大特色也。[84]

文中雖不見基隆中元祭涉及之緣起、普度對象或姓氏輪值主普制等事，然內容卻清楚表明基隆早年漳泉械鬥對立嚴重，今日實欲以三地媽祖像之聯合供奉彰顯族群融合真義。

碑刻文字外，基隆各輪值主普姓氏之宗親會亦有於當年輪值主普事後編纂紀念專輯以載相關事，內容往往涉及基隆中元祭之種種說明，而目前可見最早的這類資料，是民國五十三年輪值主普的賴姓宗親會報告書。惟該姓輪值主普報告書並未詳載基隆中元祭的緣

---

84 〈基隆市慶安宮謁祖進香紀事〉碑（2005 立）。

起，僅言「基隆慶安宮中元主普由來已久，光緒十八（壬辰）年本宗諸先賢已有籌募積立公款之舉，以備十一年一次輪值主普之需」，[85]即賴姓輪值主普至光緒十八年（1892）時，已有以籌募公款備輪值主普所需花費之舉，然文中無確切輪值主普開始時間，亦不載相關背景說明。而民國六十九年輪值主普的吳姓宗親會報告書就有較多內容刊載，其言：

> 慶讚中元盂蘭勝會普渡水陸孤魂祭典相傳已有二千三百多年之悠久歷史，基隆慶安宮之普渡始自前清咸豐五年歲次乙卯年間至今（戊申年）已經有一一四年依據文獻咸豐三年歲次（癸丑年）基隆山上匪賊突起地方賢烈與其擊鬥犧牲一〇八人，先烈地方士紳收集屍骸合葬於蚵殼港山麓建義民祠每年七月初一日開祠門（開鬼門），八月初一日閉祠門（關鬼門），中元節時普渡孤魂奉迎義靈來享受市民祭典，咸豐四年歲次（甲寅年）本市士紳為地方人民平安心神安寧起見由十一姓代表取道互議結果推定張，吳，劉，陳，謝，林，江，鄭，何，賴，許等十一姓輪流主持普渡（值年者稱主普），咸豐五年歲次乙卯年起由前排定十一姓輪流舉辦祭典。[86]

該內容言中元普度祭典之歷史悠久可遠溯至周代，然基隆的中元普度活動則始於清咸豐五年，因咸豐三年地方賢烈為抗基隆山上匪賊

85 《基隆賴姓宗親會甲辰年主普報告書》（基隆：基隆賴姓宗親會，1964），頁1。
86 吳貞吉編纂，《基隆吳姓庚申年主普報告書》，頁9。

死亡一百零八人，故有普度孤魂之舉，且自咸豐四年起，為安定地方人心由十一姓代表互議共推輪流負責普度工作，次年開始正式施行；惟報告書中提及咸豐三年地方賢烈與匪賊對峙事，及咸豐四年互議共推普度工作之負責姓氏事，實無法查明其文獻依據，而民國七十六年刊印之舊版重修本《基隆市志》交通篇則將咸豐四年事載入，並將輪值主普十一姓之順序排列從「互議結果推定」改成依「抽籤結果」決定。

　　由於老大公廟於民國五十年及六〇、七〇年代撰成的碑刻文字，與民國六十九年吳姓輪值主普編纂的報告書內容，均認為基隆中元祭緣起背景並非漳泉械鬥事，故洪連成在舊版重修本《基隆市志》風俗篇中曾作出解釋，[87]其言：

> 本市吳姓主譜緣起記載云：「基隆山上匪賊突起，地方賢烈與其搏門，共犧牲一百零八名」云云；及該祠〔按：即老大公廟〕鐫刻碑謂：「西班牙竊據本省北部，恣意掠奪……先烈……激於義憤抗暴，勢孤犧牲一百多位」云云，……據推測後人因見今日漳泉之和洽，不願提起「漳泉拼」舊事，實乃出於忌諱，恐刺激彼此感情。但從革除陋習而言，實亦不必忌諱此血淋淋之慘痛往事，更應欽佩先民之先覺者有此識

87　民國六十九年吳姓輪值主普，報告書於當年八月廿五日出版，而洪連成撰的舊版重修本《基隆市志》風俗篇刊行於民國六十八年十二月，就時間順序而言，不該出現較早出版之刊物對較晚出版之刊物內容作解釋，由於吳姓輪值主普報告書必定於其輪值主普後才可能出版，因此，筆者推測舊版重修本《基隆市志》風俗篇的實際刊印時間並非版權頁中所載的時間，而是在吳姓輪值主普報告書出刊後才真正出版。

見，以「賽陣頭代打破頭」之偉大成就。[88]

又民國八十九年基隆市政府委託學界對當地陰廟作調查研究，曾記錄下老大公廟周東和秘書推測早期廟內碑文如此撰刻的原因在於：

> 因為國民政府執政時，不願挑起族群問題，所以當初寫碑文時，就將時間提早至西班牙、荷蘭、番害時期，這些時期一直都有人反抗死傷，基於「鬼要有所歸，而不為厲」的考量，而將其屍骨埋葬，直到咸豐年間漳泉械鬥最厲害的那一次，將問題凸顯，後來才將這些人合葬在一起，這樣看來碑文如此寫也不無道理，只是當初未將漳泉械鬥寫出，這樣的目的是希望用血緣來改變種族仇視，用拼陣頭來代替打破頭，這也是基隆人族群融洽，在選舉時看不出明顯族群問題的原因。[89]

綜觀洪連成與周東和兩人的解釋是將此事指向隱匿史實以避諱族群問題之現實考量與實際目的，而窺諸戰後基隆的歷史發展確有若干跡象可循此方向思考。

蓋戰後基隆發生族群衝突致死傷慘重令人印象深刻之事，即民國卅六年（1947）的二二八事件。據官方調查結果：基隆二二八死

88　《基隆市志》，風俗篇，頁 431。

89　李豐楙、賴政育、葉亭妤，《鬼府神宮：基隆市陰廟調查》（基隆：基隆市立文化中心，2000），頁 18-19；又該書屬基隆市政府出版的「基隆文心叢刊」系列書籍中的第一三〇種。

亡者的確切名單有七十一人，[90]然時人有較此更多的死傷數字紀錄，甚至有人指出二二八事件以「高雄、嘉義、基隆三地最慘烈，軍民死傷也最多」。[91]尤其值得注意的是，基隆二二八事件死亡名單中有地方重要人士楊元丁（1898-1947）與楊國仁，其中，楊元丁是戰後基隆參議會副議長，楊國仁是楊阿壽次子，而楊阿壽乃戰後基隆參議會議員及地方自治後基隆首屆市議會副議長。[92]

此一歷史悲劇發生後，實對基隆造成相當影響，而事件後由中央政府派來的新市長，亦基隆施行地方自治後的首任民選市長謝貫一，在其任內特別倡導「人和」；當時祖籍湖南的謝市長與基隆本地人出身的市議會議長黃樹水合作無間，府會一家，致曾任職市政府的耆老黃伯機日後作口述歷史時對該特點仍可記憶猶新地清楚道出，[93]而或許即是因此一背景形成基隆人不願重提歷史往事，以免傷害逐漸淡化的族群衝突事件，致碑刻及宗親會報告書記載內容

---

90 基隆二二八事件的發生經過、死亡名單及其相關背景可參見：行政院研究「二二八事件」小組，《「二二八事件」研究報告》（臺北：行政院，1992），頁63-67；附錄三至附錄五，頁8-13。

91 行政院研究「二二八事件」小組，《「二二八事件」研究報告》，頁271。

92 有關楊元丁與楊國仁的背景說明與遇難情形可參見：張炎憲等採訪記錄，《基隆雨港二二八》（臺北：自立晚報社文化出版部，1994），頁15-27、65-79；《一甲子的沈·讜證言：二二八事件基隆地區口述歷史》（基隆：基隆市二二八事件關懷協會，不明出版時間），頁118-119、130；陳其寅，〈楊議員元丁別傳〉，收入《懷德樓文稿》，頁32-33。

93 臺灣省文獻委員會編，《基隆市鄉土史料——基隆市耆老口述歷史座談會紀錄——》，頁153-154。

與歷史事實頗有差距。

　　無論如何，發展至民國七○年代，基隆中元祭各姓輪值主普後的紀念專輯往往將舊版重修本《基隆市志》內容交錯置於文中，且彼此因襲沿用，不斷轉載刊行廣泛流通。如民國七十四年江姓輪值主普的紀念專輯云：

> 咸豐元年（西元一八五一年）八月，漳泉人在魴頂之械鬥最烈，因而死者一百零八人，誠為基隆開發史中之慘事。漳泉相仇糾紛常起，識者之士相約出面呼籲收集遺骸慰安亡靈，建老大公廟（義民祠）於舊主普壇後面，此後日人為紀念大正登基、建高砂公園，再將老大公廟遷於安樂區石山，即今之嘉仁里。並諄諄善誘，以普渡賽會以代血鬥即陣頭取代打破頭之重大民俗改革，今則畛域盡泯、民情歡洽。

> 咸豐四年漳、泉士紳，丞謀革除狼勇械鬥之陋習，並超渡抗荷、抗西之烈士、械鬥、渡海、瘟疫死難先民孤魂，沿襲中原本土風俗，議定七月舉行中元普渡醮祭，抽簽結果由張廖簡、吳、劉唐杜、陳胡姚、謝、林、江、鄭、何藍韓、賴、許等十一姓輪流主持普渡事宜，參加範圍包括金（金包里即今之萬里、金山一帶）雞（基隆）貂（三貂嶺）石（石碇）四堡。咸豐五年始具中土規模，由爐主籌辦，邀請主會、主醮、主普四大柱舉行祭典。[94]

94　基隆江姓宗親會第八屆第二次會員大會編，《基隆江姓乙丑年主普特
　　輯》（基隆：基隆江姓宗親會第八屆第二次會員大會，1985），頁 66。

相同內容亦見於民國八十七年謝姓輪值主普、民國八十九年江姓輪值主普、民國九十七年郭姓輪值主普、民國九十九年（2010）吳姓輪值主普等紀念專輯中。[95]

而民國九十四年聯姓會中的柯蔡姓輪值主普，紀念專輯除載前述文字外，更刊新內容如下：

> 咸豐三年，基隆地方發生猛烈的傳染病，染者即死，當時稱為老鼠病（黑死病），地方極為不安，因此翌年本港海防廳王廳長及本市士紳，聚集慶安宮，為地方平安，互議創設慶讚中元普渡祭典，藉以追祭義靈並撫慰人心，會議結束後，當場十一姓代表和海防廳王廳長抽籤，依次由張（廖簡）、吳、劉（唐杜）、陳（胡姚）、謝、林、江、鄭、何（藍韓）、王（旋榮遷北京，不及組織）、賴、許各姓，由次年（咸豐五年，一八五五）起，開始輪流主持普渡。[96]

其中黑死病說法實來自柯蔡姓宗親會內部說法，因該姓宗親會會員

---

95 相關資料參見：《戊寅（八十七）年雞籠中元祭謝姓宗親會主普紀念專輯》（基隆：基隆市謝姓宗親會，1998），頁 11；江金標主編，《公元二○○○年（歲次庚辰）民國八十九年雞籠中元祭輪值主普基隆市江姓宗親會紀念專輯》（基隆：基隆江姓宗親會，2001），頁 83-84；《戊子郭姓雞籠中元志：戊子年（2008）雞籠中元祭基隆市郭姓宗親會輪值主普全程記述專輯》（基隆：基隆市郭姓宗親會，2009），頁 13-15；《2010 庚寅年雞籠中元祭紀念專輯》（基隆：基隆市吳姓宗親會暨中元祭主普委員會，2011），頁 48。

96 《二○○五（歲次乙酉）雞籠中元祭主普聯姓會值東基隆市柯蔡姓宗親會紀念專輯》，頁 1-2。

大會手冊明載：

> 咸豐三年，本地區一帶發生猛烈之急性傳染病，染者即死，
> 當時稱為老鼠病，地方極其不安。因此翌年本港海防處長鑑
> 於此，為祈求地方平安，發起提倡擴大舉行中元普渡禮儀，
> 由本地區十一大戶數姓，互議創設輪流值東中元主普，並於
> 咸豐五年，即民國前五十七年起，由張姓單位開始輪流。[97]

文中提及咸豐年間的王姓海防廳長或海防處長頗令人質疑，因咸豐
年間基隆未設廳而是隸屬淡水廳，故無基隆港海防廳長或海防處長
的設立，惟此一說法後來被顏婉吟撰寫學位論文時引用。

　　事實上，民國八〇年代後的基隆各姓輪值主普紀念專輯之內容
更強調姓氏輪值主普制實以血緣化解地域衝突，以賽陣頭的良性競
爭達到族群融合之目的，如民國八十四年張廖簡姓輪值主普的紀念
專輯除提及咸豐年間大規模的漳泉械鬥，「終於咸豐五年開始由十
一個單位的字姓組織輪值『主普』，由張廖簡姓首輪主普，辦理慶
讚中元的活動，以中元普度的形式來整合基隆民間社會、穩固地方
安定」，[98]更有仔細說明文字如下：

---

97 《基隆濟陽柯蔡宗親會第十八屆第二次會員大會手冊》（基隆：基隆
　　市柯蔡姓宗親會，2007），頁 12；該內容亦見於《基隆濟陽柯蔡宗親
　　會第十八屆第一次會員大會手冊》（基隆：基隆市柯蔡姓宗親會，
　　2006），頁 13。又該內容早載於柯蔡姓宗親會會員大會手冊中，惟早
　　期資料已不存，現可見最早版本為 2006 年刊印本。

98 甲戌年中元祭主普委員會編，《祥風瑞雨慶中元——甲戌年基隆中元
　　祭紀念專輯》（基隆：基隆市張廖簡姓宗親會，1995），頁 49。

一、以字姓團體為基本運作單位，可以有效的改變漳、泉二
分的劃分方式；同一姓氏可能有漳州人，也有泉州人，以歸
宗為名取代「母社會」地域分野，也就是以廣義的血緣關係
來化解狹義的地緣關係，使彼此都能共同融合、相互認同於
基隆的地方社會，這是極具智慧，而又有效的作法。
二、字姓的組織方式在形式上藉中元祭活動，打破了漳、泉
之爭，又達到了整個社會整合的功能；各主普彼此較量活動
規模大小、投入財力多寡、各項活動是否創新，比比看誰辦
得更有聲有色，誰的水燈更細緻引人……凡此種種皆表現出
另一種形式的良性競爭，而這種競爭正是民間文化發展的一
種推力。[99]

民國九十九年吳姓輪值主普的紀念專輯中有宗親鄉長序云：

雞籠中元祭是全國唯一以姓氏輪流主普的祭典，是先人「以
血緣關係化解地域隔閡」「以賽會取代械鬥」「用陣頭取代
拳頭」的智慧，傳承 156 年從未中斷。[100]

又載地方首長序言：

雞籠中元祭為第一個國定「重要民俗」；為彌平漳泉械鬥，
自咸豐五年（1855）延續至今，不但歷史悠久，而且祭儀完

---

99 甲戌年中元祭主普委員會編，《祥風瑞雨慶中元——甲戌年基隆中元
祭紀念專輯》，頁 50。
100 《2010 庚寅年雞籠中元祭紀念專輯》，頁 12。

備，相關文物保存完整，深具文化與教育意義。其之所以能
夠成為國內最盛大的中元祭典，其精神除慎終追遠的孝道思
想、悲天憫人的博愛普施，而族群融合的包容力量更突顯本
活動與其他華人社會中元祭的獨特性。……鷄籠中元祭放水
燈遊行是由「以賽陣頭代替打破頭」的觀念下傳承下來，自
此該習俗的精神融入後，以「競爭」取代族群及人與人間的
「爭鬥」，惟「競爭」中仍不失「和諧」，這種觀念亦濡化
成基隆市民的文化意識。[101]

前述官方制式說法與傳統觀念亦散見於基隆各宗親會歷年、歷
次會員大會手冊或宗親會編印的相關書籍，並因年年刊行、次次轉
載而廣泛流傳基隆民間社會，如民國八十七年江姓宗親會於其例行
宗親會的大會手冊上說明該姓宗親緣由：

江姓宗親組織是以血緣關係為基礎，所組成「同宗之親」的
團體，……清咸豐五年公元一八五五年基隆地方士紳，為地
方消弭漳、泉籍移民間械鬥，倡議設「中元主普」祭祀活動，
即以「字姓」為單位輪值主普，由當時十一姓（江姓屬成員
之一）抽籤決定順序值東主辦，所謂「金雞貂石」、「賽陣
頭代替打破頭」以字姓普渡舉辦各項活動，持續至今已有百
餘年的傳統歷史。[102]

---

101 《2010庚寅年鷄籠中元祭紀念專輯》，頁8。
102 〈基隆市江姓宗親會沿革〉，《基隆市江姓宗親會第十三屆第一次會
　　員大會手冊》（基隆：基隆市江姓宗親會，1998），頁6。該內容亦

民國九十四年何藍韓姓宗親會曾編印《雞籠中元祭輪值主普姓氏源流》一書，內言：

> 清朝由於漳、泉移基人口驟增，後來之泉州移民，以地勢所限迫向山區發展，因之漳、泉居民，或因土地境界，或因水道灌溉，時生齟齬，輒起械鬥。咸豐元年（西元一八五一年）八月，漳泉人士相約出面呼籲收集遺骸，慰安亡靈，建老大公廟（即義民祠）於舊主普壇後面，此後日人為紀念大正登基，建高砂公園，再將老大公廟遷於安樂區石山，即今之嘉仁里。並諄諄善誘，以普渡賽會以代血鬥，即賽陣頭取代打破頭之重大民俗改革。今則畛域盡泯，民情歡。
>
> 咸豐四年，漳、泉士紳亟謀革除狠勇械鬥之陋習，並超渡抗荷、抗西之烈士、械鬥、渡海、瘟疫死難先民孤魂，沿襲中原本土風俗，議定七月舉行中元普渡醮祭，抽籤結果由張廖簡、吳、劉唐杜、陳胡姚、謝、林、江、鄭、何藍韓、賴、許等十一姓輪流主持普渡事宜，參加範圍包括金（金包里即

見於《基隆市江姓宗親會第十四屆第二次會員大會手冊》（基隆：基隆市江姓宗親會，2002），頁5；《基隆市江姓宗親會第十四屆第三次會員大會暨成立四十六週年紀念特刊》（基隆：基隆市江姓宗親會，2003），頁4；《基隆市江姓宗親會第十五屆第一次會員大會手冊》（基隆：基隆市江姓宗親會，2004），頁4；《基隆市江姓宗親會第十五屆第二次會員大會手冊》（基隆：基隆市江姓宗親會，2005），頁5；《基隆市江姓宗親會第十五屆第三次會員大會手冊》（基隆：基隆市江姓宗親會，2006），頁4；《基隆市江姓宗親會第十六屆第二次會員大會手冊》（基隆：基隆市江姓宗親會，2008），頁5。

今萬里、金山一帶）雞（基隆）貂（三貂嶺）石（石碇）四堡。咸豐五年始具中土規模，由爐主籌辦，邀請主會、主壇、主醮、主普四大柱舉行祭典。[103]

此外，戰後報紙每逢中元普度來臨時也有關於基隆中元祭之刊載，此早於民國四〇年代初期已出現，五〇年代持續之，然當時多為現況描述無涉歷史背景內容，而現況描述主要是針對傳統節慶活動作相當程度的限制與約束，如民國四十一年報載：基隆市政府與市議會於市府禮堂聯合召開改良習俗座談會議，討論中元節拜拜合併舉行，提倡節約等問題，出席者有市黨部、警察局、各區公所、戲劇公會及各廟會爐主等四十餘人，由黃樹水議長與民政局科長主持，決議要案如下：

一、慶祝中元遵照政府規定於農曆七月十五日全市同一日舉行。

二、主譜擺設祭品限制菜一席，豬羊一對，擺在慶安宮，戲一台，演一天。

三、不得募緣或攤派款項，但主譜如無經費，可照上項規定擺祭事項由主譜各關係人編其預算報市府轉報省府核准後募緣。但應自由樂捐，不得攤派。

四、由省議員及全市議員、市政府、市黨部、警察局、憲兵隊、戒嚴司令部等組織糾察隊。

103　臺灣基隆何藍韓姓宗親會編，《雞籠中元祭輪值主普姓氏源流》（基隆：臺灣基隆市何藍韓姓宗親會，2005），頁 183-184。

五、各區組織勸導隊一隊，每隊七人，由區公所負責籌組深
入民間，挨戶剴切勸導。

六、住戶不得自己宰豬拜拜，并不得宴客，不舖張。

七、其它務必遵照省令規定辦理。[104]

民國四十三年報載：中元節即屆，基隆市政府

為倡行節約，改善民間拜拜浪費習俗，經邀集各有關機關開
座談會，決議嚴格限制舖張浪費及大事拜拜，十日起並派廣
播車在市區宣傳，勸導市民不宴客、不浪費、以改善社會風
氣。市警局為防止中元節物價波動，已派出大批巡警赴各市
場監視，並邀集各商業同業公會談話，討論穩定物價辦法，
希望遵守法令，管制各公會會員，勿藉機抬高物價。[105]

亦有對基隆普度盛況詳加說明者，如民國五十五年（1966）報載：
今年基隆普度由聯姓會負責，

每一姓氏都需殺豬公祭祀，經比賽結果如下：第一名黃姓，
豬重三四八公斤，第二名王姓，豬重三一九公斤，第三名楊
姓，豬重三一四公斤，第四名葉姓，豬重三一三公斤，第五
名李姓，豬重二九四公斤，第六名蘇姓，豬重二九○公斤，
第七名蔡姓，豬重二八三公斤。

---

104 〈基隆市慶祝中元節猪羊一對置慶安宮居民住戶不得自行宰豬改良
習俗座談會決定〉，《中央日報》，1952.08.23，3 版。

105 〈基市府宣導中元節節約嚴禁藉機抬高物價〉，《中央日報》，
1954.08.11，5 版。

據基隆市屠宰場統計，今年中元節宰豬頭數比往年為多，農曆七月十三日宰二百五十六頭，比去年多五十六頭，七月十四日宰七八六頭比去年多六十八頭，七月十五日宰五百卅頭，比去年多五十五頭。基隆市現有五萬七千餘戶，平均每戶化費一千元計算，就得五千餘萬元了。

今年基隆中元節「大拜拜」，除了在公園街主普壇的鋪張場面較往年更盛大外，而且祭典的地點，由公園街的主普壇擴張到其他各處，甚至在中正堂前廣場和土地銀行前面，都擺上祭品和各色各樣裝飾。尤其是土地銀行前擺設的祭品面對面著基隆市政府，好像是向市政府「示威」似的。更妙的是在土地銀行前面，有一條標語，上面寫著「中元祭典用鮮花青果，亦可表達內心的虔誠」。而這條標語下面，正在大擺祭品。對政府呼籲節約的效果，實在是一大諷刺。中正堂前面廣場和土地銀行前面空地，都被用作擺設祭品祭祀，是往年所沒有的。[106]

然民國七〇年代以後的報紙有較多篇幅涉及基隆中元祭的歷史淵源或發展內容，如民國七十八年的報紙以圖文並茂方式刊載基隆中元祭情形，內言：

清朝由於漳、泉移居人口驟增，後來的泉州移民，以地勢所限迫向山區發展，因之漳、泉居民，或因土地境界，或以水

106　〈基隆中元節大拜拜耗費五千萬估計平均每戶花一千元據說盛況為卅年來罕見〉，《聯合報》，1966.08.31，6 版。

道灌溉，時生齟齬，常起械鬥，西元一八五一年咸豐元年八月，漳泉人在魴頂之械鬥最烈，因而死者一百零八人，誠為基隆開發史中之慘事。

漳、泉相仇，糾紛常起，識者之士相約出面呼籲蒐集遺骸，慰安亡靈，建老大公廟（即義民祠）於舊主普壇之後。

此後日人為紀念大正登基，建高砂公園，再並諄諄善誘，以普渡賽會以代血鬥，即賽陣頭取代打破頭之重大民俗改革，今則畛域盡泯，民情歡洽。

又言：

咸豐四年，基隆漳、泉士紳丞謀革除狠勇械鬥之陋習，並超渡抗荷、西之烈士，及械鬥、渡海、瘟疫死難先民孤魂，沿襲中原本土風俗，議定七月舉行中原普渡醮祭，抽籤結果由張廖簡、吳、劉唐杜、陳胡姚、謝、林、江、鄭、何藍韓、賴、許等十一姓輪流舉行普渡事宜，參加範圍包括金山、萬里、基隆、石碇。

咸豐五年始具中土規模，由爐主籌辦，邀請主會、主壇、主醮、主普四大柱舉行祭典，初由如今之碼頭工會承擔，後改由慶安宮承辦迄今。但除主普外，均於二次大戰期間停止，迄未恢復。[107]

觀諸前引文字，可知民國六○年代末、七○年代初編纂刊行的舊版

107　〈水燈照亮雨港夜普渡孤魂慶中元〉，《中國時報》，1989.08.13，22版。

重修本《基隆市志》風俗篇、交通篇內容已透過報紙報導普遍流通民間社會。而民國八十四年的報紙刊載：

> 基隆中元祭之緣起為，開台之初，漳州及泉州居民，或因田土境界，或因水道灌溉，時生齟齬，動輒起械鬥。咸豐元年八月，漳州及泉州在魴頂南部即南榮公墓與暖暖交界處之械鬥最為慘烈，死者一百零八人。安樂區石山的義民廟，即為安葬械鬥而死者之骨骸，為基隆市開發史之慘事。漳、泉械鬥之風持續至清末，由雙方有識之士諄諄善誘，以陰間好兄弟也要討吃，普渡賽會，代替了血腥械鬥。
>
> 基隆市中元祭典與其他縣市地區最大不同處在於，各地均以村莊聚落為祭祀單位，唯獨基隆市以姓氏輪流主普，即為當年漳、泉械鬥遺風，領導者打破地緣，以姓氏血緣替代，先民確實發揮了大智慧，促進族群和諧，基隆市已不見畛域觀念，為最大的主因。[108]

其它類似內容甚多，文字或簡或繁不一，如民國八十八年報載：

> 基隆人集資普施，在農曆七月展開長達一個月的中元祭典活動，為的是撫慰亡靈，尤其是明末參與抵抗西班牙人入侵而犧牲的先民。[109]

---

108 〈孤魂據壇不願走新建成樓有特「色」細述基隆中元祭普渡主普壇改建過程與波折〉，《中國時報》，1995.07.27，16 版。

109 〈老大公廟開龕門中元祭典揭序幕鮮花特禮百味供養祭亡靈主普宗親開鬼門迎接好兄弟人間享溫情〉，《聯合報》，1999.08.12，7 版。

民國八十九年報載：

> 基隆中元祭的起源與清咸豐年間基隆漳、泉移民的械鬥有
> 關，當時的移民，因土地、水源爭執不斷，加上族群觀念，
> 經常發生大規模械鬥，死傷慘重，後來地方頭人出面協調，
> 集中埋葬死者遺骸，建立老大公墓撫慰亡靈，並約定協力建
> 設基隆，舉行中元普渡，共同超渡械鬥、瘟疫、海難等事件
> 的死者，由當時的十一個姓氏輪流主辦普渡，一直到今天由
> 各姓氏輪流主祭。[110]

民國九十一年報載：

> 基隆中元祭的由來，導因於清朝咸豐元年八月，本地漳、泉
> 移民發生械鬥，多人死傷，有識之士出面調停，並想出舉行
> 法會，用「賽陣頭代替打破頭」的方法消弭爭端，分由各姓
> 氏輪流主普，承辦祭典，相互以陣頭較勁。[111]

　　至於地方耆老亦有關於基隆中元祭的口述內容，如民國八十年
臺灣省文獻委員會邀請年齡在六十歲以上之基隆耆宿口述相關
事，與會眾人對基隆中元祭之緣起、姓氏輪值主普制產生及普度對
象等部分即出現各式不同陳述，其中多人說法與以往相同，認爲導

110　〈雞籠中元祭卅一日登場除傳統祭典外國團體將在「藝文華會」演出
　　　並有宗教文物展及靈異研討會〉，《聯合報》，2000.07.26，14 版。
111　〈老大公廟開龕門祭品豐盛配合中元祭活動碧砂港天燈冉冉升空掀
　　　熱鬧〉，《聯合報》，2002.08.10，18 版。

因漳泉械鬥事，[112]或祭祀清朝兵攻打荷蘭而犧牲者，[113]亦有不同於以往說法，如主張基隆中元普度實源於日治時期超度基隆築港死難者或船難、沈船者。[114]更有創新內容認爲是：

> 清朝時，大陸貨船至基隆，將貨卸入「販仔間」（昔日之報關行），船員皆爲羅漢腳，當貨物出清後，有人建議從獲利中，抽取若干元，至農曆七月中元節時，做普渡之用，並遠赴月眉山靈泉寺請來和尚唸經、並祭拜。[115]

或云：

> 傳說昔日福建省漳州府馬鞍人乘帆船至臺灣謀生，行船於臺灣海峽，船沈，死難者眾，生還者僅十一人，在十一人中有位張姓者年紀較大，提議每年舉辦一次拜拜以慰受難者，企其保佑生還者能安居樂業。[116]

---

112 臺灣省文獻委員會編，《基隆市鄉土史料——基隆市者老口述歷史座談會紀錄——》，頁 44-45、50、128、156-157。

113 臺灣省文獻委員會編，《基隆市鄉土史料——基隆市者老口述歷史座談會紀錄——》，頁 61。

114 臺灣省文獻委員會編，《基隆市鄉土史料——基隆市者老口述歷史座談會紀錄——》，頁 135。

115 臺灣省文獻委員會編，《基隆市鄉土史料——基隆市者老口述歷史座談會紀錄——》，頁 13-14。

116 臺灣省文獻委員會編，《基隆市鄉土史料——基隆市者老口述歷史座談會紀錄——》，頁 14。

　　總之，民間社會流通傳布各式說法頗為紛亂雜駁，又與官方志書記載、學界調查研究等內容互有異同。

小結

　　綜觀戰後的基隆中元祭圖像主要出現於民國六〇、七〇年代，且以官方出版品的《基隆市志》為基礎，加上民間出版品的宗親會報告書與老大公廟碑刻內容形塑而成，即主要立論依據在戰後才產生出來的數種資料。

　　蓋民國四〇、五〇年代，屬官方出版品的舊版《基隆市志》沿革篇與文物篇雖分載基隆中元祭涉及之大規模漳泉械鬥事與姓氏輪值主普制事，然兩者間並無明顯之因果關係，而屬學界資料的廖漢臣調查報告亦未確認兩者間之關連性。至於屬民間資料的〈基隆市老大公廟重建緣起〉碑刻，因考量當時政治氛圍隱諱族群對立事，將祭祀對象上溯至大航海時代對抗西班牙異族入侵下的死難者；另亦屬民間資料的賴姓輪值主普報告書及當時的報紙報導，則並不載大規模漳泉械鬥與姓氏輪值主普制事。

　　民國六〇、七〇年代，屬官方出版品的舊版重修本《基隆市志》風俗篇與交通篇已將發生於清代的大規模漳泉械鬥事與姓氏輪值主普制產生連結，並強調賽陣頭代替打破頭，肯定此方式之化解當時族群對立使今日基隆得民情融洽。值得注意的是，以舊版重修本《基隆市志》為基礎形塑出來的基隆中元祭緣起情形，其源自戰前的史料依據僅風俗篇宗教章裡提及的日治時期臺灣總督府社寺臺帳記載，與基隆地方領袖許梓桑的口述，且以許梓桑的口述為主，

而相關內容在風俗篇的不同章節中又有前後不一情形，如導致姓氏輪值主普制出現的大規模漳泉械鬥事發生時間，在禮俗章為咸豐元年，在宗教章為咸豐三年，再發展至較風俗篇晚八年刊行的交通篇時又載為咸豐元年。

　　另舊版重修本《基隆市志》交通篇有關基隆中元祭的普度對象開始擴大，即認為咸豐五年姓氏輪值主普制施行後的基隆中元祭祀對象，除漳泉械鬥死亡者外，亦包括對抗荷蘭、西班牙異族入侵的烈士，及因海難、瘟疫死亡之先民孤魂，此實將產生於戰後、屬民間資料的〈基隆市老大公廟重建緣起〉、〈雞籠開基老大公廟略誌〉兩碑刻載及之抗西烈士融入，但其它新增的因抗荷犧牲之烈士及海難、瘟疫死難者部分，則不明來源依據。

　　此外，舊版重修本《基隆市志》亦採用戰後才產生、屬民間資料的吳姓輪值主普報告書內容，即基隆中元祭的緣起開始出現咸豐四年協調十一姓負責輪值主普會議之記載，惟吳姓輪值主普報告書中所說的輪值主普十一姓是由互議推定而來，舊版重修本《基隆市志》則將之改為抽籤結果決定，同樣也未說明其史料依據與更改之理由。

　　自民國六〇、七〇年代以舊版重修本《基隆市志》為主要依據形塑出來的基隆中元祭圖像，後為基隆市政府委託學界所作的兩次調查成果《雞籠中元祭》與《雞籠中元祭祭典儀式專輯》二書引用，並持續被其它官方、民間各式出版品及學界調查、研究者轉載使用。特別是民國八〇、九〇年代，配合地方政府將基隆中元祭擴展成大型觀光活動，且從地方性的民俗活動發展成全國性，甚至是國際性的藝文華會活動，為呈現國內與世界各不同族群間之文化交流

與互動，並顯示多元化面貌、邁向國際化視角，族群融合自然成爲基隆中元祭的聚焦重點，故相關文宣設計愈發重視歷史上的族群問題以與現今之族群交流互爲比照，因此舊版重修本《基隆市志》強調的清代基隆大規模漳泉械鬥後，透過姓氏輪值主普制化解對立，即「以血緣關係化解地域衝突」、「以賽陣頭代替打破頭」之觀念不斷被提醒與強化，致屬官方資料的新版《基隆市志》、逐年不同主題藝文華會專輯與相關文宣品等，及屬民間資料的輪值主普宗親會紀念專輯、宗親會大會手冊或編纂刊物，乃至報紙報導、耆老口述等文字紀錄，均可見傳統觀念與相關說法的沿用與持續，並因此在民間社會中普遍流通傳布。

又隨著基隆中元祭於民國九〇年代先後被行政院觀光局與文建會訂爲臺灣十二大節慶之一及地方重要文化資產，屬學界研究性質的學位論文亦紛紛出現以基隆中元祭爲主題之討論，此散見於各大學之不同領域學門，如屬社會科學範疇的人類學、社會學、教育學、管理學、文化研究，及屬人文學範疇的藝術等學門，而其論及基隆中元祭之緣起背景與發展歷程時所徵引之資料，實以官方出版品的舊版重修本《基隆市志》爲主，配合若干引用前述內容而來的其它官方出版品、學界調查研究與宗親會輪值主普紀念專輯，故相關說法不斷被複製呈現。其中，偶有學位論文對舊版重修本《基隆市志》所載大規模漳泉械鬥事發生時間質疑，然未受重視亦不影響傳統論述；更有學位論文引用近年出版的輪值主普宗親會紀念專輯及新鐫刻的老大公廟碑文，將基隆中元祭緣起背景增加咸豐三年基隆地區發生黑死病、咸豐四年協調各姓輪流負責主普會議中有王姓的參與、咸豐五年開始的姓氏輪值主普制其普度對象有因番害死難

者，甚至有論文載不明史料來源的姓氏輪值主普制中普度對象包括抗日、法戰爭死難者等內容，凡此種種確令戰後的基隆中元祭圖像愈爲豐富多樣，惟其是否更貼近基隆中元祭的歷史事實面貌與原始意涵，則需要更細緻地分析探究才是。

第三章
宗親組織與基隆中元祭：
以黃姓宗親會為例

　　清咸豐五年的基隆中元祭開啓了姓氏輪值主普制，使得宗親組織在此一傳統節慶活動中扮演重要角色，甚至被認為是促成基隆中元祭得持續一個半世紀不墜的關鍵因素，亦使得基隆中元祭顯現出與它地極為不同的面貌與特色。

　　由於每年基隆中元祭的運作過程冗長，涉及事務龐雜繁多，耗費人力物力甚鉅，故輪值主普各姓宗親會往往於主普事務結束後留下文字紀錄以為紀念，並供作日後參考之用，此種文字紀錄昔日稱為輪值主普報告書，篇幅較少，內容簡單扼要，如民國五十三年賴姓輪值主普的《基隆市賴姓宗親會甲辰年主普報告書》、民國六十九年吳姓輪值主普的《基隆吳姓庚申年主普報告書》，均為數十頁

的小本平裝；[1]以後則逐漸擴大篇幅與內容，改稱輪值主普紀念專輯。

改稱為輪值主普紀念專輯的各姓宗親會文字紀錄，初多為一百多頁的黑白印刷平裝本，如民國八十一年（1992）黃姓輪值主普的《壬申年黃姓主普雞籠中元祭專輯》、民國八十四年吳姓輪值主普的《乙亥（八十四）年雞籠中元祭基隆吳姓宗親會主普紀念專輯》；[2]以後則改為彩色印刷的精裝大開本，且篇幅不斷擴充，特別是照片數量的增加甚多，如民國八十七年謝姓輪值主普的《戊寅（八十七）年雞籠中元祭謝姓宗親會主普紀念專輯》、民國八十八年林姓輪值主普的《雞籠慶讚中元——己卯年林姓主普紀念專輯》、民國八十九年江姓輪值主普的《公元二○○○年（歲次庚辰）民國八十九年雞籠中元祭輪值主普基隆市江姓宗親會紀念專輯》、民國九十年鄭姓輪值主普的《基隆中元祭辛巳年鄭姓主普紀念專輯》、民國九十一年何藍韓姓輪值主普的《壬午年基隆何藍韓姓宗親會中元紀念專輯》、民國九十二年賴姓輪值主普的《歲次癸未民國九十二年 2003 值年主普基隆市賴姓宗親會雞籠中元祭紀念專輯》、民國九十四年聯姓會柯蔡姓值東輪值主普的《二○○五（歲次乙酉）雞籠中元祭主普聯姓會值東基隆市柯蔡姓宗親會紀念專

1　參見：《基隆賴姓宗親會甲辰年主普報告書》；吳貞吉編纂，《基隆吳姓庚申年主普報告書》。

2　參見：基隆市黃姓宗親會、壬申年主普委員會編，《壬申年黃姓主普雞籠中元祭專輯》（基隆：基隆市黃姓宗親會、壬申年主普委員會，1992）；吳貞吉編，《乙亥（八十四）年雞籠中元祭基隆吳姓宗親會主普紀念專輯》（基隆：基隆市吳姓宗親會，1998）。

輯》等，[3]而民國九十九年吳姓輪值主普後的紀念專輯更隨書附有影音版（光牒）。[4]

　　然觀察各姓輪值主普報告書或紀念專輯內容，多屬現況或近時的紀錄，較少涉及該姓宗親會發展之淵源背景與演變歷史；而學界有關基隆中元祭之主題研究、田野調查或報導亦有限，[5]並多關注於科儀內容解說、遊行活動記載等部分，對性質屬民間組織的各姓宗親會是如何產生，又是如何籌辦規模如此龐大的傳統地方節慶活動，特別是同一姓氏宗親會歷次籌辦這些活動的異同比較實無清楚交代，亦難以觀察其傳承演變，殊為可惜。有感於此，筆者欲以丁亥年（民國九十六年）輪值主普的黃姓宗親會為例，透過文獻資料爬梳與親自參與訪查，[6]將基隆黃姓宗親會的成立背景、發展經過、

3　參見：《戊寅（八十七）年雞籠中元祭謝姓宗親會主普紀念專輯》；
　　李豐楙總纂，《雞籠慶讚中元——己卯年林姓主普紀念專輯》（基隆：
　　基隆市林姓主普祭典委員會，2000）；江金標主編，《公元二〇〇〇
　　（歲次庚辰）民國八十九年雞籠中元祭輪值主普基隆市江姓宗親會紀
　　念專輯》；《基隆中元祭辛巳年鄭姓主普紀念專輯》；基隆市何藍韓
　　姓宗親會編，《壬午年基隆何藍韓姓宗親會中元紀念專輯》（基隆：
　　基隆市何藍韓姓宗親會，2004）；《歲次癸未民國九十二年2003值年
　　主普基隆市賴姓宗親會雞籠中元祭紀念專輯》（基隆：基隆市賴姓宗
　　親會，2003）；《二〇〇五（歲次乙酉）雞籠中元祭主普聯姓會值東
　　基隆市柯蔡姓宗親會紀念專輯》。

4　《2010庚寅年雞籠中元祭紀念專輯》。

5　有關基隆中元祭的研究成果可參見吳蕙芳，〈基隆中元祭的淵源與發
　　展〉，頁88-91。

6　為確實了解宗親組織如何籌辦基隆中元祭之相關事務及詳細歷程，筆
　　者透過與黃姓宗親會總幹事黃奇財先生之聯絡，自民國九十六年一月

日治時期數次參與中元普度活動，乃至戰後兩次輪值主普之歷程演變，作一較全面之說明與比較，以呈現宗親組織在基隆中元祭活動裡的運作模式、特點及其角色地位。

第一節　基隆黃姓宗親會的成立與發展

基隆黃姓宗親會創始於昭和元年的六月十九日（農曆五月十日）。[7]籌組之議最初是在當年五月，由時任基隆市協議會員的黃鄉齒（1871-1957）、萬里庄長的黃棟卿及平溪庄長的黃聖波等人發起，[8]並設事務所於新興街的黃鄉齒處，欲入會者即向該事務所報名。[9]至昭和元年六月十九日下午一時起，正式於慶安宮對面的高砂樓旗亭開設立總會，與會者約二百三十餘名，當時報紙曾詳細刊載黃姓宗親會是日集會的完整流程，內容如下：

起參與基隆市黃姓宗親會為討論輪值主普各事項，而於每星期六上午在會館中舉行的定期會議，直至八月止，也因如此經歷與際遇，筆者應邀為黃姓宗親會編纂其輪值主普後的紀念專輯；參見吳蕙芳編著，《神人饗宴：丁亥年（2007）黃姓輪值主普雞籠中元祭》（基隆：基隆市黃姓宗親會，2008），頁234、編後語。

7　〈基隆だより——黃氏宗親會〉，《臺灣日日新報》，1926.06.16，夕刊2版。

8　黃棟卿畢業國黌，個性溫柔誠實好交遊，對地方公益頗為盡力，於庄政亦熱心施設，大受庄民信賴；見簡萬火，《基隆誌》（基隆：基隆圖書出版協會，1931），「附錄」，頁6。

9　〈基隆黃氏宗親會〉，《臺灣日日新報》，1926.05.22，4版。

一、開會式詞黃鄉齒氏。二、司會者推薦，黃梅生。三、會則審議及制定，同氏說明。四、第一年度收支豫算編制及審議，委任評議員。五、役員選舉會長黃鄉齒氏百七票，副會長黃仁祥氏六十二票，同黃求氏四十九票，各當選，其餘監事評議員數十名。式畢，在慶安宮廟庭特設之綠門前紀念攝影，再往旗亭舉發會式，會長述開會辭，黃秋水氏報告設立經過，黃希隆氏說明族譜，佐藤市尹及黃純青氏各有祝辭，黃仁祥氏述答辭，繼會員演說，式畢開宴，至七時半賓主盡歡而散。[10]

文中提及的副會長黃仁祥乃基隆鑛業界的大實業家，昭和年間經營金瓜石鑛山株式會社總請負業，兼調進所及其它商店，雇用人甚多，因其慎使善任，故事業興隆，信用昭著，遠近馳名，後被舉為當地保正及瑞芳庄協議會員，為人慷慨，樂善好施，凡有公益之事，莫不爭先為之。[11]

10　〈黃氏宗親會〉，《臺灣日日新報》，1926.06.21，4 版。又相關報導亦見於〈基隆黃姓宗親會發會式〉，《臺灣日日新報》，1926.06.19，夕刊 4 版。

11　簡萬火，《基隆誌》，「附錄」，頁 7；唐羽，《基隆顏家發展史》，頁 3；《基隆商工名鑑》（臺北：三協社，1937），頁 13；〈各地通信——基隆輕便開通庄民便利〉，《新高新報》，1931.11.05，14 版；〈基隆郡下保正會議〉，《新高新報》，1932.01.01，29 版。又黃仁祥與黃春及其它諸氏組基隆興業公司，經營金錢借貸及一般信託事業，置事務所於草店尾源豐商店內，見〈又一金融機關〉，《臺灣日日新報》，1920.03.17，6 版；臺灣新聞社編，《臺灣商工便覽（第一版）》（臺中：株式會社臺灣新聞社，1918），頁 215。

　　基隆黃姓宗親會所以成立於日治時期的昭和年間實有其時代背景，蓋廿世紀二〇年代全臺各姓普遍成立以血緣關係為基礎的宗親會，[12]影響所及，基隆許多姓氏亦先後成立宗親會，包括大正十四年（1925）創立的鄭姓宗親會，昭和元年創立的林姓宗親會，[13]昭和二年（1927）創立的何姓、許姓、蔡姓、[14]李姓等宗親會，[15]以

12　有關廿世紀二〇年代以後全臺普遍成立宗親會的背景說明，可參見陳燕如，〈中元普度與政商之間：日據時期基隆地方領袖的發展〉，頁110-118。

13　基隆林姓宗親會由定居福德的林冠世與其它同姓有志者諸人合謀組織而成，於昭和元年五月一日午後三時半在高砂樓舉行發會式，選出會長林冠世、副會長林清波、庶務幹事林双輝等。惟該宗親會成立後不設置正、副會長，直至昭和八年才又決議設立，選出林添旺為會長，林德新、林水、林添波三人為副會長；相關資料參見：〈基隆だより——林姓宗親會〉，《臺灣日日新報》，1926.04.29，5版；〈基隆——宗親會況〉，《臺灣日日新報》，1926.05.07，夕刊4版；〈會事——基隆林姓宗親會〉，《臺灣日日新報》，1933.04.25，夕刊4版。

14　蔡姓宗親會於大正十四年舉發會式時即在臺北，昭和元年召開總會時亦在臺北，待召開第三回總會時決議基隆方面，囑託居住玉田的蔡慶濤、崁仔頂的蔡仲二人為執事，欲入會者，可向執事處購取入場券，會費每名一圓五十錢；參見：〈蔡姓宗親會盛況〉，《臺灣日日新報》，1925.04.14，4版；〈蔡姓宗親會總會〉，《臺灣日日新報》，1925.10.17，夕刊4版；〈蔡氏宗親總會期〉，《臺灣日日新報》，1926.05.07，夕刊4版；〈基隆——蔡氏宗親會〉，《臺灣日日新報》，1927.09.20，夕刊4版；〈蔡氏宗親會況〉，《臺灣日日新報》，1928.11.01，夕刊4版。

15　李姓宗親會雖於昭和二年四月廿六日午後三時於高砂樓旗亭開發會式兼創立總會，然其一開始即定位為李姓宗親會的基隆分會；參見：〈基

及昭和三年創立的連姓宗親會。[16]惟基隆各姓宗親會發展情形不一，有創會後正常運作且持續不斷者、有與它地同姓宗親整合乃得發展者、亦有經營不順終至解散者。如基隆鄭姓宗親會是大正十四年由鄭振賢等人發起，於當年舊曆四月十日午後七時，假聖王公廟開發起人會議，[17]舊曆八月十日六時，於高砂樓開第一回總會，公推會長、副會長、顧問等人組成工作團隊，[18]並「附議始創規則」及「廣募州下鄭姓族親，共建祖祠」，[19]此後鄭姓宗親會於昭和年間固定開會以持續會務運作。[20]而基隆何姓宗親會由發起人代表何

---

16 連姓宗親會雖由基隆郡雙溪庄連鴻英、連其馨、連現和三人發起組織，且於昭和三年一月十二日於當地三忠公廟開創立總會，以後持續開定期總會於該廟內，然其一開始即定位為臺灣連姓宗親會；參見：〈連姓宗親會發會式期〉，《臺灣日日新報》，1928.01.17，夕刊4版；〈連姓宗親會發會〉，《臺灣日日新報》，1928.02.06，4版；〈連姓宗親會發會盛況〉，《臺灣日日新報》，1928.02.10，夕刊4版；〈會事——臺灣連姓宗親會〉，《臺灣日日新報》，1931.03.05，夕刊4版；〈會事——既報〉，《臺灣日日新報》，1931.03.11，夕刊4版；〈會事——臺灣連姓宗親會〉，《臺灣日日新報》，1933.01.24，夕刊4版；〈會事——連姓宗親會〉，《臺灣日日新報》，1934.03.06，夕刊4版。

17 〈鄭姓宗親會發起〉，《臺灣日日新報》，1925.06.04，夕刊4版。

18 〈鄭姓宗親會〉，《臺灣日日新報》，1925.10.01，夕刊4版。

19 〈基隆特訊——鄭姓宗親會〉，《臺灣日日新報》，1925.09.27，夕刊4版。

20 基隆鄭姓宗親會於昭和元年開定期總會於高砂樓，昭和二年開定期總會於公會堂，昭和三年開定期總會於鄭元宅，昭和五年、九年開定期總會於草店尾鄭乞食宅，昭和六年開定期總會於玉田鄭秋和宅，昭和

榮峰發束通知，於昭和二年舊曆六月四日在高砂樓旗亭開創立磋商
會；[21]惟該姓宗親會雖由基隆何姓發起並齊集於基隆開會，然最後
發展卻是走向凝聚全臺各地何姓宗親的臺灣何姓宗親會，[22]故舊曆
八月六日午後二時於基隆公會堂開創立總會時，即有來自臺南、新
營、嘉義、臺中、臺北等地的全島何姓代表二百餘名與會，[23]且何
姓宗親會第二回定期總會召開於臺中而非基隆，[24]也因此當時報紙
刊載基隆何姓參與之事務時，往往以「臺灣何姓宗親會」、「何姓
宗親部分會」等名稱呼。[25]至於同爲昭和二年創會的基隆許姓宗親

十年開定期總會於鄭火成宅，昭和十一年開定期總會於鄭龍生宅；相
關資料參見：〈基隆特訊——鄭姓宗親會〉，《臺灣日日新報》，
1926.03.25，夕刊4版；〈基隆特訊——鄭姓會況〉，《臺灣日日新報》，
1926.04.08，夕刊4版；〈基隆——鄭姓會期〉，《臺灣日日新報》，
1927.04.25，夕刊4版；〈鄭姓宗親總會竝商主普事宜〉，《臺灣日日新
報》，1928.02.13，4版；〈基隆鄭姓宗親會〉，《臺灣日日新報》，
1930.02.19，夕刊4版；〈基隆短信——鄭姓宗親會〉，《新高新報》，
1931.03.12，15版；〈會事——基隆鄭姓宗親會〉，《臺灣日日新報》，
1934.03.06，夕刊4版；〈會事——基隆鄭姓宗親會〉，《臺灣日日新
報》，1935.02.23，夕刊4版；〈會事——基隆鄭姓宗親會〉，《臺灣
日日新報》，1936.02.13，夕刊4版。

21 〈宗親會彙報〉，《臺灣日日新報》，1927.07.01，夕刊4版。

22 〈基隆——募集會員〉，《臺灣日日新報》，1927.07.09，夕刊4版。

23 〈人事欄〉，《臺灣日日新報》，1927.08.30，夕刊4版；〈全島何姓
宗親會發會盛況〉，《臺灣日日新報》，1927.09.04，夕刊4版。

24 〈何姓宗親會役員〉，《臺灣日日新報》，1928.10.09，8版。

25 如基隆何金塗於市內草店尾開張長生藥房，報載：臺灣何姓宗親會即
贈「春滿杏林」大匾額一個；而昭和四年何藍韓姓輪值主普，報載：
「何姓宗親部分會，去（四月）三十日，午後一時半，於玉田莫濟宮

會，更在創會後不到四年，即至昭和五年（1930）就面臨會費徵收困難終遭解散之命運。[26]

而黃姓從江夏一派流分閩粵，再到臺灣本島，並分布全臺各地，於此時興起修族譜與蓋祖祠之風，較早是大正十四年初，大溪黃姓族人欲修族譜及祖祠，[27]並於當年底修成族譜，次年（昭和元年）初黃姓家祠正式落成。[28]不久，臺北黃姓族人亦欲修祖祠，而

舉行祭祖，是夜於草店尾新高樓旗亭，開懇親宴，竝磋商本年主普事宜」。相關資料參見：〈何氏開張藥房〉，《臺灣日日新報》，1928.03.31，夕刊 4 版；〈基隆——宗親會兩則〉，《臺灣日日新報》，1929.04.01，4 版。又據宗親會內部資料顯示，基隆何藍韓姓宗親會早於日治時期的大正七年即成立，至昭和二年再擴大組織成為全臺灣何藍韓姓宗親會，且當時還增加入參、紀二姓成員。然該內部資料未說明基隆何藍韓姓宗親會為何於昭和二年要與外地何藍韓姓聯合組織宗親會，而不保持原先已成立之獨立的基隆何藍韓姓宗親會？其亦未說明迨臺灣何藍韓姓宗親會出現之後，基隆何藍韓姓宗親會的後續發展情形如何？故筆者以為，基隆何藍韓姓的人數與實力應屬有限，即使早於大正七年成立宗親會，似難以維持，故僅能於昭和二年與全臺各地何藍韓姓聯合組織宗親會，乃得持續發展；相關資料可見《基隆市何藍韓姓宗親會創會九十週年紀念特刊》（基隆：基隆何藍韓姓宗親會，2008），頁 16-19。

26 有關日治時期基隆許姓宗親會從創會到解散之歷程，參見本書第六章第一節。

27 〈黃氏修譜告竣〉，《臺灣日日新報》，1925.01.13，夕刊 4 版；〈黃祠春祭及祝賀〉，《臺灣日日新報》，1925.04.22，夕刊 4 版。

28 〈黃家祠完成〉，《臺灣日日新報》，1926.01.21，4 版。

爲達此目標實應凝聚族人之整體力量，[29]於是當年底，召開臺北黃姓宗親會發起人會議。[30]又昭和二年九月，板橋、土城、中和三庄的黃姓宗親亦設臺灣黃姓宗親會拜爵分會，[31]十一月則有臺灣黃姓宗親會新竹州湖口分會成立。[32]到昭和三年臺北稻江黃姓宗親會亦發起組織。[33]

北部黃姓宗親會成立外，中部黃姓宗親會亦陸續成立，如昭和元年十一月十三日臺灣黃姓宗親會鹿谷分會開發起會，預定十二月廿三日正式創會；[34]昭和二年底黃姓宗親會臺中州大屯郡南屯分會成立；[35]而南部的黃姓宗親會則有昭和三年成立的東寧黃姓宗親會（即臺南黃姓宗親會）的出現。[36]

---

29 〈黃姓擬設宗親會〉，《臺灣日日新報》，1925.03.31，4 版；〈黃姓宗親會磋商會〉，《臺灣日日新報》，1925.04.28，6 版。

30 〈黃祖祠祭及發起會〉，《臺灣日日新報》，1925.10.29，4 版；又修築祖祠會議正式召開於昭和五年十二月，見〈江夏祖祠修築會議〉，《新高新報》，1930.12.18，12 版。

31 〈設宗親會〉，《臺灣日日新報》，1927.09.19，夕刊 4 版。

32 〈黃姓宗親會湖口分會創立〉，《臺灣日日新報》，1927.11.29，8 版。

33 〈黃姓宗親會發起人協議會〉，《臺灣日日新報》，1928.02.11，夕刊 4 版；〈稻江黃姓宗親會發起人會〉，《臺灣日日新報》，1928.02.13，4 版。

34 〈黃姓宗親會鹿谷分會成立〉，《臺灣日日新報》，1927.12.06，夕刊 4 版。

35 〈黃姓宗親會南屯分會成立〉，《臺灣日日新報》，1927.12.31，夕刊 4 版。

36 〈黃氏宗親會彙報——臺南市黃姓倡設之東寧黃姓大宗會〉，《臺灣日日新報》，1928.03.06，夕刊 4 版；〈東寧黃姓大宗會發會式盛況〉，《臺灣日日新報》，1928.04.11，4 版。

　　由於各地黃姓宗親會紛紛成立，因而昭和二年起有主張開全臺黃姓宗親大會，擬共同修撰黃姓族譜，[37]草擬黃姓宗親會會則，[38]並確於當年底開全臺黃姓宗親大會於彰化。[39]亦有主張將北部黃姓宗親會與南部黃姓宗親會整合，惟南部黃姓宗親會僅有少數人同意與北部整合，[40]因而提案作罷，全臺黃姓宗親會仍各自發展。

　　基隆黃姓宗親會自昭和元年五月成立後，每年均召開全體會員大會討論相關事項；如昭和二年三月廿二日午後二時，宗親會再次假高砂樓旗亭開第二回總會，出席者百三十餘名，由會長黃鄉齒主持，除報告上年度的收支決算外，並處理會費滯納者事，當時決議「會員中會費滯納者，若至舊五月十九日止，尚不納入之人，則照會則，消滅會員資格」。[41]昭和三年三月十日（農曆二月十九日），宗親會假玉田聖王公廟內開第三回總會，出席者一百七十餘名，主要討論二事，即選舉宗親會新任工作人員及是否加入全臺黃姓宗親會；其中後者經由與會者討論，認為基隆黃姓宗親會初成立，基礎未穩，故決定暫不與臺北黃姓宗親會合併。又此次大會恰值役員任期屆滿，故再次投票公選出各幹部以組織新的工作團隊，惟黃鄉齒

37　〈黃姓宗親會開磋商會擬修黃姓族譜〉，《臺灣日日新報》，1927.07.12，夕刊 4 版。

38　〈黃姓宗親會會則草案〉，《臺灣日日新報》，1927.07.25，夕刊 4 版。

39　〈黃姓宗親會發會式況〉，《臺灣日日新報》，1927.10.19，夕刊 4 版。全臺黃姓宗親大會本欲開於臺中，後改至彰化召開，見〈全臺黃姓宗親會期變更〉，《臺灣日日新報》，1927.10.11，4 版。

40　〈黃姓宗親會〉，《臺灣日日新報》，1927.08.06，4 版；〈南部黃姓宗親會成立〉，《臺灣日日新報》，1927.08.13，4 版。

41　〈基隆黃氏宗親會第二回總會〉，《臺灣日日新報》，1927.03.31，4 版。

氏連任會長，黃求、黃仁祥仍爲副會長。[42]昭和四年三月廿九日午後一時，黃姓宗親會依例舉行第四回總會，並第三次假高砂樓旗亭開會，此次出席者有百餘名。[43]由上述資料可知，日治時期基隆黃姓宗親會運作頗上軌道，除年年定期開會員大會外，並強調入會者須繳會費乃可保有會員資格，而會務工作以兩年爲一任期，會員們可透過投票選出負責人以持續宗親會的發展；此足以顯示：日治時期基隆的黃姓族人已逐漸透過宗親會組織凝聚向心力並匯集宗族力量。

促成日治時期基隆黃姓宗親會得以成立並持續運作的最重要人物，即宗親會的發起者之一，亦長期擔任會長之職的黃鄉齒。[44]黃氏祖籍福建漳浦縣，先世原居於瑞芳九份，設帳授徒爲生；黃鄉齒十八歲醵資投入開礦業，積財發家後即移居基隆，開設金崇德商號於新興街，經營海產雜貨兼山產物，日治時期的大正二年（1913）

42　〈黃氏宗親會彙報〉，《臺灣日日新報》，1928.03.06，夕刊 4 版；〈基隆兩宗親會〉，《臺灣日日新報》，1928.03.14，4 版。

43　〈基隆──宗親會兩則〉，《臺灣日日新報》，1929.04.01，4 版。

44　據目前基隆黃姓宗親會的紀錄，該會第一、二屆理事長均爲黃樹水，任期自民國三十六年至五十九年止，惟此一算法是從戰後各個宗親會依法登記的時間起算而非創會時間。戰後基隆黃姓宗親會向政府登記立案時間爲民國三十六年三月十五日，而黃樹水是黃鄉齒的兒子；另據黃樹水子黃啟模云，其父祖兩代均持續爲宗親會服務，可知黃姓宗親會自日治時期創會以來即由黃鄉齒擔任會長職，後由其子黃樹水接任。

亦為酒類販售商，並專門提供日本軍方各式用品，[45] 十年後（大正十二年，1923）黃鄉齒頗受日人重視，當時報紙曾以「島商榮譽」為標題對其加以推崇曰：

> 新興街金崇德商行主人黃鄉齒氏，自帝國領臺當時，即為陸軍御用達，包辦基隆要塞糧食，及他應用各件，親自選貨，一毫不苟，邇來二十餘年，深得陸軍當局信用，當皇太子殿下行啟臺疆之時，艦隊到基，復得海軍當局，命其兼為海軍買辦，供給停泊中各艦，應用糧食，主人益加奮發慎重採擇，計二十餘日，自御艦金剛以下各艦，供給甚巨，而無一毫不合之處，供奉顯宮，及各艦將校隨員等，皆表滿足，近日金剛艦以下各艦主計官，各來函道謝，該號深以為榮，已開店員慰勞會，以為紀念云。[46]

此後黃氏持續負責日本軍方各物資補給事務，[47] 奠定家族事業基礎。黃鄉齒亦涉足生產製造業，如與人合資投入鰛鰭製造、[48] 創丸

---

45 〈合併販賣〉，《臺灣日日新報》，1913.03.31，3 版；簡萬火，《基隆誌》，「附錄」，頁 5；《基隆市志》（基隆：基隆市文獻委員會，1956），第二十種，人物篇，頁 29-30。

46 〈基隆特訊——島商榮譽〉，《臺灣日日新報》，1923.06.07，6 版。

47 如大正十三年與昭和元年、二年、五年之報紙均載黃鄉齒負責的金崇德號，採買大量物資提供日本軍方需要事；參見：〈豫想外に少ない基隆で用意した大艦隊食料併し騰貴が懸念〉，《臺灣日日新報》，1924.03.14，7 版；〈大艦隊糧食準備〉，《臺灣日日新報》，1924.03.15，6 版；〈第一艦隊の食糧基隆金崇德が號引受ける〉，《臺灣日日新報》，1926.04.14，5 版；〈基隆——艦隊食料品注文〉，《臺灣日日

越製冰工場，[49]並因此參與各種商業組織，如大正十四年基隆商工會成立，其擔任評議員工作；[50]昭和二年基隆商工信用組合成立，其先後擔任監事、[51]理事等職。[52]甚至開創新式經濟活動與商業團體以帶動景氣，如昭和四年報載：

> 基隆市本島人方面，從來未有組織歲末聯合大賣出會，昨臘由黃鄉齒氏，外有志倡者，獨立組織，名為大基隆聯合大賣出會，以挽回島人方面景氣，經過成績優良，各商店賣上高，比前年多少增加。去三日午後一時，在基隆公會堂，開第一回收支決算報告會，皆照原案，承認可決，缺一商業機關，不能圖商業發達，遂議決組織基隆商協會，舉黃鄉齒氏為創立委員長，竝選創立委員，以當創立事宜。是夜更於同處，開懇親宴，出席者百餘名，來賓官民十餘名，黃樹水氏代表

新報》，1927.04.15，4 版；〈第一艦隊基隆で食糧品を積取る〉，《臺灣日日新報》，1930.04.01，2 版。

48　大正七年黃鄉齒與魏魁、江增桂、蔡捲年、鄭登元、陳西六人合資投入，見〈漁業二組合〉，《臺灣日日新報》，1918.07.27，2 版。

49　〈金崇德製冰移出各地販賣〉，《臺灣日日新報》，1932.05.20，4 版。

50　〈基隆商工創立總會〉，《臺灣日日新報》，1925.02.13，4 版。基隆商工會於大正十四年二月十一日上午十時卅分創立於公會堂，時有會長一人、副會長一人、評議員廿人，其中僅三人為臺籍人士。

51　〈基隆商工信組定期總會〉，《臺灣日日新報》，1927.01.23，4 版。

52　〈人事欄〉，《臺灣日日新報》，1927.10.15，夕刊 4 版；〈基隆——理事補缺〉，《臺灣日日新報》，1935.01.21，8 版。

主人敘禮。[53]

由此可知黃鄉齒在當時基隆工商界的領導地位與重要性，[54]而引文中提及的黃樹水為其長子，亦因此而展露頭角，奠定日後個人事業發展之基礎。

政治方面，黃鄉齒於大正初年即為保正，參與基隆地方事務；[55]至大正十四年因地方制度改革，基隆成立市協議會，其乃首屆市協議會員之一。[56]而社會方面，黃鄉齒涉入更多，不論是傳統節慶、廟會活動或新式社團組織，均扮演重要角色，前者如其開創蒲節遊江韻事，[57]擔任慶安宮理事，[58]負責慶安宮與城隍廟爐主、頭家事；[59]當時不論是慶安宮的繞境活動或中元普度的遊行隊伍均

53　〈基隆島人大賣出店籌設基隆商協會於大賣出決算會議決〉，《臺灣日日新報》，1929.03.06，夕刊 4 版。

54　另有關黃鄉齒的介紹說明可參見《基隆市志》，卷 7，人物志，列傳篇，頁 43-44。

55　〈基隆短信——賽會先聲〉，《臺灣日日新報》，1919.05.07，7 版。

56　基隆市首屆市協議會員有廿一人，其中十四名為日人，七名為臺人；見〈基隆市議員發表〉，《臺灣日日新報》，1925.01.09，4 版。

57　〈基隆特訊——蒲節韻事〉，《臺灣日日新報》，1923.06.22，6 版。

58　黃鄉齒於大正七年、昭和三年均為慶安宮理事，見〈基隆媽祖祭之例〉，《臺灣日日新報》，1918.04.21，6 版；〈基隆慶安宮管理人許梓桑當選諾否は未定〉，《臺灣日日新報》，1928.10.25，夕刊 2 版。

59　黃鄉齒負責大正五年城隍廟爐主、昭和十二年城隍廟頭家及大正八年、十四年慶安宮爐主工作，參見：〈基隆城隍祭典〉，《臺灣日日新報》，1916.09.10，6 版；〈基隆三廟合併賽會花而官將披枷散髮絕跡市尹司令官等參列祭典〉，《臺灣日日新報》，1936.07.01，夕刊 4

會經過黃鄉齒經營的金崇德商號。[60]後者如其爲基隆同風會成員，並擔任重要幹部，[61]曾參與性質屬社會救助，具慈善功能的博愛醫院之創立、[62]愛愛寮之擴建等事。[63]由上述內容可知黃鄉齒實地方上跨足政商兩界的重要人物。

接替黃鄉齒爲基隆黃姓宗親會會長者乃其子黃樹水，黃樹水除繼承家族事業，[64]在基隆工商業界維持相當地位外，亦普遍涉入地方政治及社會諸多事項；如商業方面擔任基隆倉庫利用組合理

版；〈基隆媽祖祭定例〉，《臺灣日日新報》，1918.04.21，6 版；〈基隆媽祖祭典〉，《臺灣日日新報》，1925.05.06，夕刊 4 版。

60 相關說明與史料可參見吳蕙芳，〈海港城市的傳統節慶活動：以慶安宮與基隆中元祭爲中心之探討〉，收入《海洋文化論集》（高雄：國立中山大學人文社會科學研究中心、文學院，2010），頁 330-333。

61 〈人事欄〉，《臺灣日日新報》，1927.09.11，夕刊 4 版；〈基隆兩家葬儀社改良與不改良比較〉，《臺灣日日新報》，1927.09.19，夕刊 4 版；〈基隆——寄附二十圓〉，《臺灣日日新報》，1927.09.20，夕刊 4 版。

62 黃鄉齒曾爲博愛醫院創設研究委員會成員之一，見〈基隆博愛醫院於委員會決定創設資金由一般寄附〉，《臺灣日日新報》，1929.01.24，4 版。

63 黃鄉齒曾捐款與愛愛寮擴增新建築，見〈愛愛寮新設施著手建築〉，《臺灣日日新報》，1927.07.08，夕刊 4 版。

64 昭和四年黃鄉齒即辭去一切公職，並將家族事業交由其子黃樹水負責，自己則投身大武崙植林事業，而昭和五年報紙載及金崇德商號時，已以黃樹水爲代表，且肯定其對日本軍方提供物資之能力；參見：〈基隆片々——桐油樹の植林〉，《新高新報》，1929.09.15，6 版；〈基隆片々〉，《新高新報》，1930.04.10，3 版。

事、創立基隆商業協會（後改名基隆總商會），[65]團結臺籍商人力量；[66]政治方面擔任基隆市協議會員，參與地方事務；[67]社會方面負責城隍廟頭家工作，[68]並為基隆同風會常任理事專責國語普及事，[69]又組織同風會青年團、[70]愛鄉會等團體，[71]亦地方實力派人

65 〈會名再改〉，《臺灣日日新報》，1931.10.17，8版；〈基隆——總商會將成立廿五日發會式〉，《臺灣新民報》，1931.10.17，8版；〈基隆市總商會成立廿五日發會式〉，《臺灣新民報》，1931.10.31，3版；又該組織成立後定期召開會議討論相關事，見〈基隆——總商會定六日開第二回總會〉，《臺灣新民報》，1932.03.05，8版。

66 基隆商業協會於昭和六年十月十一日開創立準備礎商會，廿五日開創立總會並舉發會式，此後持續開定期總會，而黃樹水除任職首任會長外，後亦擔任副會長、理事等職；參見：大園市藏，《現代臺灣史》（臺北：日本植民地批判社，1934），第十編〈中心人物〉，頁41；〈基隆島商籌組商業會為防止競爭慶賣〉，《臺灣日日新報》，1931.08.13，8版；〈會事〉，《臺灣日日新報》，1931.10.14，夕刊4版；〈基隆總商會定期總會〉，《臺灣日日新報》，1934.04.01，夕刊4版；〈基隆總商會總會會長及諸役員改選將積極的圖商業繁榮〉，《臺灣日日新報》，1936.05.06，夕刊4版。

67 黃樹水自昭和五年開始擔任市協議會員，見〈基隆市議員重新任命新任者七名〉，《臺灣日日新報》，1930.12.30，夕刊4版。

68 黃樹水負責昭和七年城隍廟頭家事，見〈基隆市城隍繞境對地方音樂贈繡旗汽車增發並交涉割引〉，《臺灣日日新報》，1932.09.05，8版。

69 〈基隆同風會改正會則〉，《臺灣日日新報》，1936.05.03，8版；〈基隆同風會改會則設部長制置八部門決議講演禁止扮裝官將〉，《臺灣日日新報》，1936.06.02，8版。

70 〈基隆同風會で青年團結成〉，《臺灣日日新報》，1937.05.22，5版。

71 〈基隆——組愛鄉會〉，《臺灣日日新報》，1932.08.16，8版。

士，且影響力持續至戰後，因戰後黃樹水亦擔任基隆參議會議長、市議會議長等重要職位。[72]

　　基隆黃姓宗親會雖於日治時期的昭和元年即創立，然直到戰後才因政府要求於民國卅六年三月十五日正式向基隆市政府登記立案，由政府頒發人民團體立案證書（社行字第一三三七七號），[73]時黃姓宗親會仍由日治時期的會長黃樹水負責會務事，直至民國五十九年（1970）第三屆理監事會才選出黃熙堂為新任理事長（參見附錄 3-1）。[74]總計黃鄉齒、黃樹水父子兩代為黃姓宗親會貢獻心力及熱心服務達四十四年之久。

---

72 基隆市議會秘書室編，《基隆市議會第一屆紀念冊》（基隆：基隆市議會，1954），〈黃議長樹水畧歷〉；黃氏祖譜編輯委員會編，《黃氏祖譜》（臺中：新遠東出版社，1961），頁 C52；《基隆市志》，卷 7，人物志，列傳篇，頁 41-42；《基隆年鑑（附旅行指南）》（基隆：不明出版項），頁 53。

73 《基隆市志》（基隆：基隆市政府，2001），卷 3，政治志，社會篇，頁 24；惟市志中載黃姓宗親會成立於民國卅六年三月十五日係登記立案時間，非真正創會時間，又該頁未載明黃姓宗親會的立案字號，其它類似文件亦未載明相關紀錄，今據黃姓宗親會會員大會手冊補上立案證書字號；參見：洪連成，《基隆文獻 2——根》（基隆：基隆市政府，1991），頁 40；基隆市黃姓宗親會編，《（第十三屆第二次會員大會）黃姓宗親會九十三年會員大會手冊》（基隆：基隆市黃姓宗親會，2004），頁 1。

74 基隆市黃姓宗親會編，《（第十四屆第二次會員大會）黃姓宗親會九十六年會員大會手冊》（基隆：基隆市黃姓宗親會，2007），頁 1；〈基隆市黃姓宗親會緣起〉，收入黃昌虎主編，《天下無雙·江夏黃童——黃氏族人的溯源與尋根》（不明出版者，1997），頁 178。另

　　戰後的基隆黃姓宗親會據其章程可知，係以敦親睦族、愼終追遠、聯絡情感、合作互助爲宗旨，致力宗親間的互助救濟福利、就業輔導、調解糾紛，以及協助政府推行、舉辦社會公益等事。[75]與日治時期不同的是，戰後初期的黃姓宗親會雖曾沿襲日治時期之規定收取會費，然民國七十年（1981）以後已不向會員收取會費，[76]會務運作主要由宗親們樂捐而來，故每年出版的宗親會手冊有大量篇幅刊載宗親們的樂捐名錄以爲答謝，並公開帳目以示宗親鄉長。而觀察丁亥年黃姓再度輪值主普前六年間（民國九十年至九十五年）的黃姓宗親會會務資料，可知宗親會每年的主要活動與支出有祭祖、中元、會館維持、大會召開、宗親聯繫五大項，其中，祭祖指每年參與臺北黃姓宗親會種德堂舉行的春、秋二祭，此一活動至少於日治時期即形成慣例；[77]中元是指每年農曆七月中元普度時參

　　有關黃熙堂的生平介紹可參見黃氏族譜編輯委員會編，《黃氏族譜》，頁 C55。

75　〈基隆市黃姓宗親會章呈〉，收入基隆市黃姓宗親會編，《（第十四屆第二次會員大會）黃姓宗親會九十六年會員大會手冊》，頁 3。

76　基隆黃姓宗親會不收會費的確切年代無文獻資料可印證，僅據宗親會資深會員言是民國七十年以後即不繳交；而觀察民國六十八年黃姓宗親會會員大會手冊載宗親會章程中，第廿三條云「本會經費以左列各項收入充之。一、會員入會費十元以上。二、會員樂捐。三、會員常年會費五十元。」可知當時仍有繳納入會費與常年會費之規定；見《江夏黃姓宗親會六十八年會員大會手冊》（基隆：基隆江夏黃姓宗親會，1979），頁 8。

77　日治時期報紙曾載：臺北黃氏宗祠種德堂於昭和十二年三月廿七日午後四時舉行春祭，「凡大稻埕附近一圍，及新莊、鷺洲、大直、基隆等處，有該姓宗親，希望加入」，可報名於值東黃贊鈞氏或永樂町黃

與之相關活動，特別是基隆黃姓宗親會除每隔十五年輪值主普外，[78]每年的中元普度亦負責贊普慶安宮的仁官首工作（詳見後文）；會館維持是黃姓宗親會自民國九十年新購復興街會館，有固定會址後，每年定期的稅捐、代書、修繕、設備、水電，以及為維持會務運作而有的文具、郵電等經常性支出；大會召開指每年的年度大會及臨時大會活動；宗親聯繫指每年的重陽敬老、獎學金、慶弔、自強活動、海外宗親會參與等活動。大致而言，六年間基隆黃姓宗親會的五個支出項目中，除民國九十年度因購置會館壓縮其它活動經費外，其餘五年的經費支出裡中元活動始終居最大宗（參見表 3-5），而六年間基隆黃姓宗親鄉長們的樂捐款額，除民國九十年購置會館的大量需求外，其餘五年的樂捐款亦以捐助中元活動為最多（參見表 3-6），可見宗親組織與基隆中元祭間之緊密關係。

另據統計資料，六年間基隆黃姓宗親會的中元樂捐款主要來自仁愛區（參見表 3-7），而黃姓宗親會理監事成員亦主要居住仁愛區內（參見表 3-8），又仁愛區屬店家林立的傳統商業區，乃日治時期主要為漢人定居的大基隆地區，與以日人為主的小基隆地區不

姓宗親會事務所，見〈黃姓宗祠春祭及磋議改築〉，《臺灣日日新報》，1937.03.30，12 版。又有關臺北黃姓宗親會與它地黃姓宗親會的聯繫情形可參見：池田敏雄，〈臺北市艋舺黃姓祖廟の祭典を見る〉，《民俗臺灣》，3 卷 7 號（臺北，1943.07），頁 18-22；池田敏雄，〈臺北市艋舺黃姓祖廟的祭典〉，收入林川夫編，《民俗臺灣》（臺北：武陵出版社，1990），頁 136-142。

78 姓氏輪值主普制於清代初創時由十一姓輪流，戰後初期增為十二姓負責，民國七十年以後又擴增為十五姓輪值主普事。

同，[79]由此或可察見黃姓宗親會、商業活動及基隆中元祭間之密切關連性。

第二節　基隆中元祭之參與

　　基隆黃姓宗親會於昭和元年農曆五月成立，當年的中元普度活動是由林姓輪值主普，普度前一夜的水燈與花車遊行共有四十個團體參加，除輪值主普十一姓參與外，另有雜姓的加入，其中即包括黃姓。[80]次年（昭和二年）江姓輪值主普時，黃姓又參加了基隆中元祭的水燈與花車遊行活動，據報紙報導，當年參與各團體中，花車陣頭最有改良者，除主普江姓團外，黃姓團亦有改良而令人注目。[81]再隔一年（昭和三年）的鄭姓輪值主普時，當時車隊遊行共卅六團，除主普十一姓及三大柱首外，黃姓仍參與其中。[82]由上可知基隆黃姓雖不屬輪值主普十一姓成員，然黃姓宗親會成立後，黃

79　日治時期的基隆以田寮河為界，以南稱為大基隆，多為漢人居住，遍布漢人商號、店家，屬基隆較早開發之區域，主要範圍在今日的仁愛區；以北稱為小基隆，多為日人居住，日人官府機構、公司行號林立，屬日人據臺後大規模開發之新區域，主要範圍在今日的中正區；相關說明參見《基隆風物誌》，頁 38、49。

80　〈基隆慶安宮祭典〉，《臺灣日日新報》，1926.09.03，夕刊 2 版。

81　〈基隆河燈盛況惜行列中電燈全滅〉，《臺灣日日新報》，1927.08.25，4 版。

82　〈基隆普施行列並有藝閣參加〉，《臺灣日日新報》，1928.09.10，4 版。

姓成員即持續參加基隆中元祭相關活動以展現黃姓在地方上的雄厚實力。

值得注意的是，昭和六年許姓輪值主普時，已有輿論注意到往昔視十一姓輪值主普爲一種權利，不許它姓加入的狀況，隨著物換星移，情勢變化，理應有所調整才是，當時報紙明確指出：以往被視爲大宗之許、江、賴等姓，今已不及十一姓外的顏、李、黃、楊、王、蔡諸姓，有鑑於此，故當年慶安宮評議員會議時，特由基隆地方領袖許梓桑提議，主張開放他姓加入，意者限於七、八月間向慶安宮報名，即可準備參加。[83]但事實上，日治時期始終未有十一姓外的其它姓氏眞正加入輪值主普行列；然而昭和九年劉唐杜姓輪值主普時，許梓桑於七月十二日午後二時，假同風會館邀請重要人士討論到主普外其它三大柱負責者事務時，決定兩年後（即昭和十一年）的基隆中元祭活動，由黃姓負責主壇事。[84]

到昭和十一年謝姓輪值主普時，由黃玉階掌主壇事，涵蓋地區包括元町、玉田町、雙葉町、天神町、田寮町、東町、幸町、壽町、綠町、義重町、日新町、入船町等，範圍相當廣泛。[85]而黃玉階乃醫師身份，自醫專畢業後初任職於赤十字病院及臺北醫院，專心研

83　〈慶安宮主普十一姓外參加八月報明〔名〕〉，《臺灣日日新報》，1931.07.14，夕刊4版。

84　〈基隆——普度柱首〉，《臺灣日日新報》，1934.08.15，4版。

85　〈慶安宮中元祭典柱首及區域決定〉，《臺灣日日新報》，1933.08.24，4版。

究耳鼻咽喉科，後至草店尾開設旭東醫院；[86]其後於昭和十二年
（1937）負責基隆三大廟（慶安宮、城隍廟、奠濟宮）合併賽會的
爐主工作，[87]可知此一黃姓成員在基隆當地的聲望與實力。

　　據昭和十一年報紙報導，當年四大柱呈現的祭品頗爲豐盛，但
最特別的是主壇部分，因其「祭品中之人物水族，推陣出新，亦有
鬥雞、鬥牛之類，最喚人氣」；可見黃玉階代表的黃姓宗親在當年
度中元普度活動裡的努力表現，實可謂初試啼聲即一鳴驚人。此
外，昭和十一年放河燈的優良者之一爲田寮港的童子會，設計河燈
頗具特色，據報紙刊載：「其奉納河燈，先頭飛行機，滿飾電燈，
乍行乍飛，電燈頻點頻滅，宛如眞實飛機，夜間編隊飛行於空中」，
而此燈代表者亦屬黃姓成員，[88]即定居田寮港的黃彩成，[89]其家世
代相傳接骨療法，甚爲人們信賴，後擔任臺灣肥料製造株式會社工
場人夫供給兼荷揚運搬的總負責人，頗受社會信任，[90]也是具聲望
的地方實力派人物。

86　〈開業披露〉，《臺灣日日新報》，1923.05.16，6版；〈各地通信——
　　基隆醫道優良自然發展〉，《新高新報》，1932.02.25，15版；簡萬
　　火，《基隆誌》，「附錄」，頁23。

87　〈基隆三廟合併賽會花而官將披枷散髮絕跡市尹司令官等參列祭
　　典〉，《臺灣日日新報》，1936.07.01，夕刊4版。

88　〈基隆慶安宮中元第二夜普施盛況〉，《臺灣日日新報》，1936.09.15，
　　夕刊4版。

89　黃彩成世居基隆田寮港九十七番地；參見：〈自轉車與自動車衝突〉，
　　《臺灣日日新報》，1928.09.30，8版；〈自轉車に轢かる〉，《臺灣
　　日日新報》，1928.09.30，夕刊2版。

90　簡萬火，《基隆誌》，「附錄」，頁60。

　　二次世界大戰亞洲戰場爆發後，為節約物資，避免過度消費，殖民政府終止主會、主醮、主壇三大柱事，僅膾主普一項，致十一姓外的他姓因此無機會負責基隆中元祭的相關事宜，亦無展露頭角、展現實力之舞臺，至戰後仍持續之。[91]惟民國卅六年發生變化，該年黃姓宗親會理事長黃樹水與李、王、楊、郭、柯蔡姓等人，提出加入中元祭輪值主普行列之主張，初不獲十一姓代表同意，然上述諸姓人士有任職慶安宮管理委員會，[92]而慶安宮是與基隆中元祭關係最密切的媽祖廟；[93]其中黃樹水還具基隆市參議會議長身份，因此十一姓外的數位有力人士均據理力爭。

　　又當年適逢市政府警察局欲徵收主普壇之地充作分局之用，而主普壇所有權自日治時期以來，即歸屬市役所、輪值主普十一姓與慶安宮；[94]故慶安宮須爭取輪值主普十一姓外的多名重要人士鼎力相助，乃可與公權力對抗解決此一紛爭，因此經協調後雙方達成決

91　《基隆市志》，卷2，住民志，禮俗篇，頁33。

92　不屬輪值主普十一姓的外姓人士任職慶安宮管理委員會，於日治時期有黃鄉齒、王塗盛，戰後則有黃樹水、楊阿壽、楊太山等人；相關史料與說明參見：劉清番總編，《慶安宮誌》（基隆：基隆市慶安宮管理委員會，2001），頁11、110-111；吳蕙芳，〈海港城市的傳統節慶活動：以慶安宮與基隆中元祭為中心之探討〉，頁326-327。

93　有關慶安宮從清代、日治到戰後與基隆中元祭間之關係說明，可參見吳蕙芳，〈海港城市的傳統節慶活動：以慶安宮與基隆中元祭為中心之探討〉，頁318-333。

94　日治時期建於高砂公園內的固定主普壇其與築總經費中的四成為市役所支付，六成由輪值主普十一姓及慶安宮負責，故所有權亦由三者共同擁有，詳細說明參見本書第五章第二節。

議：外姓諸人與慶安宮合作力拒市政府之徵收主普壇，然其亦獲得輪值主普十一姓的首肯，應允黃、郭、李、王四姓宗親會合組成一個團體，以「聯姓會」名義加入輪值主普行列。而當年適逢謝姓輪值主普，聯姓會即以黃、郭、李、王四姓提供之大紅旗及樂團一陣，代表聯姓會參加中元遊行活動，顯示上述諸姓已正式加入輪值主普行列。[95]

聯姓會原本僅有四個姓氏的宗親會成員，然以後其它各姓不斷要求加入，規模持續擴增；如民國四十一年楊、柯蔡兩姓率先加入，至民國五十五年聯姓會已含十四個宗親會，二十多個姓氏（黃、郭、李、王、楊、柯蔡、曾、邱丘、蘇周連、白、董童、高、余徐涂佘俞、鍾蕭葉）於其中，每年由各姓氏輪流值東參與基隆中元祭活動。聯姓會自民國卅六年加入輪值主普行列後，於民國四十三年首次輪值主普事，當時是由會內六個宗親會，即黃、郭、李、王、楊、柯蔡姓聯合辦理相關事務；惟以後則不採取聯合辦理方式，而是聯姓會內每年由不同姓氏宗親會輪流參與中元祭活動，若輪到某一姓氏時，恰值聯姓會負責該年度的主普工作，即由該姓氏負責主普相關事務，故民國五十五年聯姓會再次輪值主普時，該年本來就輪值到鍾蕭葉姓宗親會負責中元祭活動，因此亦由其承擔整個主普工作。民國六十七年（1978）聯姓會三度輪值主普事，則由會內的余徐涂

---

95 〈聯姓會組織之由來與輪值主普簡歷〉，《基隆市蘇周連姓宗親會第十六屆第二次會員大會手冊》（基隆：基隆市蘇周連姓宗親會，2007），頁 5-6。

姓宗親會值東；[96]民國七十九年聯姓會第四次輪值主普事，是由會內邱丘姓宗親會值東；民國九十四年聯姓會第五次輪值主普事，是由會內柯蔡姓宗親會值東。[97]

又民國七十年為出資購買舊主普壇事，致黃、李、郭姓三宗親會分別從聯姓會中脫離出來，以獨立宗親會名義加入輪值主普行列。蓋當年新主普壇已遷建至位於山上的中正公園內，輪值主普的十二姓宗親會蘊釀將位於市區內的舊主普壇購置下來改建成大樓，故由十二姓各出資五十萬元，合資成六百萬元購買原屬市政府的主普壇部分所有權。黃姓宗親會本隸屬聯姓會成員之一，與聯姓會內其它十三個姓氏宗親會共同出資五十萬元即可，然當時的黃姓宗親會理事長黃水海與理監事會議均主張利用此次機會，單獨出資五十萬元脫離聯姓會，爭取以獨立宗親會身份加入輪值主普行列，此一作法亦獲聯姓會內郭姓與李姓兩宗親會的認同，均起而效仿，於是黃、李、郭三姓即因此正式脫離聯姓會，此後基隆中元祭的輪值主普姓氏由十二姓再增為十五姓。[98]惟當年黃姓正式脫離聯姓會的確切時間為民國七十四年，較李、郭兩姓的民國七十年來得晚，致輪值排序時將李姓置前，次郭姓，最後是黃姓；又因增加李、郭、

96　曾子良主持，〈基隆中元祭祀文化特色、宗親組織之史料調查暨逐年主題特展之規畫研究〉，頁50。

97　有關柯蔡當年輪值主普情形可參見《二〇〇五（歲次乙酉）雞籠中元祭主普聯姓會值東基隆市柯蔡姓宗親會紀念專輯》一書的說明。

98　黃稱奇，〈基隆市黃姓宗親會壬申年雞籠中元祭主普始末記〉，收入基隆市黃姓宗親會、壬申年主普委員會編，《壬申年黃姓主普雞籠中元祭專輯》，頁30。

黃三姓後的十五姓（即張廖簡、吳、劉唐杜、陳胡姚、謝、林、江、鄭、何藍韓、賴、許、李、郭、黃）排序爲「張頭黃尾」而非以往的「張頭許尾」，其中，黃姓置尾之臺語發音爲民間所忌，因此再協調將順序改爲「張頭郭尾」，即將郭姓與黃姓順序對調，形成今日的排序情況。[99]而獨立負責輪値主普工作的黃姓宗親會首度承擔基隆中元祭工作時，已是十餘年後的事了。

　　民國八十一年歲次壬申，黃姓宗親會首次輪値到獨立負責基隆中元祭主普工作，宗親會成員均頗爲惶恐，當時的理事長黃稱奇曾有一段文字記載形容當時的心情：

> 因購買舊主普壇之事，導致黃姓宗親會將單獨參加主普一事，將是本會這幾年來大家一直最擔心的事。當然在脫離聯姓會時，距輪値的民國八十一年，尚有十二年的時間。所以大家還覺得事情總會有解決的一天。可是到了民國七十五年，當時的基隆市長倡議雞籠中元祭變成國際性的觀光節目之後，事情就越來越不簡單了。以前幾十萬元就可以帶過去的主普經費，節節升高，又因爲各字姓單位爲了所謂的「輸人勿輸陣」，大家不顧一切拚命擴大規模，競相新奇節目。甚至走火入魔推出傷風敗俗的陣頭亮相。直到民國八十年時主普的經費已輕易超過千萬元大關。因此即將來臨的八十一

99　曾子良，〈基隆中元祭之傳統及其當代轉化之探討〉，頁45-46。

年壬申年主普，成為黃姓族人的第一件重擔。[100]

　　然黃稱奇理事長與當時的黃姓宗親們卻能盡心規劃，致力完成相關諸事。首先是在輪值主普的前三年，即民國七十八年一月十九日召開的第九屆第三次理監事聯席會議時，已確定主普委員名單，並於五月三日的會員大會正式宣布，以便進入具體行動階段；十二月三十日並召開第一次的主普委員會議討論相關事宜。惟正、副主任委員及正、副爐主則因事涉個人與家庭意願，以及財力、年紀，甚至「清氣」與否的考量，直到民國八十年九月三十日才敲定由黃大銘（主任委員）、黃建智（爐主）、黃重敏（副主任委員）、黃金福（副主任委員）、黃富發（副爐主）、黃文堂（副爐主）、黃熙堂（名譽主任委員）擔任。[101]

　　在工作人員編組方面，壬申年輪值主普時的黃姓工作團隊，將原本宗親會的理監事成員十二人擴編為廿一人，即將常務理事由二人擴至四人，理事由六人擴至十人，並增設監事四人（參見附錄3-1）；另設有一專門負責中元祭事務的壬申年主普委員會，編制為主任委員一人、名譽主任委員一人、副主任委員三人、爐主一人、副爐主二人、執行長一人、總幹事一人、副總幹事二人、頭家九人、委員五十九人及各工作任務組，包括總務、財務、設備、祭典、募

100　黃稱奇，〈基隆市黃姓宗親會壬申年雞籠中元祭主普始末記〉，頁30-31。

101　黃稱奇，〈基隆市黃姓宗親會壬申年雞籠中元祭主普始末記〉，頁33。又中元祭爐主等人的產生，在輪值主普之年是由自願或商議而來，一般年份則是在神明前「筊杯」產生。

款、行列、接待、公關、攝影九組，共十一個組長及七十九個副組長（參見表 3-9）；其中，理監事成員屬壬申年主普委員會者，除理事長兼執行長、常務理事亦為副爐主、常務監事亦為副總幹事三人外，其它主要是編入各任務組中負責各項實務工作，共擔任七個組長及十七個副組長，占所有任務編組成員九十個正、副組長中的26.7%，比例並不大。

同時，當時的任務分配往往一人身兼數項職務，如黃文榮既是總幹事又是募款組副組長與公關組副組長、黃伯機既是副總幹事又是公關組組長與募款組副組長、黃吉成既是總務組副組長又是行列組副組長、黃景仁既是總務組副組長又是募款組副組長、黃啓模既是財務組組長又是募款組副組長、黃金福既是財務組副組長又是祭典組副組長、黃耀坤既是設計組副組長又是行列組副組長、黃春金既是募款組組長又是行列組副組長，[102]亦即當時人員的職務劃分有重疊現象。

又為配合籌辦主普諸事，自民國七十八年開始每次的理監事會均討論主普相關事務，會議日期如下：

民國七十八年一月十九日、四月廿日、七月廿日、十一月廿三日
民國七十九年三月卅一日、七月六日、十二月廿八日
民國八十年四月十一日、六月廿日、七月廿九日、十一月五日
民國八十一年一月十六日、二月廿三日、三月十二日、四月
　　　　　廿一日、五月廿日、六月廿三日、七月十四日、

---

102 基隆市黃姓宗親會、壬申年主普委員會編，《壬申年黃姓主普雞籠中元祭專輯》，頁 16-19。

　　八月六日、八月九日、八月十九日、九月十四
日、十月廿六日

　　由上述資料可知，相關輪值主普事項早於三年前即已開始討
論，至輪值主普當年會議更是密集到每月一次，而至中元祭當月更
是一個月內連續三次會議，可見宗親會組織運作之密集及事務工作
之繁重。

　　主普諸事除需大量人力參與實際工作外，尚須一定的財力籌措
運用，在此方面，黃稱奇理事長亦早已關注及規劃。民國七十八年
的許姓輪值主普時，黃姓宗親會即預估經費至少四百五十萬元，然
民國八十年李姓輪值主普時經費已過千萬，達一千四百多萬元，在
評估本身實力及希望節約物力後，黃姓宗親會決定將壬申年輪值主
普經費定為七百五十萬元，理由是民國八十年黃姓宗親會的結餘款
為一百零一萬元，當年收入預算是六十九萬元，若將輪值主普經費
定為收入預算的十倍左右，亦即要黃姓宗親鄉長們樂捐比平常多十
倍的款項，雖負擔頗重或仍有可能達成。

　　事實上，壬申年輪值主普的實際開支高達八百八十多萬元（參
見表 3-11），而當年宗親鄉長們的樂捐款有八百六十四人次，總額
達九百五十萬元以上，其中，黃姓宗親會理監事組織及壬申年主普
委員會成員實募款的主要來源，共募得四百六十多萬元，占募款總
額的 48.4%；其次是基隆在地黃姓宗親們的慷慨解囊；最後則是外
地黃姓宗親們的參與，包括居住臺北市的個人及各地黃姓宗親團
體，如臺北市黃姓種德堂、臺北市黃姓崇德會、臺北市黃姓集英堂、
臺北縣黃姓宗親會、新竹市黃姓宗親會、臺中市黃姓宗親會、臺中
縣黃姓宗親會、高雄市黃姓宗親會均有捐款，此部分共募得款項五

十一萬多，占所有募款總額的 5.4%。[103]若將所有募款額扣除支出項後，尚有餘額數十萬，可見黃姓宗親們不論是居住基隆或臺灣各地，對十五年輪值一次主普之事均甚爲重視並積極參與。

又據統計數字可知，壬申年黃姓輪值主普時，捐款的八百六十四人次中以仁愛區及中正區最多，合計達四百五十四人次，占總捐款人次的 52.5%，而當年的戶數調查，發現仁愛區與中正區亦黃姓居住最多的兩個行政區，合計達一千三百二十三戶，占基隆所有黃姓戶數的 39%（參見表 3-12），壬申年黃姓首次輪值主普時，基隆黃姓宗親鄉長們財力的大量投入亦可由此觀察出。

壬申年的黃姓輪值主普，據當時報紙的採訪報導：總幹事黃景仁明白表示，此次黃姓辦理主普的原則爲「精簡不舖張，力求莊嚴隆重」，故以往上百隻豬公形成的肉山肉林此次不見；而重要特色包括放水燈遊行當天，發放一萬支古典紙扇給觀眾，方便大家揮扇去暑，此實首創之舉；而當晚表演的陣頭遊行隊伍限於一個半小時內完成（遊行隊伍排序參見表 3-13），以縮減市區交通阻塞現象，並可在午夜前恢復街道整潔。[104]事實上，壬申年的黃姓輪值主普不僅發送古典紙扇令人耳目一新，更史無前例地由黃稱奇理事長塡寫一首〈基隆就是我的故鄉〉之應景歌曲，內容如下：

103　基隆市黃姓宗親會、壬申年主普委員會編，《壬申年黃姓主普雞籠中元祭專輯》，頁 61、62、63、66、67、69、70、71、76、82、83。

104　〈基隆中元祭輕鬆看個夠，黃姓宗親接爐，將分送一萬支紙扇〉，《自立早報》，1992.05.03，轉引自基隆市黃姓宗親會、壬申年主普委員會編，《壬申年黃姓主普雞籠中元祭專輯》。

請您舉頭起來看，看著觀音媽站在雲邊，看護港都海岸青
山，吹過來海風帶著海水的香味，海岸線未輸大幅的風景
畫，平靜又好看；海風吹來林投叫聲，颯颯颯四下充滿親切
的溫馨，基隆就是我的故鄉。

基隆中元七月半，大家相爭看老大公，先開龕門放出好兄
弟，八斗子半暝海邊人山人海放水燈，媽祖宮祈求風調雨
順，合境平安又美滿；海風吹過林投樹啊，海風吹來林投叫
聲，颯颯颯四下充滿親切的溫馨，基隆就是我的故鄉。

此歌曲在震華電臺及竹南益世電臺播放，被報紙稱之為「絕對是百
年來的文藝創舉」。[105]

　　另須加以說明的是，黃姓之參與基隆中元祭活動，除十五年輪
值一次主普事務外，還負責每年慶安宮的「仁官首」事務，即協助
慶安宮本身的普度工作（廟普）。蓋基隆中元普度活動除由各姓氏
輪流負責主普部分，即一般習稱的「公普」或「大普」外，亦有其
它不同性質或類型的普度，如屬團體性質的私人公司行號普度、公
家機關普度、職業公會普度、廟宇普度，乃至各家各戶的私人普度
等；而除了由姓氏輪值主普的公普規模最大，最受矚目外，許多著
名寺廟的普度活動亦頗具規模，引人注意，因廟宇附近的商號、店

105　〈鬼月民俗北臺灣有創舉，中元祭基隆新耳目〉，《民生報》，
　　　1992.08.05，轉引自基隆市黃姓宗親會、壬申年主普委員會編，《壬
　　　申年黃姓主普雞籠中元祭專輯》。有關歌曲的形成，黃稱奇有追憶文
　　　字的說明，參見其〈基隆市黃姓宗親會壬申年雞籠中元祭主普始末
　　　記〉，頁37。

家、私人均紛紛參與，共襄盛舉；而這些廟普需要各方力量協助乃得備辦周全，順利進行，因此往往有固定的支援單位負責相關工作。如光緒十三年（1887）興築的基隆著名廟宇之一城隍廟，每年農曆七月三日舉行廟普，於日治時期就有水產魚商團、水產仲賣商協助進行普度事，[106]以後則由進出口商、海臺商、煤炭商等輪流負責該廟普度相關工作；而基隆另一著名廟宇、光緒元年立於玉田的奠濟宮，每年農曆七月廿一日舉行廟普，日治時期就有日用雜貨商、豚商協助普度工作，[107]後改由米穀商、食品商、銀樓業者等輪流負責普度事務；惟城隍廟與奠濟宮的廟普於民國五十三年因無人負責已廢止。[108]

至於嘉慶十年（1805）即已立於崁仔頂，歷史較城隍廟、奠濟宮更為悠久的慶安宮，[109]在基隆中元祭時期的活動實較前二廟宇更為複雜多樣，因基隆中元祭最重要的活動，除一般熟知的農曆七月十四日放水燈、十五日普度外，[110]另有農曆七月十三日的迎斗燈，

---

106 〈基隆特訊—蘭盆勝會〉，《臺灣日日新報》，1922.08.29，6 版；
　　〈基隆—各廟中元〉，《臺灣日日新報》，1933.08.28，4 版。

107 〈基隆—各廟中元〉，《臺灣日日新報》，1933.08.28，4 版。

108 廖漢臣，〈基隆普度調查報告〉，頁 123；同樣內容亦見於廖漢臣編
　　著，《臺灣的年節》，頁 129。

109 慶安宮何時立於崁仔頂現址的說法不一，有嘉慶十年、十二年、二十
　　年、廿三年之不同說法，筆者採嘉慶十年說之立論根據，參見吳蕙芳，
　　〈海港城市的傳統節慶活動：以慶安宮與基隆中元祭為中心之探
　　討〉，頁 322-326。

110 日治時期配合退潮需要放水燈日期往往不固定，大致而言普度日期均
　　在放水燈後一日，而放水燈日期多安排在農曆七月廿五日，故廿六日

而迎斗燈是將象徵輪值主普各姓氏元神的斗燈迎置慶安宮內供奉，由此可知慶安宮在基隆中元祭裡角色扮演的重要性。[111]慶安宮本身亦於農曆七月十五日舉行廟普，屆時附近商家往往共同參與普度，場面浩大；而慶安宮每年中元普度時均有固定的十五個單位（不論是個人或團體）協助相關祭典事務，惟各單位負責人以往與現今略有不同，茲將甲辰年（民國五十三年）與丁亥年（民國九十六年）的慶安宮普度十五單位表列如下：[112]

表 3-1：甲辰年與丁亥年慶安宮普度十五單位負責人表

名稱	甲辰年代表	丁亥年代表
爐　主	慶安宮	慶安宮
獻敬首	杜有光	慶安宮主任委員
天官首	李姓代表李燦	李姓宗親會
地官首	義成興	文華紙店
仁官首	黃姓代表黃阿炮	黃姓宗親會
三官首	布公會	謝修平
水官首	林德興	陳萬來
水燈首	張生塗	代明宮
發表首	有滿堂	連日德
五穀首	米商代表江連圳	米穀公會
福德首	江鳳飛	江陳麟

為普度日；惟戰後配合政府政策，全臺灣統一於農曆七月十五日普度，故放水燈即固定於普度前一日的農曆七月十四日舉行，且放水燈前有水燈及花車的遊行市街活動。

111 日治時期慶安宮與基隆中元祭的相關活動說明可參見陳凱雯，〈日治時期基隆慶安宮的祭典活動——以《臺灣日日新報》為中心〉，頁171-175。

112 甲辰年資料來自廖漢臣的調查報告，丁亥年資料由慶安宮提供；見廖漢臣，〈基隆普度調查報告〉，頁 127。

玉皇首	林清富	鄒勝雄
獻地首	何士蘭	何藍韓姓宗親會
副會首	蓬萊軒	曾勤
斗燈首	江源茂	江姓宗親會

說明：丁亥年十五單位擺放位置參見圖 3-1[113]

　　此種安排不知始於何時，而何以由此十五個單位負責，據駐慶
安宮的威顯壇謝富基道長表示，當時應是請有足夠能力，又有意願
者之應允幫忙而告確定的，以後即流傳至今；且最早由各小廟負
責，以後逐漸有個人或宗親會參與。而仔細觀察其中若干代表實與
慶安宮關係密切，如獻地首代表的何士蘭，即奉獻土地給慶安宮的
內湖庄人，慶安宮至今仍保留大正三年（1914）刻的「獻地主何士
蘭」碑，惟大正三年並非何士蘭奉獻土地的時間，乃慶安宮廟宇重
修時據舊碑重撰新碑的時間；[114]而獻地首代表後來由同姓氏的宗親
會承繼負責亦理所當然之事。另外，水燈首代表的代明宮，即日治
時期的太陽媽廟，當時與慶安宮、城隍廟、奠濟宮合稱基隆四大廟，
彼此間關係頗為密切；[115]而太陽媽廟原為張姓創建及負責管理之源
齋堂，如日治時期的張添福（1873-1938）即管理人之一。[116]至於

113　今日慶安宮內十五首的擺放位置與以往不同，有關民國五十三年的十
　　五首擺放位置可見廖漢臣，〈基隆普度調查報告〉，頁 125-126。

114　吳蕙芳，〈地方碑刻與基隆中元祭〉，頁 91。

115　日治時期基隆同風會曾主張將此四大廟合併，共置於一個管理委員會
　　下，見〈基隆の各廟合併案〉，《臺灣日日新報》，1921.03.15，2
　　版；〈基隆各廟合併案〉，《臺灣日日新報》，1921.03.16，6
　　版。

116　〈基隆短訊〉，《臺灣日日新報》，1922.07.02，6 版；陳其寅，〈祭
　　張生塋君文〉，收入《懷德樓文稿》，頁 174-175；《仁愛區志·安

五穀首代表由原為米商的江姓代表轉為米穀公會負責，也是有跡可循的。

又據黃姓宗親會的資深鄉長黃耀村指出：黃姓宗親會負責「仁官首」任務始於黃樹水理事長時期，實際工作是於每年基隆中元祭時，不論是否輪值主普，均須準備屬於「仁官首」的水燈及花車，除展示於遊行行列中，亦在望海巷中放水燈，故黃姓宗親會即使不輪值主普，每年基隆中元祭亦有相當花費，此可由其歷年開支內容中的中元項目裡得見（參見表 3-5），惟由黃姓持續負責仁官首事務，亦顯示黃姓宗親會在基隆一地的實力。

第三節　丁亥年再度輪值主普

（一）進行事項

丁亥年（民國九十六年）為黃姓宗親會創會以來第二次獨立輪值主普事，宗親會早於數年前即著手進行相關工作，如民國九十一年宗親會已開始討論木質大豬公製作之事，所以有此構思除配合丁亥年生肖屬豬，而豬又代表財富與福氣等吉祥意義外，宗親會本欲藉此木質豬公取代傳統中元祭裡的真豬公祭祀，惟後來仍有黃姓宗親主張真豬公祭祀的不可廢除，故木質豬公就僅具前項意涵。木質豬公計畫於民國九十二年派人親赴越南北部尋找木料（樟木）及探訪大陸的雕刻師傅，此一木質大豬公重達六百斤，於民國九十三

樂區志》（基隆：基隆市政府，1996），頁 54，又該書屬基隆市政府出版的「基隆文獻」系列書籍中的第六種。

（2004）年雕刻完成運送回臺返抵基隆，並於民國九十四年聯姓會（柯蔡姓值東）輪值主普時首度公開亮相。

　　又如民國九十二年宗親會已規劃新斗燈製作之事，由於黃姓宗親會從民國卅六年加入聯姓會，與其它數個姓氏共同成為輪值主普十二姓的成員之一時，即打造屬於黃姓宗親會的斗燈，而此斗燈已使用數十年之久，黃姓宗親們認為此次輪值主普應有一番新的氣象，故新斗燈的打造實是配合再一次輪值主普的展示機會，欲以全新黃金打造且規模較以往更為龐大的新斗燈，來彰顯黃姓鄉親們的凝聚力與向心力。新斗燈造價達百萬元，共分左、右、中三座，高度除底層部分外，左右兩座均有三層，而中座則達四層，實際高度至少二百一十公分。新斗燈各層均刻上與黃姓相關之歷史故事與傳說，如「黃大仙收青龍」、「黃帝三戰關雲長」、「黃飛虎反關」、「黃帝收山禽野」、「黃相國衣錦還鄉」、「天化玉麒麟施神通」等，實用以代表黃姓祖先往昔之豐功偉業。

　　新斗燈的打造是透過身兼慶安宮副主任委員的黃姓宗親會前任理事長，亦丁亥年輪值主普的主任委員黃建智之聯繫，於民國九十三年暑假率宗親十餘人自費赴大陸福建探尋工廠及師傅製作；至民國九十五年六月十四日新斗燈由大陸運回，廿四日即有基隆當地的吉隆電視臺至黃姓宗親會館拍攝，而七月十七日新斗燈置於基隆市文化中心展示，供人參觀；次日，更有吉隆電臺及民視電臺到基隆市文化中心採訪新斗燈事。[117]當年八月李姓輪值主普時，黃姓宗

117　基隆市黃姓宗親會編，《（第十四屆第二次會員大會）黃姓宗親會九十六年會員大會手冊》，頁13。

親會將百萬元打造的黃金斗燈在農曆七月十四日晚上，各姓氏花車遊行活動中風光亮相，在當時頗吸引眾人目光，成為遊行行列中的焦點。事實上，木質大豬公與新斗燈造型已成為丁亥年中元祭裡的新標誌，再配上與姓氏相合的黃色，負責輪值主普工作的黃姓宗親會實將「豬公」、「斗燈」、「黃色」三者予以結合，並呈現於涼扇、紀念郵票、理監事名片、紀念贈品、宗親會網站首頁圖像等處，而遊行陣頭中亦有「豬母繁殖」花車、黃色大旗舞設計等，以達加深人們對此次黃姓輪值中元祭主普之印象。

至於前提及之主普活動中不可免的祭神大豬公，爐主黃丁風亦於民國九十五年的六、七月間，到金山當地尋找適合者負責飼養兩頭，[118]民國九十六年三月豬公已重達千斤，預定目標是一千五百斤。據爐主言，丁亥年祭神豬公的飼養不以重量取勝，而是強調健康，要求照一般養豬方式餵食，而非強灌硬撐地增加重量，著重的是祭祀豬公的內在品質，而非外在規模大小，更無比賽排名之事。同時，爐主亦倡陰陽兩普之舉，即對亡者普度，對生者普施，除以豐盛祭品供奉祖先、孤魂外，亦呼籲各界贊普供桌，由黃姓宗親會統籌，交由基隆市政府社會局協調各區公所、里辦公室，分配日用食品等賑濟物資予全市登記有案的低收入戶，發揮愛心以救助貧困。[119]這一善舉至少一千一百桌，因基隆市低收入戶至少有此一數

---

118 丁亥年黃姓輪值主普，由宗親會奉獻的豬公有兩頭，然爐主黃丁風與總務組長黃崇來又各自奉獻一頭豬公，故總共有四頭豬公，其中兩頭置於中正公園主普壇前祭祀，另兩頭置於慶安宮內祭祀。

119 每份贊普供品價格是一千五百元，內含白米（新米）三公斤一包、金蘭禮盒一組、橄欖油二公升一罐、味丹雙響泡麵大碗三碗、新竹米粉

量，其中，黃姓宗親會的理事長、主任委員及爐主均各認一百桌，其餘七百多桌供不限黃姓的各界善心人士認捐贊助。此種祭祀亡者亦顧念生者的愛心關懷活動，在十五年前黃姓首次輪值主普時即有表現，當時黃姓宗親會的理監事們一致決議捐款二十萬元給防癌協會，以表慰問之意，[120]這種行為表現使得基隆中元祭活動帶有某種程度的社會公益性質，亦使中元祭活動更具有現世關懷之意義。

丁亥年黃姓輪值主普有關祭典科儀部分是請道教正一派的威顯壇道長謝富基負責，與以往較為不同之處有三：首先，農曆七月十五日的普度不僅設在中正公園的主普壇前（約二百至三百桌），亦設於慶安宮內（約一千一百多桌），故豎燈篙分別架在中正公園與慶安宮兩地；而七月十五日下午普度法會前，先在慶安宮的黃姓先賢堂祭祖、填庫，再至中正公園內的主普壇進行法會。如此安排除因丁亥年黃姓輪值主普的主任委員黃建智乃慶安宮管理委員會的副主任委員，意欲藉此拉近彼此間關係外，更重要的是顯示慶安宮在基隆中元祭裡的重要地位與角色扮演。蓋日治時期中元普度的內壇即在慶安宮，屬外壇的主普部分是以內壇為核心，配合內壇進行祭祀活動；當時由十一姓輪流負責主普活動，其普度日期多在農

二百一十克三包、山藥寬麵二包、客家板條二包、米之麵一包、綠豆粉一百一十克三包、嘎嘎叫誠意包一包、丸莊醬油二入一組、高慶泉醬菜組三入一組、三文魚二罐、米酒一罐、高級精鹽一公斤一包、特選砂糖五百克一包、精選綠豆二百五十克一包、薑一塊、包裝袋米一只。這些賑濟物資於七月十五日當晚普度結束後，立即由社會局取走再分發給基隆市內各低收入戶。

120　黃稱奇，〈基隆市黃姓宗親會壬申年雞籠中元祭主普始末記〉，頁44。

曆七月廿五或廿六日，而慶安宮本身的廟普日期則在農曆七月十五日，兩者並不衝突，均可分別在慶安宮內進行普度儀式。惟戰後中央政府將全臺各地普度日期統一訂在農曆七月十五日，故慶安宮的廟普與十五姓氏輪流負責的主普活動只能分開地點進行，令人無法了解慶安宮在日治時期基隆中元祭裡扮演角色之重要性。然丁亥年在黃姓宗親會與謝富基道長的刻意安排下，恢復以往作法，兼在慶安宮內與中正公園主普壇前同時豎燈篙與普度，且獲得慶安宮周邊商家的支持與配合，設在慶安宮的普度桌數遠多於設在中正公園主普壇前的數量，即慶安宮的普度實較中正公園主普壇前的規模更盛大與壯觀，由此顯示慶安宮的核心角色與重要地位。

其次，跳鍾馗與交接手爐亦不同於以往是在農曆七月十五日普度後即進行，且儀式開始時間往往已近午夜；丁亥年將跳鍾馗與交接手爐儀式延至農曆七月廿九日午後再進行，理由是整個農曆七月均是請祖先及孤魂之普度日，若七月十五日即跳鍾馗，是提早半個月請祖先及孤魂回陰間；此外，交接手爐亦表示將輪值主普之重責大任移交給下一個姓氏負責，若七月十五日即交接手爐，也是提早讓下一姓氏宗親會接棒，在時間上有不妥。同時，為更周到地宴請未及時赴宴的所有亡者，丁亥年黃姓在七月廿九日跳鍾馗前再辦一次補孤法會，即再次宴請未及時赴七月各日各地盛宴的祖先及孤魂，以示敬意。

最後，丁亥年各項科儀進行時，謝富基道長的若干安排亦與往昔不同，更重細節且寓意深厚。如為配合農曆七月十日的豎燈篙儀式，先於一個多月前（農曆六月三日）至七堵瑪陵坑山區「綁燈篙」，即選擇欲豎立的竹子，綁作記號並施以法事，到需要時再砍取並搬

運利用，以為慎重。又農曆七月一日下午一時在老大公廟開龕門前，先於上午八時半至慶安宮、奠濟宮、平安宮、城隍廟四座基隆大廟「投疏」，以示對基隆媽祖、開漳聖王、土地公、城隍爺各神明的尊崇；下午四時又到望海巷「投帖」，因基隆中元祭是普度陸地與水上兩處孤魂，而老大公廟的開龕門是請出陸地孤魂，水上孤魂則須至海邊投孤魂帖請其到時赴宴。再如農曆七月十四日晚上迎請水燈陣頭遊行前，先於下午在慶安宮內的先賢堂前迎請黃姓歷代祖先前來接受道果，以示尊敬；而午夜在望海巷燃燒水燈頭前，先以蓮花燈引水上孤魂請其次日共赴盛宴，並盛海水至瓶中，為次日普度盛宴進行法事時施用。此外，丁亥年望海巷燃燒各姓及各首水燈頭前，先以專門攝召陰魂的何、喬二元帥引導，謝道長再對所有的水燈頭一一加持後才下水放送。

又值得說明的是，基隆中元祭活動裡甚引人注目者乃農曆七月十四日午夜放水燈前的水燈與花車繞行市街之陣頭遊行，每年均吸引大量人潮擁進基隆市區，駐足觀看，基隆市警察局也必須派大批員警管制交通，維持秩序。由於丁亥年是黃姓輪值主普，故市街遊行陣頭照例是黃姓排在第一順位的遊行隊伍中，而據黃大銘理事長表示：黃姓規劃此次遊行活動內容意在突顯宗親團結、在地年輕人參與、族群融合三大主題，故與壬申年輪值主普時的陣頭相較，少了許多專業的藝閣表演，代之以黃姓宗親的婦女團體，及由黃姓宗親參與或經營之團體（如基隆的救難大隊、水上安全救生協會、南管、北管、福田妙國等）；亦有基隆當地高中、國中與國小的表演隊伍（如基隆女中的樂隊與儀隊、成功國中的學生舞蹈、中正國中的民俗技藝、東光國小的黃色大旗舞等），以及原住民魯凱族的盪

鞦韆表演（參見表 3-13）；同時，為使基隆中元祭活動邁向國際化，丁亥年黃姓宗親會透過宗親會內屬扶輪社成員的聯絡，邀請來自蒙古的青年團參與，並與基隆市文化局聯合主辦「基隆中元祭與華人社會習俗國際學術研討會」，安排來自香港、大陸、馬來西亞等地學者共襄盛舉，凡此在在顯示出黃姓宗親會與以往不同的構思與規劃。

（二）人力安排與組織規劃

　　黃姓宗親會早於前一年的交接手爐後，即民國九十五年九月起便固定開會討論丁亥年輪值主普諸事，聽取眾人意見，以收集思廣益之效。最初是每月集會一次，後增加頻率為每一星期均開會，中間除農曆春節期間暫停兩次（民國九十六年二月十七日及二月廿五日）及偶有主持會議者另有要事改換開會日期外，餘均按時開會，即使遇到颱風來襲亦不終止。開會時均由理事長主持會議，眾人自由發言，熱烈討論，再達成決議；各項事情，無論是大到如主普壇的搭建、專屬網站的架設、宗親團服顏色的決定、水燈船的選擇、布袋戲表演內容等事，或小到如綵帶、小花燈、旗幟、斗笠款式等，均先由廠商或負責該事務者在宗親會議上展示給眾人看，再由宗親們討論決定，確定廠商後則交由總幹事負責後續事務。

　　又為配合輪值主普事務增多的需要，丁亥年黃姓宗親會組織亦有擴大，除原來的理監事廿一人外，於民國九十三年增設一秘書長成為廿二人的編制；至民國九十六年又擴編成四十二人，即理事由原來的十人增至廿人、監事由原來的四人增至九人，另增設副總幹

事二人、名譽理事長一人、公關組長一人及婦女隊組長一人。[121]值得注意的是，丁亥年輪值主普係將整個理監事會成員完全融入中元祭的整體工作團隊中，而非如壬申年時宗親會理監事會與中元祭委員會有較大區隔。蓋丁亥年工作團隊最重要的負責人有三，即理事長、主任委員及爐主，另有副主任委員三人、副爐主五人及頭家八人，人數雖較壬申年輪值主普時少，但辦事效率並不差。

在實際任務編組數量上，丁亥年也與壬申年一樣是九個組，但組別有不同，丁亥年九組分別為財務、公關（文宣）、青年、婦女、行列、總務、祭典、建壇、設備；其中，總務、祭典、行列三組均與以往同，然將以往性質相似的財務與募款組合併成一個財務組，又改設計組為建壇組，將相關物品採購、簽約、發包工作規劃為設備組，另為加強黃姓宗親會內青年及婦女的參與活動，增設青年組與婦女組，如此的工作組區分實較以往的工作任務劃分更精準而明確，運作起來亦更有效率。

又丁亥年的九組共設十二個組長、卅五個副組長，其中，屬宗親會理監事成員擔任者達卅九人，占九組總成員四十七人的83%，可以說宗親會的理監事成員幾乎每人各有所掌，完全擔負實際各項工作重任（參見表3-10）。同時，為方便經驗傳承，並培育宗親會

---

121 黃姓宗親會輪值主普工作名單中本無黃明國，然後來於實際工作進行中，黃明國協助攝影之事甚多，故於事後編纂紀念專輯時加入攝影組長黃明國，使工作團隊人數又有增加；見吳蕙芳編著，《神人饗宴：丁亥年（2007）黃姓輪值主普雞籠中元祭》，頁205。

內的接棒人員，丁亥年參與主普各組任務工作者有不少是壬申年即參與相關工作的黃姓宗親鄉長，茲表列如下以為說明：[122]

表 3-2：丁亥年與壬申年黃姓輪值主普工作人員表

姓名	出生年份	職業	丁亥年職務	壬申年職務	住址（行政區）
黃大銘	1936	商	理事長	主任委員	中正區
黃建智	1928	商（退）	主任委員	爐主	安樂區
黃丁風	1947	律師	爐主	副祭典組長、委員	仁愛區
黃啓模	1926	商（退）	財務組長	財務組長	仁愛區
黃崇來	1929	商（退）	總務組長	總務組長	信義區
黃耀村	1940	商	祭典組長	祭典組長	仁愛區
黃光博	1942	商（退）	建壇組長	副行列組長、委員	仁愛區
黃國清	1949	商	設備組長	副接待組長、委員	安樂區
黃文堂	1947	商	行列組長	副財務組長、副爐主	仁愛區
黃簡玉霞	1936	市議員（退）	婦女組長	接待組長、副公關組長	仁愛區
黃景仁	1934	商（退）	副財務組長	總幹事、副總務組長、副募款組長	中正區

---

122 基隆市黃姓宗親會兩次輪值主普的各工作負責人參見表 3-9、3-10，各黃姓宗親的出生年份及職業係請教黃姓宗親會黃奇財總幹事而來，住址所在行政區參見基隆市黃姓宗親會編，《（第十四屆第二次會員大會）黃姓宗親會九十六年會員大會手冊》，「基隆市黃姓宗親會現任理監事芳名介紹」。

黃楓林	1955	商	副總務組長	副接待組長	七堵區
黃春雄	1943	商（退）	副總務組長	副總幹事、副總務組長	仁愛區
黃　金	1934	工（退）	副祭典組長	副設計組長、頭家	仁愛區
黃期田	1947	醫生	副祭典組長	委員	信義區
黃聰仔	1929	工（退）	副建壇組長	副募款組長	中正區
黃天生	1949	商	副建壇組長	副設計組長、頭家	仁愛區
黃金和	1936	公（退）	副行列組長	副募款組長	暖暖區
黃裕廷	1939	商	副行列組長	副設計組長	暖暖區
黃振雄	1934	記者（退）	副設備組長	副公關組長	仁愛區
黃錦煌	1932	工程師（退）	副設備組長	副設計組長、頭家	仁愛區
黃日發	1949	商	副公關組長	副設計組長	仁愛區
黃耀寬	1970	醫生	副青年組長	委員	仁愛區

　　由上表可知，丁亥年輪值主普負責重要工作者均屬壬申年輪值主普時即已參與相關活動而富含經驗者；尤其是黃啟模、黃崇來、黃耀村三人，更是兩次輪值主普均專門負責最重要的財務、總務、祭典之事，實經驗老道，有利主普工作之進行。

　　又兩次輪值主普均參與並負責相關工作者中，半數以上居住仁愛區且職業屬商，而前曾提及，仁愛區在基隆為店家林立的傳統商業區，由此應可得知宗親會裡積極投入基隆中元祭活動者與商業發展間之關係。

　　另值得注意的是，兩次投入輪值主普工作的黃姓宗親們，至丁

亥年再度輪值主普時，半數以上呈退休狀態且平均年齡高達六十六歲，其中，前者應是宗親們在時間上得全心投入各項活動的重要原因，惟後者則令人擔憂日後接棒者的傳承問題。

（三）經費籌措

丁亥年黃姓宗親會組織規模的大幅擴增不僅為辦事的人力需要，也為經費籌措的順利進行。由於負責輪值主普工作花費甚大，除來自中央與地方的補助款項外，[123]其餘支出均須由宗親會自行籌措，故宗親會早已注意募款事，民國九十五年七月開始募款活動，民國九十六年農曆春節後，更加緊腳步，打算辦募款餐會，募款對象欲擴及基隆以外地區。惟實際的經費來源仍以基隆黃姓宗親會的理監事樂捐為大宗，蓋丁亥年理事長、主任委員及爐主均各捐一百萬，而各理監事每人至少捐三萬元，如此基本經費即已達四百一十七萬元，幾占募款總額九百四十九萬多元的 44%。

此外，黃姓宗親會為鼓勵基隆在地黃姓宗親及外姓鄉長的慷慨解囊，曾訂出獎勵捐款及贊助方式如下：

---

123 丁亥年基隆中元祭來自公部門的經費支援有觀光局的五百萬、基隆市政府的五十萬、基隆市文化局（文化基金會）的七十萬，然這些經費至少在整個活動結束後兩個月才核發撥款，故輪值主普相關活動的各項經費支付均先來自宗親會的募款。

表 3-3：丁亥年黃姓輪值主普獎勵捐款與贊助方式表

捐款額度	30,000元以上	10,000至29,999元	5,000至9,999元	參與中元普度（豬公）祭品
贈品	主普旗幟（含鐵架）	慶贊中元燈一盞	慶贊中元燈一盞	金牌一面
	黃姓會旗一對	紀念郵票一套	—	—
	慶贊中元旗一對	贊普供桌一桌（事後捐助中低收入戶）	—	—
	慶贊中元燈（大型）一對	—	—	—
	木雕豬公一隻	—	—	—
	紀念郵票一套	—	—	—
	贊普供桌一桌（事後捐助中低收入戶）	—	—	—

　　至於居住外地的黃姓宗親們及其它各姓宗親會則以發信函方式，即書面文字邀請共襄盛舉。而實際募款金額，據黃姓宗親會的捐款資料可表列如下：[124]

124　吳蕙芳編著，《神人饗宴：丁亥年（2007）黃姓輪值主普雞籠中元祭》，頁 190-201。

表 3-4：丁亥年黃姓輪值主普捐款資料統計表

項目	專供贊普款		其它捐助款		總數	
分類/ 比例	人次	總額	人次	總額	人次	總額
黃姓 個人	106 44.35%	523,750 42.85%	242 94.90%	6,940,100 83.91%	348 70.45%	7,463,850 78.62%
商號 團體	51 21.34%	402,500 32.93%	7 2.75%	871,000 10.53%	58 11.74%	1,273,500 13.42%
外姓 個人	78 32.64%	286,500 23.44%	6 2.35%	460,000 5.56%	84 17.00%	746,500 7.86%
無名 氏	4 1.67%	9,500 0.78%	0	0	4 0.81%	9,500 0.10%
總數	239	1,222,250	255	8,271,100	494	9,493,350

　　由於丁亥年募款分專供贊普款與其它捐助款兩種，其中，前者經費限用於購買賑濟物資贈予基隆市低收入戶，後者則不限使用途徑。而統計後可知：經費專供贊普者有二百三十九人次，共 1,222,250 元，其它捐助款有二百五十五人次，共 8,271,100 元；若將捐款者分為黃姓個人、商號團體、外姓個人及無名氏四種，可知不論是專供贊普款或其它捐助款均以黃姓個人參與者居多，且比例高達七成以上；事實上，團體成員中有十一個屬基隆以外不同縣市的黃姓宗親會，包括臺北種德堂、黃姓崇德會、臺北集英堂等，若加上這些黃姓宗親會團體，則黃姓宗親們的參與比例會更高。值得注意的是，以團體名稱捐款者除宗親會性質外，多為商行店家或公司企業，如屬運輸製造業的鴻展通運、鴻運工程、財德建材、和泰製冰、澤榮工程、良盛營造、正陽機械、蔡泰車業、名陽工程、福懋化工、

啓睦機械等，屬商業貿易的均竻實業、近馨企業、安昌企業、華興實業、毓欣企業、名春有限、浚彥企業等，屬醫療養護業的長庚分院、常生中醫、安泰護理、安泰老人等，甚至資金較少、規模較小的店家如大方香舖、新萬昌服裝、王記府城、滿城食品、新新糖果等，或休閒娛樂服務性質的公司行號如基隆廣播、新好景、航海家、阿順釣具、添得利、易昌漁具等，均以商行店家名號參與基隆中元祭的贊普或捐款活動，可見工商團體力量與基隆中元祭活動間之關係。然由於丁亥年宗親會刊印相關資料僅載人名、團體名及其捐助金額，未注明完整地址內容，因而無法量化分析其明確比例及地域分布情形，惟從若干備註欄說明文字中可知：此次參與捐款者除以定居基隆為主外，亦有來自臺北市、臺北縣（含萬里、金山、板橋、汐止、瑞芳、新店、土城、鶯歌、三重、新莊等地），甚至宜蘭、新竹等地，即黃姓宗親會募款來源的地域分布雖不限基隆一地，然仍以北部地區為主要範圍。

小結

基隆黃姓宗親會因一九二〇年代全臺普遍修撰族譜與興建祖祠之風氣而成立，並非為參與基隆中元祭活動而組織宗親會，[125]但在創會後即積極投入中元祭相關活動，雖開始時並未排入輪值主普

---

125 陳燕如的研究認為：日治時期基隆黃、許、何、鄭、蔡姓宗親會的成立，乃基隆中元祭輪值主普傳統深刻影響下之結果，此論點值得進一步討論；見陳燕如，〈中元普度與政商之間：日據時期基隆地方領袖的發展〉，頁 122。

行列，然在中元祭活動裡的表現，不論是最初僅參加水燈與花車的陣頭遊行，或十年後的負責三大柱中的主壇工作，均力求表現並獲得好評，可見基隆黃姓宗族力量的逐漸擴增，且透過宗親組織在中元祭如此盛大的地方慶典活動中，展現出黃姓宗族的團結與努力。

戰後向政府登記立案為人民團體的基隆黃姓宗親會，隨著宗親們在地方上的實力發展，更積極邁向加入輪值主普行列；首先是與它姓聯合，以聯姓會名義加入輪值主普之中，其後更大膽地自聯姓會裡獨立出來，成為今日排序第十四的輪值主普姓氏；雖說兩次機會均有其相應事件之背景，然若非黃姓宗親們在地方有足夠實力，亦無法利用時機發展成今日獨挑大樑之局面，而時至今日，在中元祭裡輪值主普及參與贊普亦已成為基隆黃姓宗親會最重要的工作項目與表現成果。

目前為止，黃姓宗親會已獨立輪值主普兩次，一是壬申年的首次輪值主普，一是丁亥年的再次輪值主普，兩次輪值主普中黃姓宗親會均扮演舉足輕重的關鍵角色，且從經驗傳承中不斷改進，無論是人力安排或經費籌措上，任值當年主普的宗親會理監事們均出錢出力，全心投入，特別是丁亥年輪值主普，宗親會理監事們可說是完全投入主普工作團隊中，兩者整合為一個組織，運作起來更方便迅速。而經費的主要來源也依舊是以宗親會理監事們的樂捐為大宗，其次為基隆本地與外地黃姓宗親鄉長們的支持，然不論何者，黃姓宗親會之傾全力辦理輪值主普事均可由此觀察出，且宗親會實欲藉此凝聚宗族成員向心力，並展現黃姓在基隆地方上的實力與影響力。

又透過黃姓宗親會的參與基隆中元祭活動亦可察知相關人際

網絡所顯現出的血緣（宗親組織）、地緣（仁愛區）與業緣（商業活動）間之關連性。蓋基隆黃姓宗親會的成立，初始並非為參與基隆中元祭活動已如前述，惟組織成立且爭取到輪值主普機會後，確實積極參與十五年一次輪值主普與每年贊普之相關活動，以凝聚黃姓宗親們的向心力並顯示基隆黃姓宗親之實力，然為確實辦好中元祭活動之各項內容，大量人力、物力、財力與時間的投入確屬必要，故黃姓宗親們具此條件者往往是從事商業者，乃有充裕力量與彈性時間的配合；且基隆中元祭的各式活動亦提高地方知名度並吸引大批觀光人潮，實有利於商業利益的增進，故位於基隆舊市區核心地帶、傳統即為店家林立的仁愛區內之黃姓宗親們如此普遍而積極地投入中元祭活動實不足為奇，亦理所當然之事。

　　最後，經由基隆黃姓宗親會於丁亥年輪值主普工作之規劃內容，不論是陣頭遊行中出現的原住民魯凱族、蒙古青年團隊伍，或是香港、大陸、馬來西亞等地學者參與之國際學術研討會等項，均清楚顯現族群融合特色，及多元化目標與國際化視野，亦即前章所述戰後形塑出來的基隆中元祭圖像及地方政府規畫之基隆中元祭發展方向，確已明白落實於各個相關活動之中。

附錄 3-1：戰後基隆市黃姓宗親會歷屆理監事會成員

第一屆（1947-1970）
理事長：黃樹水

第二屆（1970）
理事長：黃樹水

第三屆（1970-1973）
理事長：黃熙堂
常務理事：黃明金、黃金福
理事：黃澤清、黃水海、黃仁淵、黃上錦、黃福隆、黃秋坤
常務監事：黃源勤
監事：黃耀村、黃明輝

第四屆（1973-1976）
理事長：黃明金
常務理事：黃上錦、黃文男
理事：黃金福、黃水海、黃仁淵、黃崇來、黃有義、黃秋坤
常務監事：黃源勤
監事：黃耀村、黃明輝

第五屆（1976-1978）〔前半段〕
理事長：黃明金

常務理事：黃上錦、黃崇來
理事：黃水海、黃東福、黃塗生、黃延安、黃耀村、黃金福
常務監事：黃源勤
監事：黃明輝、黃洪而

第五屆〔1976-1978〕〔後半段〕
理事長：黃水海
常務理事：黃上錦、黃崇來
理事：黃東福、黃延安、黃耀村、黃金福、黃塗生、黃竹福
常務監事：黃源勤
監事：黃明輝、黃洪而

第六屆（1980-1983）
理事長：黃水海
常務理事：黃崇來、黃耀村
理事：黃東福、黃延安、黃竹福、黃稱奇、黃勝泉、黃啓模
常務監事：黃上錦
監事：黃金福、黃明輝

第七屆（1983-1985）
理事長：黃水海
常務理事：黃崇來、黃耀村
理事：黃東福、黃延安、黃稱奇、黃仁欽、黃勝泉、黃金福
常務監事：黃啓模

監事：黃德發、黃明輝

第八屆（1985-1988）
理事長：黃稱奇
常務理事：黃崇來、黃耀村
理事：黃金福、黃文男、黃延安、黃鐘宮、黃清寅、黃簡玉霞
常務監事：黃啓模
監事：黃文堂、黃景仁

第九屆（1988-1991）
理事長：黃稱奇
常務理事：黃崇來、黃啓模
理事：黃簡玉霞、黃金福、黃耀村、黃鐘宮、黃文堂、黃金和
常務監事：黃春雄
監事：黃國雄、黃東福

第十屆（1991-1995）
理事長：黃稱奇
常務理事：黃崇來、黃啓模、黃耀村、黃文堂
理事：黃簡玉霞、黃日發、黃金和、黃振雄、黃讚輝、黃榮發、黃
　　　瑞和、黃春金、黃瑞登、黃裕廷
常務監事：黃東福
監事：黃春雄、黃金福、黃廷安、黃楓林
總幹事：黃景仁

第十一屆（1995-1999）

理事長：黃建智

常務理事：黃崇來、黃耀村、黃文堂、黃忠義

理事：黃春雄、黃天生、黃讚輝、黃財木、黃楓林、黃瑞和、黃振
　　　雄、黃國清、黃元良、黃秋坤

常務監事：黃啓模

監事：黃日發、黃金和、黃啓銘、黃吉成

總幹事：黃景仁

第十二屆（1999-2003）

理事長：黃建智

常務理事：黃崇來、黃耀村、黃忠義、黃財木

理事：黃文堂、黃瑞和、黃天生、黃啓銘、黃國清、黃楓林、黃振
　　　雄、黃元良、黃萬福、黃奉兼

常務監事：黃日發

監事：黃啓模、黃秋坤、黃吉成、黃錦煌

總幹事：黃景仁

第十三屆（2003-2006）

理事長：黃大銘

常務理事：黃金、黃國清、黃財木、黃耀村

理事：黃光博、黃啓銘、黃文堂、黃福來、黃楓林、黃錦煌、黃裕
　　　廷、黃春雄、黃奉兼、黃則銘

常務監事：黃天生

監事：黃日發、黃碧卿、黃聰仔、黃奇財
總幹事：黃崇來
秘書長：黃啓模

第十四屆（2006-2009）
理事長：黃大銘
常務理事：黃金、黃國清、黃財木、黃耀村
理事：黃光博、黃啓銘、黃文堂、黃福來、黃楓林、黃錦煌、黃裕
　　　廷、黃春雄、黃奉兼、黃則銘
常務監事：黃天生
監事：黃日發、黃碧卿、黃聰仔、黃奇財
總幹事：黃崇來（黃奇財）
秘書長：黃啓模

2007 年擴編後組織
理事長：黃大銘
常務理事：黃國清、黃金、黃楓林、黃崇來
理事：黃明燦、黃期田、黃丁風、黃光博、黃錦煌、黃德明、黃啓
　　　銘、黃慶山、黃信昶、黃耀寬、黃游秀、黃文清、黃健興、
　　　黃耀村、黃財木、黃奉兼、黃日郎、黃福來、黃裕廷、黃文
　　　堂、黃振維
常務監事：黃日發
監事：黃天生、黃聰仔、黃碧卿、黃春雄、黃成燈、黃仁淶、黃鉦
　　　詔、黃景煙

秘書長：黃啓模　　　　　總幹事：黃奇財

副總幹事：黃金和、黃裕榮　公關組長：黃華

名譽理事長：黃建智　　　　婦女隊組長：黃簡玉霞

資料來源：基隆市黃姓宗親會編，《（第十四屆第二次會員大會）黃姓宗親會
九十六年會員大會手冊》，頁 55-58。

表 3-5：黃姓宗親會 2001-2006 年支出表

年/比例	祭祖	中元	會館	斗燈	豬公	會館維持	大會召開	宗親聯繫	總計/比例
2006	22,400	471,250	0	500,000	53,192	51,444	347,132	335,783	1,781,201
%	1.3	26.4		28	3	2.9	19.5	18.9	100
2005	24,905	226,458	0	0	0	221,553	167,810	184,754	825,480
%	3	27.4				26.8	20.3	22.5[126]	100
2004	16,482	256,294	0	200,000	0	219,865	163,740	118,558	974,939
%	1.7	26.3		20.5		22.5	16.8	12.2	100
2003	14,790	271,738	0	0	0	141,627	163,260	95,000	686,415
%	2.2	39.6				20.5	23.8	13.8	100
2002	20,260	330,139	0	0	0	99,908	154,000	152,340	756,647
%	2.7	43.6				13.2	20.4	20.1	100
2001	15,580	328,815	4,873,448	0	0	84,688	199,325	190,432	5,692,288
%	0.2	5.8	86			1.4	3.4	3.2	100

126 本年度有一項支出數目將會務與慶弔合而為一，其中，會務屬會館維
　　持，慶弔屬宗親聯繫，因而將該項金額對半計算，分別列入會館維持
　　與宗親聯繫兩項內。

說明：「會館維持」含水電、文具、郵電、稅捐、代書、設備、會務、修繕等
　　　費用。「大會召開」含當年年度大會及臨時大會。「宗親聯繫」含重陽
　　　敬老、獎學金、慶弔、自強活動、海外宗親會參與等費用。

資料來源：基隆市黃姓宗親會編，《（第十四屆第二次會員大會）黃姓宗親會
　　　　　九十六年會員大會手冊》，頁17；基隆市黃姓宗親會編，《（第十
　　　　　四屆第一次會員大會）黃姓宗親會九十五年會員大會手冊》（基隆：
　　　　　基隆市黃姓宗親會，2006），頁15；基隆市黃姓宗親會編，《（第
　　　　　十三屆第三次會員大會）黃姓宗親會九十四年會員大會手冊》（基
　　　　　隆：基隆市黃姓宗親會，2005），頁15；基隆市黃姓宗親會編，《（第
　　　　　十三屆第二次會員大會）黃姓宗親會九十三年會員大會手冊》，頁
　　　　　14；基隆市黃姓宗親會編，《（第十三屆第一次會員大會）黃姓宗
　　　　　親會九十二年會員大會手冊》（基隆：基隆市黃姓宗親會，2003），
　　　　　頁15；基隆市黃姓宗親會編，《（第十二屆第四次會員大會）黃姓
　　　　　宗親會九十一年會員大會手冊》（基隆：基隆市黃姓宗親會，2002），
　　　　　頁15。

表 3-6：黃姓宗親會 2001-2006 年收入表

年/比例	祭祖	中元	會館	斗燈	總計/比例
2006	412,300	427,200	10,000	30,000	879,500
%	46.9	48.6	1.1	3.4	100
2005	327,500	365,700	35,000	755,000	1,483,200
%	22.1	24.7	2.3	50.9	100
2004	285,400	348,300	0	0	633,700
%	45	55			100
2003	316,800	412,000	18,000	0	746,800
%	42.4	55.2	2.4		100

2002	336,400	416,900	30,000	0	783,300
%	43	53.2	3.8		100
2001	270,000	453,387	908,500	0	1,631,887
%	16.5	27.8	55.7		100

說明：本表僅計算當年樂捐數目，不含上年度結存、利息收入及其它收入（如主普壇補助、中元優等獎等金額）。

資料來源：基隆市黃姓宗親會編，《（第十四屆第二次會員大會）黃姓宗親會九十六年會員大會手冊》，頁17；基隆市黃姓宗親會編，《（第十四屆第一次會員大會）黃姓宗親會九十五年會員大會手冊》，頁15；基隆市黃姓宗親會編，《（第十三屆第三次會員大會）黃姓宗親會九十四年會員大會手冊》，頁15；基隆市黃姓宗親會編，《（第十三屆第二次會員大會）黃姓宗親會九十三年會員大會手冊》，頁14；基隆市黃姓宗親會編，《（第十三屆第一次會員大會）黃姓宗親會九十二年會員大會手冊》，頁15；基隆市黃姓宗親會編，《（第十二屆第四次會員大會）黃姓宗親會九十一年會員大會手冊》，頁17。

表 3-7：黃姓宗親會 2001-2006 年中元樂捐人次行政區分布表

年/比例	仁愛區	安樂區	信義區	中正區	中山區	七堵區	暖暖區	不明或它地	總計/比例
2006	68	16	10	27	15	6	6	2	150
%	45.3	10.7	6.7	18	10	4	4	1.3	100
2005	66	13	7	31	15	9	7	0	148
%	44.6	8.8	4.75	20.9	10.1	6.1	4.75		100

2004	71	12	8	28	15	8	5	0	147
%	48.3	8.2	5.45	19	10.2	5.45	3.4		100
2003	66	12	7	52	25	6	5	3	176
%	37.5	6.8	4	29.5	14.2	3.4	2.9	1.7	100
2002	68	13	6	53	24	8	5	1	178
%	38.2	7.3	3.4	29.8	13.5	4.5	2.8	0.5	100
2001	81	13	14	46	21	7	6	8	196
%	41.3	6.6	7.1	23.5	10.7	3.6	3.1	4.1	100

說明：「不明或它地」包括 2006 年不明地址 2 人，2003 年不明地址 3 人，2002 年居臺北市者 1 人，2001 年不明地址 5 人、居臺北市者 1 人、新莊市者 1 人、桃園縣者 1 人。

資料來源：基隆市黃姓宗親會編，《（第十四屆第二次會員大會）黃姓宗親會九十六年會員大會手冊》，頁 25-45；基隆市黃姓宗親會編，《（第十四屆第一次會員大會）黃姓宗親會九十五年會員大會手冊》，頁 24-43；基隆市黃姓宗親會編，《（第十三屆第三次會員大會）黃姓宗親會九十四年會員大會手冊》，頁 22-40；基隆市黃姓宗親會編，《（第十三屆第二次會員大會）黃姓宗親會九十三年會員大會手冊》，頁 21-39；基隆市黃姓宗親會編，《（第十三屆第一次會員大會）黃姓宗親會九十二年會員大會手冊》，頁 22-40；基隆市黃姓宗親會編，《（第十二屆第四次會員大會）黃姓宗親會九十一年會員大會手冊》，頁 25-43。

表 3-8：黃姓宗親會 2002-2007 年理監事會成員行政區分布表

年/比例	仁愛區	安樂區	信義區	中正區	中山區	七堵區	暖暖區	總計/比例
2007	21	8	4	1	2	3	3	42
%	50	19.1	9.5	2.4	4.8	7.1	7.1	100
2006	10	4	2	1	2	2	1	22
%	45.5	18.2	9.1	4.5	9.1	9.1	4.55	100
2005	10	4	2	1	2	2	1	22
%	45.5	18.2	9.1	4.5	9.1	9.1	4.5	100
2004	10	4	2	1	2	2	1	22
%	45.5	18.2	9.1	4.5	9.1	9.1	4.5	100
2003	13	2	2	2	0	1	0	20
%	65	10	10	10		5		100
2002	13	2	2	2	0	1	0	20
%	65	10	10	10		5		100

說明：2002、2003 年設理事長 1 人、理事 10 人、常務理事 4 人、監事 4 人、常務監事 1 人，共 20 人；2004、2005、2006 年增設秘書長 1 人、總幹事 1 人，共 22 人；2007 年為辦理中元祭輪值主普事，擴編理、監事會組織，增設副總幹事 2 人、名譽理事長 1 人、公關組長 1 人、婦女隊組長 1 人，另增加理事 11 人、監事 4 人，共 42 人。

資料來源：基隆市黃姓宗親會編，《（第十四屆第二次會員大會）黃姓宗親會九十六年會員大會手冊》，「基隆市黃姓宗親會現任理監事芳名介紹」；基隆市黃姓宗親會編，《（第十四屆第一次會員大會）黃姓宗親會九十五年會員大會手冊》，「基隆市黃姓宗親會現任理監事芳名介紹」；基隆市黃姓宗親會編，《（第十三屆第三次會員大會）黃姓宗親會九十四年會員大會手冊》，「基隆市黃姓宗親會現任理監事芳名介紹」；基隆市黃姓宗親會編，《（第十三屆第二次會員

大會）黃姓宗親會九十三年會員大會手冊》，「基隆市黃姓宗親會
現任理監事芳名介紹」；基隆市黃姓宗親會編，《（第十三屆第一
次會員大會）黃姓宗親會九十二年會員大會手冊》，「基隆市黃姓
宗親會現任理監事芳名介紹」；基隆市黃姓宗親會編，《（第十二
屆第四次會員大會）黃姓宗親會九十一年會員大會手冊》，「基隆
市黃姓宗親會現任理監事芳名介紹」。

表 3-9：壬申年黃姓宗親會輪值主普工作分組與內容表

職稱	工作人員姓名	工作性質及辦理範圍
理事長兼執行長	***黃稱奇***	執行委員會決定事項。
主任委員	黃大銘	執行委員會決定事項。
爐主	黃建智	執行委員會決定事項。
名譽主任委員	黃熙堂	-
副主任委員	黃重敏、黃金福、黃進昌	協助執行委員會總務、設計、財務等事項。
副爐主	黃富發、***黃文堂***	-
頭家	黃金、黃泰雄、黃炳煌、黃勝雄、黃天生、黃慶山、黃錦煌、黃明清、黃錦益	-
委員	黃澤清、黃奉金、黃澄雄、黃正坤、黃壽松、黃忠義、黃元黃、黃家和、黃政乾、黃塗生、黃建雄、黃金土、黃伯機、黃清寅、黃期田、黃俊基、黃龍德、黃光博、黃秀雄、黃年豐、黃廖金、	主普年舊曆七月十三日迎斗燈，十四日放水燈，十五日普度發動全體會員參與一切活動以補人手之短缺，共襄盛舉爭取吾主普之光榮。

	黃忠源、黃武夫、黃朝枝、黃明賢、黃教星、黃茂林、黃國清、黃成祈、黃振發、黃鴻基、黃竹福、黃瑞昌、黃清忠、黃錫坤、黃玉葉、黃珠玉、黃雨霖、黃丁風、黃田塗、黃連壽、黃木生、黃德發、黃錦龍、黃清華、黃建勳、黃楚元、黃郭祥、黃表元、黃耀寬、黃民雄、黃阿忠、黃振波、黃光成、黃獅、黃崇哲、黃添壽、黃金龍、黃文榮	
總幹事	黃文榮	協助上項有關人員統籌辦理。
副總幹事	黃伯機、**黃春雄**	協助總幹事處理事務。
總務組	組長：**黃崇來** 副組長：黃吉成、**黃景仁**、**黃春雄**、黃寶珠	統籌總務有關之各種會議，出席人員之調度，工作實況及進度協調，各組準備工作規劃，施工會同驗收等事務性公關文書及有關事項。
財務組	組長：**黃啓模** 副組長：黃金福、黃彩美、**黃文堂**	統籌主普收支，設銀行專戶聯印監督各項收支帳務之處理。
設計組	組長：**黃瑞和** 副組長：**黃裕廷**、黃錦煌、黃明賢、黃志勇、黃耀坤、黃正良、黃振發、黃天生、**黃日發**、**黃金同**、黃錦龍、黃錦益、黃煌、黃金	統籌主普壇結裝，放水燈等工作，放水燈有關工程，配合工程發包契約、監督進度、場面之安排裝飾，僱用演外台戲。
祭典組	組長：**黃耀村** 副組長：**黃讚輝**、**黃榮發**、黃澄雄、黃奕敏、黃金福、黃塗生、	統籌各處祭典活動事項，主普壇豬公筵席，慶安宮慶典祭品，義民廟慶典祭品，法師誦

	黃天賜、黃田塗、黃成祈、黃水木、黃清華、黃連壽、黃忠源、黃俊基、黃木生、黃壽松	經，法場人員僱用，金紙祭品採購或發包、筵席祭品事項分組、專人督促驗數供祭。
募款組	組長：**黃東福** 副組長：**黃啓模**、黃文榮、**黃景仁**、**黃金和**、黃及第、黃聰仔、黃茂林、黃贊青、黃伯機、**黃春金**、**黃延安**、黃金龍、黃元良 全體理監事 全體工作人員	統籌主普經費之募捐。特別募款並收繳認捐款。
行列組	組長：**黃瑞登** 副組長：黃德發、黃慶祥、黃文男、黃建雄、黃吉成、**黃春金**、黃耀坤、黃朝芳、黃光成、黃光博、黃建勳、黃郭祥、黃秋樂、黃楚元、黃元良、黃宗仁	請斗燈、放水燈等之行列秩序及糾紛等工作事項。
接待組	組長：**黃簡玉霞** 副組長：黃麗森、黃仁祥、黃秋坤、**黃楓林**、黃國清、黃忠義	協助上項有關人員統籌辦理。
公關組	組長：黃伯機 副組長：黃昭元、**黃簡玉霞**、黃文榮、黃明聰、黃燕鳴、黃啓祥、**黃振雄**	協助總幹事處理事務。
攝影組	組長：黃秀雄、黃振雄、黃政乾	臺視江攝影師。

說明：名字為斜體粗黑字者屬當屆黃姓宗親會（理監事）組織成員。

資料來源：基隆市黃姓宗親會、壬申年主普委員會編，《壬申年黃姓主普雞籠中元祭專輯》，頁16-19。

表 3-10:丁亥年黃姓宗親會輪值主普工作分組與內容表

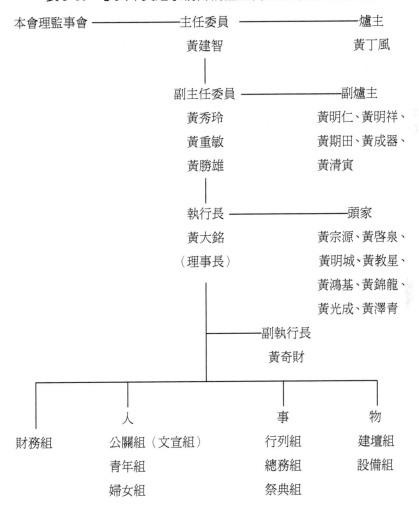

本會理監事會 ——————————— 主任委員 ——————————— 爐主
黃建智　　　　　　　　　黃丁風

副主任委員 ——————————— 副爐主
黃秀玲　　　　　　　黃明仁、黃明祥、
黃重敏　　　　　　　黃期田、黃成器、
黃勝雄　　　　　　　黃清寅

執行長 ——————————— 頭家
黃大銘　　　　　　　黃宗源、黃啟泉、
(理事長)　　　　　　黃明城、黃教星、
　　　　　　　　黃鴻基、黃錦龍、
　　　　　　　　黃光成、黃澤青

副執行長
黃奇財

	人	事	物
財務組	公關組(文宣組)	行列組	建壇組
	青年組	總務組	設備組
	婦女組	祭典組	

組別		負責人	說明
財務組		組長：**黃啓模** 副組長：**黃福來**、黃景仁	辦理財務收支工作，依照預算審核支付，由出納、登帳、會計處理，造冊報會稽核審理歸案。 擬定對象分區、分組積極進行經費樂捐之募款工作，並對可能撥款單位進行計畫簡介等動作，方便活動遂行。
人	公關組 （文宣組）	組長：**黃華、黃奇財** 副組長：**黃日郎、黃奉兼、黃日發**、黃仁渼、黃明池	市政府、各姓氏、交警單位之協助聯繫工作，接待貴賓、各縣市宗親協助食宿，觀禮臺貴賓座位配置等接待事項；各撥款單位及贊助單位之拜會協調。
	青年組	組長：**黃啓銘** 副組長：**黃文清、黃鉦詔、黃耀寬、黃裕榮**、黃炎琦	鼓勵黃姓宗嫂、青年子女，熱心參與主普各項慶典活動，及迎斗燈、放水燈陣容，以壯聲勢。
	婦女組	組長：**黃簡玉霞**、 （黃）楊玉蘭 副組長：**黃游秀**、黃林淑女	
事	行列組	組長：**黃文堂** 副組長：**黃裕廷、黃金和**、黃碧卿	辦理迎斗燈，放水燈遊行，陣頭排列、路線督隊、安置各姓暫停路標路線，發放服裝、點心、茶水，交通各項管制等。
	總務組	組長：**黃崇來** 副組長：**黃春雄、黃信昶**、黃宗源、**黃楓林**、黃慶山	辦理各項籌備會議、文書、聘書、請柬、標示、標誌、旗幟、報導、經管檔案，協調各組有關準備工作事項；各式行政工作之辦理。 （各縣黃氏宗親會之聯繫）

	祭典組	組長：**黃耀村** 副組長：**黃金**、**黃成燈**、**黃期田**、**黃丁風**	辦理開龕門、送燈獻敬、豎燈篙、迎斗燈、放水燈、普施孤魂、跳鍾馗、燒大士爺、交接手爐、關龕門等（祭場佈置、祭品及祭具配置、法事聯繫等工作）；宗教典禮相關之事務。
物	建壇組	組長：**黃光博**、**黃財木** 副組長：**黃天生**、**黃德明**、**黃景煙**、**黃聰仔**	主普壇計畫設計、牌樓設置、開光放彩等，比價發包、監造管理等有關事項，花車、燈車監工管理等工作，硬體本體部分。
	設備組	組長：**黃國清** 副組長：**黃錦煌**、**黃明燦**、黃肇民、**黃振雄**、**黃健興**	協助本會各項主普工作事宜，有關必需物品採購事宜，各項陣頭、南北管樂、花車、燈車聘請，比價簽約發包等有關事項，硬體採購行政部分。

說明：名字為斜體粗黑字者屬當屆黃姓宗親會（理監事）組織成員；名字下加
　　　橫線者屬兩次輪值主普均參與分組工作之人員。

資料來源：基隆市黃姓宗親會。

表 3-11：壬申年黃姓宗親會輪值主普經費支出明細表

項目	內容	金額
1	籌備會議諸經費（79-80 年 8 月初）	98,211.00
2	籌備函件、郵費等	17,386.00
3	籌備印刷費	91,680.00
4	籌備聘書鏡框	15,360.00
5	小計	222,637.00
6	主普壇裝飾主體工程（木工部分）	1,350,000.00

7	主普壇裝飾主體工程（電氣部分）	1,013,000.00
8	主普壇接電諸設備（林氏）	540,000.00
9	主普壇租發電機（含工資主普壇4部、陣頭8部）	293,000.00
10	街路燈籠電氣設備（明賢）	140,000.00
11	霓虹燈彩排等（主普壇、老大公廟、爐主、主委、理事長等）	345,000.00
12	慶安宮	220,000.00
13	慶安宮前庭演戲	79,000.00
14	慶安宮裝燈籠照明設備諸費（宏環水電）	17,400.00
15	老大公廟	20,000.00
16	老大公廟後面霓虹燈看板彩牌	15,500.00
17	路旗、旗座（含吊架）工資（旗 68,000、工資 20,000、座 64,000）	152,000.00
18	燈籠等（中壢邱氏）	297,585.00
19	扇仔 21,000 枝	168,000.00
20	盆栽（含運費、人工費另二盆）	51,800.00
21	服裝費　男：124 名　女：50 名	248,800.00
22	排紙（大士、水燈頭、金銀山等）	77,000.00
23	陣頭藝閣（新合成黃 4 閣）	245,000.00
24	陣頭藝閣（斗六黃氏 2 閣）	130,000.00
25	陣頭藝閣（邱東軒 2 閣）	110,000.00
26	陣頭藝閣（淡水 1 陣）	50,000.00
27	陣頭得意堂聚樂社	1,100,000.00
28	陣頭閩南團（孝投）	50,000.00
29	陣頭原住民舞蹈團 50 名	50,000.00
30	陣頭舞蹈社　扯鈴（國中生）	5,500.00
31	陣頭大鼓亭	55,000.00
32	陣頭租車輛（文堂 25,000、建勳 7,500、榮發 23,140、開路車 7,000）	62,640.00
33	陣頭車輛電器設備（水燈車用）及電料（振發）	73,450.00

34	陣頭車輛木匠工資材料費（春雄）	20,967.00
35	陣頭藝閣用人人工資　61 名次（成祈、金土、秋樂、經手）	52,200.00
36	漢食席、牲禮等	219,000.00
37	豬公(大小二隻　594 斤 112,566　　150 斤 12,600）	125,146.00
38	毛荷必桃、糕仔箋	116,000.00
39	米　二卡車 18,000　　120 包 19,200	37,200.00
40	煙火	185,000.00
41	金銀紙、炮、燭等（敬果在內）（老美玉）	82,240.00
42	租椅棹　120 套	16,800.00
43	電費（主普壇、路燈及電炮雜費）	118,769.00
44	道士費（主普壇普度）	5,200.00
45	攝影及沖洗　江部分 55,000　振 3,385　南雅 8,200	66,585.00
46	捐款　防癌協會	200,000.00
47	捐款　文化基金會	35,000.00
48	捐款　紀念音樂會獎品	10,000.00
49	金牌、盾牌、獎助等	130,150.00
50	餐會（含散宴、便當等　68,100、53,719）	121,819.00
51	飲料	17,821.00
52	旅費（含運費）	15,667.00
53	文具、複印、郵資及雜費	29,260.00
54	清潔費	29,595.00
總計	小計　1-4　　222,637 6-10　　3,336,000 11-20　　1,366,285 21-29　　2,060,800 30-39　　767,123 40-49　　849,744 50-54　　214,162	8,816,751.00

資料來源：基隆市黃姓宗親會、壬申年主普委員會編，《壬申年黃姓主普雞籠
　　　　　中元祭專輯》，頁 59-60。

表 3-12：壬申年黃姓宗親會輪值主普中元樂捐統計表

行政區	仁愛區	中正區	中山區	信義區	安樂區	七堵區	暖暖區	其它	總計
人次	269	185	128	49	51	95	59	28	864
比例%	31.1	21.4	14.8	5.7	5.9	11	6.8	3.3	100
總金額	-	-	-	-	-	-	-	-	9,569,200
戶數	638	685	364	527	376	554	252	-	3,396
比例%	18.8	20.2	10.7	15.5	11.1	16.3	7.4	-	100

說明：其它欄中完全不明者 1 人次占 0.2%，屬基隆但不明行政區者 5 人次占
0.6%，另有外地捐款 22 人次（含臺北 18 人次、新竹 1 人次、臺中 1
人次、豐原 1 人次、高雄 1 人次，其中，臺北有 3 人次屬宗親會捐款）
占 2.5%。

資料來源：基隆市黃姓宗親會、壬申年主普委員會編，《壬申年黃姓主普雞籠
　　　　　中元祭專輯》，頁 35、61-100。

表 3-13：壬申年與丁亥年黃姓宗親會輪值主普遊行陣頭比較表

排序	壬申年	丁亥年
1	大鼓陣	前導車（重型機車）
2	黃姓水燈首：仁官首	頭旗車（大鼓亭）
3	開導車：主任委員、爐主、理事長	吉普車（主任委員）（爐主）（理事長）

4	頭旗車	花車（蓮花燈/主燈/仁官首）40呎
5	宗親男性隊伍	儀隊（基隆女中）
6	黃姓水燈車	樂隊（基隆女中）
7	藝閣：黃姓祖先	花車（龍頭）
8	金山水尾八管	宗親會隊伍
9	蜈蚣閣：春滿人間	婦女隊伍
10	金獅陣	慶安宮
11	煙火車	帆船+鼓隊（黃建智主委）
12	黃姓水燈車	北管車（新樂園）
13	得意堂：大鼓亭	楓香舞蹈團（龍的傳人）
14	藝閣：鴻福齊天	花車（豬母繁殖）
15	得意堂：龍陣	原住民魯凱族（盪鞦韆）
16	藝閣：媽祖點燈救人	水上安全救生協會（黃俊誠）
17	藝閣：洛神	燈車
18	得意堂：八管陣	獅陣（長興堂）
19	藝閣：祈求平安	救難大隊（黃秀玲）
20	聚樂社：大鼓亭	花車（黃飛虎）
21	藝閣：觀音收妖	宋江陣
22	聚樂社：龍陣	原住民舞蹈團（成功國中學生）
23	黃姓水燈車	大旗舞（黃色）東光國小
24	藝閣：觀音濟世	聚樂社（百福社區）
25	聚樂社：八管陣	民俗技藝（中正國中）
26	藝閣：招財進寶	南管（黃玉梅）
27	閩南第一團：八管陣	花車——福田妙國（地藏王）
28	藝閣：瑤池盛會	燈車
29	婦女團體	花車（龍尾）
30	照明車	-

31	原住民舞蹈	-
32	藝閣：金姑趕牛	-
33	扯鈴、跳繩	-
34	民族舞蹈	-
35	黃姓水燈車	-

資料來源：基隆市黃姓宗親會、壬申年主普委員會編，《壬申年黃姓主普雞籠中元祭專輯》，頁51，丁亥年資料由基隆市黃姓宗親會提供。

附圖 3-1：慶安宮丁亥年中元普度內殿斗燈配置圖

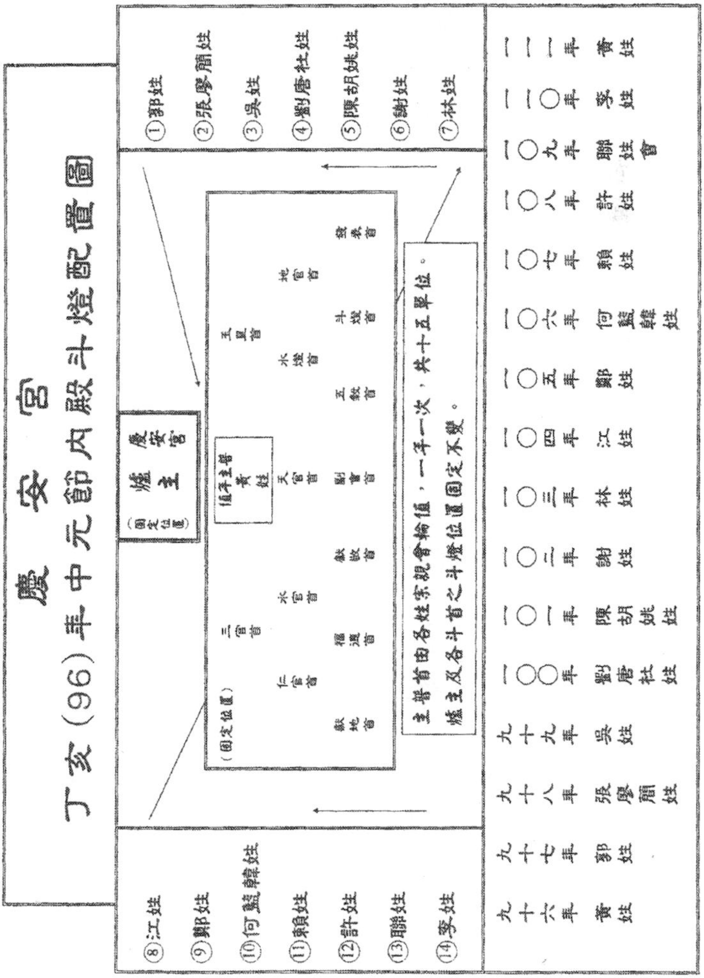

資料來源：基隆市慶安宮。

・基隆中元祭：史實、記憶與傳說・

歷史事實的追溯與建構

第四章
地緣衝突的血緣化解：
基隆中元祭與姓氏輪值主普制

　　如眾所周知的，基隆中元祭的最大特色在姓氏輪值主普制，即每年固定由不同姓氏之宗親組織輪流負責主普工作，此固定姓氏最初爲十一姓，包括張廖簡、吳、劉唐杜、陳胡姚、謝、林、江、鄭、何藍韓、賴、許姓，民間習稱爲「張頭許尾」，[1]戰後陸續增至十五姓，即加入聯姓會、李、黃、郭四姓，後來民間改稱爲「張頭郭尾」。[2]對於姓氏輪值主普制的緣起，戰後一般說法認爲是始於清咸豐年間甚爲嚴重的漳泉械鬥衝突，死傷頗為慘重，高達一百零八人，後經地方士紳協調，主張以血緣關係的宗親組織輪流負責中元祭活動裡的主普普度工作，並透過普度賽會方式

1　「張頭許尾」之稱，早於日治時期報紙即刊載，參見：〈基隆短信——中元破例〉，《臺灣日日新報》，1920.09.08，6版；〈基隆特訊——貼笑文明〉，《臺灣日日新報》，1921.08.26，6版。

2　曾子良，〈雞籠中元祭之傳統及其當代轉化之探討〉，頁44-46。

取代漳泉械鬥場景，化解由於地緣因素形成的族群對立，即「以血緣關係化解地域衝突」、「以賽陣頭代替打破頭」，故自咸豐五年開啓了姓氏輪值主普制；而此一制度因有固定單位負責歷年普度事，致基隆中元祭得持續一個半世紀以來不中止，並逐漸發展成今日衆所矚目之盛況。惟戰後有關姓氏輪值主普制普遍說法的史料來源以往鮮爲人關注，立論基礎亦乏人重視，至於輪值主普各姓在當時的實力狀況與能力表現更少有確切釐清者；同時，清代與日治時期的基隆中元祭並非只有主普一柱，而是有主普、主會、主醮、主壇四大柱的分布，究竟這四大柱是如何進行與運作的？隱身其後的人際網絡是如何關連糾葛的？這些問題昔日或有若干討論，然窺諸內容仍有值得再補充之處，故筆者不揣淺陋，利用蒐集來的一、二手史料，對上述課題予以分析說明。

第一節　姓氏輪值主普制的緣起

較早提及基隆中元祭的姓氏輪值主普制實導因於咸豐年間死傷慘重的漳泉械鬥事，致人們主張以普度賽會代替地域衝突的官方紀錄，是戰後刊行的舊版重修本《基隆市志》，其曰：

> 咸豐十年（公元一千八百五十一年）八月，漳、泉人在魴頂之械鬥最烈，因而死者一百零八人，自是漳泉相仇，糾紛常起，今安樂區之義民廟，乃安葬械鬥而死者一百零八人之骨骸，誠爲雞籠開發史中之慘事。此風至清末，由於識者之士諄諄善誘，以普渡賽會以代血鬥，始戢，今則畛域

盡泯，民情歡洽矣。[3]

此一內容明確指出漳泉械鬥與姓氏輪值主普制的因果關係，且漳泉械鬥事發生於咸豐十年。然此說未明史料來源，文中亦未告知姓氏輪值主普制的開始時間，僅概略提及是到清末才由識者善誘停止血拼；惟文中咸豐十年的時間刊載恐校勘忽略有誤，因公元一八五一年應為咸豐元年而非咸豐十年；又觀察當時參與修志的基隆耆宿洪連成曾另撰它文敘述基隆中元祭之由來，有如下說明：

> 咸豐元年（西元一八五一年）八月，漳、泉人士在魴頂之械鬥最烈，因而死傷一百零八人，誠為基隆開發史中之慘事。漳、泉相仇，糾紛常起，識者之士相約出面呼籲收集遺骸，慰安亡靈，建老大公廟（即義民祠）於舊主普壇後面，……，並諄諄善誘，以普渡賽會以代血鬥，即賽陣頭之重大民俗改革。[4]

可見其應認為發生於咸豐元年的嚴重漳泉械鬥事件才造成後來姓氏輪值主普制的產生。然同在舊版重修本《基隆市志》中之它處，洪氏又有言：

> 咸豐初年，基隆街之漳人，與暖暖之泉民以魴頂（今南榮公墓內）為界，因放牧互有走失牛羊，或爭耕地，或耕作物被踐踏，時因細小之事而起械鬥，咸豐三年，漳人糾同鄉欲

3　《基隆市志》，風俗篇，頁14。

4　洪連成，〈基隆中元祭的緣起〉，收入《滄海桑田話基隆》，頁109。

　　　　襲擊暖暖泉人，泉人預知，設伏，盡殲漳人於魴頂，死者
　　　連為首之慶安宮和尚計一百零八人。……，前述咸豐三年
　　　之漳泉械鬥悲劇之後，漳人即有人提議糾集報復，若是，
　　　則循環報復，永無已時，漳泉雙方均受其害，識者更覺其
　　　非，乃由重望者呼籲，暫緩報復，先行收埋遺骸，超渡亡
　　　魂，以免冤鬼作祟，此議正合市民厭鬥心理，眾和之。於
　　　是合埋於蚵殼〔殼〕港河畔（今之成功二路），後日人建築
　　　軍眷宿舍，迫遷於現址，安樂區嘉仁里石山，建義民公
　　　祠，俗稱老大公墓，自咸豐五年起，每七月中元由十一姓
　　　輪流主普，開關鬼門，即在此舉行，是本市主普由各姓輪
　　　值之緣起。[5]

可知其以為促成姓氏輪值主普制產生之漳泉械鬥事應發生於咸豐
三年，非咸豐元年，而姓氏輪值主普制的開始時間應為咸豐五
年。對於上述械鬥犧牲之說法，洪氏指出是根據日治時期擔任基
隆區長的許梓桑口述而來；且其以為，「許氏生於同治十二年，日
人據臺時已出任公職，係前清童生，距該慘案不久父老相傳當耳
熟能詳，況係民俗改革之同風會長，其說應屬可信」。[6]

　　舊版重修本《基隆市志》編印後數十年又有新版《基隆市志》
的編印，在廿一世紀刊行的新志中，負責修纂住民志宗教篇的洪
連成再度提及漳泉械鬥與姓氏輪值主普制的因果關係，確認死亡

5　《基隆市志》，風俗篇，頁 430-431。
6　《基隆市志》，風俗篇，頁 431。

慘重的漳泉械鬥事發生於咸豐三年，且咸豐五年開始由十一姓輪值主普化解族群對立，而史料來源即為許梓桑口述。[7]

舊版重修本《基隆市志》編印後，基隆市政府亦出版了編年體的《基隆大事記》一書，內曾載：「咸豐三年八月，淡水漳、泉四縣籍民分類械鬥，禍燄逐〔遂〕遠及雞籠、三貂」；[8]此段文字應有明確史料來源才可能在時間記載上如此詳細，惜書中未明其依據史料，且這時雖已有資料指出基隆漳泉械鬥的明確時間為咸豐三年八月，並導因於淡水漳泉械鬥的波及禍延；[9]然新版《基隆市志》編纂時似未能利用此一相關紀錄。

值得注意的是，較舊版重修本《基隆市志》更早編纂印行的舊版《基隆市志》文物篇末曾附錄暖暖地方掌故資料，載日治時期擔任七堵區長的王初學口述漳泉之爭事，[10]有不同於以往之說法，其言：

> 咸豐三年，有漳州婦人所畜母豬生子豬數隻，旋售與泉州
> 人，因價款發生誤會，雙方遂起衝突，當時今之七堵一帶
> 為泉州人之勢力範圍，而今之基隆市區內則為漳州人之勢
> 力範圍，當漳州人進襲泉州人之際，因遙見山上芋草生

7　《基隆市志》，卷2，住民志，宗教篇，頁56。

8　《基隆大事記》，頁6。

9　同治年間由淡水同知陳培桂題序修撰成的《淡水廳志》曾載：「咸豐三年八月，漳、泉四縣分類械鬥」，然未言禍及基隆、三貂；見陳培桂纂修，《淡水廳志》，卷14，考4，祥異考，兵燹（附），頁365。

10　有關王初學的身份背景可參見陳德潛，《基隆瑣憶——日治時代與光復初期的人事物——》（基隆：作者自印，2008），頁9-10。

花，誤為泉州人之紅旗，虞其有備，乃相率而返。同時泉
州人方糾集鄉眾進攻漳州人，道經基隆山嶺時，適值傾盆
大雨，雷電交加，遂為所阻而退兵。因此兩州移民得免于
戰禍。緣民間向有戰爭時有神蒞場指揮之迷信，相傳泉州
人有神名保儀大夫，漳州人有神名玉皇大帝，當時漳泉兩
州移民均以此次戰禍得消彌於無形，實由上述兩神之庇
佑。事後漳人派代表林本源，泉人派代表某（姓名不詳）雙
方協議簽定和約，後此雙方不分畛域，共安生業云。[11]

此口述內容雖肯定漳泉械鬥乃姓氏輪值主普制之因，亦認為漳泉
械鬥時間為咸豐三年，然械鬥事件實際上並未真正發生，且其以
為事後負責協調漳泉械鬥消弭爭端者，乃北臺灣著名望族林本源
家族。

　　民國八十年臺灣省文獻委員會曾邀請基隆六十歲以上耆老口
述地方史事，當時洪連成亦口頭提及基隆漳泉械鬥後來是由漳人
領袖的林本源家出面與泉州人講和，才有中元普度的開始；而林
本源家族早於咸豐四年即購買許多基隆漳人的土地，[12]故其在基
隆實有一定影響力，亦有足夠地位居間協調漳泉衝突事。洪連成
此一說法為陳凱雯注意，其利用日治時期契約文書及寺廟調查資
料指出：早於清道光廿二年（1842）開始，基隆即有漢人向林本源
家族的林平侯（1766-1844）繳納地基稅銀，開設店舖，地點包括

11　《基隆市志》，第十九種，文物篇，頁144。

12　臺灣省文獻委員會編，《基隆市鄉土史料──基隆市耆老口述歷史座
　　談會紀錄──》，頁44-45。

新興街、長潭堵、草店尾街等；而基隆的漳州人信仰中心奠濟宮
（即開漳聖王廟）建於新興街，此廟土地亦由林本源家族所捐。事
實上，林本源家族爲北臺漳州人領袖，當時北臺漳泉嚴重械鬥事
件中，其皆代表漳人居協調角色，因此基隆漳泉械鬥後由林本源
家族居間協調的可能性是極高的。[13]

　　民國七十三年基隆市長張春熙爲發展地方觀光事業，將官方
力量伸入原純粹由民間宗親組織負責籌辦的基隆中元祭相關活
動，除經由政府經費補助增加活動內容與擴大活動規模外，亦欲
透過文字說明以溯本究源並記錄實況，使之成爲饒富文化意義之
重要地方民俗活動，提供後人參考瞭解；[14]故市府委託學術團體
或學界人士負責調查研究，此共有兩次，分別爲民國七十七年委
由國立藝術學院傳統藝術研究中心，對當年賴姓輪值主普的基隆
中元祭作調查；其次是民國七十九年委由學者與民俗工作者共同
對當年由聯姓會中邱丘姓負責輪值主普的基隆中元祭作觀察。兩
次調查的文字紀錄曾載及基隆中元祭裡姓氏輪值主普制的由來與
時間，而其結果均認爲姓氏輪值主普制實因漳泉械鬥產生，且開
始於咸豐五年，至於漳泉械鬥時間，則有咸豐年間、咸豐初年、

13　陳凱雯，〈帝國玄關——日治時期基隆的都市化與地方社會〉，頁
　　39。

14　張春熙市長的想法可見其所題之序文，載於國立藝術學院傳統藝術研
　　究中心，《雞籠中元祭》，〈序〉。

咸豐三年等不同說法，[15]而觀察其文字依據主要來自舊版重修本《基隆市志》的風俗篇與交通篇。

其實，基隆中元祭的姓氏輪值主普制既被認為是出現於清代的咸豐年間，即應以清代文獻作為論證依據，然目前清代的直接資料未被發掘，僅有數則日治時期的相關史料可供參考，此又可分為官方志書與個人記載兩種。

日治時期的官方志書有大正八年（1919）完成的《臺北廳誌》載曰：

> 咸豐三年枋橋の漳人、泉人と激鬥を開き、其餘波臺北附近の各堡より、遠く基隆方面に及び、殺傷焚燎其極に達し、餘焔尚ほ收まらざるに、同九年復た兩族劇爭を起し、擺接堡各庄は悉く兵燹に罹り、大加蚋芝蘭の各堡亦甚だ混亂を極あにり。[16]

文中清楚指出咸豐三年板橋的漳泉械鬥影響到基隆地區，死傷慘重，而咸豐九年（1859）漳泉械鬥又起，亦造成極大混亂。此資料由於載及基隆漳泉械鬥實因板橋漳泉械鬥事件牽連產生，使得前述板橋林本源家族在基隆漳泉械鬥協調中的角色扮演似亦有相當的可能性。

15　相關說明參見：國立藝術學院傳統藝術研究中心，《鷄籠中元祭》，頁 23、43、105；李豐楙主編，《鷄籠中元祭祭典儀式專輯》，頁 18、23、28。

16　《臺北廳誌》(臺北：株式會社臺灣日日新報社，1919)，頁 108-109。

日治時期相關基隆中元祭的個人記載可分成漢人與日人兩種，漢人記載如基隆《臺灣新聞報》記者簡萬火（1908-1975）在昭和六年出版的《基隆誌》一書裡有相關說明，其言：

> 自咸豐三年八月起，漳泉雙方械鬥，初漳人方面，係慶安宮一和尚，首倡當先，率漳人至魴頂，與泉（安溪人）擊鬥，雙方死傷甚多，血流溪澗，如此慘事，至咸豐十年九月十五日，計有發生三次，誠民族未曾有之慘事也，如現在蚵殼港舊隧道口之義民廟，乃安葬是等犧牲者百零八名之骨骸也。[17]

此資料認為咸豐年間的漳泉械鬥不止一次，而是從咸豐三年八月到咸豐十年九月間共發生三次，且犧牲者多達一百零八人；簡萬火的記載應是參考陳培桂《淡水廳志》內容而來，因《淡水廳志》曾載：「咸豐三年八月，漳、泉四縣分類械鬥。咸豐九年九月七日癸酉，漳泉分類械鬥。咸豐十年九月十五日乙巳，漳泉分類械鬥。」[18]而簡萬火的記載又為戰後黃師樵引用以研究早期基隆的開發史，惟黃文中並未注明此史料來源。[19]

又日治時期任基隆公學校訓導的蔡慶濤（？-1962）有私人手稿載及基隆大事記時，提及兩則漳泉械鬥事各發生於咸豐三年與咸豐九年，其中咸豐九年的漳泉械鬥波及當時基隆堡內仙洞庄、

---

17 簡萬火，《基隆誌》，頁 6-7。
18 陳培桂纂修，《淡水廳志》，卷 14，考 4，祥異考，兵燹（附），頁 365-366。
19 黃師樵，〈光復以前基隆開發小史〉，頁 91。

八斗子庄、鼻頭庄、深澳庄、龍潭堵庄、柑仔瀨庄、石碇庄等地，爭鬥嚴重，死傷甚多；[20]此事八斗子地方人士迄今印象深刻，訪談時即提及此事，[21]日後亦有人以此印象為題材撰寫小說。[22]

日人資料則以大正六年（1917）石坂莊作（1870-1940）編的《基隆港》一書之記載最早，其言咸豐三年基隆地方有漳泉械鬥，泉州人為避難而逃至彭佳嶼。[23]此說亦見於昭和八年入江文太郎的《基隆風土記》與昭和九年基隆市教育會編的《基隆史》二書中，並補充說明避難至彭佳嶼的泉州人乃張、朱、鍾三姓二十餘戶；[24]而日治時期日人曾對彭佳嶼作田野調查，居住當地的張姓

---

20 蔡慶濤記，《基隆地方研究資料》（手稿本）。

21 陳世一、張雯玲訪談、記錄，《八斗子耆老訪談錄》（基隆：財團法人海洋臺灣文教基金會，1998），頁26。

22 杜披雲，《風雨海上人》（基隆：基隆市立文化中心，2000），頁57-66；又該書屬基隆市政府出版的「基隆文心叢刊」系列書籍中的第一二○、一二一種。

23 石坂莊作編，《基隆港》，頁20；此說亦見於戰後初期的基隆民間出版品《基隆風物誌》，頁9。

24 入江文太郎，《基隆風土記》（臺北：成文出版社有限公司，1985，臺1版，據1933排印版影印），頁57；基隆市教育會編，《基隆史》，頁21。又此說亦為戰後初期基隆市政府出版品採用，見基隆市政府編，《基隆市政》（基隆：基隆市政府，1950），頁12；《基隆年鑑（附旅行指南）》，頁270，後者未載出版項，然從內容可知其約出版於1950年。

後代亦提及早年因漳泉械鬥避難於此的說法。[25]

　　此外，日治時期的寺廟調查中，基隆與暖暖兩地的紀錄頗值得注意；首先是基隆公學校長對位於基隆街玉田、供奉開漳聖王的奠濟宮之調查報告言：嘉永六年（咸豐三年）有漳泉械鬥發生，[26]當時基隆街的漳州人與暖暖街的泉州人開戰，後因開漳聖王顯靈，使漳人免受敵人危害；[27]其次是暖暖公學校長對位於石碇堡暖暖街、奉祀天上聖母的安德宮之調查報告則言：清咸豐三年、九年、十年有漳泉械鬥，泉州人迎出保儀大夫，並向保儀大夫報告作戰計畫等事，後來與漳州人的戰爭竟連戰連勝；咸豐十年三月廿七日，暖暖將汐止的保儀大夫迎至安德宮內共祀，以後即形成慣例，每年三月廿七日起至廿九日連續三天，汐止的保儀大夫均與暖暖的媽祖共同接受信徒祭祀。[28]上述兩地的調查報告

25　該日人之田野調查報告於戰後被翻譯成中文，見王世慶譯，〈彭佳嶼調查報告書〉，《臺灣文獻》，20 卷 3 期（臺中，1969.09），頁 121。

26　原史料載「嘉永六年（咸豐九年）」應有誤，因嘉永六年為咸豐三年，咸豐九年應為安政六年，由於寺廟調查資料是以日文記錄，涉及年代時先載日本紀年再以括號載中國紀年，故筆者以為原始資料應是將中國年代錯算，故引用時予以更正。

27　《社寺廟宇ニ關スル調查：臺北廳》，〈基隆公學校長報告〉；又此一內容後為《臺灣省通志稿》引用，見李添春纂修，《臺灣省通志稿》（臺北：臺灣省文獻委員會，1956），卷 2，人民志，宗教篇，頁 195。

28　《社寺廟宇ニ關スル調查：臺北廳》，〈暖暖公學校長報告〉；又暖暖的媽祖廟安德宮歷史近二百年，基隆者老口述歷史時仍會提及此廟，參見臺灣省文獻委員會編，《基隆市鄉土史料──基隆市者老口述歷史座談會紀錄──》，頁 16。

雖然對戰爭結果有截然不同的記載，然此實因不同廟宇、不同信仰者為突顯其神明靈驗而產生之不同說法，惟咸豐年間三次漳泉械鬥時間（即咸豐三、九、十年）卻因此得到證實。

令人感到特別的是，日治時期的相關記載，不論是地方志書或日人、漢人的個別紀錄，均對咸豐三年及九年的漳泉械鬥記憶深刻，而對咸豐十年的械鬥事件較少著墨，原因之一可能是咸豐三年及九年的漳泉械鬥規模較大，印象易於留存，另外的原因，或在於其它戰亂事件引發重大傷亡的連帶記憶，因咸豐四年及八年（1858）基隆另有黃位（？-1877）的竄擾事件。

黃位竄擾基隆一事在舊版《基隆市志》沿革篇中曾有記載，其言：咸豐四年「會匪黃得美率黨黃位，陷同安、海澄、廈門，得美誅，位竄大雞籠口，逸竹塹港，同知丁曰健平之」、咸豐八年「海盜黃位犯雞籠」。[29]而《基隆大事記》亦有載曰：「咸豐四年四月，漳、泉一帶天地會首要黃位，俘〔浮〕海襲踞大雞籠；五月，北路協副將曾玉明率勇攻黃位，位敗走竹塹沿海」、「咸豐八年，小刀會黨人黃位等再犯雞籠，旋平之」。[30]此外，前提及之日治時期基隆公學校訓導蔡慶濤的手記亦載及此事，其言安政元年（咸豐四年)海賊黃九位從廈門來，自雞籠登陸，占領數月，後由淡水廳的

---

29 《基隆市志》，第三種，沿革篇，頁 141-142。而相關記載應來自《淡水廳志》之紀錄，因《淡水廳志》曾載：「咸豐四年，小刀會黃位等肆擾臺北，竄雞籠，不竄滬尾。八年，黃位餘黨復來窺伺，亦游奕於雞籠，不逞志於滬尾，其明證也」；見陳培桂纂修，《淡水廳志》，卷 7，志 6，武備志，頁 156。

30 《基隆大事記》，頁 6。

丁曰健平定，此事使得艋舺士紳林國志、翁裕佳、王宗何、林嵐山與雞籠總理謝集成等人因功受賞；又安政五年（咸豐八年）有海寇黃位侵犯基隆（雞籠）。[31]事實上，黃位與黃九位（又名黃威）乃同一人，其侵犯基隆之事，亦可見於清政府檔案，如咸豐六年（1856）的上諭檔載：

> 是年（即咸豐四年）閏七月間復有內地小刀會匪船竄入雞籠地方，勢頗猖獗，經官兵五路進攻，破賊所據石圍，殲擒二百三十餘名，截殺百餘名，其逃入船之賊，復被水師於臺、澎洋面節次追剿，先後牽獲、擊沉匪船多隻，生擒無算。[32]

咸豐八年的月摺檔則載：

> 內來小刀會匪船，分股遊奕台衛洋面，牽佔商漁船隻，追脅入夥，到處窺伺，復竄至噶瑪蘭廳屬蘇澳，及淡水廳屬雞籠，勾結土匪，登岸滋擾。[33]

31　蔡慶濤記，《基隆地方研究資料》。

32　〈咸豐六年六月十日（上諭）〉，見《咸豐同治兩朝上諭檔第六冊》，收入臺灣史料集成編輯委員會編，《清代臺灣關係諭旨檔案彙編》（臺北：行政院文化建設委員會、遠流出版事業股份有限公司，2004），7冊，頁 357-358。

33　〈奏為遵旨查明勤捕分類等五案首從匪徒在事出力文武員弁紳士義首人等擇尤獎敘繕具清單摺（咸豐八年六月初六日）〉，見洪安全總編，《清宮月摺檔臺灣史料（一）》（臺北：國立故宮博物院，1994），頁 312。

而後來在平亂中建立汗馬功勞的淡水同知丁曰健、北路協副將曾玉明、艋舺士紳翁裕佳及雞籠總理謝集成等人為朝廷賞賜之紀錄，亦見於官方檔案。[34]

又此一竄擾事件中的黃得美（又名黃德美，？-1853）與黃位均福建同安人，兩人乃叔侄關係（一說是義父子關係），亦均屬廈門小刀會成員。蓋道光三十年（1850）內地發生太平天國事件，洪秀全（1814-1864）領導群眾自廣西桂平縣金田村起事後，一路竄擾廣東、江西、湖南、福建、浙江等省，福建地區會黨即乘機起事，暗中勾結太平軍，其中便有黃得美、黃位。[35]咸豐四年此股會匪在基隆被截殺百餘名，若連上前一年（咸豐三年）漳泉械鬥的激烈對立，死傷情形可想而知，此一場景導致日後基隆耆老印象深刻，實有相當的可能性，且極有可能因此將兩年之事合併成一個記憶，認為咸豐三年漳泉械鬥的死傷即達一百多人，故咸豐五年議決姓氏輪值主普制，由十一姓輪流負責普度工作以超度基隆當地許多死於非命的亡魂。

34　〈咸豐八年六月六日（上諭）〉，見《咸豐同治兩朝上諭檔第八冊》，收入臺灣史料集成編輯委員會編，《清代臺灣關係諭旨檔案彙編》，7冊，頁 370-371；〈剿辦臺灣各屬沿海口岸內來小刀會匪出力文武官紳人等擇尤獎敘清單（咸豐八年六月初六日）〉，見洪安全總編，《清宮月摺檔臺灣史料（一）》，頁 315、318-319。

35　相關史實說明參見：莊吉發，《清代秘密會黨史研究》（臺北：文史哲出版社，1994），頁 215-218；黃嘉謨，〈英人與廈門小刀會事件〉，《中央研究院近代史研究所集刊》，7 期（臺北，1978.06），頁 329；又黃得美與黃位的背景資料可見於《（福建）同安縣志》（北京：中華書局，2000），頁 1444-1445。

　　另外,日治時期有筆名為牽牛子者於昭和十七年(1942)觀察基隆重要廟宇慶安宮(史料中將慶安宮誤記為惠安宮),[36]發現當時廟內除供奉神祇媽祖外,尚在廟中一隅有十一姓神明的寄祀,即林姓天上聖母、江姓東峰公、鄭姓延平郡王、何姓昭德聖侯、賴姓保生大帝、許姓感天大帝、[37]張姓梓潼帝君、吳姓保生大帝、劉姓漢高祖、陳姓開漳聖王、謝姓孝義侯;而神壇前有匾額說明十一姓神明與媽祖合祀之因:

> 基隆地方に古く乾隆時代より移民が行はれた。咸豐年間にが械鬥があり、漳州人は瀧川山上と暖々方面(基隆郡七堵庄)の泉州安溪人と激鬥し、基隆漳人の彈死者は百八人に及び惠安宮の一僧侶も戰死した。これらの諸靈を一時獅球嶺下の義民廟に祀つたが、後觀音町の半山に移し、更に現在の惠安宮に寄祀するやうになつた。これより先基隆在住の林、江、鄭、何、賴、許、張、吳、劉、陳、謝十一姓の者は、每年舊曆七月二十四日、二十五日、二十六日の三日間にわたり、普度を行つて義民の靈魂を慰あてるが、

36　原史料載為惠安宮應有誤,因其言此廟廟址在高砂町一丁目八番地,而日治時期基隆位於此地址之廟宇應為慶安宮而非惠安宮;相關廟址資料參見:臺灣社寺宗教刊行會編,《臺北州下に於ける社寺教會》(臺北:臺灣社寺宗教刊行會,1933),頁 32;〈寺廟祭神一覽(一)〉,《南瀛佛教》,13 卷 2 號(臺北,1935.02),頁 31。

37　原史料載許姓成天大帝應有誤,因許姓供奉的神明是感天大帝,即道教神明許真君(許遜、許旌陽);見國立藝術學院傳統藝術研究中心,《鷄籠中元祭》,頁 67。

　　更に十一姓の各先代帝王、あるひは公侯、將相その他有功
　　者の神像をつくり、惠安宮に祀るやうになつにのである。
　　每年十一姓の者が輪で番主普となり祭祀を行つてある。[38]

此乃目前所見日治時期首次明白指出基隆中元祭的姓氏輪值主普
制實因咸豐年間的漳泉械鬥事而產生之資料。值得注意的是，此
廟供奉十一姓神明的安置順序與匾額中的十一姓排列順序並非當
時基隆民間社會習稱的「張頭許尾」，即從張廖簡姓開始，經吳、
劉唐杜、陳胡姚、謝、林、江、鄭、何藍韓、賴諸姓，最後由許
姓結尾，而是從林姓開始，此實值得加以探究。蓋調查者觀察當
年（昭和十七年）是許姓輪值主普，若要突顯輪值主普姓氏的排
序，則應將許姓置首而非林姓。廟中將林姓神明置十一姓神明之
首，並由此依序排列的可能原因，或為慶安宮乃媽祖廟，而林姓
供奉的神明亦為媽祖（因媽祖姓林），故將林姓神明置首位。然匾
額中將林姓排序置首位的原因，則可能是該匾額篆刻之時乃林姓
輪值主普之年，為表示尊重，故由林姓開始排序。[39]若上述說法
成立，再配合匾額中提及的相關史料，則此匾額最早可能的產生

38　牽牛子，〈械鬥その他〉，《民俗臺灣》，4 卷 6 號（臺北，1944.06），
　　頁 46。

39　基隆傳統習慣，當年輪值主普姓氏往往在相關要事排序上居首位，以
　　示尊重；如輪值主普姓氏在當年中元普度的水燈與花車遊行順序中排
　　首位，即為一例；又如民國七十三年為經營及管理舊主普壇而成立的
　　社團法人基隆市主普壇管理委員會，首任理事長為林姓代表，原因即
　　在於當年輪值主普者為林姓，參見《社團法人基隆主普壇管理委員會
　　第六屆第一次社員代表大會手冊》（1998）。

時間是昭和元年，[40]該年乃林姓輪值主普，而由此依十一姓排序往前推算，則基隆中元祭的姓氏輪值主普制的確是始於咸豐五年。[41]

惟姓氏輪值主普制若確實始於咸豐五年，則顯然未達到戰後基隆地方上普遍強調的「以血緣關係化解地域衝突」、「以賽陣頭代替打破頭」之目的，因咸豐九年及十年仍有漳泉械鬥，且咸豐九年的漳泉械鬥規模甚大，讓人印象深刻；而整個淡北漳泉械鬥要到咸豐十一年（1861）十一月才得調解言和，[42]基隆的漳泉械鬥更要到同治年間才因外患增加，乃使內鬥消弭。[43]因此對於上述疑問，可能的解釋是：當年姓氏輪值主普制出現的真正著眼點，應在確認固定負責者以輪流辦理每年超度亡魂之重要工作，使歷經動亂的生還者得安心度日，平順生活；而非特別強調每年透過水燈及陣頭遊行之競賽活動，以取代昔日漳泉械鬥的族群對立衝突。故上述匾額中言十一姓每年農曆七月廿四、廿五、廿六日，

---

40 史料中言及「觀音町」，可知此匾額應在基隆改行町制後才出現，而基隆於昭和年間改行町制，觀察者的觀察時間是昭和十七年，此段時間內林姓兩次輪值主普，分別為昭和元年與昭和十二年，故可知此匾額為昭和元年或昭和十二年刻成。

41 昭和元年為公元一九二六年，該年林姓輪值主普，但林姓在輪值主普十一姓中排序第六，故由此年往前推算，至為首的張廖簡姓輪值主普應是一九二一年，再從一九二一年往前推算，每十一姓循環一次，則張廖簡姓最早輪值主普為一八五五年，該年乃清咸豐五年，故姓氏輪值主普制始於此年。

42 《基隆大事記》，頁7。

43 《臺北廳誌》，頁109。

三日間的重要工作是輪流施行普度以安慰義民，即漳泉械鬥死難者之靈魂，其並未涉及以「賽陣頭」代替「打破頭」之拼場較勁行為。

又據此解釋來分析同治十年（1871）已纂修成的《淡水廳志》有關中元普度記載時，亦可得到若干證實，因當時基隆屬淡水廳管轄範疇，而《淡水廳志》言及七月中元節時曰：

> 十五日城莊陳金鼓旗幟，迎神進香，或搬人物，男婦有祈禱者，著紙枷隨之。凡一月之間，家家普渡，即盂蘭會也。不獨中元一日耳。俗傳七月初一日為開地獄，三十日為閉地獄，延僧登壇施食，以祭無祀之鬼。寺廟亦各建醮兩三日不等。惟先一夜燃放水燈。各給小燈，編姓為隊，絃歌喧填，燭光如晝，陳設相耀，演劇殆無虛夕。[44]

上述內容裡提及之「編姓為隊」，似為基隆中元祭裡因輪值主普十一姓而依序排列各姓水燈隊伍之情形，此或為目前所知清代資料中較早載及基隆中元祭情形者，[45]然文中並無隻字片語提及基隆

44　陳培桂纂修，《淡水廳志》，卷11，考1，風俗考，頁300-301。

45　《淡水廳志》的前身乃道光年間鄭用錫（1788-1858）撰的《淡水廳志稿》，該志書卷2〈風俗〉曾言及七月十五日盂蘭盆會事，然全無"編姓為隊"字句，可知道光年間並無此現象。又鄭用錫於咸豐元年築「北郭園」享晚年餘生，其曾造訪八里坌好友陳維英新居「棲野巢」而游雞籠，留有七言絕句詩作〈盂蘭會〉三首問世，最後一首內容為「姓氏編排各一行，先期覺路列燈光，喧天簫鼓魚龍舞，舉國今宵盡若狂」，其中"姓氏編排各一行"等語，亦有可能為雞籠中元祭裡因姓氏輪值主普制而出現的特色。惟值得注意的是，鄭用錫後代鄭鵬雲

中元祭裡輪值主普各姓間之比賽或競爭，似顯示咸豐五年開始實施姓氏輪值主普制的十餘年後，方志紀錄對今日基隆中元祭特別強調的以「賽陣頭」代替「打破頭」之行為仍未有任何著墨。

於光緒年間修纂《新竹縣志初稿》於風俗考中亦言及 "編姓為隊" 四字，故令人質疑同治年間編纂之《淡水廳志》內提及的 "編姓為隊" 情形有可能是指新竹而非雞籠狀況，且當時淡水廳轄區甚大，然廳治設於新竹，故方志所載者難以確認必為雞籠。但令筆者不解的是，其它屬新竹地方志書的記載，不論是同為光緒年間編修的《新竹縣采訪冊》或戰後出版的《臺灣省新竹縣志稿》，乃至耆老的口述歷史紀錄，言及新竹風俗民情時均無相關說法或字句刊載，且今日新竹的中元節亦無此特色；又觀察《新竹縣志初稿》涉及 "編姓為隊" 的整段文字敘述與《淡水廳志》雷同，故筆者認為《新竹縣志初稿》中的 "編姓為隊" 字句或因鄭鵬雲沿襲《淡水廳志》字句而來，並非新竹中元活動真有此特色，惟實際情況是否確如筆者所言，仍須進一步之考證論斷。相關資料參見：鄭用錫，《淡水廳志稿》，卷2，風俗，頁160；鄭用錫，《北郭園全集》，收入《臺灣先賢詩文集彙刊》（臺北：龍文出版社股份有限公司，1992），頁176；范文鳳，《淡水廳名紳——鄭用錫暨其〈北郭園全集〉研究》（臺中：白象文化，2008），頁210-211；鄭鵬雲、曾逢辰纂輯，《新竹縣志初稿》（清光緒廿三年刊本，1897），收入高賢治主編，《臺灣方志集成（清代篇）：1輯（31）》，卷5，考一，風俗，頁180；陳朝龍纂，《新竹縣采訪冊》（清光緒二十年刊本，1894），收入高賢治主編，《臺灣方志集成（清代篇）：1輯（29）》，卷7，風俗；黃旺成纂修，《臺灣省新竹縣志稿》（新竹：新竹縣文獻委員會，1957），卷4，人民志；臺灣省文獻委員會編，《新竹市鄉土史料》（南投：臺灣省文獻委員會，1997）。

第二節　姓氏輪值主普制的進行

　　基隆中元祭的姓氏輪值主普制最初是由十一姓輪流負責每年中元祭活動裡的主普工作，戰後再逐漸增加到十五姓輪值此一工作。然何以最初是由此十一姓負責？何以當時其它姓氏未能加入輪值主普行列？又十一姓是如何負責主普工作的？這些問題均值得再深入了解探究。

　　首先是十一姓的產生問題，據前述臺灣省文獻委員會所作的基隆耆老口述地方史資料，有口述時七十三歲的儲有科言：

> 清咸豐四年，漳州、泉州的士紳，為了徹底革除械鬥的陋習，……，眾議定後，決沿襲中原本土的風俗，在七月舉行中元普渡之醮祭，並經抽籤結果，由張、廖、簡、吳、劉、唐、杜、陳、胡、姚、謝、林、江、鄭、何、藍、韓、賴、許等十一姓首輪主辦，參加範圍包括金包里（萬里、金山一帶）、基隆、三貂嶺與石碇等地，迄至咸豐五年時，較具有中元普渡祭祀的規模。[46]

　　近年來輪值主普各姓在負責當年普度事務後編印的紀念專輯裡，亦有提及最初討論姓氏輪值主普制時之情況，如民國九十四年輪值主普的柯蔡姓即在其紀念專輯云：

46　臺灣省文獻委員會編，《基隆市鄉土史料——基隆市耆老口述歷史座談會紀錄——》，頁157。

翌年（即咸豐四年）本港海防廳長王廳長及本市士紳，聚集
慶安宮，為地方平安，互議創設慶讚中元普度祭典，藉以
追祭義靈並撫慰人心，會議結束後，當場十一姓代表和海
防廳王廳長抽籤，依次由張（廖簡）、吳、劉（唐杜）、陳
（胡姚）、謝、林、江、鄭、何（藍韓）、王（旋榮歸北京，
不及組織）、賴、許各姓，由次年（咸豐五年，一八五五）
起，開始輪流主持普度。[47]

戰後耆老口述與宗親會紀念專輯內容涉及之相關史事是否完全屬
實，暫且不論，然窺其記載，僅涉及姓氏輪值主普制一開始的參
與各姓，且指出其順序安排乃抽籤下的結果，並未說明何以是由
此十一姓逐年負責主普工作事，而民國八十七年陳燕如的碩士論
文中曾對此問題有相當篇幅的探討。

　　陳燕如的研究中，首先分析戰後人口調查資料與日治時期相
關資料的比對，說明十一姓輪值主普的形成因素與其在基隆當地
人數多寡的關係不大；其次利用《臺灣省通志稿》資料，指出最早
入墾基隆者，如雍正、乾隆、嘉慶時的何、郭、羅、蕭、顏等姓
氏，除何姓屬輪值主普姓氏外，餘均非十一姓成員，故入墾早晚
「對該姓族人地方勢力的形成具有一定的影響力，但卻絕非成為
十一姓主普的決定因素」；最後陳燕如認為真正關鍵原因在於：十
一姓的出現「與基隆開發早期在社會上居領導地位的紳商有密切關
係」。其依據的資料有三：第一、清代《淡水廳志》上刊載著可能

47　《二〇〇五（歲次乙酉）雞籠中元祭主普聯姓會值東基隆市柯蔡姓宗
　　親會輪值主普紀念專輯》，頁 1-2。

是基隆最早的地方紳商謝集成之相關說明，而謝姓屬輪值主普的
十一姓；第二、日治時期的《臺灣日日新報》曾言基隆市街土地主
要為何、賴、陳三姓地主所有，[48]而何、賴、陳三姓均屬輪值主
普的十一姓；第三、日治時期石坂莊作、鈴木清一郎、簡萬火等
人的紀錄，可知基隆重要廟宇如慶安宮、奠濟宮、城隍廟、慈雲
寺、代明宮、天后宮、土地公廟（平安宮）之創興、修築、改建等
事，其涉及者包括清朝以來的吳長岐、何聰、謝集成、謝呂紅、
謝潭溫、謝士蛋、張鳴岐、張尙廉、張四番、張金殿、陳秀傑、
陳六文、賴武、江忠良、江呈輝（1872-1917？）、許敬宗、何福
全、簡玉山等人，而這些人均屬輪值主普的十一姓。[49]亦即，當
時所以排入輪值主普的姓氏實因其在基隆地方上頗具勢力，才有
資格與能力擔負逐年輪值主普、超度亡魂的重要工作。

　　惟清代輪值主普的十一姓發展至日治時期的情形又各不相
同，有姓氏持續興旺，然亦不乏家道中落者，且有其它姓氏日漸
興盛，幾具超越或已經超過某些十一姓之勢；如昭和六年出版的
《基隆誌》一書中，曾載及當時基隆的重要人物共三百零九人，其
中，屬原先即參與輪值主普十一姓者有一百四十六人，占
47.25%，屬戰後才加入輪值主普的四姓者（即聯姓會、李、黃、
郭姓）有九十九人，占 32.04%，其餘不屬任何輪值主普姓氏者有

48　該資料見〈基津特訊──中人受虧趣聞〉，《臺灣日日新報》，1918.07.29，
　　4版。
49　陳燕如，〈中元普度與政商之間：日據時期基隆地方領袖的發展〉，
　　頁 80-90。

六十四人，占 20.71%（參見表 4-1）。亦即姓氏輪值主普制剛出現時的清咸豐五年，被視爲基隆地方實力家族的十一姓，在歷經近八十年的發展後，到日治時期的昭和年間已發生相當變化，十一姓實力合計不過一半，反倒是新興的姓氏，如戰後才得加入輪值主普行列的聯姓會（含王、楊、柯、蔡、高、葉、蘇、周、白等姓）、李、黃、郭四姓，在日治時期的實力合計已達三成。同時，數據亦顯示，即使是屬原來的十一姓，發展至日治時期亦有不同狀況，仍居大姓者僅陳、林、張、劉四姓，而謝、江、賴、許四姓勢力已沒落，比不上十一姓外的李、黃、郭三姓。

表 4-1：昭和六年基隆重要人物姓氏統計表

原即參與的十一姓	張廖簡	吳	劉唐杜	陳胡姚	謝	林	江	鄭	何藍韓	賴	許	合計
人數	22	7	19	35	6	25	5	9	9	5	4	146
比例%	7.12	2.27	6.15	11.33	1.94	8.09	1.62	2.91	2.91	1.62	1.29	47.25
排序	三	七	四	一	八	二	九	五	五	九	十一	
戰後加入的四姓	聯姓會		李		黃		郭					合計
人數	66		9		14		10					99
比例%	21.36		2.91		4.53		3.24					32.04
排序	一		四		二		三					
其它姓人數												64
比例%												20.71

說明：資料據簡萬火，《基隆誌》，「附錄」，頁 1-73，所載之基隆重要人
物統計而來。

　　除透過上述方式觀察出十一姓實力變化情形外，日治時期的
《臺灣日日新報》每年報導輪值主普狀況時，對十一姓的描述往往
不盡相同，如其曾言「陳乃十一姓中之惟一大姓」、[50]「陳姓爲十
一姓中之大宗」，[51]「林姓乃金雞貂石四堡中，人數最多最富者，
例年輪值主普十一姓中，殆無其匹」、[52]「林姓爲基隆十一姓中最
大宗」、[53]「輪值林姓，該姓爲基隆最大宗」，[54]「輪值張姓，當
姓爲主普擔當者，十一姓中之大宗」、[55]「主普十一姓中，張姓最
爲大宗」，[56]「基隆市郡，劉姓頗多」，[57]而「謝姓人族，在基甚
少」，[58]「基隆方面，許姓人數無多，散處金包里、三貂、石碇及
臺北附近，……基隆許姓，勿論人少，即殷實之家，亦僅有一

<hr />

50　〈準備普施〉，《臺灣日日新報》，1913.08.17，6 版。

51　〈基隆慶安宮主普壇開火豚最大八百斤〉，《臺灣日日新報》，
　　1935.08.23，8 版。

52　〈準備盂蘭〉，《臺灣日日新報》，1915.08.15，6 版。

53　〈基隆慶安宮中元豫聞〉，《臺灣日日新報》，1926.08.02，夕刊 4 版。

54　〈基隆慶安宮中元主普續聞〉，《臺灣日日新報》，1926.08.15，夕刊
　　4 版。

55　〈慶安宮中元普施廿五放河燈廿六普施鐵道部運轉臨時車〉，《臺灣
　　日日新報》，1932.08.22，夕刊 4 版。

56　〈基隆──主普張姓〉，《臺灣日日新報》，1932.03.18，4 版。

57　〈基隆──主普先聲〉，《臺灣日日新報》，1934.07.13，6 版。

58　〈基隆中元普施盛況〉，《臺灣日日新報》，1925.09.18，4 版。

二」、[59]「許姓，為主普十一姓中之最少人數者」；[60]大致而言，報紙報導或有概言綜論或描述過於簡略之嫌，然確可由此側面觀察出當時十一姓在地方上的不同實力與能力，且與前述《基隆誌》所載日治時期基隆重要人物所屬姓氏的統計數據，即十一姓中陳、林、張、劉仍為大宗，謝姓、許姓則已沒落的結果不謀而合。

事實上，即是因為基隆許姓在日治時期的力量已不若往昔，故昭和六年許姓輪值主普時，因應當時十一姓外其它姓氏之勢力發展，許姓代表許梓桑曾召開會議討論其它姓氏加入輪值主普的可能性，當時報紙曾明言：「物換星移，昔推為大宗之許江賴等姓，今已不及十一姓外之顏李黃楊王蔡諸姓為大宗」，故「識者有鑑及此，適本年輪值主普十一姓中最終之許姓，秉此機會，歡迎他姓加入」，[61]此一報導更加印證日治時期十一姓中的許、江、賴等姓之沒落，而十一姓外的顏、李、黃、楊、王、蔡等姓之崛起，故當時十一姓一致贊同外姓加入輪值主普行列，一方面減輕沒落姓氏的負擔，一方面令具實力者承受重責大任，使傳統工作得以持續不斷。惟昭和六年的會議雖作出開放十一姓外它姓加入輪值主普行列的決定，然直到日治結束為止，並無十一姓外它姓

59　〈基隆特訊──中元輪值許姓〉，《臺灣日日新報》，1920.05.22，6 版。
60　〈基隆慶安宮普施先聲本年主普許姓〉，《臺灣日日新報》，1931.07.13，4 版。
61　〈慶安宮主普十一姓外參加八月報明〔名〕〉，《臺灣日日新報》，1931.07.14，夕刊 4 版。

真正報名加入輪值主普行列，究其原因，或在於輪值主普責任實太過重大，令它姓望之卻步，不敢冒然加入擔負艱巨任務。

　　其實，當時十一姓外之它姓若欲展現實力，並非一定要經由加入輪值主普行列方式，其可在十一姓輪值主普時參與水燈及花車遊行活動，讓代表自已姓氏的陣頭獲致眾人目光，以展露頭角。如大正十一年（1922）吳姓輪值主普時，報載：有蘇、周等姓之龍燈亦有參與，且「皆可觀」。[62]昭和元年林姓輪值主普時，除主普十一姓外，另有黃、郭、李、楊、王、葉等姓及其它團體的加入河燈遊行隊伍，互相競爭不已。[63]昭和二年江姓輪值主普時，河燈遊行中，「二十八番李姓團，三十二番黃姓團，亦有多少改良，餘皆舊式龍燈，或燈排」。[64]昭和三年鄭姓輪值主普時，放河燈參與者除主普十一姓外，另有「黃、蔡、王、李、楊、葉各姓，各團多為龍燈，……又李姓團，附以歌仔戲，乍行乍唱，最惹視聽」。[65]昭和五年賴姓輪值主普時，「王姓團龍燈，其舉龍頭之人，沿途跳弄」，頗引人注目。[66]昭和六年許姓輪值主普時，除

62　〈基隆特訊──河燈盛況〉，《臺灣日日新報》，1922.09.19，6版。

63　〈基隆河燈行列希望拍攝〉，《臺灣日日新報》，1926.08.18，4版；〈基隆慶安宮祭典〉，《臺灣日日新報》，1926.09.03，夕刊2版。

64　〈基隆河燈盛況惜行列中電燈全滅〉，《臺灣日日新報》，1927.08.25，夕刊4版。

65　〈基隆普施河燈行列竝有藝閣參加〉，《臺灣日日新報》，1928.09.10，4版。

66　〈基隆中元普度續報因前夜觀河燈被雨觀眾大不如前年〉，《臺灣日日新報》，1930.09.20，4版。

十一姓外另有它姓團體的參與，而花車遊行活動中，最受矚目者乃由臺北東園町楊歪氏發起的特大水燈排，長卅五米突（即百十餘尺），燈數七百多盞，雖數次在臺北用過，然為基隆前所未見的大燈排；其至基隆後由楊火輝、楊廣業二人照料，並贈送金牌與旌旗以為紀念。[67]上述資料中提及的蘇、周、李、黃、郭、蔡、王、楊、葉諸姓，均非當時輪值主普的十一姓，然已參與相關活動，且表現令人注目。

至於輪值主普的十一姓發展至日治時期，無論實力變化如何，由於擔負傳統責任，即使負荷再重仍需將每年輪值主普事辦妥，且往往互相競爭奢華，展示實力，如大正四年（1915）林姓輪值主普時，因「人眾既多，殷富不少」，故辦理起來「必窮奢極侈，爭奇鬥勝，勢欲厭倒例年輪值之十姓，以誇耀於里閭」。[68]即使是人數頗少，力量甚為有限的許姓輪值主普時，亦「必藉各方面凡屬許姓者，念一本之親，互相臂助，或寄附緣款，或準備豬隻，屆時助祭，共襄盛舉」。[69]

而十一姓如何進行主普工作頗值得關注，大致而言，輪值主普各姓往往在普度前數月便舉行會議，組織工作團隊並討論相關事；首先訂出總負責人（即該姓代表），此或由拈鬮或由主普姓氏中推選、選舉而來，如昭和元年林姓輪值主普時，以拈鬮方式決

---

67 〈基隆慶安宮普度預聞警官將出取締〉，《臺灣日日新報》，1931.09.06，8版；〈基隆慶安宮中元加蚋仔燈排好評〉，《臺灣日日新報》，1931.09.10，8版。。

68 〈基隆準備普度續聞〉，《臺灣日日新報》，1915.08.17，6版。

69 〈基隆特訊──中元輪值許姓〉，《臺灣日日新報》，1920.05.22，6版。

定林冠世任主事，林朝寶、林大化兩人任副主事，其它爲會計，
職募款及徵收事。[70]昭和四年何藍韓姓輪值主普時，於五月十二
日（農曆四月四日）下午，邀集市郡何藍韓姓諸人，在老建和木材
行內開主普磋商會，出席者數十人，共推何萍（1894-1943）爲主
普代表，何天靜、何能近二人副之，其它執事則另日由代表囑
託，以行諸事。[71]昭和五年賴姓輪值主普時，經選舉以賴南桂爲
代表，賴崇璧、賴旺、賴雲、賴喬、賴烈諸氏爲幹事，各熱忱準
備，並派人出募緣金及祭物。[72]昭和七年張廖簡姓輪值主普時，
推張阿呆（1867-1938）爲代表，張士文、張東隆爲理事，另置會
計及其它役員，人數多達六十餘名。[73]昭和九年劉唐杜姓輪值主
普時，集會選出劉阿禎爲主普代表，劉猛爲會計，劉火生
（1904-1944）、劉麒麟等人負責庶務，劉通、劉石乞、劉懇等人
各掌不同事務。[74]

　　至於實際參與者除基隆（含今之基隆、瑞芳）地區外，尙涉及
鄰近的金包里（含今之金山、萬里）、三貂角（含今之貢寮、雙
溪）、石碇（含今之七堵、暖暖）等堡範圍內同姓之成員，如大正
三年謝姓輪值主普時，即召集金基貂石區域內謝姓數百戶聚集討

70　〈基隆慶安宮中元豫聞〉，《臺灣日日新報》，1926.08.02，夕刊4版。

71　〈慶安宮中元主普磋商本年輪值何姓〉，《臺灣日日新報》，1929.05.14，
　　4版。

72　〈基隆──主普先聲〉，《臺灣日日新報》，1930.08.09，夕刊4版。

73　〈慶安宮中元普施廿五放河燈廿六普施鐵道部運轉臨時車〉，《臺灣
　　日日新報》，1932.08.22，夕刊4版。

74　〈基隆主普先聲〉，《臺灣日日新報》，1934.07.13，8版。

論相關事，[75]甚至農曆七月廿五日放河燈遊行時，「金基貂石四堡，梨園子弟盡出，旗鼓燈排，纏繞滿街，好事者更以詩意藝棚，爭炫奇觀，其燈排純用改良式，龍頭龍尾，中綴燈球，一排多至數百燈，屈曲蛇行，倍覺有趣」。[76]

當時輪值主普各姓開會討論中元祭相關事項主要有三，即主普壇興築、水燈及花車遊行、普度供品準備，此外配合前述活動的經費籌措、牲豚贊助及交通安排等事項亦須事先加以規劃。如大正十三年（1924）陳胡姚姓輪值主普時，曾於海陸物產會社樓上開會，選舉出代表陳屋外，並協議各項事務，當時討論的重要主題為：

> 一設計壇頭，及借用道路豫定地點事。一整理交通，宣傳左側通行事。一祭料品豫防腐敗，時間勵行事。一獎勵飼養大豚，金牌賞與。一獎勵龍燈牌音樂團，優勝者賞與優勝旗事。一邀請諸會社竝各團體之龍灯牌參加行列事，如是熱心設備，屆期諸龍燈牌音樂諸團體，想必爭奇鬥巧，比例年更加熱鬧。[77]

由會議內容可知，此時中元祭無論是供作祭品的大豚或河燈遊行活動，均已競爭激烈，較勁意味濃厚。事實上，不僅是大豚祭品或河燈遊行的競賽，主普壇的搭建亦顯示輪值主普姓氏的雄厚地

---

75 〈準備中元〉，《臺灣日日新報》，1914.08.09，6 版。

76 〈基隆盂蘭會盛況〉，《臺灣日日新報》，1914.09.17，6 版。

77 〈基隆特訊——慶安宮普施〉，《臺灣日日新報》，1924.07.10，夕刊 4 版。

方勢力，因此除了少數例外情形，各姓在主普壇上之挖空心思與花費耗財，實無庸置疑。[78]

　　主普壇的興建是每年各不同輪值主普姓氏的競爭標的，而祭品大豚與河燈遊行則分別為同年同姓氏間，以及同年不同姓氏、團體間之競賽。如大正十四年謝姓輪值主普時，祭品大豚多達四百餘頭，同姓彼此競賽的結果是，「受賞者，一等甲，謝清耀氏；二等甲，謝裕記；三等甲，謝春喜氏；一等乙，謝建安氏；二等乙，謝裕記；三等乙，謝寅氏」。至於當年不同姓氏及團體之龍燈競賽，優秀者為「一等，福德童子會；二等，臺灣運送荷役社」，得勝者各獲金牌一面。[79]昭和九年劉姓輪值主普時，「各戶犧牲豚，運到主普附近，及旭川兩岸陳列，其數約有四百頭」，同姓彼此競爭的結果是「最大者為基隆博愛團內劉根肇氏所飼者，評定後受一等賞，由主普當局贈金牌一面及賞狀；二等劉阿龍氏，三等劉阿禎氏，亦各贈金牌與賞狀」，當年報紙曾詳細記載劉根肇養豚情形如下：

　　劉根肇氏最虔誠，豫早飼養一豚，至四百餘斤之時不食餌，乃賣與屠戶，再買入四百二十餘斤大豚，在自家飼養，又不食餌，乃再賣出。第三次再飼養者，易地於瀧川

78　有關基隆輪值主普各姓每年在主普壇興築上之競賽，無論是外觀上的爭奇鬥艷或經費上的支出耗費，可參見本書第五章第二、四節。

79　〈基隆中元普施盛況〉，《臺灣日日新報》，1925.09.18，4版。

町，劉氏夫婦移家於瀧川町看護，此即入選一等賞。[80]

可見豚牲競賽之受同姓參賽者之重視與努力。

又昭和十一年，謝姓再度輪值主普時，河燈之優良者首推田寮港童子會，獲主普當局致贈的黃繡旗一對、金牌一面及感謝狀，而謝阿發之河燈亦甚優美，然「因主普自姓，辭退獎賞」；至於同姓競爭之牲豚大賽，結果為：優等四百五十八斤謝裕記商行、特等四百四十五斤謝阿發、一等四百四十二斤謝阿嬰。又據報載：本年頂雙溪方面謝姓非常虔誠，犧牲豚搬入基隆者頗多，而主普代表謝裕記行，特向鐵道部申請臨時列車，當夜十二時，由基隆驛開發返回雙溪。[81]事實上，此種基隆以外鄉近地區同姓成員支援犧牲豚祭祀，事後再運回該地之情形早有先例；如昭和七年張廖簡姓輪值主普時，雙溪張姓支援的犧牲豚亦於當夜即搬運回去。[82]

輪值主普各姓對於經費與牲豚籌措亦有不同方式，如大正四年林姓輪值主普時，早已「集公款數千圓，以為主普壇及滿漢席之用，其設備務勝前年，林姓各戶助普牲豚，申入者已六百餘頭」；[83]而其募款方式係於當年五月間即出為各堡勸捐，將所需花

80　〈基隆慶安宮中元第二日普度盛況附牲豚一等入賞者〉，《臺灣日日新報》，1934.09.08，夕刊 4 版。

81　〈基隆慶安宮中元第二夜普施盛況〉，《臺灣日日新報》，1936.09.15，夕刊 4 版。

82　〈慶安宮中元普施廿五放河燈廿六普施鐵道部運轉臨時車〉，《臺灣日日新報》，1932.08.22，夕刊 4 版。

83　〈準備盂蘭〉，《臺灣日日新報》，1915.08.15，6 版。

費分成兩千餘分，每分按一圓，再加上已集現金千餘圓，總計三千五、六百圓。[84]昭和元年林姓再度輪值主普時，又將所須花費分成六千餘分，每分按一圓十錢，散緣金約募得二千圓。[85]昭和三年鄭姓輪值主普時，當年二月八日於鄭元宅開鄭姓宗親會定期總會時，即決定舉鄭元為代表負責中元普度相關工作，當場並討論募捐事，而「即席捐募豎分緣金，各會員皆甚踴躍，即刻捐七千餘分，每分豫定一圓，共得七千餘圓，其餘散緣，另再捐募」。[86]昭和四年何藍韓姓輪值主普時，於當年五月邀集該姓諸人於媽祖宮口何萍經營的老建和木材行內召開主普磋商會時，[87]議事畢即在席上自發性地捐金助普，如「何萍氏一千圓，何能近、何闊嘴二氏各六百五十圓，何枝、何微力二氏各四百五十圓，何貴芳、何福二氏各四百圓，其餘百圓內外者數人，計捐四千二百餘圓」；[88]當年何姓募款對象甚至遠及臺北士林的何姓。[89]昭和六年許姓輪值主普時，於七月六日午後三時，由許姓代表許梓桑邀集市內重要許姓諸人，於許氏慶餘堂磋商主普事宜，並於席上募款，以分

84　〈基隆準備普度續聞〉，《臺灣日日新報》，1915.08.17，6版。

85　〈基隆慶安宮中元豫聞〉，《臺灣日日新報》，1926.08.02，夕刊4版。

86　〈鄭姓宗親會總會竝商主普事宜〉，《臺灣日日新報》，1928.02.13，4版。

87　陳其寅，〈何萍先生弔詞〉，收入《懷德樓文稿》，頁17。

88　〈慶安宮中元主普磋商會本年輪值何姓〉，《臺灣日日新報》，1929.05.14，4版。

89　〈基隆——寄附公益〉，《臺灣日日新報》，1929.08.28，夕刊4版，載日：「本年輪值何藍韓姓，緣金募集六千三百餘圓，內士林何戊癸氏，亦寄附百五十圓」。

爲單位，每分出金一圓，當場出錢者有「許清英氏五百分，許梓桑氏三百分，其餘數十分甚多」，又「金包里、双溪、臺北各方面，及市內各處，另行派員捐募」。[90]

　　由於主普工作頗爲繁瑣，勞師動眾甚多，故輪值主普各姓往往在普度事項結束後，設宴款待所有幫忙辦事者，如昭和元年林姓輪值主普時，事後於農曆七月廿七日夜七時，由林冠世代表款待官民百餘人在公會堂開慰勞宴答謝眾人協助；[91]昭和二年江姓輪值主普時，於農曆七月廿七日午後六時，在高砂樓旗亭招待官民一百二十餘名，由代表江瑞英發柬邀請；[92]昭和八年吳姓輪值主普時，代表吳永金於農曆七月廿九日午後六時，假公會堂招待官民約二百人；[93]昭和十年陳胡姚姓輪值主普時，代表陳阿佳（1891-1953）於農曆八月五日，假高砂樓旗亭招待官民二百餘人。[94]可見輪值主普事涉範圍之廣，規模之大，以及參與人數之眾。

　　另尚須對輪值主普各姓加以補充說明的是，前述民國九十四年柯蔡姓宗親會紀念專輯曾載姓氏輪值主普制本有王姓海防廳長

90　〈基隆慶安宮普施先聲本年主普許姓〉，《臺灣日日新報》，1931.07.13，4版。

91　〈基隆舊盆祭慰勞宴〉，《臺灣日日新報》，1926.09.05，5版。

92　〈主普江姓之招宴〉，《臺灣日日新報》，1927.08.24，夕刊4版。

93　〈會事──基隆慶安宮〉，《臺灣日日新報》，1933.09.18，4版。

94　〈會事──基隆慶安宮舊中元普施〉，《臺灣日日新報》，1935.09.05，夕刊4版。又昭和十一年謝姓輪值主普，於農曆七月廿五日遊行，廿六日普度後，廿八日即於凌雲閣舉行慰勞宴；〈基隆──慶安宮祭典〉，《臺灣日日新報》，1936.09.10，5版。

的參與。其實，早於民國五十三年賴姓輪值主普時即已提及姓氏
輪值主普制一開始應有十二姓而非十一姓，其言：

> 嘗聞前輩述及基隆中元主普創始時為十二姓，逐年依姓值
> 東舉辦，間有一姓未克輪值而間斷，事後擬重新擠入，礙
> 於次第值年姓氏悉已籌備在先，因之未果，嗣後即以「張
> （廖簡），吳，劉（唐杜），陳（胡姚），謝，林，江，鄭，
> 何（藍韓），賴，許」等十一姓，逐年依次輪值，我賴姓即
> 其一也。[95]

而臺灣省文獻委員會對基隆耆老作的口述歷史中，亦有人說到
最初輪值主普工作有王姓的參與，然後來「王姓因人少缺錢退
出」。[96]

惟柯蔡姓宗親會紀念專輯中記載的「本港海防廳長王廳長」究
竟為何人？實難確認，因咸豐年間基隆並無海防廳長，當時基隆
附屬於淡水廳下，而淡水廳並無王姓廳長；又距基隆最近的是噶
瑪蘭廳，任職當地之官有名為王衢者，其在職時間確實很短，[97]
然史料中指稱的王姓海防廳長是否真為此人，值得再研究。另須

---

95 《基隆賴姓宗親會甲辰年主普報告書》，頁1。
96 臺灣省文獻委員會編，《基隆市鄉土史料——基隆市耆老口述歷史座
　　談會紀錄——》，頁13-14。
97 王衢號小泉，甘肅涇州人，原任頭圍縣丞，咸豐三年代理噶瑪蘭廳
　　事，不久他調，咸豐十年又署噶瑪蘭廳事，其官銜為海防糧補通判；
　　參見許雪姬等編，《臺灣歷史辭典（附錄）》（臺北：行政院文化建
　　設委員會，2005，3版1刷），頁A114。

注意的是，日治時期的寺廟調查資料中曾提及咸豐九年漳泉械鬥時，暖暖的泉州人是由王舉人率領作戰對抗基隆街的漳州人；[98]而基隆地區古人物確有一王姓舉人，名王廷理，暖暖東勢坑人，世以農起家，雖屬武舉，頗通文籍。[99]因此筆者懷疑此王舉人即為前述諸資料中提及王姓之人的由來，惟因長期口耳相傳結果發展成具海防廳長身份；而此王舉人若真為戰後柯蔡姓宗親會紀念專輯中所說的王姓海防廳長，或賴姓宗親會、耆老口述中提及之姓氏輪值主普制一開始的十二姓之一，則可推知當年漳泉械鬥後的姓氏輪值主普制，確有泉人之參與輪值主普之祭祀工作，但終因泉人勢力有限，無法擔負重責而退出，[100]然真相是否確實如此，仍有待進一步地史料發掘與分析探究。

98　《社寺廟宇ニ關スル調查：臺北廳》，〈基隆公學校長報告〉。

99　簡萬火，《基隆誌》，頁 32。又同書「附錄」，頁 58 曾提及：暖暖東勢坑有武秀才王振東及其族人王金河，惟此王姓與王廷理無關，因居東熱坑的王廷理為同治十二年武舉，與居楓仔瀨的王振東錄取的是武秀才不同，見唐羽，《基隆顏家發展史》，頁 127。此外，基隆耆老於口述歷史時亦不時提及暖暖地區的武舉王廷理，以其在內地中舉再移至暖暖，居中心崙，世業農，頗通學問，好為文章，人多重之，後享高壽而終於家；又王舉人邸因當地社區改建拆除，今僅存匾額於王姓後人，而王舉人後代又遷至大寮四腳亭，四腳亭王文同乃其後人。相關內容參見臺灣省文獻委員會編，《基隆市鄉土史料——基隆市耆老口述歷史座談會紀錄——》，頁 9、16、50、124、130。

100　戰後研究基隆地方史者有認為姓氏輪值主普制中，「屬於暖暖之王、周等安溪籍大姓，並未與列」，即泉人並未參與姓氏輪值主普制中擔任相關之工作；見唐羽，《基隆顏家發展史》，頁 100-101。

第三節　主普外三大柱的運作

　　與戰後基隆中元祭僅有主普負責普度工作不同的是，清代及日治時期的基隆中元祭應有四大柱的分布，即由主普、主會、主醮、主壇四大柱的分區負責普度事。此四大柱各位於何地？又是如何運作的？戰後的口述資料曾有說是碼頭公會、米商、雜貨店各負責一柱，[101]亦有說是金、雞、貂、石四區各負責一柱；[102]惟實情是否確如此，有待詳細探究，而清代狀況因年代久遠，相關資料無法掌握難以得知，然日治時期的情形透過報紙資料，確可有相當程度的了解與釐清。

　　目前可知明確的四大柱區域分布應在日治時期，最早是大正十四年的情形，規劃為：主普區在高砂公園內，主會區含福德、玉田、嵌子頂、暗街子全部、新興一小部、石硬港、獅球嶺，主醮區含媽祖宮口新店、後井子、曾子寮、蚵殼港、牛稠港，主壇區含草店尾、石牌、新興、義重橋、哨船頭、鼻子頭、三沙灣、田寮港；[103]（參見圖4-1）後基隆改町制，四大柱區域分別為：主普區仍在高砂公園內，主會區含福德町、瀧川町、堀川町，主醮區含旭町、高砂町、明治町、大正町、西町、觀音町、寶町，主

101　臺灣省文獻委員會編，《基隆市鄉土史料──基隆市耆老口述歷史座談會紀錄──》，頁61。

102　臺灣省文獻委員會編，《基隆市鄉土史料──基隆市耆老口述歷史座談會紀錄──》，頁128。

103　〈慶安宮中元豫聞〉，《臺灣日日新報》，1925.08.15，夕刊4版。

壇區含元町、玉田町、雙葉町、天神町、田寮町、東町、幸町、
壽町、綠町、義重町、日新町、入船町。[104]（參見圖 4-2）

此種分法是因普度法會進行時有內、外壇之分，外壇環繞於
內壇四周，形成一完整祭祀區。[105]而基隆中元祭裡內壇設於當地
歷史頗為悠久、供奉海神媽祖的慶安宮，[106]在慶安宮周圍則分別
為外壇四大柱的分布；其中，位於高砂公園內的外壇之一主普區
最受矚目，此實因其地理位置靠近咸豐三年漳泉械鬥的發生地點
魴頂一帶，且收埋骸骨即就近成立義民墓，[107]而由於當時死傷甚
為慘重，為有固定單位專門負責每年之祭祀活動，以撫慰亡靈，
安慰生者，故協議由實力雄厚的十一姓輪流負責主普工作。

至於其它三大柱乃是將整個基隆分成三區，於中元普度時各
設祭壇進行法事；[108]三大柱中偶有不設壇者，此實屬例外非常

---

104 〈慶安宮中元祭典柱首及區域決定主普吳姓緣金四千餘〉，《臺灣日
日新報》，1933.08.24，夕刊 4 版。

105 有關普度法會進行時內、外壇之說明，參見黃進仕，〈臺灣民間「普
渡」儀式研究〉（大林：南華大學哲學研究所碩士論文，2000.06），
頁 72。

106 慶安宮舊稱雞籠媽祖宮，有關其歷史沿革及在基隆地方社會的重要
性，參見陳凱雯，〈日治時期慶安宮的祭典活動——以《臺灣日日新
報》為主〉一文。

107 此義民墓因日治時期市區改革，遷至觀音町（今安樂區），後發展成
今日之老大公廟；又原埋骨之所，成為高砂公園部分用地。見洪連
成，《基隆寺廟巡禮》（基隆：基隆市政府，2001），頁 28；又該
書屬基隆市政府出版的「基隆文獻」系列書籍中的第十種。

108 〈基隆慶安宮普施〉，《臺灣日日新報》，1930.09.16，8 版；〈基
隆慶安宮普度豫聞〉，《臺灣日日新報》，1931.09.06，8 版。

態，如大正三年謝姓輪值主普時，主會、主醮均設壇祭祀，惟主
壇省略即為特例。[109]而主普外三大柱的祭祀活動亦彼此較勁，展
現實力，如大正二年陳胡姚姓輪值主普時，白、李、賴姓分掌主
會、主醮、主壇事，報載：三姓「各在市內吊起壇頭，皆飾以電
灯，壇口酒席各連亘百數十席，……，各壇裝飾」，競爭結果是
「賴最佳，李、白次之」。[110]昭和七年張廖簡姓輪值主普時，主
會為林應時、謝知母、張井、陳玉振四人合辦，主醮劉清福，主
壇謝裕記商行；三大柱互相比較，報載結果是：「就中主壇祭品最
豐，係謝裕記行所辦理，緣金以外，不足數百圓，由柱首謝氏負
擔支出」。[111]

又三大柱的實際支出雖不若主普支出動輒數千圓，然每年亦
須花費數百圓，此一費用概由市民募捐而來，不足者當事人負
擔。而為答謝協助辦理事務者，祭典後三大柱主事者對出資五圓
以上者，例有張筵款待，俗稱「食散筵」，[112]一如輪值主普十一
姓於事後之設宴答謝協助者，只是規模較主普一柱來得小。惟昭
和四年即有主張「廢食散筵，以省糜費，並重衛生」；[113]昭和六

109　〈基隆盂蘭會盛況〉，《臺灣日日新報》，1914.09.17，6 版。

110　〈基隆蘭盆盛況〉，《臺灣日日新報》，1913.08.29，6 版。

111　〈慶安宮中元第二日牲豚一千開費約八萬圓鐵道部亦添煙火餘興〉，
　　　《臺灣日日新報》，1932.08.30，夕刊 4 版。

112　報載主普外三大柱花費或三、四百圓，或五、六百圓不等；見〈基
　　　隆——散筵廢止〉，《臺灣日日新報》，1929.08.22，夕刊 4 版。

113　〈基隆——散筵廢止〉，《臺灣日日新報》，1929.08.22，夕刊 4 版。

年，更因經費吃緊，故三大柱一致廢除此舉，以省支出。[114]

大致而言，主普外三大柱的結壇地點主要設在靠近內壇慶安宮的福德（主會）、新店（主醮）、草店尾（主壇）三地；如昭和二年江姓輪值主普、昭和三年鄭姓輪值主普及昭和四年何藍韓姓輪值主普時，都在此三地結小壇進行祭祀，且各柱首均競爭華麗，祭品豐富。[115]惟相較於主普壇設置地點之固定於高砂公園內，三柱在三區內之設壇地點似不固定，但仍以與輪值主普十一姓相關者爲主要設壇地點，如昭和六年許姓輪值主普時，主會祭壇設於由林姓管理的聖王公廟前，[116]主醮祭壇設於媽祖宮口杜天禎負責的裕餘行前，[117]主壇祭壇設於草店尾吳永金店前。[118]昭和

114　〈基隆慶安宮普度預聞警官將出取締〉，《臺灣日日新報》，1931.09.06，8 版。

115　〈基隆水燈燈球萬點化成不夜〉，《臺灣日日新報》，1927.08.23，4 版；〈基隆慶安宮中元普施舊廿五六舉行〉，《臺灣日日新報》，1928.09.04，夕刊 4 版；〈基隆普施餘聞祭品一部中途被搶遲到者不及看〉，《臺灣日日新報》，1928.09.19，夕刊 4 版；〈基隆慶安宮普施主普壇一萬五千圓新築立廿五放河燈廿六普施〉，《臺灣日日新報》，1929.08.28，4 版。其中，昭和三年報載，主壇設於媽祖宮口，此地即屬新店。

116　聖王公廟係由林榮欽與其子林冠世、林德新兩代持續管理，見〈基隆兩末亡人捐款奠濟宮永為財源〉，《臺灣日日新報》，1932.10.23，8 版；另有關林姓與聖王公廟之關係，參見陳凱雯，〈基隆奠濟宮之研究（1875-1945）〉，頁 161-162。

117　杜天禎為株式會社裕餘行社長，而負責餘裕行請負工作者為賴根；參見：千草默仙編，《會社銀行商工業者名鑑》（臺北：高砂改進社，1928），頁 221；簡萬火，《基隆誌》，「附錄」，頁 55。

七年張廖簡姓輪值主普時，主會祭壇設於福德林振盛軒下，主醮祭壇設於新店劉清福負責的廣福醫院前，[119]主壇祭壇則設於草店尾謝裕記行前，[120]而該年的主醮、主壇柱首即分別由劉清福、謝裕記商行負責，其將祭壇設於柱首店前亦頗為合理、甚為方便之事。後基隆改町制，福德、新店、草店尾三地分別改名福德町、旭町、元町，[121]仍為三柱之設壇地。

又三柱亦如主普般每年均需有專門負責人進行普度工作，而其方式係逐年推選或一次推選數年的負責者，此事多由慶安宮管理人召集會議協調人選，惟時間方面常有拖延，甚至每每發生臨陣換人之事；如昭和二年江姓輪值主普時，主會、主醮、主壇三柱無人負責，直至農曆七月二日午後二時，才由慶安宮管理人許梓桑邀請市內舖戶數十名，於廟內左室磋商，數十分鐘後決定主會由林秋波，主醮由劉通、劉猛，主壇由林大化、柯炳謙等人擔當；[122]但後來主壇負責人又有變更，改由順發商行與柯炳謙共同擔任。[123]此外，昭和八年吳姓輪值主普時，本決定主會柱首江瑞

118　〈基隆普度臨時列車主普壇開火〉，《臺灣日日新報》，1931.09.07，8 版。

119　〈基隆特訊──醫院續出〉，《臺灣日日新報》，1920.05.27，6 版。

120　〈慶安宮中元第二日牲豚一千開費約八萬圓鐵道部亦添火餘興〉，《臺灣日日新報》，1932.08.30，夕刊 4 版。

121　〈基隆慶安宮中元第二日普度盛況附牲豚一等入賞者〉，《臺灣日日新報》，1934.09.08，夕刊 4 版。

122　〈基隆慶安宮三柱首決定〉，《臺灣日日新報》，1927.08.04，4 版。

123　〈人事欄〉，《臺灣日日新報》，1927.08.10，夕刊 4 版。

英，主醮柱首楊火輝，主壇柱首賴順發行，[124]然不久楊火輝因母病歿退出，臨時改由區域內保正合辦，而以其中較年長的賴戇為代表，且主壇亦追加林開郡，與賴順發行共同辦理。[125]

除由慶安宮管理人召集會議協調人選外，亦有由輪值主普姓氏出面協調主普外三大柱人選事之特殊情形，如昭和三年慶安宮管理人許梓桑請辭，當年中元普度事仍未尋得負責人時，即由輪值主普的鄭姓代表鄭元出面協調，初次會議未有結果，[126]再次會議後，決定主會、主壇辦理人委由慶安宮理事潘榮春、張阿呆兩人負責交涉，主醮辦理人委由慶安宮另一理事張士文負責交涉；[127]最後遲至農曆七月十七日，即正式普度前一星期左右，才決定本年主會由林冠世，主壇由林大化、陳讚珍，主醮由陳錦堂、郭進昌（？-1935）、周百年等人負責。[128]此種時間緊迫下決定三柱首人選情形似非特例，因昭和四年的三大柱人選亦遲至中元普度前不到一星期才確定，當年主會由保正范昆輝負責，主壇由柯漢忠、日勝行共同辦理，主醮由郭太平、陳憨趖、董湖聯合負責，而這樣的人選確定，到農曆七月十八日才見諸報紙刊載。[129]

124　〈慶安宮中元祭典柱首及區域決定主普吳姓緣金四千餘〉，《臺灣日日新報》，1933.08.24，夕刊 4 版。

125　〈基隆──柱首異動〉，《臺灣日日新報》，1933.09.05，8 版。

126　〈基隆慶安宮磋商柱首〉、〈中元爐主〉，《臺灣日日新報》，1928.08.06，4 版。

127　〈基隆慶安宮爐主解決〉，《臺灣日日新報》，1928.08.10，4 版。

128　〈慶安宮中元柱首決定〉，《臺灣日日新報》，1928.09.01，4 版。

129　〈基隆特訊──柱首決定〉，《臺灣日日新報》，1929.08.22，夕刊 4 版。

　　值得注意的是，這些被推出或選出的三大柱負責人具備哪些條件？屬何種身份背景？彼此間有無關連性？透過相關史料的分析探討，或可一窺究竟。而目前可掌握確切且較爲完整的三大柱負責人資料，僅日治時期的大正十四年至昭和十一年的十二年間，茲將此時期基隆中元祭的四大柱負責人名單表列如下：

表 4-2：大正十四年至昭和十一年間基隆中元祭四大柱負責人表

年份/公元、日本、中國	主普	主會	主醮	主壇
1925、大正 14、民國 14	謝清桐	林振盛商店	*新吉發商店*	三陽公司、〔基源商行〕[130]
1926、昭和元、民國 15	林冠世、林朝寶、林大化	林添旺	陳振芳、鄭查某	張東隆商行、*利記公司* [131]
1927、昭和 2、民國 16	江瑞英	林秋波	劉通、劉猛	*順發商行、柯炳謙* [132]
1928、昭和 3、民國 17	鄭元	林冠世	陳錦堂、*郭進昌、周百年*	林大化、陳讚珍[133]

130　〈慶安宮中元豫聞〉，《臺灣日日新報》，1925.08.15，夕刊 4 版。

131　〈基隆慶安宮中元豫聞〉，《臺灣日日新報》，1926.08.02，夕刊 4 版；〈慶安宮中元三柱首變更〉，《臺灣日日新報》，1926.08.16，夕刊 4 版。

132　〈基隆慶安宮三柱首決定〉，《臺灣日日新報》，1927.08.04，4 版；〈人事欄〉，《臺灣日日新報》，1927.08.10，夕刊 4 版。

133　〈慶安宮中元柱首決定〉，《臺灣日日新報》，1928.09.01，4 版。

1929、昭和4、民國18	何萍、何天靜、何能近	*范昆輝*	*郭太平*、陳巑趄、*董湖*	*柯漢忠*、日勝行[134]
1930、昭和5、民國19	賴南桂、賴崇璧、賴旺、賴雲、賴戇、賴烈	林希賢	張保、劉阿禎	振發行、*大和行*[135]
1931、昭和6、民國20	許梓桑	*蔡慶雲*	*顏赤九*、*楊火盛*	張阿呆、吳森求[136]
1932、昭和7、民國21	張阿呆、張士文、張東隆（張東青）	林應時、謝知母、張井、陳玉振	劉清福	謝裕記商行[137]
1933、昭和8、民國22	吳永金、吳百川	江瑞英	區域內保正合辦（賴戇）	賴順發商店、林開郡[138]
1934、昭和9、民國23	劉阿禎、劉猛、劉火生、劉麒麟、劉通、劉石乞、劉戇	東元藥行	*長壽齒科醫院（楊阿壽）*	何微力[139]

---

134 〈基隆特訊——柱首決定〉，《臺灣日日新報》，1929.08.22，夕刊4版。

135 〈基隆慶安宮中元普施舊廿五廿六日盛大舉行〉，《臺灣日日新報》，1930.09.16，8版。

136 〈基隆——中元柱首〉，《臺灣日日新報》，1931.08.29，夕刊4版。

137 〈基隆慶安宮中元柱首三候補決定〉，《臺灣日日新報》，1932.08.08，8版；〈各地通信——基隆張姓主普頗見盛況〉，《新高新報》，1932.08.26，19版。

138 〈基隆——柱首異動〉，《臺灣日日新報》，1933.09.05，8版。

139 〈普度柱首〉，《臺灣日日新報》，1934.08.15，夕刊4版。。

| 1935、昭和10、民國24 | 陳阿佳、陳大頭、陳杰、陳漢周 | 江烏定 | *楊火輝* | *泰記汽船株式會社（曹德滋）*[140] |
| 1936、昭和11、民國25 | 謝裕記商行（謝清桐） | *泰記汽船株式會社（曹德滋）*、陳漢周 | 吳皮 | *黃玉階*[141] |

說明：表中加〔〕符號表不明其負責人；[142]斜體粗黑字為不屬十一姓者。

一般說來，日治時期的基隆中元祭僅主普工作是固定由十一姓輪流擔任，故主普負責人即各姓推出或選出之代表。其餘三大柱則有不同情形，其中，主會負責人自昭和元年開始至昭和七年間是由區域內各保正輪值，或一人負責，或數人合作辦理，而昭和八年起則是以主會區域內住民公推擔任，[143]故林添旺、林秋波、林冠世、范昆輝、林希賢、蔡慶雲、林應時、謝知母、張井、陳玉振等人均因保正身份而雀屏中選，然十一人中除范昆輝、蔡慶雲外，餘均屬輪值主普十一姓成員；至於非保正身份而

140　〈慶安宮中元普施盛況觀眾四五萬人〉，《臺灣日日新報》，1935.08.27，8版。

141　〈基隆——普度柱首〉，《臺灣日日新報》，1934.08.15，夕刊4版；〈基隆慶安宮主普壇結構三大座〉，《臺灣日日新報》，1936.09.03，8版；〈基隆慶安宮中元第二夜普施盛況〉，《臺灣日日新報》，1936.09.15，夕刊4版。

142　基源商行有個人經營的船運公司，未知其負責人；見〈對岸航路に小型汽船就航を推獎〉，《臺灣日日新報》，1927.06.23，3版。

143　〈基隆慶安宮中元柱首三候補決定〉，《臺灣日日新報》，1932.08.08，8版。

被推選出者，除泰記汽船會社（曹德滋）外，餘如林振盛商店（林冠世）、[144]江瑞英、東元藥行（林清芳，？-1926）、[145]江烏定、陳漢周等人亦均屬輪值主普十一姓成員，只是有以個人姓名，或以商號名稱代表。而主醮負責人除昭和八年是由區域內保正合辦，其餘負責人為推選產生，其中除新吉發商店、郭進昌、周百年、郭太平、董湖、顏赤九、楊火盛、楊阿壽、楊火輝外，餘如陳振芳、鄭查某、劉通、劉猛、陳錦堂、陳憨趁、張保、劉阿禎、劉清福、吳皮等人亦均屬輪值主普十一姓成員。主壇負責人均屬推選產生者，除利記公司、順發商行、柯炳謙、柯漢忠、大和行、泰記汽船株式會社（曹德滋）、黃玉階外，餘如三陽公司（林朝寶）、[146]張東隆商行（張東青）、[147]林大化、陳讚珍、日勝行

144　林振盛商店原為林榮欽經營，後由子林冠世繼之；見簡萬火，《基隆誌》，「附錄」，頁 15。

145　東元藥行位於新興街，行主為林清芳；見〈基隆特訊——迎神先聲〉，《臺灣日日新報》，1923.05.22，6 版。然基隆另有位於草店尾的東元藥材行，代表為謝淋漢；見簡萬火，《基隆誌》，「附錄」，頁 51；〈強盜出沒東元藥行又被害〉，《新高新報》，1930.02.05，13 版。惟無論林姓或謝姓，均屬輪值主普十一姓中之成員。

146　三陽公司從事勞力請負業，屬三井物產海陸石炭荷役請負制度下之三陽組，與林朝寶相關，該公司常參加基隆地方祭典活動；參見：〈勞働工事分辦〉，《臺灣日日新報》，1925.06.04，4 版；〈三井の苦力直營從來の請負業三陽組は解散〉，《臺灣日日新報》，1926.05.26，夕刊 1 版；〈基隆特訊〉，《臺灣日日新報》，1923.06.04，4 版；〈優等閣金牌授與〉，《臺灣日日新報》，1925.05.11，4 版。

147　基隆張東隆商行是由張東青負責，並由其子張歐田協助經營；見簡萬火，《基隆誌》，「附錄」，頁 16。然亦有資料載基隆張東隆商

（陳影帆）、[148]振發行（吳永金）、[149]張阿呆、吳森求、謝裕記商行（謝清桐）、[150]賴順發商店（賴南桂）、[151]林開郡、何微力等人亦均屬輪值主普十一姓成員。由前述基隆中元祭各負責者之背景可知：日治時期輪值主普十一姓除固定逐年輪流負責主普工作外，亦不時接掌主普外三大柱之祭祀事，此或因輪值主普十一姓經驗豐富所致，也可能由於負責三大柱的十一姓成員主要是陳、林、張、劉姓等當時仍屬大戶者，有足夠能力辦理其它三大柱的祭祀工作，故易為人們推選出，而此似可用來說明何以三大柱人選雖每每推出時間頗為緊湊，最終仍得將事情辦理妥當的重要原因。

　　至於不屬輪值主普十一姓成員的三大柱負責人，其實早於明治卅五年（1902）即有汪漢忠參與三大柱之祭祀工作，負責主壇之

　　行是由張東紅負責；見基隆市役所編，《基隆市商工人名錄》（基隆：基隆市役所，1936），頁43。

148　日勝行為福德町貿易商陳影帆負責；參見：〈日勝行支配人詐五萬圓由基署嚴究中〉，《臺灣日日新報》，1933.03.01，夕刊4版；〈日勝行支配人留置さる詐欺橫領罪て〉，《臺灣日日新報》，1933.08.22，夕刊4版。又報紙資料載其名為「陳彰帆」，然地方志書載其名為「陳影帆」，見簡萬火，《基隆誌》，「附錄」，頁64。

149　振發行係草店尾吳永金經營之米店，見〈基隆——四百餘圓を詐取〉，《臺灣日日新報》，1924.12.19，6版。

150　又謝裕記商行另一主為謝國器，乃謝清桐之弟，見簡萬火，《基隆誌》，「附錄」，頁9。

151　賴順發商店主人為賴南桂，其亦為星醬油製造會社社長，見簡萬火，《基隆誌》，「附錄」，頁27。

事，[152]而大正二年又有白姓負責主會事、李姓負責主醮事，[153]惟數則史料多僅載姓氏而未有名字之人選，實難考證其相關背景。而大正十四年至昭和十一年間不屬十一姓之三大柱負責人，不論是個人或商號均有確切名稱，較便於考證，茲將目前可查出負責者之背景說明，表列如下：

表 4-3：日治時期基隆中元祭三大柱負責人身份表

姓名或商號	說明	擔任工作
范昆輝	保正，原爲基隆區書記，父乃醫師范元成；[154]任基隆養豚合資會社理事[155]	1929 主會
蔡慶雲	保正、同風會成員，父乃漢文教師蔡鳳儀，[156]設養心齋書房、[157]蔡義成商店主[158]	1931 主會
曹德滋	位於福德町之泰記汽船公司代表，[159]負責福清、福連、東榮三汽船的定期航運，被稱爲本島人海運界之霸主[160]	1936 主會 1935 主壇

152　〈普度雜俎〉，《臺灣日日新報》，1902.08.26，4 版。

153　〈基隆蘭盆盛況〉，《臺灣日日新報》，1913.08.29，6 版。

154　簡萬火，《基隆誌》，「附錄」，頁 13；〈模範書記〉，《臺灣日日新報》，1913.03.30，6 版。

155　〈豚會社之將設〉，《臺灣日日新報》，1914.11.10，夕刊 2 版。

156　〈基隆同風會改正會則〉，《臺灣日日新報》，1936.05.03，8 版；簡萬火，《基隆誌》，「附錄」，頁 11。

157　〈基隆短訊──書房招生〉，《新高新報》，1930.03.05，15 版；簡萬火，《基隆誌》，頁 141。

158　《基隆商工名鑑》，頁 32。

159　《臺灣紳士名鑑》（臺北：新高新報社，1937），「主なる會社・銀行・其他」，頁 48。

新吉發商店	柯馨盛負責經營，位於旭町（媽祖宮口）之木材行，[161]亦經營買賣米及什貨的新吉和商店[162]	1925 主醮
郭進昌	新店街海產巨商，新泉利商行代表，[163]創基隆養豚合資會社，[164]爲臺灣海陸物產株式會社負責人，[165]亦花蓮港定置漁業組合理事[166]	1928 主醮
周百年	高砂町之青果商，[167]爲輸出青果組合評議員[168]	1928 主醮
郭太平	醫師，基隆高砂橋畔太平醫院負責人[169]	1929 主醮

---

160 泰記汽船株式會社乃日人江口豐次負責之運送業公司，位於福德町；參見：基隆市役所編，《基隆市商工人名錄》（基隆：基隆市役所，1935），頁 51；簡萬火，《基隆誌》，「附錄」，頁 67；〈基隆——店員橫領〉，《新高新報》，1929.10.15，15 版。

161 〈基隆三材木商稅關追繳巨款有起訴有不起訴〉，《臺灣日日新報》，1929.05.16，4 版；〈基隆——店員橫領〉，《新高新報》，1929.10.15，15 版；《基隆商工名鑑》，頁 42；基隆市役所編，《基隆市商工人名錄》（1935），頁 31。

162 基隆市役所編，《基隆市商工人名錄》（1935），頁 55。又新吉和商行屬基隆海產物商組合，見〈海產物總會會況〉，《臺灣日日新報》，1925.05.19，夕刊 4 版。

163 簡萬火，《基隆誌》，「附錄」，頁 68。

164 〈豚會社之將設〉，《臺灣日日新報》，1914.11.10，夕刊 2 版。

165 〈基隆——物產總會〉，《臺灣日日新報》，1934.01.23，夕刊 4 版。

166 〈花蓮港定置漁業組合〉，《臺灣日日新報》，1935.02.21，5 版。

167 〈玉葱で摘發さる〉，《臺灣日日新報》，1939.07.15，夕刊 2 版。

168 〈輸出青果組合通常總會〉，《臺灣日日新報》，1937.07.01，3 版。又有云周百年係商行名，乃雜貨店，由周百連經營，見基隆市役所編，《基隆市商工人名錄》（1935），頁 30；基隆市役所編，《基隆市商工人名錄》（1936），頁 9。

董湖	米商，經營福亨商店，位福德町，屬臺灣米穀移出商同業組合之一[170]	1929 主醮
顏赤九	益隆商會負責人，經營木炭業、貸屋業，位雙葉町[171]	1931 主醮
楊火盛	媽祖宮口醫師，[172]經營仁德醫院[173]	1931 主醮
楊阿壽	長壽齒科醫院負責人、同風會成員[174]	1934 主醮
楊火輝	經營金銅礦石、船運及勞工供給等業，同風會成員；[175]又經營信和調進所，負責酒及煙草等商品買賣[176]	1935 主醮
利記公司	經營海陸物產貿易，[177]由海產巨商蔡金池負責經營，[178]為基隆船商公會會長[179]	1926 主壇

169　簡萬火，《基隆誌》，「附錄」，頁 19；《基隆商工名鑑》，頁 14；《臺灣紳士名鑑》，頁 111。

170　〈事故米の落札損失約二萬圓〉，《臺灣日日新報》，1926.06.12，3版；〈正米市場新加入董湖の初商內〉，《臺灣日日新報》，1928.09.20，3版；基隆市役所編，《基隆市商工人名錄》（1936），頁 92。

171　基隆市役所編，《基隆市商工人名錄》（1935），頁 32；基隆市役所編，《基隆市商工人名錄》（1936），頁 115。

172　〈尚志會因普度再聞迷兒保護竝救護所〉，《臺灣日日新報》，1927.08.22，夕刊 4版；〈寶公役員會組聯合會〉，《臺灣日日新報》，1934.05.21，8版。

173　《基隆商工名鑑》，頁 4；《臺灣紳士名鑑》，頁 118。

174　〈基隆同風會改正會則〉，《臺灣日日新報》，1936.05.03，8版；〈寶公役員會組聯合會〉，1934.05.21，8版。

175　〈基隆同風會改正會則〉，《臺灣日日新報》，1936.05.03，8版；簡萬火，《基隆誌》，頁 8、37。

176　基隆市役所編，《基隆市商工人名錄》（1935），頁 8。

順發商行	周阿食經營之米店，[180]亦有砂糖、石油、肥料之買賣，位福德町[181]	1927 主壇
柯炳謙	隆順謙記行負責人，位福德町，經營海產雜貨，亦從事多種對外貿易，[182]爲基隆船商公會副會長[183]	1927 主壇
柯漢忠	經營隆順商行，[184]亦與人合組基隆興業公司[185]	1929 主壇
大和行	由朱添才、蔡煥章、劉添順、謝文理等人於草店尾合營之米店，加入臺灣米穀商同業組合[186]	1930 主壇
黃玉階	醫師，基隆草店尾旭東醫院負責人[187]	1936 主壇

177 《基隆商工名鑑》，頁7；基隆市役所編，《基隆市商工人名錄》（1935），頁12。

178 簡萬火，《基隆誌》，「附錄」，頁32；臺灣省文獻委員會編，《基隆市鄉土史料——基隆市耆老口述歷史座談會紀錄——》，頁 98；又有關蔡金池生平背景可參見陳德潛，《基隆瑣憶——日治時代與光復初期的人事物——》，頁 13-14。

179 〈基隆港中華帆船貿易額年三百萬圓〉，《臺灣日日新報》，1935.02.15，夕刊 4 版。

180 《基隆商工名鑑》，頁41。

181 基隆市役所編，《基隆市商工人名錄》（1935），頁 1、2、3；基隆市役所編，《基隆市商工人名錄》（1936），頁 6。

182 臺灣省文獻委員會編，《基隆市鄉土史料——基隆市耆老口述歷史座談會紀錄——》，頁98；《基隆商工名鑑》，頁7；基隆市役所編，《基隆市商工人名錄》（1935），頁 3、55。

183 〈基隆港中華帆船貿易額年三百萬圓〉，《臺灣日日新報》，1935.02.15，夕刊 4 版。

184 臺灣新聞社編，《臺灣商工便覽（第一版）》，頁 168。

185 〈又一金融機關〉，《臺灣日日新報》，1920.03.17，6 版。

186 簡萬火，《基隆誌》，「附錄」，頁70；《基隆商工名鑑》，頁23。

　　大致而言，基隆中元祭裡不屬輪值主普十一姓的三大柱負責者除以往的汪、李、白三姓外，尚有范、蔡、曹、郭、周、董、顏、楊、柯、朱、黃等姓；其中，大多數為公司行號負責人（代表）從事各種買賣交易，或職業醫師負責某家醫院之經營業務；亦即這些不屬十一姓的三大柱承辦者應為當時基隆頗具勢力與聲望之地方實力派人士，乃有充裕財力與足夠能力擔負三大柱祭祀事務；且這些負責者在主會、主醮、主壇之祭祀工作上均力求表現，意欲展現其雄厚力量，甚有超越或凌駕十一姓之企圖；如昭和三年鄭姓輪值主普時，主會林冠世，主壇林大化、陳讚珍，主醮陳錦堂、郭進昌、周百年三人，報載：「各當事人，均著手準備，將踵事增華，以博榮譽」，而「主醮當事最多，且皆相當巨商，當不落人後，勝過其餘兩柱」。[188] 又昭和十一年黃玉階負責主壇事，據報紙刊載：當年四大柱所呈祭品甚豐，然最特別的是主壇部分。[189]

　　惟昭和十二年中日戰爭爆發，殖民政府為節約物力，當年八月十七日假同風會館集各姓代表、保正、市代表等五十餘人召開

187　簡萬火，《基隆誌》，「附錄」，頁 23；〈開業披露〉，《臺灣日日新報》，1923.05.16，6 版。

188　〈慶安宮中元柱首決定〉，《臺灣日日新報》，1928.09.01，4 版。

189　〈基隆慶安宮中元第二夜普施盛況〉，《臺灣日日新報》，1936.09.15，夕刊 4 版。又有關基隆黃姓宗族在日治時期之逐漸崛起與發展，及其相關史料可參見本書第三章第一、二節；吳蕙芳，〈《臺灣日日新報》的地方節慶史料——以基隆中元祭為例〉，《臺北文獻》，直字 164 期（臺北，2008.06），頁 36-41。

緊急會議，決定三十日的河燈遊行、卅一日在高砂公園內的豚祭與燈飾均停止，只舉行簡單祭儀；[190]次年（昭和十三年，1938）除不再有水燈遊行、牲豚供奉等活動，更僅在慶安宮進行施餓鬼法事與安慰戰歿將士亡靈儀式；[191]昭和十六年（1941）同樣只有在慶安宮內舉行慰靈祭。[192]亦即基隆中元祭規模至此大幅減縮，不但主普相關賽會活動停辦，主會、主醮、主壇三柱之祭典儀式亦不見諸報紙刊載。戰爭結束後中元普度恢復，然只有主普一柱，[193]此或因主普本有姓氏輪值制度，由固定負責人輪流承辦，

190　〈基隆本島人の盆祭り〉，《臺灣日日新報》，1937.08.13，夕刊 2
　　　版；〈基隆市の盆祭り時局に鑑み取止め〉，《臺灣日日新報》，
　　　1937.08.13，5 版；〈基隆市でも盆祭を取止め〉，《臺灣日日新報》，
　　　1937.08.19，5 版。

191　〈基隆名物の舊盆祭今年は簡單な施餓鬼法要と戰歿將兵の慰靈祭
　　　を執行〉，《臺灣日日新報》，1938.08.19，7 版。

192　〈慶安宮で慰靈祭〉，《臺灣日日新報》，1941.09.14，夕刊 2 版。

193　據基隆地方父老回憶，基隆中元祭活動於日治末期，即中日戰爭期
　　　間，被日本政府嚴格禁止，但姓氏輪值主普制仍持續下來，只是未
　　　能舉辦大型活動。殆戰爭結束，臺灣光復後不久，又因民國卅六年
　　　二二八事件，發生全省性動亂，民間社會亦難進行普度賽會。至民
　　　國卅七年（1948）才恢復地方民俗活動，而由於十多年未曾好好慶讚
　　　中元，故當年基隆中元普度規模甚大；然田野調查紀錄僅載主普活
　　　動，未及其它三大柱，亦即戰後主普外三大柱已不再進行，相關資
　　　料參見國立藝術學院傳統藝術研究中心，《雞籠中元祭》，頁 48。
　　　又據基隆吳姓宗親會內部資料顯示，昭和十八年（1944）吳姓輪值主
　　　普，當年文獻記載為「停普」，可知中日戰爭時期基隆中元祭確有停
　　　辦情形；見吳貞吉編，《基隆吳姓庚申年主普報告書》，頁 82。

再持續並不困難，而主會、主醮、主壇三柱則以往一向是逐年或數年臨時推出人選辦理，此實不如主普般易維持，故促成今日所見之基隆中元祭僅為日治時期之部分規模而已。

小結

　　基隆中元祭經由唐山移民的跨海傳承，應早有沿續與發展，然其初始狀況未能得知，目前較為人認同的時間起源為姓氏輪值主普制開始的咸豐五年；相關基隆中元祭之報導說明、調查報告及研究成果，亦均記載或討論咸豐五年以後之事；而一般認為基隆中元祭發展至今已超過一個半世紀之久，也是以咸豐五年姓氏輪值主普制開始計算的。惟此一重要制度產生之淵源、背景，涉及之時間、人物及運作方式，乃至其演變歷程，以往鮮有仔細分析，深入探討者，致長期口耳相傳或轉載徵引後，真實情形頗為混淆，甚至矛盾不清。事實上，基隆中元祭的姓氏輪值主普制既與清代嚴重的漳泉械鬥事密切相關，即應追溯清代之一手史料以明真相，惟清代史料甚難尋獲，只得透過時間較為接近的日治時期資料予以填補釐清。

　　經由日治時期地方志書、個人記載、寺廟調查、田野紀錄等資料，配合若干清代方志及檔案史料可知，咸豐五年產生的姓氏輪值主普制確與漳泉械鬥事密切相關，而基隆大規模的漳泉械鬥除發生於咸豐三年外，另姓氏輪值主普制運作後的咸豐九年及十年亦持續有械鬥事，且傷亡慘重。又姓氏輪值主普制產生前的咸豐四年另有福建小刀會的竄擾基隆，引發戰亂，增加當地死傷人

數，亦爲促成次年姓氏輪值主普制出現的重要背景，且咸豐三年漳泉械鬥與咸豐四年小刀會動亂兩事件連續發生，造成死傷情況嚴重，實令當地人們印象深刻，甚至有可能將兩個記憶重疊合併成一件事。而屢遭動亂倖免於難之生還者，自然希望透過虔誠的普度儀式撫慰大量死於非命之亡魂，並令生者得安心度日、平順生活，故地方士紳協議由當時頗具實力的十一姓輪流負責每年主普祭祀活動。此一工作剛開始實著眼於超度亡者以令生者安心之目的，並不特重戰後基隆地方上普遍強調的「以血緣關係化解地域衝突」、「以賽陣頭代替打破頭」之說法，亦即每年透過各不同姓氏宗親組織輪流負責主普普度工作，並參與普度賽會中的水燈與花車之陣頭遊行競爭，取代昔日漳人、泉人因原鄉地域觀念造成之武力械鬥衝突。

然姓氏輪值主普制發展至日治時期確已演變成逐年競賽、彼此互爭之局面，輪值主普十一姓往往在祭祀牲豚、主普祭壇、遊行陣頭等方面挖空心思，極力鋪陳，以不落人後。而爲爭取榮譽，贏得勝利，輪值主普各姓從事前之集會推選本姓代表，組織工作團隊、討論各項事務，到普度結束後的設宴答謝，均早有規劃並按步就班進行；且透過金錢贊助之募款活動與人員實際參與活動，如主普宗族討論會議、水燈與花車遊行陣頭、牲豚奉獻等方式，動員同姓宗親力量並凝聚同姓宗族意識，其涉及範圍不限基隆一地，已擴至當時的金包里、三貂、石碇等鄰近區域內之同姓者，甚至遠及臺北地區，此事實上逐漸淡化了以往對原鄉（漳州、泉州）的地域觀念，反促成對新鄉（金基貂石區）的在地認同，而前者乃立基純粹地緣之關係，後者則混合血緣與地緣兩種人際

網絡，故今日基隆中元祭裡無論任何姓氏輪值主普，均在主普壇上標出「金雞（基）貂石」四字以明此傳統節慶活動涉及之範疇，究其緣由，實導因日治時期十一姓輪流動員及不斷凝聚此區域內同姓宗親力量與同姓宗族意識下之結果。

此外，姓氏輪值普制於清咸豐五年開始進行時，應是選擇當時在基隆地方上頗有勢力之十一姓，具備相當資格與條件乃能擔負逐年輪值主普、超度亡魂之重要工作。然隨著時間變化，至日治時期十一姓發展已各不相同，有宗族持續興旺，亦不乏家道中落者，甚有十一姓外它姓之崛起，透過十一姓逐年輪值主普時水燈與花車遊行活動之參與，以展示實力；這些新興姓氏甚至被推選為主普外三大柱，即主會、主醮、主壇之辦理者，有機會與輪值主普十一姓互相較勁；故日治時期基隆中元祭的互爭場面、競賽場景，不僅出現在輪值主普十一姓間，也可見於十一姓與其它諸姓間。

大致而言，這些新興姓氏之身份多屬公司行號負責人從事各種買賣交易，或職業醫師負責某家醫院之經營業務，因此這些不屬十一姓的三大柱承辦者，亦為日治時期基隆頗具勢力與聲望之地方實力派人士，乃有充裕財力與足夠能力擔負三大柱祭祀事務。惟中日戰爭爆發後，殖民政府為節約物力，將基隆中元祭多項活動停辦，大幅縮減規模，致十一姓外它姓無單獨表現機會與足夠競爭舞臺。戰後這些當年負責三大柱工作之十一姓外它姓，如黃、李、楊、郭、柯、蔡等姓於民國卅六年合組聯姓會，要求加入戰後僅賸下的主普一柱之祭祀工作，成為基隆中元祭裡第十二個輪值主普之宗親組織；民國七十年，李、黃、郭三姓更自聯

姓會中陸續脫離出來，爭取獨立輪值主普之機會，最後成為排序
第十三、十四、十五的輪值主普宗親組織。綜觀這些原不屬輪值
主普十一姓之它姓於戰後積極爭取輪值主普機會，最終能獨立成
為輪值主普姓氏之一，溯其緣由，其早於日治時期即脫穎而出，
展露頭角了。

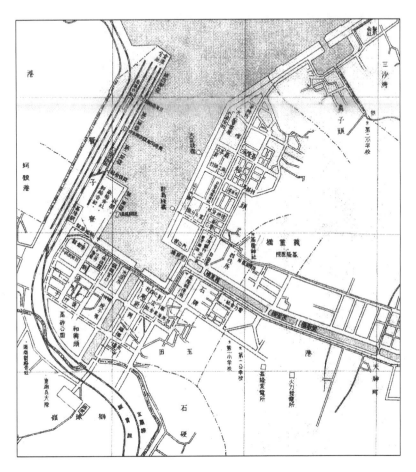

圖 4-1：日治時期基隆市街圖

資料來源：《基隆市街圖》（昭和十〔1935〕年臺灣總督府交通局鐵道部印製，
　　　臺北：南天書局重印）。

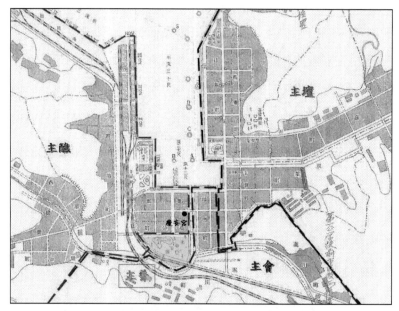

圖4-2：日治時期基隆中元祭內壇（慶安宮）與外壇（四大柱）分布圖

資料來源：據黃武達編著，《日治時期臺灣都市發展地圖集》，臺北：南天書局，2006，〈基隆全圖〉(臺灣日日新報社印行，1930)，改繪而成。

第五章
普度中的競賽：
基隆主普壇的演變與發展

　　據戰後官方修纂的地方志書云，基隆開發史上漳人早於清雍正元年（1723）即從八里坌遷入牛稠港、虎子山，到稱為崁仔頂街之地（即今之慶安宮一帶），漸啓基隆市街的創建；而泉人則遲至嘉慶年間才來開墾，因而附近平野地區盡爲漳人所占，泉人只得往山區開拓。[1]惟雙方在墾殖過程中不免利益衝突，最終爆發咸豐三年大規模的漳泉械鬥。

　　此次漳泉械鬥結果死傷慘重，引發地方父老強烈關注；事件後，識者相約出面呼籲收集遺骸，建墓合埋，以安慰亡靈外，更重要的是，經協議決定由當時基隆十一姓輪流負責每年中元普度、超度亡魂之事。故從咸豐五年開始施行姓氏輪值主普制，持續一個半世紀以來不間斷，成爲今日基隆中元祭的最大特色，且由於有固定的專責單位，得年年持續辦理，不斷超越以往，促使

1　《基隆市志》，第三種，沿革篇，頁 13。

基隆中元祭發展成臺灣甚受矚目、頗負盛名的地方節慶活動，各式活動的進行可持續一個月之久。

對於姓氏輪值主普制的施行，戰後一般說法認為是「以血緣關係化解地域衝突」，「以賽陣頭（普度賽會）代替打破頭（械鬥血拼）」，實促成日後族群和諧之關鍵。因此普度賽會成為基隆中元祭活動項目裡的重頭戲，各宗親組織全心盡力地規劃每年的水燈、花車等陣頭遊行隊伍，以達「輸人不輸陣」目的。然陣頭競賽的實際情形究竟如何，清代因史料有限，難窺其貌；日治時期狀況，經由報紙之觀察記載，確可清楚呈現頗為生動活潑的畫面；[2]而時至今日，每年農曆七月十四日晚間長達數小時的水燈與花車遊行活動裡，基隆各參與的宗親組織、公司行號或機關團體莫不努力表現，大家均視爭取到競賽中的獎狀（牌）、獎金為一殊榮。尤其是輪值主普的宗親會更是爭取機會，利用此一遊行競賽活動卯足全力地團結宗親力量，大為展示該姓在地方上的雄厚實力。

事實上，代表「賽陣頭」的水燈與花車遊行活動在長達一個月的基隆中元祭各項活動裡，僅占一個晚上的表演時間，另一不屬競賽項目，卻能獨自呈現輪值主普宗親實力的重要舞臺，亦可較長時間吸引眾人注目的是主普壇（主普祭壇）的設計與搭建。此實基隆中元祭裡甚受重視之工事，每年輪值主普的宗親組織在其籌備委員會中均特別成立「設計組」或「建壇組」專門負責主普壇相關事，可見此一工事的重要性與代表意義。惟以往有關基隆中元

2　日治時期報紙對基隆中元祭之相關報導，可參見吳蕙芳，〈《臺灣日日新報》的地方節慶史料——以基隆中元祭為例〉，頁31-33。

祭之報導或研究多關注每年陣頭遊行、水燈放送等活動之進行或重要廟宇、各項祭典儀式之介紹等現況說明，偶有言及主普壇者，亦偏向主普壇外觀宏偉、華麗裝飾之形容，少對其歷史發展過程加以交代。[3]目前可見對基隆主普壇歷史略有涉論者，僅基隆耆宿陳其寅（1902-1996）撰的〈基隆主普壇沿革述聞〉一篇，該文概述戰後基隆主普壇自高砂公園遷至中正公園之過程，然全文僅及於戰後主普壇的變化，對日治時期的主普壇較少著墨，且篇幅有限，實無法詳細了解狀況。[4]有鑑於此，本章欲透過當時的報紙報導及宗親會內部資料刊載，對基隆中元祭裡主普壇的規劃、設計乃至演變、發展歷程，予以分析說明，以完整呈現此一基隆中元祭裡重要建築物之沿革。

第一節 高砂公園的營建與利用

現在基隆中元祭的主普壇每年固定搭建於中正公園內的中元祭祀文物館上，[5]然此固定建築物實於民國六十三年（1974）竣工

---

3 有關每年主普壇的介紹與說明，可參見各輪值主普宗親組織的紀念專輯，如基隆市黃姓宗親會、壬申年主普委員會編，《壬申年黃姓主普雞籠中元祭專輯》，引用《更生日報》（1992.07.08）所載之主普壇報導；李豐楙總纂，《雞籠慶讚中元——己卯年林姓主普紀念專輯》，頁 115-119。

4 陳其寅，〈基隆主普壇沿革述聞〉，收入《懷德樓文稿》，頁 102-103。

5 該館原稱民俗文物館，民國九十三年八月改稱中元祭祀文物館。

完成；日治時期的基隆中元祭主普壇主要位於高砂公園內，因此在介紹基隆中元祭主普壇前應先對高砂公園情形加以了解。

　　基隆的高砂公園創於明治卅三年（1900），當時爲慶祝皇太子（即後來的大正天皇）御婚，[6]而由當地人倡設而成，位置在基隆街後井子、和興頭一帶（參見圖4-1），即基隆往臺北鐵道線路左側。此地原屬慶安宮的一小丘，亦有部分奠濟宮的土地，經徵收後，充作公園預定地加以拓築。[7]當時的辨務署長七里恭三郎親將該園題名爲「高砂公園」，然設立後因經費問題未能持續，遂漸荒廢。明治卅九年（1906）基隆士紳許梓桑主張重新整理公園供大眾利用，並說明原委：

> 基隆西隅有小山焉，屹立平地，背山面海，絕頂開坪，多奇石，樹木陰翳，舊為樵採所托跡，奈地勢孤懸，窈曲險阻，騷人墨客，遊客殊稀，風景雖佳，亦一荒蕪地耳。余近常邀朋輩，閒遊此間，每一登臨，快人心目，睹激灩之波流，翻騰河漢，覽山巒而聳翠，直接雲霄，忽焉海市蜃樓，陸離光怪，俄而漁舟燈火，氣象萬千，或遇月夜風晨，倍多佳趣，可供高人雅士，藉暢幽情。余謂友人曰，

6　石坂莊作編，《基隆港》，頁28。

7　〈高砂公園〉，《臺灣日日新報》，1915.04.16，5版；〈聖王公所屬土地處分願許可〉，《臺灣總督府公文類纂》，1913.04.01，2126冊16件。又有研究指出高砂公園土地來源有三，即國有林地、民有建地、祠廟地，見宋曉雯，〈日治時期圓山公園與臺北公園之創建過程及其特徵研究〉（臺北：國立臺灣科技大學建築研究所碩士論文，2003.01），頁177。

有此美觀，奚堪廢弛，友人咸有同志，余乃鳩資，督匠整
理，作數亭於其上，石徑通幽，翠岩可摘，一時來觀者，
咸稱曰善，……公園峻築，里人有餘忻焉。[8]

許氏亦曾以「迺蘭」署名，題詞形容高砂公園美景：

宿霧初收雨乍晴，天開煙景畫圖明，山嵐翠滴千般媚，海
嶼波環一派清，日逼松梢殘暑退，風吹石逕晚涼生，歸途
不盡尋幽感，轉覺繫思故國情。

由說明與題詞內容可知高砂公園重新整理的來龍去脈外，亦可觀
察出公園的優美風景。

其實，當時不少文人雅士均對高砂公園的風光美景讚不絕
口，稱高砂公園為「基隆第一名勝」，往往遊罷後，題詞留念，如
有署名「惜分陰」者題曰：

高山環繞送青來，萬頃洪濤一鑑開；砂面浮鷗隨浪戲，江
頭振鷺逐波迴。

公餘勝選同攜手，醉裏吟詩暢舉杯；園內名花逢客笑，莫
教風雨更相摧。

此實巧妙地將「高砂公園」四字嵌入詩句中。亦有署名「棲鶴主人」
者，兩次題詞描繪高砂公園景觀：

---

8 〈基隆高砂公園之整理〉，《漢文臺灣日日新報》，1906.07.14，5 版。

囁屐登高此地來，園林風景自天開，喬松掩映飄紅葉，怪石峨嚴覆綠苔。花鳥迎人供笑傲，雲山著眼任徘徊，多寒少暖真宜夏，把酒亭中暢引杯。

攜朋選勝到山巔，滿目風光萬竈煙，坐立園亭欣玩賞，綠波遠送釣魚船。[9]

更有名為豬口葆貞者題二詞曰：

放課乘間學逸民，公園靜處絕無塵，臨風大笑江山響，驚起千門萬戶人。

萬家煙起靖邊塵，腳底繁華眼底春，築港由來非小事，那知土木尚逡巡。

岱峰突屹海遙通，鸞嶼兩分雌與雄，萬頃煙波看不盡，吟魂越渡杳冥中。

茅亭覽勝幾徘徊，半日當吾避債臺，鯨渤明光生禿筆，獅山黛色落殘杯。[10]

而名為蔡振芳者則題詞曰：

此間勝景似蓬萊，萬頃波明一鑑開，極目滄江天地小，氤氳紫氣自東來。[11]

9　〈詞林——遊高砂公園即景〉，《臺灣日日新報》，1906.07.29，1 版。
10　〈詞林——高砂公園覽勝次嘯雲韻、丁未年二月初一日即目〉，《臺灣日日新報》，1907.03.31，1 版。

各種題詞反映出文人騷客對此公園自然景觀的肯定與認同。

　　明治四十四年（1911）政府發布公園管理規則，將臺北廳轄下的北投公園、高砂公園等擴張後，與圓山公園一併管理；[12]大正元年（1912）決定將次年（大正二年）度地方預算經費中的一萬四千餘圓用來補助高砂公園的整修工事。[13]而高砂公園的設計經費第一年度約需一萬圓，首先將停車場附近，令內地人與本地人均感不便的不潔家屋清除，四周植以樹木花卉。[14]由於高砂公園原有面積狹窄，市當局計畫予以擴張，方法是購買附近民有地三千多坪（約一甲），遷移八十一棟民房（約九十戶）至它處。此一整修工事總經費高達一萬四千八百餘圓，被列為基隆市區改革的三大重要工事之一。[15]

11　〈詞林──遊基隆高砂公園〉，《臺灣日日新報》，1907.06.08，1 版。

12　〈公園管理規則〉，《臺灣日日新報》，1911.12.16，2 版。當時臺北廳下四大公園除臺北公園外，其它三座（圓山公園、北投公園、高砂公園）均屬公共經營方式，納入同一管理規則；見《臺北廳誌》，頁501-502。又臺北廳下四大公園中最早出現的是圓山公園，時有〈圓山公園管理規則〉出現於明治四十二年的臺北廳廳令第 7 號，待高砂公園與北投公園出現後，於明治四十四年與圓山公園管理規則合併，將明治四十二年的管理規則廢除，改稱為〈公園管理規則〉，此規則的第一條即指出：「本規則所稱之公園為圓山、北投及高砂三公園」；相關說明參見蔡思薇，〈日本時代臺北新公園研究〉（臺北：國立臺北藝術大學建築與古蹟保存研究所碩士論文，2007.01），頁 34。

13　〈基隆高砂公園〉，《臺灣日日新報》，1912.04.01，2 版。

14　〈基隆公園と設計〉，《臺灣日日新報》，1912.04.11，2 版。

15　高砂公園擴建屬基隆市區改革計畫之內，另兩項重要工事分別為義重橋通往高砂公園豫定地南側的輕鐵道線路與幹線道路工事，以及舊商

　　大正二年底，公園整修完成後的實際面積約四千五百坪，北西兩面小丘聳起，可眺望基隆港，靠近丘頂利用水道之水，有如瀑布之裝置，餘水則流下如溪流；丘頂北面有大遍蔓草花棚，園中另有水池飼養魚類，園內並利用縱橫步道沿途種植各類花卉，亦有花壇、花隧道的設計；公園內各處乃散置的休閒地，公園外的周圍道路有常綠的路旁樹及筍類植物。大致而言，公園前面是基隆港、市街，背後是虎仔山、獅球嶺，整個公園位於核心地帶，實基隆絕佳之休閒勝地，[16]故公園內遊客川流不息，各種性質的活動亦往往假該地進行；茲以《臺灣日日新報》為例，將高砂公園被利用之情形予以說明。

　　蓋自大正五年（1916）至昭和十七年止，於高砂公園內進行之活動有屬藝文性質者，如上海樂勝班表演、[17]粵班新樂團表演、[18]本島戲班表演、[19]臺北音樂會演奏、[20]艦隊音樂隊演奏，[21]及影片

船會社附近的街路新設工事。相關史料參見：《臺北廳誌》，頁504-505；〈基隆土地拂下〉，《臺灣日日新報》，1912.07.21，2版；〈臺北四大公園〉，《臺灣日日新報》，1912.07.21，5版；〈高砂公園の一新〉，《臺灣日日新報》，1913.08.26，7版；〈公園一新〉，《臺灣日日新報》，1913.08.27，6版。

16　〈高砂公園の設計〉，《臺灣日日新報》，1912.12.19，7版。

17　〈樂勝班到基好評〉，《臺灣日日新報》，1924.04.22，6版。

18　〈粵班到基開演〉，《臺灣日日新報》，1924.05.25，6版。

19　〈火藥爆發女優雖傷不致命〉，《臺灣日日新報》，1931.09.18，夕刊4版。

20　〈奏樂曲目（基隆）〉，《臺灣日日新報》，1924.07.20，7版。

21　〈基隆の軍樂演奏〉，《臺灣日日新報》，1930.04.23，7版。

放映、[22]演講舉辦等。[23]有屬社團性質者，如瀛社的例會、[24]納涼會，[25]同風會的宴會、[26]青年幹部會、[27]國旗揭揚式，[28]赤誠會的演講等。[29]有屬軍警性質者，如觀兵式、[30]閱兵式、[31]消防組與保甲壯丁團定期檢閱等。[32]有屬體育性質者，如小學校及公學校運

22　〈防火宣傳映畫公開〉，《臺灣日日新報》，1930.12.04，4 版。

23　〈基隆——講演會〉，《臺灣日日新報》，1936.02.09，5 版。

24　〈瀛社例會在基隆公園內〉，《臺灣日日新報》，1931.08.18，夕刊 4 版；〈瀛社例會基隆社友主開〉，《臺灣日日新報》，1934.07.24，夕刊 4 版。

25　〈瀛社夏季納涼會出席者七八十名大呈盛會〉，《臺灣日日新報》，1926.08.03，夕刊 4 版。

26　〈會事〉，《臺灣日日新報》，1931.01.04，8 版。

27　〈基隆高砂青年會幹部鍊成會〉，《臺灣日日新報》，1942.05.31，夕刊 2 版。

28　〈基隆同風會の國旗揭揚式〉，《臺灣日日新報》，1938.05.03，夕刊 2 版；〈基隆同風會で國旗の揭揚式〉，《臺灣日日新報》，1938.06.02，夕刊 2 版；〈基隆同風會で國旗の揭揚式〉，《臺灣日日新報》，1939.06.01，7 版。

29　〈赤誠會基隆支部講演〉，《臺灣日日新報》，1929.07.05，夕刊 1 版。

30　〈重砲隊觀兵式〉，《臺灣日日新報》，1916.01.09，5 版；〈陸軍始觀兵式〉，《臺灣日日新報》，1917.01.08，3 版；〈基隆觀兵式〉，《臺灣日日新報》，1931.04.29，夕刊 4 版。

31　〈基隆の閱兵式〉，《臺灣日日新報》，1922.01.09，5 版；〈基市高砂公園舉建國祭其他催物甚多〉，《臺灣日日新報》，1933.02.08，8 版。

32　〈基隆警察署檢閱壯丁〉，《臺灣日日新報》，1926.05.30，4 版；〈基隆署管內壯丁團檢閱〉，《臺灣日日新報》，1926.06.12，5 版；〈基隆の保甲壯丁團檢閱大體に成績良好きのふ高砂公園で舉行〉，《臺

動會（或聯合運動會）、[33]商店聯合運動會、[34]在鄉軍人分會運動
會、[35]船員運動會、[36]消防組與保甲壯丁團運動會等。[37]然最多的
應屬政治活動性質者，如招魂祭、[38]政治人物雕像揭幕式、[39]天皇

灣日日新報》，1938.02.04，7版；〈基隆署管內の保甲壯丁團檢閱〉，
《臺灣日日新報》，1939.10.20，7版。

33　〈基隆小學運動會〉，《臺灣日日新報》，1918.10.15，7版；〈基隆
　　小學校運動會〉，《臺灣日日新報》，1919.10.09，7版；〈基隆——
　　公學校運動會〉，《臺灣日日新報》，1920.10.30，4版；〈基隆聯合
　　運動會〉，《臺灣日日新報》，1921.10.07，6版；〈基校聯合運動會〉，
　　《臺灣日日新報》，1924.09.30，4版；〈基隆聯合運動會第二日公學
　　校の妙技に醉ふ觀眾萬餘〉，《臺灣日日新報》，1925.10.20，夕刊4
　　版；〈基市聯合運動第一日小學第二日公學〉，《臺灣日日新報》，
　　1927.11.12，夕刊4版；〈基隆市小公學校各聯合奉祝運動會きのふ高
　　砂公園に舉行〉，《臺灣日日新報》，1928.11.22，7版。

34　〈聯合運動會〉，《臺灣日日新報》，1919.04.13，7版。

35　〈在鄉軍人會の運動競技會昨日基隆高砂公園で〉，《臺灣日日新
　　報》，1922.03.31，7版。

36　〈基隆——船員運動會〉，《臺灣日日新報》，1923.05.30，5版；〈基
　　隆の船員間に野球熱昂まる〉，《臺灣日日新報》，1925.07.01，5版。

37　〈基隆消防壯丁定期檢閱兼聯合運動〉，《臺灣日日新報》，1923.10.22，
　　8版；〈基隆消防壯丁聯合運動〉，《臺灣日日新報》，1927.11.28，夕
　　刊4版；〈基隆——消防檢閱〉，《臺灣日日新報》，1929.04.10，夕
　　刊4版；〈基隆署の定期檢閱〉，《臺灣日日新報》，1930.04.07，7
　　版；〈基隆——競技審查不公壯丁擬全辭職〉，《臺灣新民報》，
　　1931.05.09，8版；〈基隆警察署保甲壯團檢閱〉，《臺灣日日新報》，
　　1932.10.24，8版。

38　〈基隆招魂祭〉，《臺灣日日新報》，1920.04.30，5版。

39　〈壽像除幕式詳報〉，《臺灣日日新報》，1917.03.20，6版。

遙拜式、[40]建國祭、[41]陸軍紀念日式典、[42]海軍紀念日式典等。[43]
據研究日治時期臺北新公園的蔡思薇指出：當時在新公園內進行
的活動，其性質以政治政策的宣傳號召及日本文化影響下的活動
居最大宗，[44]而觀察日治時期基隆的高砂公園情形亦屬類似狀
況。

---

40 〈各地の明治天皇十年祭——基隆〉，《臺灣日日新報》，1922.07.31，
    7 版；〈基隆の遙拜式高砂公園て舉行〉，《臺灣日日新報》，
    1927.12.23，7 版。

41 〈建國氣分各地に橫溢市內大行進を行ひ——基隆〉，《臺灣日日新
    報》，1932.02.12，夕刊 1 版；〈基市高砂公園舉建國祭其他催物甚
    多〉，《臺灣日日新報》，1933.02.08，8 版；〈基隆市建國祭參列兒
    童約四千〉，《臺灣日日新報》，1934.02.13，夕刊 4 版。

42 〈基隆記事——陸軍記念日〉，《新高新報》，1930.03.05，7 版；〈基
    隆市陸軍記念日舉壯烈摸擬戰〉，《臺灣日日新報》，1932.03.11，8
    版；〈基隆陸軍記念日銃砲聲震動全市〉，《臺灣日日新報》，
    1935.03.12，夕刊 4 版；〈陸軍記念日の基隆市行事が決定〉，《臺灣
    日日新報》，1938.03.06，7 版；〈陸軍記念日に於ける基隆市の行事
    決定〉，《臺灣日日新報》，1939.03.04，7 版；〈時艱克服市民大會
    基隆市一萬餘名も參加〉，《臺灣日日新報》，1941.03.11，夕刊 2 版；
    〈近代攻城戰を彷彿部隊、學徒連合模擬戰展開——基隆〉，《臺灣
    日日新報》，1942.03.11，夕刊 2 版。

43 〈海軍記念日によ正午一齊に默禱——基隆の行事〉，《臺灣日日新
    報》，1938.05.26，11 版；〈基隆の海軍記念日行事〉，《臺灣日日
    新報》，1939.05.25，夕刊 2 版；〈記念式典舉行港都基隆て盛大に〉，
    《臺灣日日新報》，1942.05.28，夕刊 2 版。

44 蔡思薇，〈日本時代臺北新公園研究〉，頁 94。

　　由於高砂公園為基隆難得的大型空地，因而多種公共設施往往優先考慮利用該地，如昭和九年市役所曾欲將此地規劃為卸賣市場建築物的候補地，惟遭市民反對，蓋市民認為卸賣市場有其需要，但反對利用高砂公園，理由有三：首先，市場建於公園一角有礙公園原始目的；其次，高砂公園是大正天皇御成婚紀念建設，為基隆方面唯一大型空地，乃天災地變，或非常時期的絕佳避難地；最後，基隆土地狹隘，人煙稠密的元町、旭町區域，除此公園外無其它廣大場所，實應未雨綢繆。此事最終由基隆同風會出面，選出代表顏國年（1886-1937）、許梓桑等十五名，向市役所陳情將市場預定地移往它處。[45]後來市役所將卸賣市場由原來的福德市場改建，即福德市場的現有建築物改築二層，下層為卸賣市場，上層為消費市場。[46]

　　又高砂公園自開幕使用後，許多攤商亦在園內營生，日久成為詬病焦點；[47]昭和十一年七月，高砂公園內已有本島人賣擔者

45　〈高砂公園建築市場市民反對決議陳情選委員十五名備出書類〉，《臺灣日日新報》，1934.02.05，8 版；〈基隆卸市場敷地問題公園に設立反對の陳情非常時唯一の避難地を理由に〉，《新高新報》，1934.01.21，8 版。

46　〈福德野菜市場移轉は取止め反對陳情容れらる〉，《臺灣日日新報》，1934.03.09，夕刊 2 版；〈基隆福德野菜市場不遷徙高砂公園由市當局再講究方法〉，《臺灣日日新報》，1934.03.09，8 版。

47　昭和七年高砂公園內的攤商問題已引人關注，昭和八年公園內已有百餘家攤商，宛若一飲食市場，市當局在形式上樹立禁牌，然實際上顧念小民生計，默認其行為；昭和十一年五月基隆總商會已在討論高砂公園的美化事；相關資料參見：〈基隆高砂公園夜市感言〉，《新高

約二百餘擔，成一夜市規模，爲將公園還原爲市民休閒地，故市役所、警察署、同風會等單位合作予以整頓，由警察署下令各賣擔者自行遷移，不許在園內開夜市，然各賣擔者組「基隆行商自治組合」，派黃秀川代表陳情。[48]公園內諸賣擔行商甚至發表聲明不肯撤離，[49]因而與市當局形成對立。[50]最後透過警察署斡旋，仍考量小民生計前題下，公園內賣擔諸商圓滿撤退；[51]惟政府將公園內近海岸廣場的二百多個攤販，規劃遷至公園近鐵道邊的新聲館

新報》，1932.08.12，18 版；〈基隆高砂公園賣擔組織總行商會未受許可公然徵收二錢〉，《臺灣日日新報》，1933.04.05，夕刊 4 版；〈高砂公園不整頓重要市民連袂陳情有責當局無視輿論者〉，《臺灣日日新報》，1936.05.26，夕刊 4 版。

48 〈高砂公園內賣擔去代表陳情於署〉，《臺灣日日新報》，1936.07.08，8 版；〈基隆市高砂公園當局嚴禁商人置賣艦隊出港後或將正面衝突〉，《臺灣日日新報》，1936.07.23，夕刊 4 版。又該行商自治組合早於昭和十年四月即成立，但初始並未能整合內部意見，見〈基隆高砂公園行商自治組合集金法不平聲甚高〉，《新高報》，1935.04.13，13 版。

49 〈高砂公園の露店行商人立退き中止を聲明基隆市との抗爭激化〉，《臺灣日日新報》，1936.07.28，夕刊 2 版；〈高砂公園內諸賣擔發聲明不肯撤去與市當局紛爭愈激化〉，《臺灣日日新報》，1936.07.28，12 版。

50 〈高砂公園行商撤退問題市當局強硬〉，《臺灣日日新報》，1936.07.30，夕刊 4 版。

51 〈露店の立退き圓滿解決か基隆署が調停〉，《臺灣日日新報》，1936.08.13，7 版；〈行商人の立退問題圓滿に解決行商側遂に折れる〉，《臺灣日日新報》，1936.08.21，5 版。

一帶，建築攤商街，以美化經營；[52]至當年十月公園內的賣擔問題解決，[53]昭和十二年四月十一日，公園內的攤商店工程完成，共有五十八間店，一起開幕經營。[54]由前述內容可知高砂公園於基隆當地的重要性及受重視之程度。

第二節　日治時期主普壇的搭建

　　二戰以前的基隆中元祭活動有內壇、外壇之分，其中，內壇設於當地歷史頗爲悠久的廟宇慶安宮，每年以神前問筶方式選出中元爐主，負責祭祀相關事。然因事後爐主家常有不祥，乏人受理，故於清光緒年間（約 1880 年代左右）謝集成總理時，改由苦力頭謝源發每年負責辦理並負擔經費。昭和三年，曾有人提及應由廟方直接辦理，即由慶安宮理事負責，然無人有意願，終議定

52　〈移轉先きを盛り場による高砂公園の露店商人〉，《臺灣日日新報》，1936.09.07，7 版；〈高砂公園露店遷戲館邊籌美化工作〉，《臺灣日日新報》，1936.09.09，夕刊 4 版。

53　〈基隆市高砂公園の据賣問題漸く解決現在の場所を整地して建築將來は基隆市の名所に〉，《臺灣日日新報》，1936.10.20，9 版；〈基隆市高砂公園置賣解決將發指令擬於公園斜面建築店舖〉，《臺灣日日新報》，1936.10.21，夕刊 4 版。

54　〈高砂公園の露店長屋見事に竣工特異な賑ひを現出〉，《臺灣日日新報》，1937.04.13，5 版。

托以前辦理人謝水乞代辦，費用則由廟方支付；[55]惟後來謝水乞推辭，因此由慶安宮理事張士文負責辦理。[56]

　　圍繞內壇四周者有外壇四大柱的設置，即主普、主會、主醮、主壇。基隆中元祭進行時除內壇外，外壇四大柱亦須各設祭壇以利儀式進行，而當時主會、主醮、主壇的祭壇設置情形，相關史料較少，只知此三柱祭壇多分布在福德、新店、草店尾一帶，即後來的福德町、旭町、元町，但確切地點似不固定，甚偶有不設祭壇者，如大正三年謝姓輪值主普時，主壇者並未設祭壇。[57]

　　相較於主會、主醮、主壇三大柱祭壇位置之不確定，主普壇的設置情形則較爲清楚。大致而言，基隆中元祭的主普壇初亦不固定地點，甚或不設祭壇者；如大正九年（1920）許姓輪值主普

55　〈基隆慶安宮爐主解決〉，《臺灣日日新報》，1928.08.10，4版。據慶安宮宮誌記載，慶安宮中元普度最初是由元發號苦勞間（似今日的碼頭工會）負責，後再由慶安宮自己負責；見劉清番總編，《慶安宮誌》，頁 225。然昭和三年報紙資料有不同記載，其言慶安宮中元爐主於四十餘年前，即謝集成總理時改由苦力頭謝源發每年負責辦理，由時間推算此事應於 1880 年代，即清光緒年間已開始。又謝集成乃雞籠人，個性仗義執言，得鄉里人信任，曾率領基隆人防海賊，獲清政府勳四等銜並「公正廉能」匾額；其於道光元年即參與該廟募款事，道光廿二年又與紳董張鳴岐、陳秀傑等人募款修葺慶安宮，大啟規模，重新廟貌。相關資料參見：石坂莊作編，《基隆港》，頁 153；簡萬火，《基隆誌》，頁 144；蔡慶濤記，《基隆地方研究資料》，〈基隆列傳〉，「二、公正廉能」。

56　〈慶安宮中心柱首決定〉，《臺灣日日新報》，1928.09.01，4版。

57　相關說明與史料參見本書第四章第三節。

時，主其事者許梓桑亦為同風會會長，因該會主張儉約主義，認為年年結壇實費無用之財，故當年不設主普壇，僅於農曆七月廿五日燃放水燈，廿六日陳牲普施而已。[58]又大正十年（1921）張廖簡姓輪值主普時，則將主普壇設於慶安宮前廟埕，形如八卦，高度幾與廟脊同。[59]

而將主普壇設於高砂公園內，至少在大正十三年陳胡姚姓輪值主普時已開始，[60]以後持續四年（大正十四年至昭和三年）的輪值主普謝姓、林姓、江姓、鄭姓亦將主普壇設於高砂公園內。[61]但此時主普壇均每年臨時搭建，事後拆除。大正十四年謝姓輪值主普時，因當年主普壇被風吹倒，建壇負責人損失不少，要求補助金，為謝姓拒絕，後建壇負責人請十一姓代表開會討論此事，因得補貼少許。[62]惟此事令大家考量主普壇每年花費之鉅，故昭和元年林姓輪值主普時，首度有人主張在高砂公園內建固定主普

58 〈基隆短信——中元破例〉，《臺灣日日新報》，1920.09.08，6版。又有關基隆同風會的相關說明參見簡萬火，《基隆誌》，頁 173；陳凱雯，〈日治時期基隆慶安宮的祭典活動——以《臺灣日日新報》為主〉，頁 190-191。

59 〈基隆特訊——貽笑文明〉，《臺灣日日新報》，1921.08.26，6版。

60 〈基隆水灯盛況〉，《臺灣日日新報》，1924.08.27，6版。

61 〈基隆中元普施〉，《臺灣日日新報》，1925.09.13，夕刊4版；〈基隆慶安宮中元豫聞〉，《臺灣日日新報》，1926.08.02，夕刊4版；〈基隆慶安宮普施先聲〉，《臺灣日日新報》，1927.08.02，4版；〈基隆臺北間運轉臨時列車〉，《臺灣日日新報》，1928.09.09，4版。

62 〈基隆慶安宮中元豫聞〉，《臺灣日日新報》，1926.08.02，夕刊4版。

壇，平日可作爲音樂堂之用，一舉兩得。當時報紙載輿論分析
曰：

> 基隆市人口，六萬餘人，土地狹隘，際此天氣灼熱，避暑
> 無處，晝間多往海水炫〔浴〕場游泳，夜間則乘納涼船，往
> 港中，或往高砂公園納涼，然乘船納涼，須要費用，故中
> 產以下之人，概往高砂公園消遣，甚有在園內隔夜者，惟
> 該公園，未有何等施設，椅子亦甚少，近日雖有設一球
> 庭，以資晝間運動之用，然夜遊客較多，未有音樂堂之
> 設，以娛市民，故一般市人，希望設音樂堂，竝定時奏
> 樂，以為娛樂機關。……，建築一美麗音樂堂，普施之
> 時，充為主普壇之用，豈非一舉兩得。移無用之財，為有
> 用之資耶哉！又謂基隆市內，西洋音樂隊，現有數組，每
> 夜練習，皆甚熟達，以待迎神賽會，或送葬之須，盍再進
> 一步，夜間於公園，或其它廣場，定期奏樂，娛樂一般市
> 人，較為有益。

此一新措施之規劃費用合計一萬六千餘圓，預備由輪值主普的十
一姓各出一千五百圓。[63]昭和三年鄭姓輪值主普時，年初又有主
張在高砂公園內建永久性主普壇，且認為此舉可免年年輪值主普
各姓競爭構結，虛費錢財之弊。此事後由基隆士紳許梓桑、顏國
年、潘榮春三人連署，向基隆市役所提出請願書，要求當局列入

63　〈基隆市人望設音樂堂竝定期奏樂〉，《臺灣日日新報》，1926.08.15，夕
　　刊 4 版。

昭和三年度建設計畫中，其費用由市及主普十一姓分擔。當局頗為贊同，欲列入本年度即位大禮紀念建設事業項，初步規劃構造擬全部鐵筋混凝土，八角形三層樓，深闊各三十餘尺，第一層高自地上九尺，內可充倉庫，第二層為奏樂場高十五尺，第三層備為主普壇之用，高十三尺，自地面至三層樓總高三十七尺。建築費豫定一萬五千圓左右，市役所擬負擔六千圓，其餘歸主普十一姓負擔。[64]

在高砂公園內建音樂堂暨固定主普壇之計畫，其設計大多斟酌主普十一姓意見，由市役所土木人才繪製圖面，原為二階八角形，四面無壁，後將圖持往總督府請井手技師鑑定，井手氏以該設計四面無壁，樂音反響，效果不佳，且不牢靠，故由井手技師重新設計規劃。由於變更設計，故固定主普壇本預備由昭和三年鄭姓輪值主普時使用，亦因此無法趕上。[65]至昭和四年一月，井手技師的設計圖完成，整體規劃為鐵筋混凝土，外觀八角形三層樓，總高五十三尺，直徑四十五尺，工事費約一萬五千圓，市役所負擔六千圓，主普十一姓負擔六千六百圓，不足額依十一姓意思，由慶安宮支出，[66]因外壇主普是配合內壇慶安宮而進行的。

64　〈基隆高砂公園將建音樂堂兼用主普壇〉，《臺灣日日新報》，1928.01.14，4 版。

65　〈基隆音樂堂託督府設計建築遲延〉，《臺灣日日新報》，1928.08.12，4 版。

66　〈基隆音樂堂近將興工工費萬五千圓〉，《臺灣日日新報》，1929.01.26，夕刊 4 版。

待圖樣確定後，工程招標事亦一波三折，因招標數次皆超過預算，如昭和四年五月二日上午十時開標，參加者七名，最高標為建物會社，標金一萬七千九百圓，最低標為葉榮申，標金一萬二千七百圓，皆超過預算；當日下午再重新開標，最低標葉氏金額為一萬二千五百七十圓，仍超過預算，蓋預算一萬五千圓之內，扣除電燈裝置費一千五百圓，紅毛土自辦費二千三百五十圓，僅有一萬一千一百五十圓經費的額度；由於數次流標，市役所只得研究對一部分工事再作變更。[67]至五月十四日再次開標，由增田氏以一萬一千九百圓得標，然經費仍超過底限，故市當局與增田氏商量，欲減至豫算額度內，但增田氏不肯，於是市當局再與次低標的中島氏商量，請依預算額接案；其中，紅毛土及電燈裝置費，由市役所支辦，標案底定後即著手興建，以期本年中元祭得以利用；六月時基礎工事已完成，待內地鐵枝運到，在中元前峻工即可使用。[68]

昭和四年何藍韓姓輪值主普時，首次使用新建於高砂公園內的固定主普壇，全部經費正式支出共一萬五千圓，除由市役所負

---

67 〈基隆主普壇第二回入札仍超過豫算〉，《臺灣日日新報》，1929.05.06，4版。事實上，早在招標前，為降低預算早日發包完成工程，已將部分工事的建材作了調整，如「銅欄干之高貴品，改為銑造者，柱眼及階段之硬石，改為人造石」，見〈基隆主普壇將再入札〉，《臺灣日日新報》，1929.04.23，夕刊4版。

68 〈基隆主普壇增田氏落札〉，《臺灣日日新報》，1929.05.15，4版；〈基隆主普壇基礎工事完竣〉，《臺灣日日新報》，1929.06.14，夕刊4版。

擔六千圓外，主普十一姓及慶安宮共同負擔九千圓。此建築物平時爲音樂堂，中元普度時爲主普壇，壇爲八角形，全部鐵筋及鐵骨混凝土築成，總高五十一尺，分爲三階，下階爲地下室，直徑四十五尺，惟壇兩邊未敢再築附屬小壇，恐以後各姓競爭日趨奢華。[69]（參見圖 5-1）

　　事實上，以往未在高砂公園內設置固定主普壇時，各姓每年臨時構築之主普壇外觀上即多爲起腳二層或三層的樓式，且各欲勝過前姓。[70]如當時報紙形容大正十年輪值主普的張廖簡姓，不襲前年輪值主普的許姓不結主普壇之作法，「竟又高結三層，且裝飾一切，務必勝前」；[71]而大正十四年輪值主普的謝姓，「已結好三層主普壇，在高砂公園內，空前未有」。[72]亦有在起腳三層樓的主普壇兩旁設小壇，形成連續三座之祭壇，裝飾電燈、花鳥及其它古玩等物；如昭和元年林姓輪值時的主普壇設計如下：

> 主普壇建於高砂公園廣場，壇分三座，皆起洋式三層樓，高五十餘尺，由兩邊小壇，架月彎小橋，通於中座大壇，滿飾電燈，垃花鳥，人物古玩，案棹，頗爲壯觀。[73]

69　〈基隆慶安宮普施主普壇一萬五千圓新築舊廿五放河燈廿六普施〉，《臺灣日日新報》，1929.08.28，4 版。
70　〈基隆特訊——普施先聲〉，《臺灣日日新報》，1922.09.13，6 版。
71　〈基隆特訊——貽笑文明〉，《臺灣日日新報》，1921.08.26，6 版。
72　〈基隆中元普施〉，《臺灣日日新報》，1925.09.13，夕刊 4 版。
73　〈利用主普壇主催音樂會〉，《臺灣日日新報》，1926.09.01，4 版。

而林姓主普壇之搭建顯然甚受矚目，因當時報紙曾刊出照片顯示其宏偉外觀(參見圖 5-2)。又昭和二年江姓輪值時的主普壇設計如下：

> 主普壇建設於高砂公園廣場，昨已著手工事，坪數七十餘坪，分為三座，皆起腳三層洋式樓，兩邊小樓之階下，將充為戲臺，餘皆陳列貴重古董物，滿飾電燈，使成不夜城。工費豫定數千圓，唯木匠工資八百餘圓，付與江阿親請負，而江阿親更使某內地人包辦，必使意匠勝於前年，以博雅觀。[74]

> 中壇與兩小壇之間，架虹橋竝有山水布景，其意匠殊有可觀，壇中電燈千二百餘粒，什以青紅色電球，殊呈美觀，中壇下樓，延月眉山和尚誦經，兩邊小壇，演唱官音，壇前特設板棚，陳列主普祭品，長二百餘尺。[75]

可見每年搭建臨時性主普壇時期，輪值主普各姓即已彼此互相較勁，競爭明顯。

昭和四年，在高砂公園內建構固定主普壇後，首次使用此建築物的輪值主普何藍韓姓將重心置於主普壇的外觀上；除裝飾美麗外，尚在壇上陳列骨董及其它玩物，壇中設電燈八百餘盞，點火後照耀如晝，壯觀異常，每夜往觀者，約近萬人。[76]昭和五年

74　〈基隆慶安宮普施先聲〉，《臺灣日日新報》，1927.08.02，4 版。

75　〈基隆普度誌盛遺憾無臨時便所〉，《臺灣日日新報》，1927.08.25，4 版。

76　〈基隆主普壇開始點火觀者約萬人〉，《臺灣日日新報》，1929.08.30，夕刊 4 版。

輪值主普的賴姓除在原高五十一尺的固定主普壇上，再增築至達三丈餘高度外，亦在主普壇內置古玩、名畫及諸裝飾物，施以電燈千餘盞，入夜輝煌，照耀奪目。[77]此種將固定主普壇大加裝飾，點滿電燈，陳列貴重古董品方式，至昭和六年許姓輪值主普時亦同。[78]

然昭和七年張廖簡姓輪值主普時，除依傳統對主普壇外觀飾以電燈數千盞外，又開始在固定的三階八角音樂堂兩邊添築臨時搭建的兩小附壇，且大加裝飾。[79]此後各姓亦往往加築附壇，甚至增設新奇花樣以更引人注目。如昭和八年吳姓輪值主普時，除在音樂堂兩邊附建木造兩小壇，滿飾電燈，陳列貴重古董品外，又於公園丘上，設置噴水電燈。此種特殊電燈的裝置情形，據當時報紙記載：

> 數十條電火，由地上奔起，至數十尺高，然後降下，昇降不停，宛如噴水；此種電火，臺灣中唯臺南某賽會時，曾

---

77 〈慶安宮放水燈燈排遭雨零亂每番列車觀客擁到〉，《臺灣日日新報》，1930.09.20，夕刊4版；〈基隆中元普度續報因前夜觀河燈被雨觀眾大不如前年〉，《臺灣日日新報》，1930.09.20，4版。

78 〈基隆慶安宮普度豫聞警官將出取締〉，《臺灣日日新報》，1931.09.06，8版。

79 〈慶安宮中元普施廿五放河燈廿六普施鐵道部運轉臨時車〉，《臺灣日日新報》，1932.08.22，夕刊4版。

裝置一次，其他各地，尚未曾見者，今番以此噴水電燈，
最吸人氣。[80]

吳姓主普壇，及公園丘土噴水電燈，皆於昨舊二十四夜起
開火，電燈數千盞，照同白畫，每夜內臺人往觀者數萬
人，噴水電燈，尤為珍奇，大喚人氣。[81]

由此可見吳姓輪值主普時之創新意圖與競爭心態。

　　昭和九年劉唐杜姓輪值主普時，亦「將高砂公園內音樂堂，兩
邊再建兩附壇，即合為三座連續之起腳二階壇，壇中滿飾花藻人
物龍柱，陳列貴重骨董甚多，電燈數千盞」。[82]而昭和十年陳胡姚
姓輪值主普時更有創新規劃，據報紙報導當年主普壇之設計是：

主普壇，仍以高砂公園內，音樂堂，兩邊再附築兩小壇，
各為三層洋樓式，滿飾電燈，中央大壇各柱，各點玻璃管
紅電火，此為空前之裝飾。[83]

主普輪值陳胡姚姓，其主普壇，結構於高砂公園內，三層
洋樓式，裝飾電燈二千餘盞，配以紅色電氣管，非常美

80　〈慶安宮普度禁乞丐及散僧到處勒索〉，《臺灣日日新報》，1933.09.14，
　　夕刊 4 版。

81　〈基隆普度主普壇之盛飾〉，《臺灣日日新報》，1933.09.16，8 版。

82　〈基隆同風會提倡改普度孤飯為孤米一般贊成當見實行主普壇已開
　　火〉，《臺灣日日新報》，1934.09.02，8 版。

83　〈基隆慶安宮中元廿三河燈廿四度本年主普輪值陳姓承辦〉，《臺
　　灣日日新報》，1935.08.17，8 版。

麗，去十九日夜起開火，公園一帶，化為不夜城，每夜觀
覽者萬餘人，公園高崗，亦結一電氣臺，由遠方則可望
見。又福德橋、新興橋、旭橋，各裝飾多數紅青色電燈，
大基隆方面，大呈熱鬧。[84]

可見不僅主普壇的裝飾不同以往，連公園外近主普壇之地的旭川
河上三座橋亦結燈飾，大為光彩奪目，熱鬧異常。

昭和十一年謝姓輪值主普時，工事上又有不同昔日作法，據
報紙刊載：

主普壇，仍築於高砂公園廣場，利用音樂堂，再加裝飾，
兩邊再築起腳二層樓附壇，即與音樂堂聯絡共為三座，建
築工資金七百圓，付與賴看司，隨意契約請負，蓋賴氏，
諳於結構彩壇，本年誓欲凌過前年，兩邊附壇，特別擴
大，中壇與兩邊附壇之間配以兩亭。[85]

蓋謝姓欲超越以往輪值主普各姓之雄心壯志由此可見。

第三節　戰後主普壇的變遷

84　〈基隆慶安宮主普壇開火豚最大八百斤〉，《臺灣日日新報》，1935.08.23，
　　8版。
85　〈基隆慶安宮中元主普壇結構三大座總經費豫定七千圓〉，《臺灣日
　　日新報》，1936.09.03，8版。

　　二戰期間，基隆市區遭地毯式轟炸，幾夷為平地，戰後利用
解甲日軍清理瓦礫，將廢物棄於高砂公園內窪地，填高數尺；又
為安置避戰亂回來之市民，公園內搭建大量簡單木屋，雜亂無
章，形成罪惡淵藪；而高砂公園內主普壇亦受戰火毀損，不復昔
日舊觀。[86]

　　民國卅九年（1950）高砂公園兩次遭無名火盡付一炬，市政府
即欲將之規劃為攤販街，此形成後來之委託行集中區，並欲將日
治時期忠烈祠之地闢為新的公園（即日後之中正公園），以替代高
砂公園，[87]而原有高砂公園內許多長期占住之居民亦須重新整
頓。故民國四十五年輪值主普的各姓代表商議，組「基隆市主普壇
修建委員會」處理相關事項。大家公推張福進為主任委員，議決修
建經費由十一姓各出一份，聯姓會出三份合資，[88]而每份資金為
新臺幣一萬三千餘元，由此聯合籌措經費，重新修建主普壇，將
日治時期的鐵筋、鐵骨混凝土改為鋼筋混凝土結構，外觀仍為主
壇三層，兩邊不設副壇形式（參見圖 5-3）；當時預計次年（民國
四十六年，1957）竣工，由劉唐杜姓輪值主普時首先使用。[89]

86　《基隆市志》（基隆：基隆市政府，2001），卷 1，土地志，地理篇，
　　頁 33；《雞籠早期風情畫》，頁 23；《基隆風物誌》，頁 52。

87　《基隆市志》，沿革篇，頁 279、284-285；《基隆市志》，卷 1，土
　　地志，地理篇，頁 33；《基隆市大事記》，頁 92、95。又戰後的中正
　　公園實位於日治時期的基隆神社（忠烈祠）地點，參見圖 4-1。

88　基隆江姓宗親會第八屆第二次會員大會編，《基隆江姓乙丑年主普特
　　輯》，頁 68。

89　《基隆賴姓宗親會甲辰年主普報告書》，頁 2。惟資料中言及民國四
　　十五年由劉姓輪值主普有誤，應為民國四十六年。

　　民國五十二年（1963）基隆市民陳情，高砂公園內主普壇位於
交通要道，每年中元祭典期間形成阻塞，故市府決定選擇中正公
園頂，另行建築一新的主普壇。民國六十年（1971）在中正公園內
正式興工動土，民國六十三年完工，[90]由當年輪值主普的鄭姓首
先啓用，舊主普壇遂廢棄不用，至民國八十二年（1993）正式拆除
改建。[91]事實上，舊主普壇於民國六十二年（1973）江姓輪值主普
時最後一次使用後，市政府即欲將之收回，因而輪值主普各姓商
議決定聯合出資將舊主普壇買下；當時本規劃十二姓各出資五十

90　中正公園內新主普壇前有〈基隆文化館紀念碑〉（1976 立）載新主普
　　壇完工於民國六十五年而非六十三年，但事實上主普壇早於民國六十
　　三年即落成，當時有地方耆宿陳其寅撰文記述沿革，而新主普壇的應
　　用亦早於民國六十四年，即何藍韓姓輪值主普時已利用進行相關普度
　　活動。相關說明參見吳蕙芳，〈地方碑刻與基隆中元祭〉，頁 88-90。
91　舊主普壇的正式拆除改建時間為民國八十二年係依據當年基隆市政府
　　工務局核發的使用執照（民國八十一年十月三十日），及基隆市政府
　　核發的土地所有權狀（民國八十二年四月九日）、建築改良物所有權
　　狀（民國八十二年五月二十日）上所載之時間而來；參見《社團法人
　　基隆主普壇管理委員會第六屆第一次社員代表大會手冊》，頁 34-38。
　　另有資料說舊主普壇的拆除在民國七十八年，參見謝宗榮，〈己卯年
　　雞籠慶讚中元祭典區域與儀式空間〉，頁 94；蓋舊主普壇自民國六十
　　二年中元祭後至民國八十二年止，中間曾歷經數次拆除過程均不順
　　利，至民國八十二年才正式拆除改建成大樓。又據基隆耆宿陳其寅
　　言：當時是市民許江龍向市議會建議，將主普壇連基地出售，就所得
　　價款，另建恆久性主普壇於風景區，每年可節省裝飾之浪費，得市議
　　會同意，並承基隆市政府贊同，將主普壇改稱文化館，設立於中正公
　　園獅子山巔；參見陳其寅，〈基隆主普壇沿革述聞〉，收入《懷德樓
　　文稿》，頁 103。

萬元，分兩期繳交，湊成基本準備金後即行置產營運，然聯姓會中有李、黃、郭三姓主張藉此機會各出五十萬元，從聯姓會中脫離出來，取得日後獨立輪值主普的資格，故民國七十年，基隆中元祭輪值主普由十二姓增為十五姓，而購置舊主普壇的基本準備金則增至七百五十萬元。[92]

民國七十年劉唐杜姓輪值主普時，十五姓已籌組主普壇管理委員會負責舊主普壇購置與經營事，故起草「主普壇管理委員會章程」，並辦理市府法人登記、選舉管理代表等相關事。民國七十三年，「主普壇管理委員會」正式成立，選出第一屆的理監事會成員，繼續負責處理舊主普壇購置事。惟民國七十四年購買舊主普壇事因經費嚴重不足面臨窘境，蓋當時依公告現時價購買，須追繳長達十五年的使用費，即土地價格二千五百餘萬元，再加上使用費四百餘萬元，合計經費高達三千餘萬元，此實非輪值主普的十五姓財力所能擔負。故決議將原來收到的七百五十萬元各自發還十五姓宗親會，僅保留各姓五萬元共七十五萬元，以便將來爭取舊主普壇地上建物權益或其它經費之需。[93]然此事最終由吳姓宗親會理事長吳清吉全力幫忙才得順利解決，即由其將舊主普壇產權買下，並正式拆除舊主普壇改建成十二層的商業大樓，再將

---

92 有關各姓出資規定可見民國七十年八月訂立的〈社團法人基隆主普壇管理委員會章程〉中第二條「社員之出資」，收入《社團法人基隆主普壇管理委員會第六屆第一次社員代表大會手冊》，頁3。

93 基隆江姓宗親會第八屆第二次會員大會編，《基隆江姓乙丑年主普特輯》，頁67。

其中的第十一、十二兩層樓產權轉與主普壇管理委員會，[94]日後由主普壇管理委員會負責經營，而由此大樓滋生之利潤亦由輪值主普的十五姓宗親會共同分享。[95]

　　基隆主普壇管理委員會正式成立於民國七十三年，屬社團法人性質，至今已有二十多年歷史。此委員會成立宗旨，據章程記載是「爲發揚中華固有文化，加強輔導基隆市各姓宗親會間之親睦團結及保持傳統良俗，配合本市觀光事業，促進地方繁榮，管理主普壇財產妥善運用」，而設立目的有五，即：第一、關於各姓宗親會爲值年主普，舉辦設壇超度、放水燈祈求風調雨順、國泰民安等祭典事項；第二、宣揚我國傳統倫理道德，策劃本市特有民俗活動，配合觀光事業，促進地方繁榮；第三、確保財產維護管理運用及改善環境事項；第四、協助政府推行政令，闡揚善良風氣；第五、關於加強社員之連繫，溝通觀念，應謀求互助合作及興革事項。至於成員則限於輪值主普的十五姓宗親會，由各宗親會推代表三人參加，組成共四十五位成員的管理委員會，並由其

94　黃稱奇，〈基隆市黃姓宗親會壬申年雞籠中元祭主普始末記〉，頁30。

95　該商業大樓第十二層樓常年租給基隆電臺使用，每年租金收入由十五姓宗親會分享；相關資金數據參見：《社團法人基隆主普壇管理委員會第六屆第一次社員代表大會手冊》，頁26、28；《第八屆第一次會員代表大會手冊》（社團法人基隆主普壇管理委員會，2005），頁15-17、19；《社團法人基隆主普壇管理委員會第九屆第一次社員代表大會手冊》（2008）；頁10-11、13。

中三分之一成員（即十五位）擔任理事長、理事、監事職務以組成理監事會。[96]

　　主普壇管理委員會的理監事會組成據章程規定是：內含理事九名，監事三名，由成員以無記名法選舉產生，任期三年；理事中再選出三名常務理事，常務理事中再選出理事長一名；另設候補理事二名，候補監事一名，總幹事一名，總幹事係由理事長提名經理監事會通過任命。惟實際運作情形是，理監事會組織乃十五姓共同設計出來的輪流制，即以主普壇管理委員會成立當年的輪值主普林姓為基礎，每三姓為一單位共分成五組，另將總幹事以外的十五個職務依重要性每三個為一單位亦分成五組，再將宗親會五組與職務五組整合輪流，每一屆理監事會即由一組宗親會成員擔任；茲將宗親會分組、職務分組及主普壇管理委員會歷屆理監事會成員表列如下：[97]

表 5-1：基隆主普壇管理委員會第一至第五屆理（董）監事會成員表

96　《社團法人基隆主普壇管理委員會第六屆第一次社員代表大會手冊》，頁 1-2、4-5。

97　主普壇管理委員會歷屆理監事會成員表參見：《社團法人基隆主普壇管理委員會第六屆第一次社員代表大會手冊》，頁 19-22；《第八屆第一次會員代表大會手冊》，頁 36-39；《社團法人基隆主普壇管理委員會第九屆第一次會員代表大會手冊》，頁 27-28；惟其中有若干錯誤，經比對後予以修正；又本表僅載姓氏不列完整人名，避免當事者困擾。

·263·

社團法人基隆主普壇管理委員會第一至五屆理監事（董事、監察人）[98]成員（第一輪次）

職務＼姓氏		第 一 屆（73、74、75年）	第 二 屆（76、77、78年）	第 三 屆（79、80、81年）	第 四 屆（82、83、84年）	第 五 屆（85、86、87年）
第一組	董事長	林姓	何藍韓姓	聯姓會	郭姓	劉唐杜姓
	常務董事一	江姓	賴姓	李姓	張廖簡姓	陳胡姚姓
	常務董事二	鄭姓	許姓	黃姓	吳姓	謝姓
第二組	董事一	何藍韓姓	聯姓會	郭姓	劉唐杜姓	林姓
	董事二	賴姓	李姓	張廖簡姓	陳胡姚姓	江姓
	董事三	許姓	黃姓	吳姓	謝姓	鄭姓
第三組	董事四	聯姓會	郭姓	劉唐杜姓	林姓	何藍韓姓
	董事五	李姓	張廖簡姓	陳胡姚姓	江姓	賴姓
	董事六	黃姓	吳姓	謝姓	鄭姓	許姓
第四組	候補董事一	郭姓	劉唐杜姓	林姓	何藍韓姓	聯姓會
	候補董事二	張廖簡姓	陳胡姚姓	江姓	賴姓	李姓
	候補監察人	吳姓	謝姓	鄭姓	許姓	黃姓
第五組	監察人一	劉唐杜姓	林姓	何藍韓姓	聯姓會	郭姓
	監察人二	陳胡姚姓	江姓	賴姓	李姓	張廖簡姓
	常務監察人	謝姓	鄭姓	許姓	黃姓	吳姓

---

98 基隆市主普壇管理委員會第一至第五屆理監事會成員稱董事長、董事、監察人，至第六屆（民國88年，1999）以後才改稱理事長、理事、監事。

表 5-2：基隆主普壇管理委員會第六至第十屆理監事會成員表

社團法人基隆主普壇管理委員會第六至十屆理監事成員（第二輪次）					
職務 ＼ 姓氏 ＼ 屆別	第六屆（88、89、90年）	第七屆（91、92、93年）	第八屆（94、95、96年）	第九屆（97、98、99年）	第十屆（100、101、102年）
第一組 理事長	江姓	賴姓	李姓	張廖簡姓	陳胡姚姓
第一組 常務理事一	鄭姓	許姓	黃姓	吳姓	謝姓
第一組 常務理事二	林姓	何藍韓姓	聯姓會	郭姓	劉唐杜姓
第二組 理事一	賴姓	李姓	張廖簡姓	陳胡姚姓	江姓
第二組 理事二	許姓	黃姓	吳姓	謝姓	鄭姓
第二組 理事三	何藍韓姓	聯姓會	郭姓	劉唐杜姓	林姓
第三組 理事四	李姓	張廖簡姓	陳胡姚姓	江姓	賴姓
第三組 理事五	黃姓	吳姓	謝姓	鄭姓	許姓
第三組 理事六	聯姓會	郭姓	劉唐杜姓	林姓	何藍韓姓
第四組 候補理事一	張廖簡姓	陳胡姚姓	江姓	賴姓	李姓
第四組 候補理事二	吳姓	謝姓	鄭姓	許姓	黃姓
第四組 候補監事	郭姓	劉唐杜姓	林姓	何藍韓姓	聯姓會
第五組 監事一	陳胡姚姓	江姓	賴姓	李姓	張廖簡姓
第五組 監事二	謝姓	鄭姓	許姓	黃姓	吳姓
第五組 常務監事	劉唐杜姓	林姓	何藍韓姓	聯姓會	郭姓

　　其運作方式是：第一屆理監事會成員首先由宗親會第一組的各姓成員分別擔任職務第一組的各項工作，如林姓任董事長、江姓任常務董事一、鄭姓任常務董事二；宗親會第二組的各姓成員分別擔任職務第二組的各項工作，如何藍韓姓任董事一、賴姓任董事二、許姓任董事三；宗親會第三組的各姓成員分別擔任職務

第三組的各項工作，如聯姓會任董事四、李姓任董事五、黃姓任董事六；宗親會第四組的各姓成員分別擔任職務第四組的各項工作，如郭姓任候補董事一、張廖簡姓任候補董事二、吳姓任候補監察人；宗親會第五組的各姓成員分別擔任職務第五組的各項工作，如劉唐杜姓任監察人一、陳胡姚姓任監察人二、謝姓任常務監事人。至第二屆理監事會成員時則由宗親會第二組的各姓成員分別擔任職務第一組的各項工作，宗親會第三組的各姓成員分別擔任職務第二組的各項工作，宗親會第四組的各姓成員分別擔任職務第三組的各項工作，宗親會第五組的各姓成員分別擔任職務第四組的各項工作，宗親會第一組的各姓成員分別擔任職務第五組的各項工作。如此依序輪至第六屆時，宗親會第一組排序第一的姓氏往後退至第三位，由原排序第二的姓氏往前至第一位，而原排序第三的姓氏則往前至第二位，如此將宗親會三姓一組的排序調整後，再配合前述職務分組的各項工作安排人選，而宗親會第二、三、四、五組排序，亦如前面般調整再配合各職務安排。以後各屆理監事會成員的擔任工作，均以此方式類推。

　　這種輪流制目的在於避免選舉造成輪值主普的十五個宗親會彼此傷和氣，除總幹事外，其餘理事長、理事、監事等理監事會各個職務可由十五個宗親會代表輪流擔任，且理監事會中每個職務的地位均同，沒有任何職務地位高過其它，亦即每一姓宗親會代表在理監事會均有相同地位，而每四十五年輪到一次的理事長職位，更不用彼此惡性競爭，大家均有機會擔任此服務大眾之職。

　　至於位在中正公園的新主普壇為基座一層，主體三層，全部共四層的塔樓式建築，塔樓平面為八角形，兩側各有一座平面為

六角形的二層翼樓，翼樓座落於六角形的單層基座上，故翼樓亦相當於三層樓高。一樓基座部分平時作為展覽用的文物館，設有固定與特別展示空間，塔樓上則成為觀光民眾遠眺基隆港景觀的絕佳地點。[99]（參見圖 5-4）

有關戰後主普壇的利用情形各宗親會亦有不同規劃，如民國五十三年賴姓輪值主普時，屬整修後的舊主普壇時期，此時高砂公園已被拆除，舊主普壇被保留下來，壇前有一廣大方形空地，周圍環繞一道矮牆，正面設置兩扇鐵門，門柱刻有一幅對聯：「主持其事咸一心誠敬，普濟眾生祈合境平安」。[100]據廖漢臣觀察當年經修飾後的主普壇外觀，有如下記載：

> 「主普壇」建在音樂亭上，形如塔狀，中央主壇，高達三
> 層，每層環繞著八角形的屋簷，每一角落，都以華麗的暗

99　謝宗榮，〈己卯年雞籠慶讚中元祭典區域與儀式空間〉，頁 94。

100　此對聯文字係據當年題字的基隆耆宿陳其寅的記載而來，且可印證於民國五十五年柯蔡姓輪值主普、民國六十一年林姓輪值主普的紀念照片及載於基隆市志上的主普壇照片；然廖漢臣的調查報告紀錄卻有不同內容，其言上聯是「主持其事一心誠敬」，下聯為「普渡眾生合境平安」。相關資料與說明參見：陳其寅，〈基隆市主普壇聯──壇在仁愛區忠四路，民國四十六年丁酉新建落成〉，收入許梅貞主編，《愛國詩人──陳其寅百年紀念展》（基隆：基隆市文化中心，2001），頁 130，又該書屬基隆市政府出版的「基隆文心叢刊」系列書籍中的第一三九種；《基隆市志》（基隆：基隆市政府，2001），卷 6，文教志，文化事業篇，頁 5，圖 7；廖漢臣，〈基隆普度調查報告〉，頁 125；吳蕙芳，〈地方碑刻與基隆中元祭〉，頁90。

龍柱支撐著，壇內再以彩色的紙屏隔開，每層分設三個祭壇，排列長案方桌，羅列古玩，供奉茶果，正面懸掛福壽星中堂，兩旁各繫聯軸，或書：「主理醮壇誇彩色，普通港市盡繁榮」；或書：「平四方以享昇平，安合境同慶長安」，或書：「上天錫福祥雲繞，大地承恩瑞氣騰」，也有拾用現成聯文，寫著：「天泰三陽開泰，神安人安合境平安」。主壇兩旁附設二座副壇，狀似二層亭子，也裝飾著紙製的花鳥龍鳳，美麗得很。整個「主普壇」，上上下下，裝飾著無數的五色電燈，七月十日試火，夜間聳立在空中，尤為壯觀。[101]

可見此時主普壇的固定結構僅三層主壇部分，然每年輪值主普各姓習慣在主壇兩旁搭建臨時副壇兩座（參見圖 5-5），以增外觀壯麗。而民國五十五年聯姓會中的柯蔡姓首次輪值主普時，更將主普壇的主壇部分增建至四層樓高，兩邊副壇增至三層樓高，更形宏偉（參見圖 5-6）。至民國六十一年（1972）林姓輪值主普時，亦如此增建主普壇表示不落人後（參見圖 5-7）。

民國八十四年吳姓輪值主普時，已屬遷至中正公園內的新主普壇時期，據陳緯華觀察當年經修飾後的新主普壇之紀錄可知部分壇內情形：

---

101 廖漢臣，〈基隆普度調查報告〉，頁 125；又廖氏對戰後基隆中元祭主普壇的類似說明亦可見廖漢臣，《臺灣的年節》，頁 132。

壇上安置了由各廟請來的一共七尊神像鑑醮，依其神格高低，配合空間上的尊卑，依序為最上層觀音佛祖、二樓中間三官大帝、左邊李老君、右邊媽祖、一樓中間保生大帝（吳姓祀神）、左邊土地公、右邊地藏王。[102]

又民國八十八年林姓輪值主普時，謝宗榮有較為仔細的外部觀察紀錄：

在主普壇建築外表可見之處全部裝設各式牌樓面板、燈光等，使裝飾之後的主普壇在外觀上呈現一副亮麗、金碧輝煌的景色。在裝飾的作法上，乃是以原有的建築為基礎，在原有三座塔樓之上架設各式尺寸之彩繪、彩塑面板。裝飾的主題分別為：主樓第四層標示「主普壇」與「主普林」之字樣，第三層掛「慶讚中元」與「風調雨順」、「國泰民安」橫額，第二層再標示「主普林」以及四周之雙龍搶珠彩繪面板；兩側翼樓採對稱形式布置，第三層分別掛「金雞」、「貂石」橫額，象徵傳統基隆中元祭典的祭典區域分佈，以及「蘭盆」、「勝會」橫額，標示出佛教藉著盂蘭盆法會以普度孤幽之慈悲精神。[103]

一般說來，遷到中正公園後新主普壇之內、外觀裝飾大致不脫前述呈現狀況，即內供各式神佛，外飾彩繪面板、燈光，較少工事

---

102 陳緯華，〈記乙亥年「雞籠中元祭」〉，頁 161。

103 李豐楙總纂，《雞籠慶讚中元——己卯年林姓主普紀念專輯》，頁117；謝宗榮，〈己卯年雞籠中元祭典區域與儀式空間〉，頁 95。

上的大幅擴建，此與日治時期輪值主普各姓不斷在外觀裝飾上推陳出新，並在主普壇規模上擴增壯大之情形頗不相同。

第四節　主普壇的經費支出

有關主普壇的經費支出，除昭和四年在高砂公園內建固定主普壇時，由市役所、十一姓與慶安宮合資一萬五千圓外，每年輪值主普各姓為展現宗親實力，均有相關花費於普度事上，惟因資料限制，究竟主普壇花費的確切數字為何，有時難以確認，[104]僅能就有限史料，略知梗概。

日治時期的大正二年陳胡姚姓輪值主普時，全部祭典費用三千圓，而祭壇費三百圓，[105]亦即主普壇費用占所有支出的一成比例。大正四年林姓輪值主普時，似較以往奢華，因昔日不過千圓以至二千多圓之費，此年則不足，須集款數千圓，[106]然主普壇實際花費未能得知。大正十一年吳姓輪值主普時據聞須募款近萬圓，乃得應付開支，[107]主普壇的確切支出仍不清楚。大正十四年

---

104 相關資料往往是概述或綜說而非明確數字紀錄，如昭和四年報載：基隆例年「對於普度這一層，其費用皆在數十萬圓以上」，見〈基隆——勞働青年會宣傳廢止普度〉，《臺灣民報》，1929.08.18，6版。

105 〈基隆普度先聲〉，《臺灣日日新報》，1913.08.26，6版。

106 〈準備盂蘭〉，《臺灣日日新報》，1915.08.15，6版；〈基隆準備普度續聞〉，《臺灣日日新報》，1915.08.17，6版。

107 〈基隆特訊——普施先聲〉，《臺灣日日新報》，1922.09.13，6版。

謝姓輪值主普時，主普壇花費預計三千餘圓，因遭風吹，實際支出金額應有增加。[108]昭和元年林姓輪值主普時，主普壇預算原為二千多圓，付與賴看司請搭建於高砂公園內，惟後來的實際開支是主普壇建築工事三千餘圓，裝飾電燈、花鳥及其它古玩等祭品費二千圓，此外主普壇開燈點火期間共五日，每日平均耗費六百圓，[109]總計相關主普壇花費至少八千圓。昭和二年江姓輪值主普時，本工費預定數千圓，而起腳三層的主普壇，工費達四千三百圓，木匠工資即八百餘圓，由江阿親負責請某內地人包辦，若加上其它各式花費總金額高達三萬圓。[110]昭和三年鄭姓輪值主普時，建築費及裝飾，預算二千餘圓，[111]本預定廿二日開火，因負責人工事延遲，且被廿二日夜來襲之暴風雨影響，壇之屋蓋及壁被吹破大部分，甚至傾斜，幸廿四日風靜天晴，急雇數十名工人

108 〈基隆慶安宮中元豫聞〉，《臺灣日日新報》，1926.08.02，夕刊 4版。

109 〈基隆慶安宮中元豫聞〉，《臺灣日日新報》，1926.08.02，夕刊 4版；〈基隆慶安宮中元主普續聞〉、〈基隆市人望設音樂堂竝定期奏樂〉，《臺灣日日新報》，1926.08.15，夕刊 4 版；〈利用主普壇主催音樂會〉，《臺灣日日新報》，1926.09.01，4 版。

110 〈基隆慶安宮普施先聲〉，《臺灣日日新報》，1927.08.02，4 版；〈基隆慶安宮盂蘭盆祭頗る盛大〉，《臺灣日日新報》，1927.08.23，夕刊 2 版；〈基隆記事——豚祭と費用問題〉，《臺灣日日新報》，1927.08.24，5 版；〈基隆普度誌盛遺憾無臨時便所〉，《臺灣日日新報》，1927.08.25，4 版。

111 〈基隆慶安宮中元普施舊廿五六舉行〉，《臺灣日日新報》，1928.09.04，夕刊 4 版；另有報載鄭姓主普預算六千餘圓，見〈關於改革普度敬告基隆主普當事〉，《臺灣民報》，1928.09.02，7 版。

著手修復，重新裝飾，才得於當夜開火點燈，[112]而花費數字自然上升，最後壇前陳列祭品合壇費計六千餘圓，相較於當年的主會、主醮、主壇三柱，各結小壇陳列祭品，花費各數百圓的開支，[113]主普壇的花費實屬鉅資。大致而言，在高砂公園的固定主普壇建成之前，輪值主普各姓每年花費在主普壇的搭建工事上至少需三千圓，對於此一現象，當時報載：「市民有識者間，早已為彼貧民憐惜巨資，思有以改除陋習」，因此才招「各姓代表者磋商，欲在高砂公園內（即每年結主普壇用地）建立一大音樂堂，主普期並可藉為結壇之用，每年可省二三千圓，亦可省費精神」。[114]

惟昭和四年高砂公園內固定主普壇建好後，輪值主普各姓仍有相當花費，並不輸於以往。如當年何藍韓姓輪值主普，募金六千餘圓供開銷，[115]惟其中有多少花在主普壇上，實不得而知。昭

---

112 〈慶安宮普施續報主普壇被風吹壞即日復舊開火〉，《臺灣日日新報》，1928.09.09，4版。

113 〈基隆普施餘聞祭品一部中途被搶遲到者不看及〉，《臺灣日日新報》，1928.09.19，夕刊4版；當時因鄭姓預算支出甚大，曾引起不同報紙的輿論批評，見〈關於改革普度敬告基隆主普當事〉，《臺灣民報》，1928.09.02，7版。

114 〈建音樂堂〉，《新高新報》，1929.05.25，18版。

115 〈基隆慶安宮普施主普壇一萬五千圓新築舊廿五放河燈廿六普施〉，《臺灣日日新報》，1929.08.28，4版；〈基隆——寄附公益〉，《臺灣日日新報》，1929.08.28，夕刊4版。

和七年張廖簡姓輪值主普時，緣金有五千餘圓；[116]當時主普壇裝飾甚為華麗，然廿三日開火後，廿四日卻遭暴風雨，附設小壇被風吹倒，張廖簡姓只得再請木匠，日給工資五圓，重新構築，[117]而花費之增加可想而知。昭和八年吳姓輪值主普時，緣金四千餘圓，[118]惟電燈料及裝飾費，即須千餘圓，[119]總開支數實不得而知。昭和十年陳姓輪值主普時，緣金八、九千圓，故「陳姓龍燈十一陣，每陣由主普津貼五十圓為費用，以北管或洋樂隊燦行為條件」。[120]昭和十一年謝姓輪值主普時，花藻人物之裝飾費需五百圓，電燈之裝飾需一千二百圓，主普壇則需三千圓之費用，合其它諸費，總經費高達七千餘圓。[121]

戰後在高砂公園內的固定主普壇初期仍被使用，每年各姓輪值主普花費不一，目前僅知民國五十三年賴姓輪值主普時，全部花費 135,069.2 元，其中主普壇支出有九項：油漆部 6,130 元、木

---

116 〈慶安宮中元祭典柱首及區域決定主普吳姓緣金四千餘〉，《臺灣日日新報》，1933.08.24，夕刊 4 版。

117 〈慶安宮中元普施主普小壇吹倒再建如豫定盛大舉行〉，《臺灣日日新報》，1932.08.27，夕刊 4 版。

118 〈慶安宮中元祭典柱首及區域決定主普吳姓緣金四千餘〉，《臺灣日日新報》，1933.08.24，夕刊 4 版。

119 〈慶安宮普度禁乞丐及散僧到處勒索〉，《臺灣日日新報》，1933.09.14，夕刊 4 版。

120 〈基隆慶安宮中元廿三河燈廿四普度本年主普輪值陳姓承辦〉，《臺灣日日新報》，1935.08.17，8 版。

121 〈基隆慶安宮中元主普壇結構三大座總經費豫定七千圓〉，《臺灣日日新報》，1936.09.03，8 版。

工部 19,000 元、糊紙部 22,000 元、電氣部 18,000 元、霓虹燈 1,400 元、電費 4,803.6 元、看壇費 1,600 元、什費 1,536.8 元，九項合計支出 74,470.4 元，占所有支出總額的 55.13%；而水燈遊行活動則支出 15,982 元，占所有支出總額的 11.83%。[122]

民國六十九年吳姓輪值主普時，已屬中正公園內新主普壇的利用，主普壇花費 978,175 元，占所支出總額 1,949,595 元的 50.17%；而迎斗燈與放水燈遊行活動則支出 373,796 元，占所有支出總額的 19.17%。[123]民國七十四年江姓輪值主普時，本預計主普壇花費需 1,450,000 元，因遭遇颱風支出增加，後來實際花費 1,752,987 元，占所有支出總額 4,883,163 元的 35.9%；而迎斗燈與放水燈遊行活動則支出 1,993,947 元，占所有支出總額的 40.83%。[124]民國八十年由戰後才加入輪值主普行列的李姓首次輪值主普時，當年設計組支出分成四項：結壇（主普壇裝飾主體工程）2,250,000 元、牌樓（八座牌樓費用及其它支出）188,868 元、電費（含申請臨時電費用）239,064 元、什費（主普壇看顧工資及其它費用）71,940 元，四項合計支出 2,749,872 元，占所有花費總額 12,045,774 元的 22.83%；而行列組的迎斗燈及放水燈則支出 5,245,020 元，占所有支出總額的 43.54%。[125]民國八十一年亦屬戰

---

122 《基隆賴姓宗親會甲辰年主普報告書》，頁 8。

123 吳貞吉編，《基隆吳姓庚申年主普報告書》，頁 27-28。

124 基隆江姓宗親會第八屆第二次會員大會編，《基隆江姓乙丑年主普特輯》，頁 84。

125 《辛未年雞籠中元祭專輯》（基隆：基隆李姓宗親會、辛未年祭典委員會，1992），頁 44-45。

後才加入輪值主普行列的黃姓首次輪值主普時，當年設計組支出
分成四項：主普壇裝飾主體工程（木工部分）1,350,000 元、主普
壇裝飾主體工程（電氣部分）1,013,000 元、主普壇接電諸設備
540,000 元、主普壇租發電機 293,000 元，四項合計支出 3,196,000
元，占所有花費總額8,816,751 元的 36.25%，此尚不包括主普壇開
燈放彩後的電費支出；而行列組的水燈遊行活動則支出 2,004,757
元，占所有支出總額的 22.74%。[126]民國八十三年（1994）張廖簡
姓輪值主普時，本預計祭壇組花費 5,200,000 元，後來實際開支有
四項：主體工程土木裝飾工程 1,450,000 元、主體工程電氣工程
1,300,000 元、霓虹燈工程（主普壇）260,000 元、電線與插頭 4,000
元，四項開支合計支出3,014,000 元，[127]占所有花費總額8,216,530
元的36.68%；而行列組的水燈遊行活動則支出2,424,410 元，占所
有支出總額的 29.51%。[128]民國八十四年吳姓輪值主普時，結主普
壇花費 3,238,868 元，占所有花費總額 7,416,622 元的 43.67%；而

---

126 由於當年計帳是將主普壇電費與路燈、電炮雜費合併為 118,769 元，
    難以分開計入主普壇支出項中；見基隆市黃姓宗親會、壬申年主普
    委員會編，《壬申年黃姓主普雞籠中元祭專輯》，頁 59-60。

127 本年中元普度期間遇到數次颱風，然主普壇實際支出經費仍在預算
    之中；又張廖簡姓計算祭壇組經費時亦將老大公廟霓虹燈、慶安宮
    與老大公廟臨時電費共 28,460 元均含在內，故祭壇組支出總數為
    3,042,460 元，為免混淆，本文將此二項支出去除計算，故祭壇組支
    出為 3,014,000 元；參見甲戌年中元祭主普委員會編纂，《祥風瑞雨
    慶中元——甲戌年基隆中元祭紀念專輯》，頁 34-43。

128 甲戌年中元祭主普委員會編纂，《祥風瑞雨慶中元——甲戌年基隆中
    元祭紀念專輯》，頁 185、186、189-190。

放水燈活動則支出 2,529,814 元，占所有支出總額的 34.11%。[129]
民國八十五年劉唐杜（范）姓輪值主普時，設計組花費本預計
3,810,000 元，後實際支出為 3,125,870 元，占所有花費總額
8,322,686 元的37.56%；而行列組的水燈遊行活動則支出2,110,543
元，占所有支出總額的 25.36%。[130]民國八十六年陳胡姚姓輪值主
普時，祭壇組花費 3,272,561 元，占所有支出總額 10,795,460 元的
30.31%；而遊行行列組活動則支出 2,598,978 元，占所有支出總額
的 24.07%。[131]民國八十七年謝姓輪值主普時，建壇組預定支出
4,500,000 元，後來實際花費 2,747,064 元，占所有支出總額
10,566,310 元的25.99%；而水燈遊行活動則支出 4,581,182 元，占
所有支出總額的 43.35%。[132]民國八十八年林姓輪值主普時，建壇
組預定支出 3,500,000 元，後來實際花費 2,865,981 元，占所有支出
總額 12,600,248 元的22.75%；而遊行組則支出 1,789,072 元，占所
有支出總額的 14.2%。[133]民國八十九年江姓輪值主普時，建壇組

129 吳貞吉編，《乙亥（八十四）年雞籠中元祭基隆吳姓宗親會主普紀念
專輯》，頁 111-113。

130 基隆劉唐杜(范)姓宗親會主普委員會編，《敬天・尊祖・萬世昌──
丙子（八十五）年雞籠中元祭基隆劉唐杜（范）姓宗親會主普紀念專
輯》（基隆：基隆市劉唐杜（范）姓宗親會，1996），頁 141-142、
144。

131 基隆陳胡姚姓宗親會編，《基隆陳胡姚姓宗親會雞籠中元祭專輯》（基
隆：基隆陳胡姚姓宗親會，1997），頁 105。

132 《戊寅（八十七）年雞籠中元祭謝姓宗親會主普紀念專輯》，頁 121。

133 李豐楙總纂，《雞籠慶讚中元──己卯年林姓主普紀念專輯》，頁
64-65。

原本預算為 3,000,000 元，後實際支出有七項，即土木工程發包 1,092,313 元、電氣工程發包 1,070,000 元、霓虹工程發包 254,000 元、看壇工資及每日拜拜 50,000 元、臨時請電及風災補貼 120,000 元、補貼發票稅金 10,000 元、繳交臨時電費 111,444 元，共支出為 2,707,757 元，占總花費 9,879,760 元的 27.41%；而行列組的迎斗燈及放水燈遊行活動則支出 4,059,678 元，占所有支出總額的 41.1%。[134]民國九十年鄭姓輪值主普時，建壇組經費本預算為 4,055,000 元，後實際支出 3,324,833 元，占所有支出總額 13,086,875 元的 25.41%；而遊行組活動則支出 2,597,702 元，占所有支出總額的 19.85%。[135]民國九十一年何藍韓姓輪值主普時，建壇組支出 2,376,325 元，占所有支出總額 8,393,285 元的 28.31%；而行列組活動則支出 1,590,285 元，占所有支出總額的 18.95%。[136]民國九十二年賴姓輪值主普時，建壇組原本預算為 3,900,000 元，後實際支出有四項，即臺電線補費 49,542 元、接電工程費 157,500 元、主普壇工程 1,680,000 元、三界壇工程 90,000 元，共 1,977,042 元，占總花費 8,992,974 元的 21.98%；而迎斗燈及放水燈活動則支出 2,419,887 元，占所有支出總額的 26.91%。[137]茲將

134　江金檉主編，《公元二○○○（歲次庚辰）民國八十九年雞籠中元祭輪值主普基隆市江姓宗親會紀念專輯》，頁 30。

135　《基隆中元祭辛巳年鄭姓主普紀念專輯》，頁 93-95。

136　基隆市何藍韓姓宗親會編，《壬午年基隆何藍韓姓宗親會中元紀念專輯》，頁 120。

137　《歲次癸未民國九十二年 2003 值年主普基隆市賴姓宗親會雞籠中元祭紀念專輯》，頁 134-135。

歷年來輪值主普各姓有關建壇、遊行、祭典三項支出費用及比例表列如下：

表 5-3：基隆中元祭各姓輪值主普經費支出表

年份/輪值姓氏	支出總額	建壇		遊行		祭典		說明
		花費	比例 %	花費	比例 %	花費	比例 %	
日治時期（臨時主普壇）								
1913 年 陳胡姚姓	3,000 圓	300 圓	10					
1915 年 林姓	數千圓							
1922 年 吳姓	近萬圓							
1925 年 謝姓		預計 3000 餘 圓						遭風災
1926 年 林姓		至少 8,000 圓						含祭品費
1927 年 江姓	約三萬圓	4,300 餘 圓						
1928 年 鄭姓		6,000 餘 圓						遭風災 含祭品費
日治時期（固定主普壇）								
1929 年 何藍韓姓	6,000 餘圓							
1932 張廖簡姓	5,000 餘圓							遭風災
1933 年 吳姓	4.000 餘圓	千餘圓						僅燈料及 裝飾費

1935 年 陳胡姚姓	八、九千圓						
1936 年 謝姓	7,000 餘圓	4,700 圓					
戰後時期（舊主普壇）							
1964 年 賴姓	135,069.2 元	74,470.4 元	55.13	15,982 元	11.83	18,287.5 元	13.54 祭典項為普度費
戰後時期（新主普壇）							
1980 年 吳姓	1,949,495 元	978,175 元	50.17	373,796 元	19.17	286,754 元	14.7
1985 年 江姓	4,883,163 元	1,752,987 元	35.9	1,993,947 元	40.83	442,498 元	9.06 遭風災 祭典項為贊普費 迎斗燈與放水燈合計
1991 年 李姓	12,045,774 元	2,749,872 元	22.83	5,245,020 元	43.54	2,902,101 元	24.09 迎斗燈與放水燈合計
1992 年 黃姓	8,816,751 元	3,196,000 元	36.25	2,004,757 元	22.74	781,406 元	8.86 不包括電費
1994 年 張廖簡姓	8,216,530 元	3,014,000 元	36.68	2,424,410 元	29.51	1,266,230 元	15.41
1995 年 吳姓	7,416,622 元	3,238,868 元	43.67	2,529,814 元	34.11	1,082,078 元	14.59
1996 年 劉唐杜（范）姓	8,322,686 元	3,125,870 元	37.56	2,110,543 元	25.36	2,010,000 元	24.15
1997 年 陳胡姚姓	10,795,460 元	3,272,561 元	30.31	2,598,978 元	24.07	2,141,454 元	19.84
1998 年 謝姓	10,566,310 元	2,747,064 元	25.99	4,581,182 元	43.35	2,007,157 元	18.99

1999 年林姓	12,600,248元	2,865,981元	22.75	1,789,072元	14.2	2,127,024元	16.88	
2000 年江姓	9,879,760元	2,707,757元	27.41	4,059,678元	41.1	2,175,029元	22.01	迎斗燈與放水燈合計
2001 年鄭姓	13,086,875元	3,324,833元	25.41	2,597,702元	19.85	1,931,742元	14.76	
2002 年何藍韓姓	8,393,285元	2,376,325元	28.31	1,590,285元	18.95	2,337,984元	27.86	
2003 年賴姓	8,992,974元	1,977,042元	21.98	2,419,887元	26.91	1,570,838元	17.47	迎斗燈與放水燈合計

　　大致而言，日治時期主普壇花費數據，因往往將祭品費用含內計算，故占總開支的大多數或幾等同於總開支。戰後初期，主普壇的支出亦占總花費額一半以上。然主普壇遷至中正公園後，各輪值主普宗親會相關主普壇的花費有減少趨勢，約占總支出額的二至三成；唯一例外的是吳姓，兩次輪值主普（民國六十九年、九十四年）的主普壇經費占總支出的四至五成比例，然其民國九十四年的主普壇經費支出亦較民國六十九年的主普壇經費支出減少。

　　綜觀民國八〇年代以後基隆輪值主普各姓在主普壇花費上有減少趨勢，究其原因或為計算方式的變化，因後來中元祭活動經費支出有祭典組一項，即將祭品開支另列一組，不與主普壇花費合併計算。而另一原因應是位於中正公園的新主普壇已修築得美輪美奐，每年輪值主普的宗親會實無需再添建更多的硬體部分，即可達到預期效果，故建壇費有減少比例情形。然輪值主普的宗

親會亦有將重心置於每年農曆七月十三、十四日的迎斗燈、放水燈遊行活動中，如民國八十年的李姓、民國八十七年的謝姓、民國九十二年的賴姓，以及江姓兩次（民國七十四年、民國八十九年）輪值主普時行列組支出比重均多過主普壇經費，此種情形頗符合戰後一般流行的說法：即爲消弭漳泉械鬥而主張各姓宗親會以「賽陣頭」代替「打破頭」的期望。惟主普壇的花費仍占多數輪值主普宗親會的支出大宗，故基隆中元祭裡「賽主普壇」的競爭特點是頗值得注意的。

小結

基隆中元祭裡主普壇的壯觀與否代表輪值主普宗親組織的實力大小，故各姓宗親們無不卯足全力在主普壇的搭建工事上，甚至競相爭奇鬥豔，以展現宗親組織在地方上的強大力量。

日治時期的基隆中元祭主普壇起初並無固定設立地點，且每年臨時搭建，事後拆除，耗費甚多；大正十四年謝姓輪值主普時，因颱風對主普壇造成的損害，引起人們關注，故昭和元年林姓輪值主普時，首次有人提出在高砂公園內立固定主普壇的構想。而所以會利用高砂公園，乃因此地爲基隆難得之大型空地，且至遲於大正十三年陳胡姚姓輪值主普時，即已開始在此地搭建臨時主普壇以供祭祀用。昭和三年，鄭姓輪值主普時再度倡議，因而由地方士紳與市役所協議，並期望由此消弭主普壇工事的耗費競爭。至昭和四年何藍韓姓輪值主普時，高砂公園內的固定主普壇終於落成並啓用。值得注意的是，在興建固定主普壇過程

中，經費的籌措，從一開始規劃僅由輪值主普的十一姓分擔，到市當局的加入負責，乃至最後定案由市役所分攤四成經費，輪值主普十一姓及慶安宮合力負責六成經費。此一過程，似可見日本殖民政府參與地方節慶活動之痕跡。惟殖民政府的著眼點應在音樂堂而非主普壇，蓋此公園內的固定建築物僅於每年農曆七月才供作主普壇利用，平時長期屬公園內表演場地，亦即市當局實視之爲一供市民休閒用的公共空間，甚於專供普度用之祭祀活動場所。又從經費分攤上，可顯現出慶安宮在中元祭裡角色扮演的重要性，絕非基隆其它廟宇所能相提並論，而其在基隆地方上的崇高地位亦可由此得知。

此外，基隆中元祭裡輪值主普各姓爲展現宗親實力而在主普壇搭建工事上極盡奢華之能事，早在固定主普壇落成前即已開始，固定主普壇落成後亦持續不止。首先是外觀裝飾上，除壇內骨董、名畫大量陳列外，電燈架設以收夜間光彩奪目之效，亦爲強調重點。從數百盞到上千盞數量、從主普壇本身裝飾到附近橋樑上亦光亮炫麗，甚至燈火設計創意不斷，從一般型燈火到噴水電燈，乃至玻璃管紅電火，各種燈飾新發明在主普壇競賽中不停地被提出展示。其次在建築物規模上亦互相較勁，高砂公園內的固定主普壇建築採主壇三層不設副壇之目的，即希望輪值主普各姓無需在主普壇建築上過度舖陳耗費。然以往每年臨時搭建主普壇時期，各姓即習慣搭建主壇加副壇的主普壇形式，因而待固定主普壇建成後，各宗親組織仍會在固定建築物上大作文章，或加強主普壇高度、或增築兩邊副壇，甚至將兩邊副壇刻意擴大，並使主壇與副壇間再配以兩亭更顯宏偉壯觀；凡此種種舉措均意圖

突顯當年輪值主普宗親組織的雄厚實力與「輸人不輸陣」的競爭心態。

　　戰後經戰火波及過的高砂公園內主普壇，於民國四〇年代重新整修後，仍沿襲日治時期主壇三層不設副壇的外觀形式，然每年輪值主普宗親組織仍習慣在主壇旁臨時搭建兩座副壇供利用，事後再拆除；五〇年代更開始將主普壇的主、副壇各增建一層，形成主壇四層、副壇三層的宏偉外觀；待六〇年代主普壇由高砂公園遷至中正公園後，新主普壇外觀建築即固定為主壇四層兩旁立副壇三層之形式，亦即自日治時期以來各輪值主普宗親組織習慣的主普壇外觀模式（主壇加兩旁副壇）至此終於達成。而由於移至中正公園內的新主普壇外觀已具備相當宏偉壯觀規模(主壇四層加副壇三層)，故促成此後主普壇建築工事花費亦漸趨穩定，除少數例外情形，每年輪值主普的宗親會有關主普壇的花費約占當年支出總額的二、三成左右，而各宗親組織亦較難再在主普壇建築本身及裝飾部分上有更多的創意表現與刻意競爭。惟戰後多數輪值主普的宗親組織在設計組或建壇組工事花費雖較以往支出比重輕，然與當年水燈或花車活動的行列組或遊行組支出相比仍花費較多，因此基隆中元祭裡除一般強調的以「賽陣頭」代替「打破頭」特色外，「賽主普壇」的特點亦值得人們重視。

　　最後，當年位於高砂公園內的舊主普壇，在經過近半世紀的使用歷程後，終於民國六〇年代功成身退，八〇年代正式拆除改建為十二層的商業大樓，其中第十一、十二層所有權歸屬主普壇管理委員會；而窺諸主普壇管理委員會的運作模式，雖明文規定是經由選舉過程產生出的理監事會負責管理及經營，然實際上卻

是依輪值主普的十五姓宗親會成員輪流負責相關工作，既避免不良選風的惡性競爭，亦提供宗親會輪流服務大眾之機會，就某種程度而言，頗符合當年人們期望姓氏輪值主普制所強調的各個姓氏輪流承擔每年普度工作，負起重責大任之遺風，而此或為基隆中元祭裡另一項值得人們關注與重視的傳承特色。

圖 5-1：昭和四年高砂公園內鐵筋混凝土建的固定主普壇

資料來源：〈基隆の中元主普壇竣工〉，《臺灣日日新報》，1929.08.30，
　　　夕刊 2 版。

圖 5-2：昭和元年林姓輪值主普時臨時搭建的主普壇

資料來源：〈九月二、三兩日基隆市慶安宮舊盆祭林姓主普祭壇（高砂公園內特設）〉，《臺灣日日新報》，1926.09.04，夕刊 2 版。

圖 5-3：戰後重新修建的鋼筋混凝土舊主普壇

資料來源：《基隆市志》，卷 6，文教志，文化事業篇，頁 5，圖 7。

圖 5-4：中正公園內的新主普壇（一樓為中元祭祀文物館）

資料來源：基隆市黃姓宗親會提供。

圖 5-5：民國五十四年許姓輪值主普時的主普壇

資料來源：鄭桑溪，《港都舊情——五十年代基隆風貌攝影集》（基隆：基隆
市立文化中心，1990），頁 70。又同場景照片亦見於李豐楙主
編，《基隆中元祭祭典儀式專輯》，頁 47；余燧賓總編，《基隆
開發史——崁仔頂文化——》（基隆：基隆市立文化中心，1997），
頁 73；又該書屬基隆市政府出版的「基隆文心叢刊」系列書籍中
的第八十七種。

圖 5-6：民國五十五年柯蔡姓輪值主普時的主普壇

資料來源：《二〇〇五（歲次乙酉）雞籠中元祭主普聯姓會值東基隆市柯蔡姓
宗親會紀念專輯》，頁 12。

圖 5-7：民國六十一年林姓輪值主普時的主普壇

資料來源：基隆市林姓宗親會提供。

第六章
地方領袖與民間社會：
基隆中元祭裡的許梓桑

　　許梓桑（參見圖 6-1、6-2），號迺蘭，[1]祖籍漳州詔安，清同治十三年（1874）生於基隆新店，父許福壽早亡，由寡母胡淑

1　迺蘭為許梓桑之字或號，說法不一，本文以當時日本官方及其詩社友人陳其寅之說法為準；又許氏友人習以「迺蘭」稱呼他，參見：〈支那近情——許梓桑〉，《實業之臺灣》，17 卷 4 號（不明出版項），頁 77;〈詩壇——送迺蘭社兄游閩中〉，《臺灣日日新報》，1914.04.08，6 版;〈詩壇——同迺蘭社兄遊眉山〉，《臺灣日日新報》，1918.05.18，5 版。另有關許氏生卒年份及生平事蹟之概述短文頗多，有當時人之紀錄（無論是臺人或日人），亦有後人之刊載，茲依時間先後列舉如下：大園市藏編，《臺灣人物誌》（臺北：谷澤書店，1916），頁 144；橋本白水，《評論臺灣之官民》（臺北：南國出版協會，1924），頁 85-86;〈臺灣表彰四功勞者皆不可多得人物附記平山許三氏略歷〉，《臺灣日日新報》，1928.11.19，8 版；林進發，《臺灣人物評》（臺北：赤陽社，1929），頁 55；簡萬火，《基隆誌》，「附錄」，頁 1；大園市藏，《現代臺灣史》，第十編〈中心人物〉，頁 41；大園市藏編，《臺灣の中心人物》（臺北：日本植民地批判社，1935），頁 141；

（1838-1913）扶養成人；[2]少受私塾教育，師承世居基隆福德之舉人江呈輝，[3]故漢學造詣頗深，尤好詩詞，曾撰《慶餘堂詩稿》，惜未傳世，[4]今欲見其詩作須藉助日治時期報紙資料與日人期刊、方志之零星刊載。[5]

臺南新報社，《臺灣大觀》（臺北：成文出版社，1985；據1935影印），頁11；臺灣新民報社編，《臺灣人士鑑》（臺北：株式會社臺灣新民報社，1937），頁79；《臺灣紳士名鑑》，頁267；谷元二，《大眾人事錄（第13版）》（東京：帝國秘密探偵社，1940），頁16；興南新聞社編，《臺灣人士鑑》（臺北：株式會社興南新聞社，1943），頁117；《基隆市志》，第二十種，人物篇，頁24；〈許梓桑先生像贊〉、〈祭許社長梓桑文〉，兩文均收入陳其寅，《懷德樓文稿》，頁28、29-30；唐羽，《臺陽公司八十年志》，頁457-458；《基隆市志》，卷7，人物志，列傳篇，頁31。

2　許母胡淑亡於大正二年（1913）六月十日午後八時頃，享壽七十五，由此回溯其出生年份應為道光十八年（1838）；胡淑過世消息見〈寶婺埋光〉，《臺灣日日新報》，1913.06.12，6版。又本章中有關許梓桑祖籍及父母資料均來自其嫡孫許庭謨先生之口述（基隆市許姓宗親會，2010.07.23）。此外，日治時期有資料指出許梓桑本姓胡，乃農家子弟，後養於基隆商賈許某為嗣，故改姓許；見鷹取田一郎，《臺灣列紳傳》（臺北：臺灣總督府，1916），頁26。

3　簡萬火，《基隆誌》，頁31。日人占領臺灣後，江呈輝離開基隆，定居福建汀州府一帶，其間曾回基隆探訪親友，相關內容可參見：〈士族歸臺〉，《臺灣日日新報》，1897.06.16，1版；〈雜報——廣文旋梓〉，《臺灣日日新報》，1904.11.11，4版；〈江孝廉來遊〉，《臺灣日日新報》，1904.12.29，3版。

4　慶餘堂為許梓桑位於玉田半山上之私宅，昭和五年落成，今已成廢墟；相關圖像與說明可參見陳青松，《基隆第一：人物篇》（基隆：基隆

　　乙未（光緒廿一，明治廿八）割臺，日本殖民統治基隆，時地方傳統士紳，如前述之舉人江呈輝，以及秀才張尚廉、陳錫疇、林李成、林太樞，儒生沈藍田、王清臣等人均內渡，[6]不願在異族統治下生活，致日本殖民政府須藉助仍留下之臺籍傳統士人，協同維持社會秩序及政治運作，而當時年僅廿一、準備參加科舉考試的許梓桑，即被日人網羅擔任基隆街庄長事務所書記，開啓從政之路。明治卅六年（1903），許氏接替前任之吳志清（？-1924）爲基隆

5　　許梓桑所作詩詞散見於《詩報》、《臺灣日日新報》中，如其祝賀要員擔任新職之詩作，見〈中島完一少將榮昇爲陸軍通信學校長賦此壯行〉，《詩報》，1935.05.15，10版；其上京參與盛會之詩作，見《詩報》，1940.11.19，16版；又其祝賀報社新築落成之詩作，見〈記臺灣日日新報社新築落成〉，《臺灣日日新報》，1908.01.28，4版。許氏亦曾以「迺蘭」爲名寫詩題詞，如其形容公園美景之詩詞，見〈詞林——前題（遊高砂公園即景）〉，《臺灣日日新報》，1906.07.29，1版。許氏也常以名、號並列方式（「迺蘭許梓桑」）寫詩題詞，如其描述晚年居所「慶餘堂」風光之詩詞，見〈詩壇〉，《臺灣日日新報》，1933.06.16，8版。而其刊載於期刊或方志之詩作，如〈基隆八景〉詩可見於《臺灣教育會雜誌》，29號（臺北，1904.08），頁15；亦見於石坂莊作編，《基隆港》，頁190-191。

6　　簡萬火，《基隆誌》，頁31、32、33；〈基隆支廳管下的秀才〉，《臺灣日日新報》，1896.10.29，3版；〈游子思鄉〉，《臺灣日日新報》，1898.11.27，6版。又沈藍田於《馬關條約》訂後挈眷往廈門，歷九年再回基隆，栽培桃李並參加瀛社，以詩文自娛，歿於大正七年，見陳其寅，〈沈藍田翁別傳〉，收入《懷德樓文稿》，頁16-17。

街庄長、[7]區長；[8]大正九年地方制度改革，許氏轉任基隆街協議會員、基隆街名譽助役、基隆市協議會員、臺北州協議會員等職，直至二戰結束。綜觀許梓桑從政歷程幾乎等同於日本殖民統治基隆之歷史，這段期間被殖民政府稱爲「基隆第一人」，[9]肯定其對政府政策之支持，且貢獻地方甚鉅，故授予敕定藍綬褒章，並多次得到州廳及總督府之表彰。[10]

---

7 吳志清原籍宜蘭，父吳德昭為前清生員，後遷居基隆；明治三十年任金包里區長，明治卅三年兼辦務署參事，明治卅四年賜佩紳章，後轉為基隆街庄長、區長。辭區長後就職臺北廳，歷任圖書館、博物館、內務局編修課，於編纂之事貢獻頗多，大正十三年因腎臟病逝。相關資料參見：〈辦務署設〉，《臺灣日日新報》，1897.10.22，1 版；〈基隆辦務署の移轉式〉，《臺灣日日新報》，1898.07.28，2 版；〈基隆消防組の出初式〉，《臺灣日日新報》，1902.11.25，5 版；〈吳志清氏逝〉，《臺灣日日新報》，1924.08.05，夕刊 4 版。

8 〈區長歡迎〉，《臺灣日日新報》，1903.02.13，4 版。

9 橋本白水，《臺灣統治と其功勞者》（臺北：成文出版有限公司，1999；據臺北南國出版協會，1930 影印），頁 124。

10 〈支那近情──許梓桑〉，頁 77；林進發編，《臺灣官紳年鑑》（臺北：成文出版社有限公司，1999；據臺北民眾公論社，1934，4 版影印），頁 123。當時報紙曾數次刊載許梓桑被表彰之報導，茲列舉如下：〈基隆市協議會員〉，《臺灣日日新報》，1924.12.27，2 版；〈臺灣教育會から今日表彰さる一人々午前十時から府會議室に表彰式舉行〉，《臺灣日日新報》，1926.10.30.2 版；〈臺灣教育會功勞者表彰式〉，《臺灣日日新報》，1926.10.31，夕刊 4 版；〈臺灣表彰四功勞者皆不可多得人物附記平山許三氏略歷〉，《臺灣日日新報》，1928.11.19，8 版；〈基隆許梓桑氏再受表彰〉，《臺灣日日新報》，1929.06.15，夕刊 4 版；〈基內臺人聯合祝四功勞者〉，《臺灣日日新

　　透過政治經歷基礎，許梓桑亦參與地方社會、民間團體諸多事務，如其為臺北瀛社中堅成員、基隆大同吟社社長與《詩報》社名譽社長，亦為基隆許姓宗親會會長、基隆慶安宮管理人，以及基隆敦俗會與同風會之會長，對基隆民間社會應有相當程度的影響。本章即針對許梓桑在日治時期基隆民間社會之角色扮演與影響加以探究，特別聚焦於基隆中元祭課題。

　　蓋日治時期基隆此一海港城市之重要節慶活動，據當時《臺灣新聞報》記者簡萬火的觀察指出有五，即神社、媽祖、城隍、開漳聖王、中元，然其仔細分析後認為：

> 每年新曆六月三日，即基隆神社之祭典，頗呈盛況；同舊曆四月十七日，即慶安宮湄州媽祖之祭典及行列，其熱鬧亦非他市所可比；同舊曆八月十六日，即護國城隍廟之祭典，其行列亦頗可觀；同舊曆十月十九日，即奠濟宮開漳聖王之祭典，亦不遜於前列。惟每年之祭典日，雖曰盛況，然不及於每年舊曆七月廿五、廿六，兩日慶安宮之慶讚中元。於廿五日，係燃放河燈之熱鬧，當夜景象，燈光點點，燭火焰焰，輝紅徧市，有如白畫，且加以陣頭團體，樂隊人羣，頗呈一時之盛況。廿六日乃普施孤魂之時，其盛典特占全島之第一也。[11]

報》，1929.02.17，4 版；〈基隆四氏祝賀會〉，《臺灣日日新報》，1929.02.19，7 版。

11　簡萬火，《基隆誌》，頁 144-145。

　　而日治時期報紙亦載有：基隆中元普度「大開盂蘭之會，其祭品豐富奢華，爲全島冠」、[12]「基隆街中元普施，一年中最熱鬧之大賽會期」、[13]「基隆之中元普施，爲全島第一奢華」等語。[14]可見中元祭實日治時期基隆海港城市最盛大的地方傳統節慶活動；惟當時基隆中元普度活動之運作實涉及傳統血緣關係之宗親組織、海神信仰之媽祖廟宇，甚至新式社團因殖民政府之要求改良風俗，亦在此節慶活動中扮演一定角色，而屬地方領袖身份、擔任諸多社團職務的許梓桑自然有其相當程度影響力，因此本章透過許梓桑與中元祭之關係，將日治時期基隆的地方領袖與傳統節慶活動整合討論，提供學界參考瞭解。

第一節　身爲宗親會會長的許梓桑與基隆中元祭

　　以血緣關係爲基礎的宗親組織所以在基隆中元祭活動裡倍受重視，關鍵就在於清咸豐五年開始施行的姓氏輪値主普制。由於咸豐三年基隆發生大規模的漳泉械鬥，咸豐四年又有小刀會動亂，死傷甚爲慘重，當時爲超度大量死於非命之亡魂，令生者得安心度日、平順生活，故地方父老決議由具實力的十一姓輪流負責每年中元祭裡的主普（外壇）普度工作，因而使得此重要祭祀活動持續至今。

12　〈準備中元〉，《臺灣日日新報》，1914.08.09，6 版。

13　〈準備盂蘭〉，《臺灣日日新報》，1915.08.15，6 版。

14　〈基隆特訊——普施先聲〉，《臺灣日日新報》，1922.09.13，6 版。

　　惟清代至日治初期（明治、大正年間），基隆並無以宗親會爲
名之血緣組織，當時僅有因同鄉、同業或同姓等因素共祀神祉而聚
集的神明會、祖公會、父母會、共祭會等團體，此類團體日治時期
總稱之爲神佛會；[15]故當時輪值主普各姓辦理普度活動涉及之血緣
組織應爲這些神明會或祖公會，並非今日所稱之宗親會。而據明治
卅六年及昭和八年刊行的臺灣舊慣記事、社寺教會調查報告等資
料，可知當時屬輪值主普十一姓的神明會或祖公會，有供奉梓潼帝
君的張廖簡姓正心堂、保生大帝的吳姓大道公會、劉榮公的劉唐杜
姓劉榮公會、開漳聖王的陳胡姚姓開漳聖王會、孝義侯的謝姓孝義
侯會、天上聖母的林姓新慶社、[16]東峰公的江姓會、國姓爺的鄭姓
國姓爺會、安撫公的何藍韓姓安撫公會，以及保生大帝的賴姓大道

15　據日治時期專研臺灣舊慣的丸井圭治郎指出：神佛會中最重要者爲神
　　明會與祖公會，其中，神明會聚集之條件有十項，即同鄉、同時渡臺、
　　（渡臺時）同船、同街庄、同業、同職、同趣味、同階級、同種族及
　　年齡相近者，而祖公會聚集之條件則爲同姓、同宗者，然同姓或同宗
　　者所祀神明若有祖先以外之神佛時，則祖公會即成爲神明會。相關說
　　明參見：丸井圭治郎，《臺灣宗教調查報告書》（臺北：捷幼出版社，
　　2006，增訂 1 版；據 1919 刊印），1 卷，頁 82-86；丸井圭治郎先生
　　遺著，曾景來譯，〈臺灣舊慣的神佛會〉，《南瀛佛教》，12 卷 12 期
　　（臺北，1934.12），頁 17-19。
16　基隆林姓於昭和元年宗親會正式成立前，另有姑婆會組織，即以媽祖
　　廟慶安宮爲核心，「附近諸林姓，以天妃係其祖姑，例年在該廟開會
　　一次，稱觴演劇，名曰姑婆會」；見〈林姓姑婆會〉，《臺灣日日新
　　報》，1914.07.01，6 版。

公會，[17]獨不見許姓有類似組織或團體的刊載。

事實上，從清咸豐五年開始實施姓氏輪值主普制，到光緒廿一年日本殖民統治基隆為止的四十年間，許姓已輪值過三次主普工作（分別為同治四〔1865〕、光緒二〔1876〕、光緒十三），而日本殖民統治基隆初期（明治、大正年間）的三十年間，許姓亦曾輪值主普三次（分別為明治卅一〔1898〕、明治四十二〔1909〕、大正九）；然當時許姓是由何人或何種團體負責，以及如何進行每次之主普工作，限於史料，難以窺知，惟可確認的是，直至日治初期許姓皆無以血緣為基礎形成之同姓團體，許姓宗親會的正式出現是在日治時期的昭和年間。

昭和二年一月，已為臺北州協議會員的許梓桑與許清英等數人欲籌設基隆、金山、雙溪、汐止等地之許姓宗親會，訂一月廿一日午後一時於許梓桑宅開磋商會。[18]三月三日午後二時，即在高砂樓開創立發起人會，由創立代表許梓桑、許清英、許聯壽三人發束邀集各方許姓宗親；[19]當時對參與者並無區域限制，無論遠近，只要

---

17 此十姓中的九姓，即張廖簡、吳、劉唐杜、陳胡姚、謝、林、鄭、何藍韓、賴姓的神明會或祖公會資料可見於：臺灣社寺宗教刊行會編，《臺北州下に於ける社寺教會要覽》，頁 33-34；〈神佛會一覽〉，《南瀛佛教》，17 卷 2 期（臺北，1939.02），頁 57。而江姓神明會資料則見於安藤靜，〈神明會の性質〉，《臺灣慣習記事》，3 卷 7 號（臺北，1903.07），頁 660；又此文亦有中譯本，見安藤靜，〈神明會之性質〉，《臺灣慣習記事（中譯本）》（南投：臺灣省文獻委員會，1993），3 卷 7 號，頁 34。

18 〈基隆——籌設宗親會〉，《臺灣日日新報》，1927.01.19，4 版。

19 〈基隆——許姓宗親會〉，《臺灣日日新報》，1927.03.02，夕刊 4 版。

是許姓成員均歡迎加入，並豫定舊四月初舉行發會式，將會員分成三種，即名譽會員每年贊助金三十圓，特別會員每年金十圓，與普通會員每年會費三圓，其中，名譽會員與特別會員的贊助金均一時繳納，普通會員的會費則分期納入。[20]同年五月十八日午後二時，於基隆高砂樓旗亭正式開創立總會，選出會長許梓桑，副會長許海亮（1890-1947）、許清英，另由會長指定之幹事廿一名、議員十二名，及監事九名共同處理會務；緊接著於五時舉行發會式，（參見圖 6-3）邀請地方官紳如深水要塞司令官、佐藤市尹、岩田署長、佐藤市助役，以及顏國年、潘榮春、張士文、王塗盛、黃鄉齒等地方要人二十餘名與會，並由許天送發表演說；時入會許姓宗親約二百名，不限基隆一地，有來自桃園、臺北等地者。[21]其後，許姓宗親會於同年十一月十八日在基隆高砂樓開首次定期總會。[22]

基隆許姓宗親會成立後次年（昭和三年），許梓桑即與臺北的許智貴、[23]許丙（1891-1963）及其它有志宗親數人，[24]頻議籌設全

---

20 〈許姓宗親會募集會員〉，《臺灣日日新報》，1927.03.06，夕刊 4 版。

21 〈基隆記事——許姓宗親會〉，《臺灣日日新報》，1927.05.14，2 版；〈許氏宗親會發會式期〉，《臺灣日日新報》，1927.05.15，4 版；〈許氏宗親會發會盛況〉，《臺灣日日新報》，1927.05.23，夕刊 4 版。

22 〈許氏宗親會十八日定期總會〉，《臺灣日日新報》，1927.11.18，夕刊 4 版。

23 許智貴與許梓桑均為臺北州協議會員，亦臺北州聯合同風會成員，其相關資料參見：大園市藏，《現代臺灣史》，第十編〈中心人物〉，頁 38-39；臺灣新民報社編，《臺灣人士鑑》，頁 497；林進發編，《臺灣官紳年鑑》，頁 11；林進發，《臺灣人物評》，頁 49-51；〈臺北州

島許姓宗親會，欲網羅全臺該姓人士以籌建許姓大宗祠，透過宗親會的成立以團結全臺許姓族人力量，此目的明白見諸其創會文書：

> 水無本則竭，木無本則折，人而無本，何以示後，是故敬祖尊宗，大孝之道，協和九族親親之誼，溯我許姓，乃四岳伯夷之裔，而神明之胤也，其後建國河南，世濟其美，子孫蕃衍，遍於九州，其在臺灣，眾逾十萬，然散處各地，不相往來其何以行大孝之道，而敦親親之誼乎，我等念祖德之宏深，謀蒸嘗之綿遠，爰卜臺北靈秀之地，建築臺灣許姓宗祠，附設宗親會春秋祭祀，飲福致祥，遠近舉集，休戚相關，於以知木本水源之理，豈不懿哉，然茲事體重大，需費孔多，非藉眾材難成雄舉，所難族中伯叔兄弟，各發巨心，慷慨捐助，以為人望，則光前裕後之圖，永垂不泯矣。[25]

協議會第一日午後議事質疑應答頗不寂寥〉，《臺灣日日新報》，1930.12.20，夕刊4版。

24 許丙為臺灣總督府評議員，其相關資料參見：橋本白水，《臺灣統治與其功勞者》，頁24-26；橋本白水，《評論臺灣之官民》，頁92-93；大園市藏，《現代臺灣史》，第十編〈中心人物〉，頁20-22；臺灣新民報社編，《臺灣人士鑑》，頁82；興南新聞社編，《臺灣人士鑑》，頁118；林進發，《臺灣人物評》，頁11-14；林進發編，《臺灣官紳年鑑》，頁30；〈當選者芳名——本島人側〉，《新高新報》，1930.02.15，9版。

25 〈許姓籌建宗祠竝設宗親會〉，《臺灣日日新報》，1928.01.14，4版；又類似史料亦見於〈許姓宗親會開發起人會〉，《臺灣日日新報》，1928.02.03，4版，該史料另載有宗親會會則，內言及宗親會之重要工作乃「建築家廟，祭祀祖先，編纂許姓沿革志、人物志、族譜等」。

該目的亦可見於當時宗親會的重要代表許松英之感言中；蓋許松英原爲清代基隆富商家族之後，日本殖民統治初期曾歷任守備憲兵、警察之通譯與頂雙溪第一區區長，往來官場甚久，協助處理諸多地方事務，[26]並捐款地方公益事項，[27]後辭公職專心經營貿易，與弟許招春開業瑞泰商行於臺北大稻埕，即轉往臺北發展。[28]昭和年間，許松英積極投身全臺許姓宗親會之創立工作，並有感而發地在報紙上撰文言：

又許姓宗親會成立後確在開會時討論祖廟事，見〈會事〉，《臺灣日日新報》，1930.06.08，夕刊 4 版。

26　許松英曾協助招安三貂頂雙溪匪首，並協調西皮與福祿的地方派系之爭；參見：〈用得其人〉，《臺灣日日新報》，1897.08.25，1 版；〈惡習已除〉，《臺灣日日新報》，1897.10.02，1 版；〈不容掩沒〉，《臺灣日日新報》，1899.12.02，4 版。

27　許松英曾於大正十年獅球嶺平安宮改建時獻金四百圓，後該廟立碑紀念，撰文中即言該廟於「去歲季夏因大震牆屋半為傾圮，張君士文、許君松英竭力募資翻造」，且將許松英名及其獻金數目列捐獻者名單之首；見〈獅球嶺平安宮重修誌〉（1921 立）、〈大正拾年辛酉冬季改築寄附金氏名列于左〉（1921 立）兩碑刻。又此二碑刻亦見於許文堂編，《大基隆古文書選輯》（基隆：基隆市立文化中心，2004），頁 169、174；又該書屬基隆市政府出版的「基隆文心叢刊」系列書籍中的第一七三種。

28　〈非可逆料〉，《臺灣日日新報》，1900.05.08，4 版；〈有心商務〉，《臺灣日日新報》，1903.03.19，4 版。又有關瑞泰商行之相關說明可參見李力庸，《米穀流通與臺灣社會（1895-1945）》（臺北：稻香出版社，2009），頁 111-112。

　　洄溯我許姓謀建築宗祠之提議，早見於四十年前，推其因循
未果者，總為細故叢生，事久多變，致使前人宿願，蘊蓄莫
伸。……而我同宗散處臺陽者，眾逾十萬，素乏團結機構，
罔知所以敬祖尊宗之道，雖欲敦親親之誼，烏可得乎，覿面
無親難怪世人之譏誚矣，是故建築全臺許氏宗祠，附設宗親
會之舉，不可不謂當今之急務，鄙人有鑑於此，不自揣綿薄，
舉首疾呼，思欲提倡之，未免貽笑大方，然尤望體察愚誠，
同聲附和，籍無分漳泉閩廣，人不論士農工商，凡為太嶽之
裔，出高陽之系者，亟宜勇躍向前，報名入會，俾會早告成
立，然後計議策立宗祠之事，則承先啟後，一舉而兩得，豈
不懿歟，幸勿裹足，勉為一鼓，是所厚望焉！[29]

　　臺灣許姓宗親會創立磋商會成立後，從速籌募建宗祠之經費，
於昭和三年二月四日大會召開時，即席便有樂捐千圓以上者，而千
圓以下之建築費捐助者亦多有人，狀至踴躍，令發起者許梓桑、許
智貴、許丙、許澤清等人頗為滿意。[30]而許澤清、[31]許松英二人，
並往中南部擴張會務，[32]終於該年十二月十六日於臺北正式成立臺

29　許松英，〈許姓宗親會創立之感想〉，《臺灣日日新報》，1928.05.15，
　　4版。

30　〈許姓宗親會開會成立〉，《臺灣日日新報》，1928.02.02，4版；〈許
　　姓宗親會磋商創立〉，《臺灣日日新報》，1928.02.06，夕刊4版。

31　許澤清居臺北大稻埕，初經營茶業，後涉及金融業、信託業等，對創
　　立宗親會促進同宗間之和睦，及宗親子弟之教育關注甚多；相關說明
　　可見林進發，《臺灣人物評》，頁96-97。

32　〈人事欄〉，《臺灣日日新報》，1928.08.09，夕刊4版。

灣許姓宗親會總會，當時在江山樓一連三天演戲助興，場面頗為盛大。[33]（參見圖 6-4）

惟昭和四年十二月廿五日午時三時半，基隆許姓宗親會於高砂樓旗亭開定期會員總會時，已討論宗親會的存廢問題，所以有此討論，實「因近來開會時，出席者漸少，不能達到親睦目的」，而「細查原因，似在於會費滯納，不敢出席」，亦即許姓成員已出現財力困窘情形，故會中議決從昭和五年起不徵會費，「然至四年止，滯納金額達千圓，則欲如數追徵為當會基金」，並仍維持宗親會之存續。[34]然此舉似未真正解決問題，因昭和五年十二月十四日午後三時半，宗親會又於高砂樓旗亭開定期總會時，會長許梓桑主動提出解散意見，原因為「年來會費，殆不納入，本會若存續，則須費用，恐致缺損，且臺北經有組織全島宗親會，本會雖解散，可任意加入於臺北」，後經大家贊成，遂決定解散，並將現有會費八百六十六圓三十四錢，充作明年輪值主普之費用。[35]

33　許天乞，〈臺灣許姓宗親會之由來〉，收入許漢卿總編，《臺灣許姓宗親會創立六十週年特刊》（臺北：臺灣許姓宗親會，1987），頁 131-132。另可參見：〈許姓宗親會磋商創立總會〉，《臺灣日日新報》，1928.10.11，夕刊 4 版；〈許姓宗親會實行委員會〉，《臺灣日日新報》，1928.11.27，4 版；〈許姓宗親會創立總會次第〉，《臺灣日日新報》，1928.12.13，夕刊 4 版；〈許姓宗親會〉，《臺灣日日新報》，1928.12.14，夕刊 2 版。

34　〈許姓宗親總會〉，《臺灣日日新報》，1929.12.02，4 版。

35　〈基隆許姓宗親會決議解散存金充主普費用〉，《臺灣日日新報》，1930.12.18，4 版。

　　基隆許姓宗親會從成立到解散僅四年不到（1927.03-1930.12），顯現日治時期基隆許姓成員力量已沒落不似清代。其實，許姓在基隆初期歷史發展中，雖曾貴為漢人著名三大族之一，[36]然日治時期的基隆許姓似已甚為沒落，因當時人們論及同光年間基隆許姓之代表人物時，僅提到許紹文與許石麟二人；其中，許紹文為金包里務農人家，屬頗有文譽之武秀才；許石麟乃田寮港農人，以孝名著稱，[37]兩人均非以財力或勢力見聞地方，而是因功名與孝名傳播鄉里，令人印象猶新、記憶深刻。

　　又從前述基隆許姓宗親會成立之過程中，亦可觀察出此一宗親會的基礎並不穩固。因基隆許姓宗親會創立之初，其召募對象即不限基隆許姓成員，而是遍及金山、汐止、雙溪，乃至臺北、桃園等北臺地區，似顯示基隆許姓成員之數量與力量有限，若僅囿於基隆一地者實不足以組成及維持宗親會。同時，基隆許姓宗親會之創會

36　日治時期漢人記者簡萬火撰寫基隆地方史書時曾提及：「鷄籠之漢民族，自古以來，其最著名大族者有三，即稱為三貂吳、水尾許、深澳杜是也」，其中水尾指得是金包里水尾街，惟不知此內容所指之確切時間究竟為何；見簡萬火，《基隆誌》，〈基隆誌序（李碩卿）〉，頁2；頁127。

37　簡萬火，《基隆誌》，頁33、35；《基隆市志》，第二十種，人物篇，頁31。又日治時期報紙資料載許紹文於乙未後曾倡亂金包里，對日本殖民統治政權構成威脅，報紙甚至稱其為「土匪」；參見：〈海濱匪難〉，《臺灣日日新報》，1897.09.14，1版；〈屯所襲擊事件公判〉，《臺灣日日新報》，1905.09.17，2版；〈屯所襲擊事件判決〉，《臺灣日日新報》，1905.09.20，2版；〈未歸順土匪の動靜〉，《臺灣日日新報》，1905.12.17，2版。

過程中，曾提及若干重要之許姓代表人物，如後來擔任會長的許梓桑、副會長的許清英、會員的許聯壽三人均為居住基隆當地之許姓，另一副會長許海亮則屬基隆郡金山庄之許姓，然除此外，似有不少來自外地的許姓成員，如在會中曾發表演說的許天送來自桃園，[38]而許松英、許智貴、許丙、許澤清等人則均屬臺北許姓宗親。[39]又或因宗親會裡基隆當地之許姓成員人數與能力均有限，故前述許姓宗親會於高砂樓舉行發會式，並在會後開宴慶祝時，主張「是日費用，為不使會員負擔，由有志者寄附」，而身為基隆當地許姓之許梓桑、許清英及許聯壽三人即合資一百七十圓招待與會眾人，此獻金實占支出總額三百圓的一半以上。[40]

成員人數較少是基隆許姓宗親會面臨之重大隱憂外，因成員人數過少造成之財力限制，更令許姓宗親會實難維持後續發展。蓋日治時期基隆許姓宗親會究竟有多少成員且成員各為何人，因無確切名單難以詳細分析，然就目前能掌握之人名探究其背景，可知基隆當地之許姓代表，除許梓桑外，許清英是海產物商，[41]許聯壽是甲

38　據臺灣許姓宗親會資料指出，許天送乃桃園一學校訓導；見許天乞，〈臺灣許姓宗親會之由來〉，頁 131。

39　〈臺灣許姓宗祠創立沿革〉，收入許漢卿總編，《臺灣許姓宗親會創立六十週年特刊》，頁 133。

40　〈許氏宗親會發會盛況〉，《臺灣日日新報》，1927.05.23，夕刊 4版。其中，許梓桑出資七十圓、許清英、許聯壽各出資五十圓。

41　許清英為基隆海產物商，屬臺灣海陸物產株式會社成員，原居新興街六番地，後遷至媽祖宮口新樓屋；參見：〈基隆——新興街のボヤ〉，《臺灣日日新報》，1918.11.13，4 版；〈人事〉，《臺灣日日新報》，

長，[42]許海亮則爲金山庄的酒類販售商，兼營袋米、茶業生意。[43]亦即基隆許姓宗親具財力與勢力者非常有限。

由於日治時期的基隆許姓在地方上實力頗爲有限，故當時報紙報導輪值主普各姓時，每每提及許姓均未予正面肯定，顯示其力量確不若他姓之實況，如許姓宗親會未成立前的明治卅一年，乃許姓於日治時期首次輪值主普，報紙比較各姓情況後認爲：基隆輪值主普十一姓中的「林陳張劉」負責主普祭品豐盛，然許姓輪值主普則表現「稍遜」。[44]大正九年，許姓於日治時期三度輪值主普時，[45]報紙提及：

1931.03.13，夕刊 4 版；〈基隆——物產總會〉，《臺灣日日新報》，1934.01.23，夕刊 4 版。

42　〈基隆署で功勞者表彰〉，《臺北州時報》，2 卷 7 號（不明出版項），頁 58。

43　許海亮參與之事業及相關說明可參見：〈地方近事——金山〉，《臺灣日日新報》，1935.06.26，3 版；〈兩庄聯合品評會〉，《臺灣日日新報》，1925.10.19，4 版；〈製茶品評會〉，《臺灣日日新報》，1922.10.08，2 版；大園市藏編，《臺灣人物誌》，頁 271；簡萬火，《基隆誌》，頁 181；許進發編，《臺灣官紳年鑑》，頁 104。又許海亮於戰後之二二八事件中遇難，相關過程可見其子許榮文之口述，載於張炎憲等採訪記錄，《基隆雨港二二八》，頁 264-267。

44　〈基隆盂蘭盛會記〉，《臺灣日日新報》，1898.09.16，3 版。

45　許姓輪值主普從清咸豐五年開始至今已有十三次，其中，清代三次（1865、1876、1887）、日治時期五次（1898、1909、1920、1931、1942）、戰後五次（1953、1965、1977、1989、2004）；惟日治時期第五度輪值主普時（1942），因逢戰爭時期，日本殖民政府僅保留祭典儀式，禁止慶典活動。

本年輪值許姓，主宰普事。在基隆方面，許姓人數無多，散
處金包里、三貂、石碇及臺北附近，數年來各姓，竭厥財力，
踵事增華，年盛一年，以炫世人耳目，而在基隆許姓，勿論
人少，即殷實之家，亦僅有一二；如此少數之人，當此主普
大事，又值物價騰貴之秋，必藉各方面凡屬許姓者，念一本
之親，互相臂助，或寄附緣款，或準備豬隻，屆時助祭，共
襄盛舉。[46]

而昭和六年，許姓四度輪值主普時，許姓宗親會已經過成立至
解散之歷程，報紙觀察此次許姓輪值主普情形，載曰：

本年主普，輪值許姓，去六日午後三時，許姓代表許梓桑氏，
邀集市內重要許姓諸人，於許氏慶餘堂磋商主普事宜，竝於
席上各捐緣金，許清英氏五百分，許梓桑氏三百分，其餘數
十分者甚多，每分按出金一圓以內，金包里、双溪、臺北各
方面，及市內各處，另行派員捐募。聞許姓，為主普十一姓
中之最少人數者，諸同人不落人後，各踴躍捐出。[47]

字裡行間可見基隆許姓人少財力有限，惟仍儘量辦妥輪值主普事之
努力。

---

46 〈基隆特訊——中元輪值許姓〉，《臺灣日日新報》，1920.05.22，6
版。
47 〈基隆慶安宮普施先聲本年主普許姓〉，《臺灣日日新報》，1931.07.13，
4版。

　　事實上，即是因為日治時期基隆許姓力量沒落不如以往，相關中元祭活動往往只能完成傳統輪值主普之份內工作，無法像其他輪值主普姓氏對主普外之三大柱活動有更多參與。因據目前可掌握到的，日治時期從大正十四年至昭和十一年的十二年間，基隆中元普度四大柱負責人姓氏名單及其統計如下：[48]

表 6-1：大正十四年至昭和十一年間基隆中元祭四大柱負責人姓氏表

年份/西元、日本、中國	主普	主會	主醮	主壇
1925、大正 14、民國 14	謝	林	*柯*	林、〔基源商行〕
1926、昭和元、民國 15	林	林	陳、鄭	張、*蔡*
1927、昭和 2、民國 16	江	林	劉	*周、柯*
1928、昭和 3、民國 17	鄭	林	陳、*郭*、周	林、陳
1929、昭和 4、民國 18	何藍韓	*范*	*郭*、陳、*董*	*柯*、陳
1930、昭和 5、民國 19	賴	林	張、劉	吳、*朱*、*蔡*、劉、謝
1931、昭和 6、民國 20	許	*蔡*	*顏、楊*	張、吳

48　日治時期基隆中元普度四大柱負責人及其背景之說明可見本書第四章第三節及表 4-2、4-3，惟本表（6-1）將名單中之個人及商號名稱去除，僅保留姓氏以便於分析說明。又資料載昭和九年中元主會為東元藥行，然東元藥行在基隆有兩個，一位於新興街，行主為林清芳，一位於草店尾，行主為謝淋漢，而後者又有稱東元藥材行或東元藥行店之名；今將之歸屬於位在新興街，由林清芳經營的東元藥行中計算，而任何一種歸屬方式對統計結果所形成之結論沒有不同影響。

1932、昭和 7、民國 21	張廖簡	林、謝、張、陳	劉	謝
1933、昭和 8、民國 22	吳	江	賴	賴、林
1934、昭和 9、民國 23	劉唐杜	林	*楊*	何
1935、昭和 10、民國 24	陳胡姚	江	*楊*	*曹*
1936、昭和 11、民國 25	謝	*曹*、陳	吳	*黃*

表 6-2：大正十四年至昭和十一年間基隆中元祭四大柱負責人姓氏統計表

輪值主普十一姓											
姓氏	張廖簡	吳	劉唐杜	陳胡姚	謝	林	江	鄭	何藍韓	賴	許	總計
數量	1.75	1.7	2.7	2.91	1.45	7.75	2	0.5	1	1.5	0	23.26
比例%	4.86	4.72	7.50	8.08	4.03	21.53	5.55	1.39	2.78	4.17	0	64.61
排序	五	六	三	二	八	一	四	十	九	七	十一	
其他姓與不明者											
姓氏	楊	柯蔡	周	董	黃	郭	曹	范	顏	朱	不明	總計
數量	2.5	3.7	0.85	0.33	1	0.66	1.5	1	0.5	0.2	0.5	12.74
比例%	6.94	10.28	2.36	0.92	2.78	1.83	4.17	2.78	1.39	0.55	1.39	35.39
排序	二	一	六	十	四	七	三	四	八	十一	八	

說明：斜體粗黑字表不屬輪值主普十一姓之成員，〔 〕表未能查出負責人之商
　　　號。又比例計算方式如下：獨立擔負該年該項工作者以 1 計，若工作有
　　　二姓參與以 1/2 計，三姓參與以 1/3 計，其餘以此類推。

　　由上表可知：基隆中元普度活動中輪值主普的十一姓裡，有十
姓除既定的主普工作外，亦普遍參與主會、主醮及主壇三大柱之普
度工作，此比例近 65%，即三大柱的普度工作僅 1/3 左右是由不屬
輪值主普十一姓的其他姓氏負責。而輪值主普十一姓之參與三大柱
普度工作中，又以林、陳、劉等大姓投入最多，實承擔三大柱工作
總量的 1/3 以上，惟所有輪值主普十一姓中，僅許姓完全不涉入三
大柱任何事務。

　　又在日本殖民統治初期，報紙資料更有載許姓為節省花費，藉
故逃避普度工作之實例；蓋明治卅五年，陳姓輪值主普時，因疫情
嚴重，殖民政府為預防起見，諭令普度停止，然輪值主普陳姓代表
陳擺茂反對，親自上書基隆廳長要求進行普度活動，而另三大柱負
責人許梓桑、矮仔喜、汪漢忠則遵從長官命令停辦活動，事後報紙
觀察指出：「三大柱各自主張，祗以不遺官命為重，初非為吝惜些
少之費起見也！」[49]可見限於財力，許梓桑能減輕負擔則儘量避開
相關工作。

　　此外，為因應傳統輪值主普十一姓有勢力沒落者，頗難應付每
年普度工作之實際需求，故昭和六年，即許姓宗親會解散的次年，

49　〈普度雜俎〉，《臺灣日日新報》，1902.08.26，4 版；〈普度訂正〉，
　　《臺灣日日新報》，1902.08.28，4 版。

又逢許姓輪值主普時，許梓桑曾召開會議討論其他新興姓氏加入輪值主普行列的可能性，當時報載：

> 基隆慶安宮，盂蘭盆會，自昔以張吳劉陳謝林江鄭何賴許，計十一姓，輪流主普，視為一種權利，絕對不許他姓加入，每當主普之時，必踵事增華，互相競爭不已。然物損星移，昔推為大宗之許江賴等姓，今已不及十一姓外之顏李黃楊王蔡諸姓為大宗。識者有鑑及此，適本年輪值主普十一姓中最終之許姓，秉此機會，歡迎他姓加入。特於日前，慶安宮評議員會時，主普十一姓代表，齊集席上，由許梓桑氏提議，開放與他姓加入，一同贊成，遂決議許以他姓加入主普。凡有希望加入主普之姓，限至舊七八月之間，正式向慶安宮報明〔名〕好，便準備參加云。[50]

可見許姓力量在日治時期沒落乃不爭之事實，也因此，許姓宗親會無論存在與否，其在每次輪值主普工作上所能提供之實質幫助應屬有限，此與當時新興的黃姓情形頗為不同。

蓋基隆黃姓原非輪值主普十一姓成員，然黃姓在一九二〇年代全臺普遍興建祖祠與修纂族譜風潮影響下，於昭和元年正式成立宗親會後，即積極投入中元祭之相關活動，無論是最初僅參與由輪值主普十一姓主辦之水燈與陣頭遊行活動，或十年後（昭和十一年）負責主壇之普度工作，黃姓均力求表現並獲好評，使黃姓聲望不斷

---

50 〈慶安宮主普十一姓外參加八月報明〔名〕〉，《臺灣日日新報》，1931.07.14，夕刊 4 版。

提升，黃姓力量亦逐漸擴增，並一直持續到戰後，最終爭取到成為基隆中元祭裡輪值主普的第十四個姓氏。因此，日治時期宗親會在基隆中元祭的角色扮演與地位影響，實因不同姓氏而有差異，應予仔細斟酌與評估。

第二節　身為慶安宮管理人的許梓桑與基隆中元祭

慶安宮是基隆甚受矚目、屬海神信仰的媽祖廟，早於清乾隆四十五年（1780）即有漳人築小廟於虎子山畔奉祀，後不斷拓墾發展至港區一帶，而於嘉慶十年應當地貿易經商及捕魚維生等靠海生活者之需要，改立於基隆新店現址；且當時屬漳人地域神信仰的開漳聖王廟（即今之奠濟宮）尚未興建，開漳聖王像是置於慶安宮側室供奉，因此，該廟亦為漳人信仰重鎮。咸豐年間，基隆發生漳泉械鬥與小刀會動亂，死傷慘重，後經地方父老決議，由當時具實力的十一姓輪流負責每年中元祭活動中的主普普度工作，以超度亡魂，令生者安心度日，故屬漳人精神支柱的慶安宮，自然成為普度工作進行之核心據點。[51]

日治時期的慶安宮為基隆中元普度之內壇所在地，外壇四大柱（主普、主會、主醮、主壇）環繞四周，其中，以主普最受重視，因其地理位置靠近當年漳泉械鬥發生地，故自清咸豐五年開始，即

51　有關慶安宮之背景淵源及早期發展情形，可參見吳蕙芳，〈海港城市的傳統節慶活動：以慶安宮與基隆中元祭為中心之探討〉，頁 318-326。

固定由十一姓輪流負責每年的主普普度工作，使超度亡魂工作不中斷。然主普外三大柱則須委由不同負責人以承擔每年的祭祀工作，而日治時期此工作即交由居內壇地位的慶安宮來協調人選之產生。

慶安宮早期的管理情形無從瞭解，僅知在許梓桑以前是由住持王六轉管理，[52]然王氏因涉及不法變賣廟產事被當地居民驅趕，[53]故改由當時剛接任基隆區長的許梓桑負責廟務。許梓桑自明治卅六年擔任慶安宮管理人，至明治四十四年為該廟籌組董事會，使廟務運作更上軌道，並身兼董事及管理人身份，直到民國卅四年（1945）過世為止，參與慶安宮廟務超過四十年，期間為慶安宮累積廟產功勞甚大。

據日治時期報紙刊載：許梓桑初接慶安宮管理人一職時，由辦務署參事蔡天培監交之廟產只有牛稠港墓地十五甲餘及現金三圓廿八錢，經其廿年之努力經營，至大正十二年時，「增加財產家屋四棟，土地二千餘坪，山林十三甲，現金二千餘圓」；[54]再至昭和五年時，慶安宮廟產評價達十餘萬圓，包含位於廟宇附近土地五百六十餘坪及其它土地、家屋，並買下牛稠港原有墓地周邊土地以擴建為一般公用墓地。[55]這些廟產之買賣交易，均具備經官府認可之

---

52 劉清番總編，《慶安宮誌》，頁 110。

53 日治時期報紙曾載王六轉違法變賣廟產，為人舉發廢其職務之公告，見〈廣告〉，《臺灣日日新報》，1903.08.18，4 版。

54 〈基隆特訊──管理難得〉，《臺灣日日新報》，1923.05.19，6 版。

55 有關慶安宮廟產擴增之詳細情形參見：〈慶安宮管理人不日再選〉，《臺灣日日新報》，1926.05.19，夕刊 4 版；〈基隆慶安宮許管理人堅欲辭退不日開臨時評議員會決定附同宮及基產造成沿革〉，《臺灣日日新報》，1930.06.03，夕刊 4 版。

明確轉換文件，而寺廟的年度收支預算書、決算書或計算書等紀錄清冊，亦均由兩名信徒代表簽字保證，提交官府存查備用，以示帳目清楚交代。[56]惟隨著慶安宮廟產之大量增加，覬覦管理人職務者亦接踵而至，[57]然許梓桑並不眷戀重位，其曾數度請辭廟職，放手廟務，[58]令人對之感佩。今日慶安宮內相關紀錄，無論是宮誌、碑刻或廟方每年編纂之曆書，均有相當篇幅詳載許梓桑事蹟；[59]基隆耆老們的口述回憶過往歷史時，也每每提及許梓桑對慶安宮廟產擴增的貢獻，[60]可見其重要性。

而日治時期許梓桑以慶安宮管理人身份往往參與基隆中元祭主普外三大柱人選之協調工作，乃使完整的祭祀活動得順利進行。

56 目前可見慶安宮之廟產相關文件有明治四十三年至大正二年、大正四年至大正五年之數份紀錄；參見：〈許梓桑外三名慶安宮所屬財產處分許可〉（1912.03.18）、〈許梓桑外二名慶安宮所屬財產處分許可〉（1912.04.11）、〈許梓桑外二名慶安宮所屬財產處分願許可〉（1913.04.01）、〈許梓桑神明會所屬財產處分許可〉（1915.01.01）、〈慶安宮管理人許梓桑外二名慶安宮財產處分許可〉（1916.01.01），以上五份文件分別見於《臺灣總督府公文類纂》，1936 冊 29 件、1937 冊 3 件、2126 冊 17 件、5920 冊 18 件、6225 冊 21 件。

57 〈齷齪的暗鬥為做媽祖廟管理人〉，《臺灣民報》，1928.09.30，6 版。

58 有關許梓桑與慶安宮之關係，及許氏數度請辭管理人職務之詳細說明，可參見陳凱雯，〈日治時期基隆慶安宮的祭典活動——以《臺灣日日新報》為主〉，頁 166-171。

59 劉清番總編，《慶安宮誌》，頁 11、110、265-267；吳蕙芳，〈地方碑刻與基隆中元祭〉，頁 91-94；〈慶安宮湄洲媽祖與基隆名人許梓桑〉，《慶安宮曆書》（基隆：基隆市慶安宮管理委員會，2011）。

60 臺灣省文獻委員會編，《基隆市鄉土史料——基隆市耆老口述歷史座談會紀錄——》，頁 48、123。

如大正十四年謝姓輪值主普時，其餘三大柱負責人未定，故衆聚慶安宮內協議，決定主會柱首林振盛商行，主醮柱首新吉發商行，主壇柱首三陽公司與基源商行；又爲方便相關工作之進行，更決議來年度三大柱負責人選，以提早確認與準備。[61]

惟昭和元年林姓輪值主普時，上年決定之負責人臨時有變，原決議負責主會的楊南海及泉成行均請辭，不肯承辦，原負責主壇的張東隆商行，亦因人及事業主要在臺北，基隆地方人面生疏，諸事不便，要求再增一名負責人以共同辦理祭祀事；故當年農曆七月六日午後四時，再邀集相關人士齊集慶安宮，磋商補缺及添員，後決定利記公司與張東隆商行共同負責主壇事，惟主會柱首始終協議不出人選，終由慶安宮理事顏國年大力主張，請主會區域內各保正輪流負責，即第一年以第十二保保正林添旺負責，第二年以後分由第十保、第九保、第八保、第七保、第六保、第廿四保、第三十九保、第廿五保、第十三保等，每年一保，順序輪流擔任，費用則由各保分擔。[62]

昭和七年張廖簡姓輪值主普時，因基隆町名更改，恐影響各柱祭祀區域，許梓桑即於八月二日午後二時於同風會館，邀集重要人士，協議區分中元各柱區域及柱首擔當人，後決議雖町名有變動，仍不影響原有規劃四柱區域範圍，同時議定當年及明、後年各柱負

61 〈慶安宮中元豫聞〉，《臺灣日日新報》，1925.08.25，夕刊 4 版。
62 〈慶安宮中元柱首變更〉，《臺灣日日新報》，1926.08.16，夕刊 4 版。

責人；其中，昭和七年的主會柱首仍依例由保正負責，當年即由林應時、謝知母、張井、陳玉振四人共同辦理。[63]

　　昭和十年陳胡姚姓輪值主普時，許梓桑於八月一日午後二時，召集各保正及紳商於廟中協議，中元柱首除主普輪值陳姓之外，其它三大柱分由主會江烏定、主醮楊火輝、主壇曹德滋，各負責準備相關工作。[64]

　　值得注意的是，前提及主普外三大柱之主會區域內以保正負責中元普度事，實襲自慶安宮媽祖祭祀方式。蓋慶安宮管理人許梓桑「因鑑例年賽會，多藉保正之力，克臻盛況」，故於大正七年（1918）四月十三日邀集市內各保保正，齊集慶安宮，決議自當年起，以保正輪流爲值東，或二人或三人聯合，共同辦理慶安宮廟會活動，週而復始以臻完善；當時即議定：大正七年是林秋波、林榮欽、羅欽，大正八年是林清芳、黃鄉齒、蔡慶雲，大正九年是李家齊、張添福、賴恭，大正十年是范昆輝、張阿呆、林阿呆，大正十一年是汪福蔭（？-1928）、陳屈（？-1925），大正十二年是張士文、葉木桂，大正十三年是陳志銳、劉天財、吳梓生；衆議以爲「能得各保正熱忱準備，屆期定必一番如荼如火之觀」。[65]

63　〈基隆慶安宮中元柱首三候補決定〉，《臺灣日日新報》，1932.08.08，8版。

64　〈基隆——柱首決定〉，《臺灣日日新報》，1935.08.04，8版。

65　〈基隆媽祖祭定例〉，《臺灣日日新報》，1918.04.21，6版。惟後來負責大正九年的李家齊、張添福與大正十一年的汪福蔭、陳屈對調；見〈基隆特訊——協議媽祖繞境〉，《臺灣日日新報》，1920.05.22，6版。

　　而大正七年輪值之保正林榮欽、羅欽、林秋波三人，「因恐下年後來者居上，故於事前極力準備，先向各郊行各團體鼓舞一番，務必錦上添花，大勝往年」，且「擬各以藝棚長閣及新鮮有趣之廣告法，出以增華鬥勝，屆時商況活潑，利市三倍」，[66]即保正們彼此間為力求表現，開始有互相競賽以較勁之心態，且欲透過藝閣陣頭展示，達商行店家廣告效果帶動商業發展，而此與基隆中元祭裡水燈及陣頭競賽之風頗有異曲同工之妙。

　　蓋今日基隆中元祭活動裡頗為人津津樂道者，即水燈及陣頭之遊行競賽，此活動並被賦予「以賽陣頭（普度賽會）代替打破頭（漳泉械鬥）」之族群融合意涵。然事實上，清咸豐五年姓氏輪值主普制產生之主要目的，在確認固定負責祭祀工作者，以每年持續超度死於漳泉械鬥及小刀會動亂中之大量亡魂，令生者得平順生活、安心度日，其原始重點並非陣頭遊行競賽。惟日治時期的基隆中元祭確已普遍出現競爭場景，互賽局面，且競賽項目有三，即牲豚祭品、主普壇，與水燈及陣頭遊行；三者中，主普壇競賽是輪值主普十一姓在不同年間之競爭，且為群眾口碑評論，無正式比賽名次與獎項。牲豚祭品與水燈、陣頭遊行則為當年度正式比賽，有名次與獎項頒布，頗引人注目，如大正十四年謝姓輪值主普時，報載：「主事者，備有金牌數面，欲對優秀水燈及大豚分等級懸賞」。[67]惟牲豚祭品是輪值主普該姓宗親間之競賽，參與者有限，報紙著墨亦有

66　〈基津特訊——基隆媽祖賽會先聲〉，《臺灣日日新報》，1918.05.17，6 版。

67　〈基隆中元普施〉，《臺灣日日新報》，1925.09.13，夕刊 4 版。

限；而水燈及陣頭遊行活動則是輪值主普十一姓及外姓、各工商團體及地方社團間之競爭，各單位均投入大量人力、物力與財力，打造眩目水燈及亮麗花車陣頭，甚為引人，故成為中元祭活動裡最受關注之項目，當時報紙均予大篇幅報導相關內容。如昭和三年鄭姓輪值主普時，於九月八日午後五時半放煙火三發，各姓及各團河燈齊集慶安宮前，共三十六番順序出發，報載當夜參加團體：

> 主普十一姓及柱首外，有新合順豚商、田寮港青年團、驛前艀船團、魚菜商團、新興安團、輕鐵會社團、芭蕉仲賣團、新店童子會團，及黃蔡王李楊葉各姓，各團多為龍燈，就中芭蕉仲賣團所裝藝閣，閣上滿飾花燈，燃以瓦斯火，燦爛奪目，比晝間所裝者，尤為雅觀；又李姓團，附以歌仔戲，乍行乍唱，最惹視聽。[68]

又昭和十年陳胡姚姓輪值主普時，於八月廿三日夜各團陣頭遊行，是日：

> 主普陳姓龍燈藝閣故事十餘陣，合其他各姓及團體河燈，計三十餘陣，齊集於慶安宮前，由督隊者指揮出發，繞行全市，沿途觀眾擁擠不開，主普當局，依囑審查員數名，在泰記汽船會社樓上，審查陣頭優劣，其結果，優等，陳春氏之藝閣故事；特等，光明團之龍燈及洋樂隊；一等，陳大頭氏之大

---

68 〈基隆普施河燈行列竝有藝閣參加〉，《臺灣日日新報》，1928.09.10，4版。

水燈排；以上各受主普當局授與賞狀及金牌各一面。其他優
良者尚多，因有限制，不得全數入賞。[69]

可見水燈及陣頭遊行參與者含宗親組織的輪值主普十一姓、主普外
三大柱負責人及外姓成員，工商團體的新合順豚商、魚菜商團、驛
前艀船團、輕鐵會社團，以及地方社團的田寮港青年團、新店童子
會等，且彼此競賽激烈，努力爭取榮耀。

當時為爭得獎賞，各團往往改良創新花燈以爭奇鬥豔勝過他
人，如昭和二年江姓輪值主普時，「河燈中最有改良者，當推第六
番江姓團之花燈隊，燈數最多者，期為輕鐵會社之龍燈，他如二十
八番李姓團，三十二番黃姓團，亦有多少改良」；[70]昭和六年許姓
輪值主普時，參加遊行行列之燈排龍燈數十陣，其中，以楊姓自臺
北請來之特大水燈排最受矚目，報載：

由臺北市東園町（加納仔）楊歪氏等發起，特備大水燈排，
參加爒行，其燈排長三十五米突，即百十餘尺，燈數七百
餘盞，雖數次在臺北市內用過，然為基隆前所未見之大燈
排。[71]

這種特別水燈排自臺北運至基隆實大費周章，必須

69 〈基隆慶安宮中元第一日河燈盛況同風會乘機宣傳自治〉，《臺灣日
日新報》，1935.08.25，4版。
70 〈基隆河燈盛況惜行列中電燈全滅〉，《臺灣日日新報》，1927.08.25，
4版。
71 〈基隆慶安宮普度預聞警官將出取締〉，《臺灣日日新報》，1931.09.06，
8版。

> 於前一日，由縱貫道路，以團員百二十名，分為兩組，舉於
> 肩上，運搬而來，第一組員六十名，由臺北運至汐止，第二
> 組員六十名，自汐止運到基隆，總團員四百餘名。[72]

此類陣頭遊行活動所費不貲，然當年為許姓輪值主普，未見對此奢侈行為之制止，而同風會對中元普度之評論亦僅限於主普壇及祭品等之花費與改革諸事（詳見後文），對水燈及陣頭遊行活動未予多言，究其原因，應與此類活動之廣告宣傳效果與商業振興功用有關。如大正三年謝姓輪值主普時，報載：

> 舊廿五日放河燈，金基貂石四堡，梨園子弟盡出，旗鼓燈排，
> 纏繞滿街，好事者更以詩意藝棚，爭炫奇觀，其燈純用改良
> 式，龍頭龍尾，中綴燈球，一排多至數百燈，屈曲蛇行，倍
> 覺有趣，聞尤以丸大苦力組一排，最為生色，勞動神聖不誣
> 也，臺北泰芳商行之詼諧廣告，亦助熱鬧，斗大王萊燈數十
> 對，厚臉者二人，一撐廣告，一曳紙鹿，到處圍觀如堵，事
> 雖滑稽，可知島人商業競爭，思想漸有進步。[73]

可見當時水燈與花車遊行活動實屬商業性質，具廣告效果，故臺北商家亦遠道而來，欲在此熱鬧場合中打響知名度，宣傳自家商品，而報紙代表的社會觀察評論，也頗為贊同此種商業競爭，視之為進步現象。

---

72 〈基隆慶安宮中元加蚋仔燈排好評青年會員整理交通不軌之徒加以惡言〉，《臺灣日日新報》，1931.09.10，8 版。

73 〈基隆盂蘭會盛況〉，《臺灣日日新報》，1914.09.17，6 版。

大正十一年吳姓輪值主普，報載：

> 中元普施，已於去十六夜，先放河燈，大小五十餘排，其製
> 與臺北不同，因避電線，皆肩持平行，其燈或一層或二層，
> 加以紙製龍首尾，委蛇而行，如火龍然，頗為雅觀。最長者
> 三陽公司海部一排，多至二十餘節，綿亙一街，二層燈數，
> 計三百餘，聞由苦力一人一簧，故如是多，但皆紙製提燈，
> 稍為遜色。次為謝姓新製龍角燈，光輝奪目，雖長不及三陽，
> 而燦爛美觀，則過之。餘如吳姓主普，及林陳鄭蘇周各姓，
> 亦皆可觀。就中間以小兒最短之小燈二三排，尤覺有趣；而
> 打錫團所製之錫旗、錫轎、錫燈籠，燃瓦斯作廣告意，猶例
> 年所無。[74]

亦可見中元普度之水燈及陣頭遊行活動，較勁意味與競賽氛圍中實
充斥著打廣告、作宣傳之商業功用。

事實上，日治時期不論是慶安宮、城隍廟、奠濟宮之廟會均有
陣頭遊行活動，只是規模最大者為慶安宮，[75]當時報紙屢屢強調此
一活動頻繁出現的廣告招牌與商業功能。如言大正七年慶安宮繞境
活動中，陣頭隊伍有「煙草商之帶騎長櫊，及各色造成之廣告彩

---

74 〈基隆特訊──河燈盛況〉，《臺灣日日新報》，1922.09.19，6 版。
75 〈基隆城隍繞境先聲本年盛大舉行禁止披髮帶枷〉，《臺灣日日新報》，
  1926.09.16，夕刊 4 版。當時報紙曾比較基隆各迎神賽會活動後言：「以
  媽祖繞境為第一熱鬧，次則城隍賽會」，亦有認為城隍廟會之盛大與
  慶安宮媽祖賽會並稱或介於伯仲間，見〈基隆城隍祭〉，《臺灣日日
  新報》，1927.09.12，3 版。

牌」；[76]又如大正九年媽祖廟會之陣頭競賽中，參賽者之一的惠邑團裝飾之吹簫引鳳及嫦娥奔月二閣只獲褒手巾，不敵水產會社的紙魚紙鳥獲賞三等金牌，因而不服抗議，惟當時報紙曾載惠邑團陣頭內容及公眾評論是：

> 第二十一番泉郡惠邑團，裝吹簫引鳳，及嫦娥奔月故事，簫上橫立一稚妓，以鐵管由下衣穿透上衣，不見痕跡，似危險卻極自在，下一妓且行且吹之，奔月閣亦雅緻，惜無廣告意，難博賞鑑。[77]

故惠邑團失敗理由在於：「此團雖具意匠，然無廣告的意味，是以難蒙上賞，可知花樣貴合時也」，[78]言辭中表明當時此種活動之首要目的即是打廣告、作宣傳，而非純粹技藝競賽，因此必須配合時宜乃能獲勝。

大正十年慶安宮陣頭遊行之競賽結果，報紙曾詳載奪勝者之原因分析，有如下之說明：

> 是日大小各團計五十餘團，一團詩意故事或數隊，共百餘隊，無不爭奇鬥巧，就中優劣不等，由值年爐主豫備金銀牌十二面，委審查員七人，於生生醫院前審查棚上，逐隊審查。……，結果米穀商團所裝歷山耕田托拐弄仙姑二故事，與煙草商團之煙草旗及假裝專賣局，同占優點，而點數適相

---

76 〈基津特訊──賽會紀盛〉，《臺灣日日新報》，1918.05.29，6版。
77 〈基隆二大祭典〉，《臺灣日日新報》，1920.06.07，4版。
78 〈基隆特訊──迎神續紀〉，《臺灣日日新報》，1920.06.08，6版。

符，由二團代表拈鬮，米穀團遂居一等，而屈煙草團為二等，
同賞金牌。三等之內地人打錫團，及四等之石炭商團，亦同
點數，而拈鬮定之同受金牌，然石炭團之天女散花，裝飾雖
巧，已見於他處賽會，且無廣告意，究不若打錫團之錫旗，
其薄如紙，而各旗中又各有神名字樣之尤精巧恰合也。五等
土木請負團，裝土木請負作業，頗嫌其粗，惟合廣告意，亦
受金牌。六等鐵道機關庫保線係團以下，三福公司、冰團、
自轉車、水產、金銀商、玉泉酒公司各團，皆以廣告，而受
銀牌賞，得金者五，得銀者七，共賞十二團。……，是日午
後四時，在慶安宮舉行賞品授與式，發表後煙草團以意匠特
色，不獲一等，頗不服，然與米穀團均取足點，因拈鬮而落
二等，夫復何尤，且米穀團歷山故事，托意甚高，勝於煙團
之僅廣告而無故事也。[79]

由此更可觀察出陣頭遊行賽會中的強烈廣告效果與商業性質，且惟
有符合廣告效果、宣傳意味，才是致勝獲獎真正關鍵。

又昭和元年的慶安宮媽祖繞境情形亦為一重要例子，當時報紙
曾載：「聞臺北麥酒會社，欲裝飾自動車三臺，參加繞境，沿途撒
布麥酒引換券一千枚，每枚可領ライト麥酒一矸，並寄附優勝旗二
旒，為助餘興，兼擴張麥酒」，[80]此種參與方式已如同今日之商品
促銷宣傳手法。而當年正式參與活動之行列團體有三十九番，即獅
陣團、歐美雜貨商、金商團、光麥酒團、三井落水工團、土水團、

---

79 〈基隆聯合祭典紀盛〉，《臺灣日日新報》，1921.06.05，6版。
80 〈基隆媽祖繞境先聲〉，《臺灣日日新報》，1926.05.22，夕刊4版。

巧聖先師團、生輪自轉車團、聖王公廟口行商團、江姓團、衛生團、日用團雜貨商團、石炭商團、泉郡團、糕餅商團、陳金火團、青果仲賣團、同小賣團、小基隆團、永發米商團、第十組得意堂團、新合順豚商團、酒小賣商團、藥種商團、林姓團、郵樂社團、水產仲賣團、材木商團、第十一組音樂團、基隆海產物商團、魚菜商團、藤豆製造會社團、冰仲賣團、基隆港艀船團、第一組聚樂社團、中部臺洋兩漁業株式會社團、田寮港團、新英社團、第八組慶保堂團等，這些參與者之陣頭「多有應用廣告的意義」，[81]而彼此競爭結果是：

> 最優秀兼含有廣告意味者，為基隆港艀船團所裝之東坡遊赤壁，閣上造木舟丈餘，首尾有兒童數名，裝作舵公，間置彩幕，幕中擇妙妓飾蘇東坡，及其伴客，頗費苦心，惜乎無配以夜景，舉酒的客，誦明月之詩，難以點出。次為石炭商團之魔王一生地穴；海產物商團之琴高捉鯉，封酢教廉，漁郎問津；酒小賣商團所裝之胡姬賣酒；魚產仲賣團之金太郎捉鯉，解緡釣魚寄酢供母；衛生團之禹王治水，烏金炭之美譽；漁業團之觀音收良女；日用雜貨團之西遊盤絲洞；田寮港團之紅沙車等，俱得入賞。此外，如芭蕉團之桃中得子，三井浮船員之仙人泛舟等，亦各含有廣告意味。[82]

81　〈基隆迎媽祖盛況行列通過約費一時間地方來觀者七八萬人〉，《臺灣日日新報》，1926.05.29，4 版。

82　〈基隆迎神雜觀詩意閣爭奇鬪巧音樂團搜羅繡旗〉，《臺灣日日新報》，1926.05.30，4 版。

觀察這些參與團體多屬經營工商業者，且除漢人經營者外，另有屬日資之團體與會社，如三井落水工團、藤田豆粕製造會社團等，其參與目的明顯可知屬商業活動，具廣告宣傳性質及效果。又上述參與慶安宮媽祖繞境陣頭行列之新合順豚商團、魚榮商團亦參與中元祭水燈與陣頭遊行活動，其目的應亦屬相同。而此種陣頭遊行活動除爲商行店家之打廣告宣傳自家產品外，逢景氣不佳時，亦可藉此挽回商況，提振經濟。如昭和二年報載：「基隆慶安宮，媽祖遶境，訂來十七日，依例舉行，本年爐主，林朝寶氏，外當事者等，已自前月著々準備，竝鼓吹陣頭參加，擬以盛大舉行，挽回商業不況」；[83]昭和三年報紙又載：本年慶安宮媽祖繞境，「當盛大舉行，藉以挽回市況」；[84]而昭和五年報紙亦云：「景氣日非，欲藉賽會，以挽回市況」。[85]報紙之諸多報導，呈現出的重要意義就是陣頭遊行活動的強烈商業性質與經濟目的。

第三節　身為同風會會長的許梓桑與基隆中元祭

　　基隆同風會原名敦俗會，成立於大正三年，目的在「改良一切弊俗」，特別是「改良交際送迎吉凶賀弔及迎神賽會諸禮節」；會長爲基隆區長許梓桑，副會長初爲前保甲局長張達源

83　〈十七日媽祖繞境請發臨時列車〉，《臺灣日日新報》，1927.05.09，4版。

84　〈慶安宮媽祖繞境先聲〉，《臺灣日日新報》，1928.05.09，4版。

85　〈磋商迎神〉，《臺灣日日新報》，1930.04.06，4版。

（1864-1915），[86]後則由士紳顏雲年（1874-1923）擔任。[87]許梓桑透過敦俗會對日治時期社會工作之投入甚多，被日人稱為是「努力教化的社會事業家」。[88]

敦俗會成立之初，會則第十條即言：

> 凡吉凶交際迎神賽會諸禮節，總以適合時宜，勿尚奢華為主，一切外觀炫耀，均屬無益，今經公議改良，諸會員宜一般遵守會規，實事求是，勿背本會創立之趣旨。

而會規第十七條更針對中元普度活動有明文規定，其言：

> 中元普施，例年輪流主普及諸柱首，窮極奢侈，虛費金錢，實為無益，自今以後，各宜儉約，勿尚奢華，至於各家陳設豚羊犧牲果物，例有餽贈，今議一律刪，以省靡費，而重衛生。[89]

可見其對中元祭之規範要點為力求儉約，方法則是禁止彼此間之祭品餽贈舊習。而敦俗會成立之初即被有心人士寄以厚望，期待該會發揮作用，避免普度賽會之奢華，當時報載：

86　〈基隆敦俗會成立〉，《臺灣日日新報》，1914.08.17，4 版；〈基隆敦俗會後聞〉，《臺灣日日新報》，1914.08.24，4 版；又有關基隆同風會之略述可見簡萬火，《基隆誌》，頁 173。

87　顏雲年於大正六年初已接任敦俗會副會長職務；見〈基津春宴盛況〉，《臺灣日日新報》，1917.01.10，6 版。

88　伏喜米次郎，《グレート基隆》（臺北：成文出版社，1985，臺 1 版；據基隆新潮社，1932 景印），頁 7。

89　〈基隆敦俗會成立〉，《臺灣日日新報》，1914.08.17，4 版。

本年主普值謝姓，結起腳壇，點電數百燈，祭品豐厚，亦為
各柱冠，席上洋樓二座，純由糕塊造成，聞由自然香餅舖，
意匠巧造，最獲好評，其他各柱祭品亦豐富，船家舖戶，剛
䵧大小計五百餘頭，排滿海岸，最大者謝裕記炭行，一頭四
百餘斤。……基津水陸交通之地，金融活潑，祭賽盛況，自
在意中，獨不解敦俗會開會在即，欲儉反奢，徒託空言，是
可慨也！[90]

字裡行間可見對敦俗會之期許。

又敦俗會成立次年（大正四年），適逢林姓輪值主普，林姓為
基隆輪值主普十一姓中之大姓，被稱為「金雞貂石四堡中，人數最
多最富者」，[91]敦俗會之主張立即招來輿論對林姓奢華之批評，當
時報載：

舊七月廿六日基隆中元之準備，本年值林姓，十分奢華，以
背敦俗會之規則，經對當事者力勸之，不肯相聽。查林姓本
年之費，實有過多，有碍地方之經濟，主普林姓，人眾既多，
殷富不少，本年輪值，其會務必窮奢極侈，爭奇鬥勝，勢欲
壓倒例年輪值之十姓，以誇耀於里閭。……噫廢有用之財，
而糜無益之費，愚實甚也，論此中元之費，自清時代，及領
臺以後，每年大小姓不過千圓，以至二千之多，未聞今年如
此之奢華，設或緣款之多，不宜盡用，或抽些為慈善，或存

90　〈基隆盂蘭會盛況〉，《臺灣日日新報》，1914.09.17，6版。
91　〈準備盂蘭〉，《臺灣日日新報》，1915.08.15，6版。

為公款，較為有益，況去年敦俗會創設以來，凡陋習舊規改
良，大舉成效，本年之中元，不特毫無改良，且比常年踵事
增華，於敦俗會規則中第十七條所載，中元之普施要儉約，
勿奢華，其會旨毋乃太背乎，當此地方稅款，及慈善義舉之
事，人每多於怠納，不見勇為，而獨於祭鬼之用，傾囊以助，
有碍地方之經濟，當局知之，當不容其如此也。[92]

由上可知，基隆林姓因人多勢眾、財力豐厚，故亟欲在中元普度活
動裡展現雄厚地方實力，卻引來輿論關注；而敦俗會成立的努力目
標之一，即在對中元普度活動的力求儉約，自然對此大姓之舖張舉
措有所關切。

　　大正年間順應臺北州各地同風會陸續興起，[93]基隆敦俗會亦於
大正九年更名為同風會，「以符風同道一之義」，[94]會長仍為許梓
桑，副會長初為顏雲年，大正十二年顏雲年過世，同風會改選其弟
顏國年接任副會長之職。[95]

92 〈基隆準備普度續聞〉，《臺灣日日新報》，1915.08.17，6版。
93 林麗卿，〈日治時期臺灣的社教團體與社會變革——以臺北州「同風
　　會」為例〉（臺中：國立中興大學歷史學系碩士論文，1997.06），頁
　　17-29；又有關臺北州同風會之發展情形，可見游秀玟，〈殖民體制下
　　的文化革新——1920年代的同風會與文化協會〉（臺北：國立臺灣大
　　學社會學研究所碩士論文，1995.07），頁8-22。
94 〈基隆特訊——實行同風〉，《臺灣日日新報》，1920.07.07，6版。
95 顏雲年於大正十二年過世，同風會副會長於當年改選，由其弟顏國年
　　接任；見〈基隆——同風會總會〉，《臺灣日日新報》，1923.06.01，
　　4版。

同風會成立當年，恰為許姓輪值主普，許梓桑身為基隆許姓大家長，亦同風會負責人，自然須以身作則，配合同風會主張之儉約主義，以為表率，故該年中元普度即不設主普壇，僅於農曆七月廿五日燃放水燈，廿六日陳牲普施而已；當時報紙曾載：「無知小民有譏其過儉者，然在智識階級，則以為寧使愚民譏，勿貽文明笑也，寄語許姓，其為人表率，勿恤人言，幸甚」。[96]可見許梓桑作法實為創舉，惹人注目。

昭和元年，又值林姓輪值主普，基隆同風會於正式普度前的七月廿七日午後八時開會，出席者除會長許梓桑、副會長顏國年外，含顧問深水要塞司令官、岩田署長、佐藤市助役、莊司市視學、大貫警部、小山第一公學校校長及役員廿餘名，會中決議：

> 宣傳舊中元普施，質素從事，並各戶祭品，贈答廢止之件。
> 實行方法，選舉顏國年、潘榮春、張士文、黃鄉齒、蔡慶雲
> 等五氏，為交涉委員，勸告主普林姓，及各柱首代表者，質
> 素從事，勿尚奢華，節約冗費，以養民力，並印刷宣傳單，
> 撒布全市，廢止各戶祭品贈答以省糜費，而重衛生。[97]

當年八月二日午後八時，基隆同風會更邀集主普林姓代表者及各柱首十一名開懇談會，出席者有佐藤基隆市尹、岩田署長、佐藤市助役、莊司市視學，以及交涉委員顏國年等四人，協議舊曆七月廿六日中元普施，費用節省事宜，決議實施事項為：

96　〈基隆短信──中元破例〉，《臺灣日日新報》，1920.09.08，6 版。

97　〈基隆同風會決議事項〉，《臺灣日日新報》，1926.07.31，夕刊 4 版。

一、半普祭典費用，比豫算節省三成以上。二、廢止主普對
最大及最小豬公，獎賞金牌之事。三、現時未有豬公之人，
當以自發的，買入小豚以省費用。四、各柱首，極力節約，
質素從事，勿相競爭。五、市內廣告臺，由同風會，揭出廣
告，及配宣傳單，使各戶互相節約，並廢止祭物贈答，以省
靡費，而重衛生。[98]

觀此內容可知，同風會除對傳統祭品贈答之舉予以約束外，亦反對
牲豚競賽活動。而該年輪值主普的林姓本規劃祭典費需一萬餘圓，
「嗣因基隆同風會，出為勸誘，節省虛費，故即決定節省三成，變
更為七千餘圓」。[99]

　　當時基隆同風會為宣傳廢止中元祭品贈答，因此舉實有礙衛生
及耗冗費，故預定自八月廿三日至廿九日一週內，分別至蚵殼港、
石硬港、獅球嶺、曾子寮、牛稠港、田寮港、哨船頭、草店尾、媽
祖宮口等地，每夜七時半起，開管內各戶主會，徹底宣傳，並映活
動寫真，以提供免費觀覽，希望幹部員全部出席，共相提倡以期實
行。[100]其宣傳文書內容為：

98　〈基隆人士協議普施節約並廢贈答〉，《臺灣日日新報》，1926.08.05，
　　4 版。
99　〈基隆慶安宮中元主普續聞〉，《臺灣日日新報》，1926.08.15，夕刊
　　4 版；該內容亦見於〈盆祭りの費用節約一萬圓の豫定を三割減基隆
　　同風會の申合せ〉，《臺灣日日新報》，1926.08.04，夕刊 2 版。
100　〈基隆同風會開戶主會宣傳納稅並廢止中元贈答〉，《臺灣日日新
　　報》，1926.08.22，4 版。

蓋聞羲皇之世，民風尚樸，里閭無賭賽之聲，鄉黨有輯熙之象，迨至風氣漸開，民情日侈，凡有迎神賽會，靡不踵事增華，圖悅耳目，如我基隆，中元普施，例年主普及各柱首互相競爭，窮奢極侈，虛費金錢，毫無吝惜，又如各戶，陳設犧牲及菓物，亦必盡其豐富，以備贈答之用，竟不知普施幽冥，不在奢華，惟具誠恪之心而已，既忘本而逐末，遂相習以成風，此有心人，所以竊竊悲也，者番基隆同風會，出為提倡，勸誘主普及諸柱首，節省虛費留資實用，垃廢各戶祭品贈答，以省糜費，而重衛生，希望市人，自此舊七月中元，實行左記事項，則他方幸甚，本會幸甚。一、主普及諸柱首，各宜儉約，勿尚奢華，蓋競爭奢侈，虛費金錢，實為無益。二、神之憑依，在德不在物，各戶普度費用，自宜儉約，無須過於豐富，蓋普施幽冥，不在祭品豐富，惟具虔誠之心可耳。三、各戶陳設犧牲菓物，例有贈答，自本年起，一律廢止，既省糜費，又免枝節之煩，蓋暑天祭品，易於腐敗，互相贈答，有碍衛生。四、戶稅納期，迫在眼前，如能節省費用，為納稅之資，則所謂國課早完，雖囊橐無餘，亦得至樂也。[101]

可見其主要強調基於暑天衛生考量，反對中元傳統習俗彼此以祭品互相贈答之行為，且祭祀重誠心非外觀，更主張由此活動中之節約經費，可便於完糧納稅盡國民責任。

101　〈基隆同風會宣傳中元祭品贈答廢止〉，《臺灣日日新報》，1926.08.25，夕刊4版。

昭和四年何藍韓姓輪值主普時，同風會再度要求島人廢止中元贈答，報載：

> 島人中元普度，每有互相贈答祭品，既不經濟，又碍衛生，同風會早有宣傳廢止，然尚有多少未盡實行者，故乘此回賽會，再為宣傳，以期徹底實行，至於牲豚贈答（俗曰口份），亦在廢止之內云。[102]

昭和五年吳姓輪值主普時，基隆同風會又開會決議，鳴鑼通知全市，希望市民屬行廢止贈答，更關注到行腳僧人利用中元致祭時至各戶誦經，收取紅包之不當舉措，因報載：

> 從來當地中元賽會，各戶皆備祭品，於門前致祭。主普人家，則備牲豚，陳列於主普壇附近，或於自宅前致祭。每有散僧侶，擅來誦經，索取紅包，本年一律廢止，縱有仍舊擅來誦經，亦可免贈與紅包，以杜傚尤，矯正惡俗。[103]

其更進一步解釋說：

> 一、中元普度之時，行腳僧擅到各戶念經，索取紅包（謝禮），有碍風俗，一律廢止。二、迎神賽會之時，由各地方入市之

102　〈基隆——廢止贈答〉，《臺灣日日新報》，1929.08.30，夕刊 4 版。
103　〈慶安宮普度禁乞丐及散僧到處勒索〉，《臺灣日日新報》，1933.09.14，夕刊 4 版。

乞丐，到處徘徊行乞，有碍社會體面，竝常惹起事故，自今
嚴為取締。[104]

可知此時同風會對普度期間因普施造成各地行腳僧或乞丐齊聚市
中，影響社會秩序及市容觀瞻甚為關切亦主強力禁止。

昭和九年劉唐杜姓輪值主普，該姓亦為輪值主普十一姓中之大
姓，基隆同風會仍乘舊中元，當地各廟宇陸續舉行普度，為改陋習，
得市教化聯合會及社會事業助成會後援，印刷傳單數千枚撒布全
市，宣傳事項，其內容如下：

> 一、中元各廟宇普度，例由各舖戶，提出孤飯，以祭孤魂，
> 自今欲改為孤米（白米），以代孤飯，而省炊工，較為便宜，
> 倘有守舊，不欲改良，仍以孤飯提出者，亦聽其自由，不以
> 強制之也。二、中元普度之時，行腳僧（概係臨時裝成之假
> 和尚），擅到各戶誦經，索取紅包，有碍風俗，一律廢止。
> 三、中元普度，祭品贈答，徹底實行廢止。四、迎神賽會之
> 時，由各地方入市之乞丐，到處徘徊行乞，有碍社會體面，
> 竝常惹起事故，自今嚴為取締。[105]

可見此時同風會除以往主張廢止祭品贈答、牲豚競賽及行腳僧與乞

---

104 〈慶安宮中元河燈盛況普度被雨掃興〉，《臺灣日日新報》，1933.09.19，
4版。

105 〈基隆同風會提唱〔倡〕改普度孤飯為孤米一般贊成當見實行〉，《臺
灣日日新報》，1934.09.02，8版。

丐聚市之內容外，又加上將祭品中之孤飯改為孤米以節約物力之舉措。

昭和十年陳胡姚姓輪值主普時，該姓亦屬輪值主普十一姓中之大姓，被當時報紙稱為是「十一姓中之惟一大姓」，[106]基隆同風會又乘當地慶安宮舊中元普度，舊廿五日夜放河燈，廿六日夜普施之機會，印刷陋習改良宣傳單五千枚，分配全市，以期實行，再次重申相關內容，並輔以更詳細說明以解釋其義：

> 一、各廟宇中元普度，例由舖戶，供奉孤飯，以祭孤魂，今改孤米（白米）以代孤飯，而省炊工，較為便宜。
>
> 從來廟宇普度，各舖戶供奉孤飯，以祭孤魂，祭畢，贈與養命堂，為乞丐糧食，然每年孤飯甚多，一時食用不盡，致以賤賣為飼豚之用，甚不經濟，想彼孤魂，亦與人同，有此不經濟之嘆也，當地經行一年望再實行徹底，將孤飯改為孤米，即將白米，少自二升，或三、四、五升不拘，入於米袋內，記入氏名為感。
>
> 二、中元普度之時，行腳僧擅至各戶念經，索取紅包，有碍風俗，一律廢止。
>
> 從來當地普度，各戶備祭品致祭，或主普人眾備牲豚陳列於主普壇附近致祭，每有行腳僧（散和尚）擅來念經，索取紅包，但地方入市致祭主普之人，唯備牲豚，不帶金錢，被其勒索，殊為唐突，縱敢擅自念經，可免贈與紅包，如敢強制

要求者，可報告警官，或通知巡察中的双葉青年團幹部，定
當嚴罰，以杜傚尤。

三、中元普度，祭品贈答徹底實行廢止。

中元普度，各家陳設豚羊犧牲菓物，例有互相贈答，本會曩
已宣傳廢止，奈有一小部分，未盡實行，自今各宜徹底實行
廢止，以省冗費，而重衛生。

四、迎神賽會之時，由各地方入市之乞丐，到處徘徊行乞，
有碍社會體面，竝常惹起事故，必嚴為取締。

乞丐徘徊行乞，或出於不得已，或有詐飾者，若稍不注意，
則常惹出盜難，當地乞丐，早已收容於養命堂救養，凡迎神
賽會，每由地方入市行乞者有之，實碍社會體面，此等乞丐，
當請他本居地當局救養，毋須放任其到處行乞，若發見乞丐
之時，可免與金品，即刻通知市役所教育課（電話五八四番）
自當善為處置也。

五、敬鬼神，重祭禮，燒金紙，實無益，各宜鑑戒。

夫鬼神之事，原屬渺茫，故聖人云，敬鬼神而遠之，可謂智
矣，若祭祀之道，無非崇拜敬禮，效法觀感，以起敬慕之忱，
竝非燒金紙以求福，亦非不燒金紙而得禍，所謂鬼神之德，
在乎人之觀感，敬心與敬禮而已，捨此，別無他事也，深望
有識者，了徹此鬼神之祭祀，只好潔誠焚香頂禮斯可矣，切
勿以燒金紙是尚，徒耗虛費竝惹意外之災，則幸甚。

六、中元普度，陳列祭物，戒勿掠奪，以免取締。

中元普度，陳列祭品，及看牲人物，非惟敬鬼神之意義，且
欲使人人來觀，蘭盆勝會，以娛心目，尤望家主各自戒其子

　　侹，所有陳列祭品任人縱覽，不論何物，不宜掠奪，敢此之
　　為，定當請官嚴辦。[107]

相關宣傳內容，除強調廢止祭品贈答及改用孤米、禁行腳僧與乞丐
外，再加上禁燒金紙及搶掠祭物二項；其中，禁燒金紙之舉為全臺
各地首倡，實令人耳目一新。[108]

　　同風會自成立以來，持續對中元普度之各式要求及普遍宣傳之
結果，可以昭和十一年謝姓輪值主普時，報紙之報導內容略知一
二，其言：「基隆同風會從來所宣傳取締，行腳僧、外來乞丐，皆
不見隻影，祭品互相贈答，全部廢止，惟主普謝姓豚肉，對親戚知
己，尚有多少相贈而已」，[109]可見同風會的長期努力已見若干成效。
然禁燒金紙之舉則反造成同風會內部分裂，因會內對此項約束分積
極與消極兩種不同意見，而會長許梓桑屬積極派，強力禁止燒金紙
行為，其早於大正九年許姓輪值主普時，已減少燒金紙數量，此舉
為報紙注意，認為該年燒金紙比例減少甚多，「可知島民漸開

107　〈基隆同風會乘普度宣傳各種陋習改良改孤飯廢金紙廢贈答〉，《臺
　　　灣日日新報》，1935.08.24，8版。

108　蔡錦堂，《日本帝国主義下台灣の宗教政策》（東京：同成社，1994），
　　　頁 335-336。該書有關金銀紙廢燒情形之說明可見頁 231-233，書中
　　　明白指出：昭和十二年因中日戰爭爆發，日本殖民統治者欲節約物
　　　力，故要求寺廟祭典廢燒金紙並去除金爐；然基隆同風會早於昭和十
　　　年即已提出廢燒金紙之呼籲。

109　〈基隆慶安宮中元第二夜普施盛況〉，《臺灣日日新報》，1936.09.15，
　　　夕刊 4 版。

化」。[110]惟許梓桑與理事張士文、汪榮振等人為首的消極派對燒金紙事之步調不一，[111]致消極派相繼退出同風會以示抗議；昭和十二年的報紙曾以斗大標題，相當篇幅詳細刊載此事，[112]因此中元普度活動裡廢燒金紙政策之推動及執行效果如何，可想而知。

同風會對基隆中元普度活動要求節約之各種約束，除強調上述各項內容外，亦對年年搭建之主普壇頗有意見。前曾提及大正九年許姓輪值主普時，中元普度之一大創舉即廢除主普壇的設立，僅保留廿五日燃放水燈及廿六日陳牲普施部分，當時頗引起人們之討論。蓋基隆中元普度每年均須臨時搭建樓高數層、輝煌亮麗之主普壇供祭典儀式之進行，事後再予拆除，實花費甚鉅，且耗損人力、物力；又因各姓競爭心態濃厚，往往競相奢華，欲超越前姓，故一年預算勝過一年，確引起有心改良者注意，因此，許姓輪值主普時，許梓桑即反對搭建臨時主普壇，以節省經費，並為表率。[113]惟次年（大正十年）張廖簡姓輪值主普時，又恢復舊習，斥資搭建樓高三

110 〈基隆特訊——迎神續紀〉，《臺灣日日新報》，1920.06.08，6 版。

111 同風會內部力量可分成保守、漸進、急進三派，其中屬急進者以許梓桑為主，屬漸進者以潘榮春為首，屬保守者以張士文、汪榮振為核心；見〈金亭廢止に端を發し同風會內部の紛擾爆發〉，《新高新報》，1937.07.03，9 版。

112 〈基隆市同風會の內紛愈よ尖銳化〉，《臺灣日日新報》，1937.06.29，9 版。另有關同風會因廢燒金紙問題引發分裂情形之說明，參見陳凱雯，〈日治時期基隆慶安宮的祭典活動——以《臺灣日日新報》為主〉，頁 189-191。

113 〈基隆短信——中元破例〉，《臺灣日日新報》，1920.09.08，6 版。

層之臨時主普壇以進行普度活動，「且裝飾一切，務必勝前」；而報紙對此舉曾大加評論曰：

> 昨年許姓屬行廢止，意從此去奢就儉矣，不意今年竟比前者更奢，誠地方之憾事。張雖大姓，而當地邇來因財界影響，加以土產大宗之石炭不況，視他處地方窮困尤甚，市內商店倒閉頻頻，即觀街役場徵稅成績，屆期僅納十分之二，為二十餘年來全島未曾有之不況，市民正引為恥，而張姓當事人，不為地方財力計，作此無謂之爭，雖曰誠心由人，當軸不為干涉，然就文明公義觀之，必為有識者所竊笑。噫，餓鬼乃窮老無歸者為之，憐而祭之固宜，然生前欲求一餐，常嘑爾蹴爾與之，死後則媚之如神明。某生竹枝詞，有道旁野祀多窮老，不祭生人祭死人之句，痛心之言也。[114]

可見觀察者對年年興築主普壇並競相奢華之舉不僅強力批判，更極盡嘲諷之意。

事實上，為免年年耗損，昭和元年開始，已有輿論希望在高砂公園內建一固定主普壇，由輪值主普各姓合資，平時為音樂堂，定期舉行演奏會，娛樂市民，農曆七月普施之時，則充為主普壇利用，實可「移無用之財，為有用之資」。[115]而基隆同風會於昭和二年九月廿七日午後七時在慶安宮召開役員會議時，已將建音樂堂案列入

---

114 〈基隆特訊——貽笑文明〉，《臺灣日日新報》，1921.08.26，6 版。
115 〈基隆市人望設音樂堂竝期奏樂〉，《臺灣日日新報》，1926.08.15，夕刊 4 版。

役員會中的協議事項；至十一月廿七日午後六時半於慶安宮側室開會時，即著手規劃高砂公園建音樂堂之事；[116]且此後在定期會議中持續追蹤音樂堂興築進度，如昭和三年，同風會開會時又有提議此事者，故由同風會會長許梓桑、副會長顏國年，及理事潘榮春三人連署，向基隆市役所提出請願書，籲政府當局將之列入昭和三年度中之建設，費用則由市役所及主普十一姓分擔。當時認為，該音樂堂完成之時，基隆可新添一宏偉建築，市民多一處娛樂場所，而「每年主普壇可無競爭，節省結壇費數千圓」。[117]至昭和四年一月廿七日夜，基隆同風會在慶安宮右室開一月份役員月例會，時出席者三十餘名，即由許會長先報告音樂堂建築事。[118]在各方努力奔走及持續推動下，終於昭和四年中元普度前，將基隆固定主普壇立於高砂公園內，使當年輪值主普的何藍韓姓得以運用。該固定主普壇為八角形，全部鐵筋及鐵骨混凝土築成，樓高三層，而恐日後各姓競爭日趨奢華，主普壇僅有主壇一座，兩邊無附屬小壇。惟實際上各姓日後仍在主普壇之外觀擴建與裝飾佈置上競相爭華，彼此互較高下之態未曾中止。

---

116 〈基隆同風會協議事項決定〉，《臺灣日日新報》，1927.09.27，2版：〈基隆同風會例會協議事項〉，《臺灣日日新報》，1927.11.29，夕刊 4 版。

117 〈基隆高砂公園將建音樂堂兼用主普壇〉，《臺灣日日新報》，1928.01.14，4 版。

118 〈基同風會例會家畜會社不寄附役員大起恐慌〉，《臺灣日日新報》，1929.01.31，夕刊 4 版。

小結

今日基隆中元祭裡最為人關注的特色之一乃姓氏輪值主普制，而姓氏輪值主普制實與宗親組織密切相關；惟清咸豐五年姓氏輪值主普制開始運作時，基隆並無宗親會的成立，全臺宗親會的普遍出現，實在一九二〇年代，特別是日治時期的昭和年間，且成立目的係透過宗親會凝聚同姓宗族力量以建宗祠及修祖譜，基隆許姓宗親會亦是在此背景下成立，而並非為基隆中元祭之運作才形成的。

基隆許姓宗親會雖於昭和二年正式成立，然其存在時間甚短，前後不到四年，此四年中許姓並未輪值主普，迨許姓負責輪值主普時，宗親會已解散；而日治時期許姓數次輪值主普，且能將相關工作順利完成，固然仍需依靠同姓宗親們的協助，然由於基隆許姓人少勢孤，因此，許梓桑個人的地位與影響力在基隆中元祭輪值主普之事上，或許較宗親會此一團體更顯重要。

蓋許姓於姓氏輪值主普制施行時的清咸豐年間，應為具相當實力之地方大姓，乃有足夠能力進入輪值主普行列，成為輪值主普十一姓之一，惟其實際運作情形，限於史料，難以得知；然許姓經過數十年之發展後，至日治時期的昭和年間，其勢力確已不若其他輪值主普姓氏（如林、陳、張、劉姓）與新興姓氏（如顏、李、黃、楊、王、蔡姓），故許梓桑在輪值主普負責籌辦諸事之表現上，總較其他輪值主普大姓顯得低調與保守，亦不參與主普外的主會、主醮、主壇三大柱祭祀事，甚至與輪值主普諸姓開會討論開放外姓加入輪值主普行列，以減輕沒落姓氏之輪值主普負擔，亦使有能力之

新興姓氏得挑起重擔，持續傳統工作。許梓桑上述種種舉措具體反映出日治時期許姓沒落不如以往之事實，且許姓無法藉由宗親會在基隆中元祭裡輪值主普之工作，重整或提振該姓在地方上之勢力與影響力，日治時期的基隆許姓主要是靠許梓桑之個人力量乃得維持。

許梓桑自日本殖民統治基隆後即被日人網羅，長期涉入地方政治並參與民間社會活動，其同時為傳統廟宇慶安宮之管理人及新式社團同風會的會長，而此二團體在基隆中元祭裡的角色與作為實有某種程度之對立性。因慶安宮於日治時期已為基隆中元祭內壇所在地，外壇四大柱實以其為核心，分布四周形成一完整祭祀區域；而許梓桑以慶安宮管理人身份，在基隆中元祭活動裡扮演協調角色，專門負責協調出適當人選進行主普外三大柱之祭祀活動，而為使相關工作得順利進行，其引進慶安宮祭典模式，主張由地方保正輪流負責主普外三大柱之一的主會工作，並可藉由保正身份令地方分攤經費，使主會一如主普般有較固定及有力之負責人持續進行。

相較於慶安宮管理人身份是協助基隆中元祭之普度工作能順利進行，令傳統活動得綿延不絕；同風會會長則是對民間社會之傳統習俗與活動進行改革，且基於節約原則、衛生考量及市容維持，同風會約束基隆中元祭普度活動之項目不斷增加，從最初主張廢祭品贈答、牲豚競賽，到以孤米取代孤飯、禁行腳僧與乞丐，乃至廢燒金紙、禁搶掠祭品，亦籌建固定主普壇取代年年搭建事後拆除之臨時主普壇等內容，同風會對諸項目無不努力宣傳，詳細說明，以改良舊俗之奢華競爭與耗損資源。特別是針對人多勢眾、財大力豐的數個輪值主普大姓，如林、陳、劉姓等，同風會在當年總是更為

積極地規勸，恐其大展該姓實力而競相奢華，帶動不良風氣，故報紙之相關報導亦往往是長篇大論，鉅細靡遺地解釋禁止原委。而觀察同風會之努力成果，其確實在廢祭品贈答、牲豚祭祀、禁行腳僧與乞丐方面達成一定功效，惟其它方面則似未臻理想，距目標仍有相當距離。

又當時許梓桑身為同風會會長，在該會對基隆中元祭要求節約之各式規範中，其頗能以身作則，為人表率，如在固定主普壇未構築之前即於輪值中元主普工作時，率先不搭建主普壇實為創舉，惹人注目；惟探究實際原因，除許梓桑身為同風會會長不得不身體力行，為人楷模外，許姓在當時本已沒落，實力亦不足以舖張奢華，故配合同風會對基隆中元祭之規範要求亦理所當然之事。

值得注意的是，同風會針對基隆中元祭活動之各式約束裡，不見其對水燈及陣頭遊行活動之花費支出有所規範；而許姓負責輪值主普工作時，許梓桑對他姓引進豪華水燈排以吸引人氣展示力量之舉，亦未予禁止或提出負面評論。仔細觀察其由，實在於商業利益及繁榮地方經濟考量。蓋日治時期基隆各廟宇祭典均有陣頭遊行活動，尤以慶安宮規模最大，其目的即在利用陣頭遊行以達廣告宣傳效果，可藉此打響自家產品知名度，促成交易活絡、增進商業利益以繁榮地方經濟。因此，身為慶安宮管理人的許梓桑對基隆中元祭裡陣頭遊行之舉自然不排斥，而身為同風會會長的許梓桑亦對此活動未予禁止，故水燈與花車之陣頭遊行活動在日治時期的基隆中元祭得保存並持續至戰後，且發展成今日基隆中元祭裡甚為重要且引人注目之內容。

　　惟戰後對於基隆中元祭裡的水燈與花車遊行活動，往往賦與
「以賽陣頭代替打破頭」之意涵，即認爲清咸豐五年爲化解大規模
漳泉械鬥造成的慘重傷亡，除經由姓氏輪值主普制固定每年普度工
作之負責者，以輪流舉行祭典儀式超度亡靈外；同時，亦透過每年
中元普度裡的水燈與花車遊行之競賽活動，替代以往漳泉族群對立
之械鬥衝突，而此一說法與歷史事實不盡相符。蓋基隆中元祭於姓
氏輪值主普制產生時的清咸豐年間，乃至後來的同治年間，是否已
出現陣頭遊行之競賽活動，目前並無相關史料足以證明確認，然發
展至日治時期，基隆中元祭裡確實普遍出現大規模的陣頭遊行活動
與激烈競賽場景，然其眞正目的在商業宣傳與廣告效果，而非藉此
消弭昔日漳泉械鬥之族群對立與衝突問題，故兩者應予明確區隔，
不可混淆。

圖 6-1：許梓桑像

資料來源：《臺灣人士鑑》，頁 79。

圖 6-2：許梓桑漫畫圖像（上排中間者）

資料來源：〈臺北州協議會（第一日所見）〉，《臺灣日日新報》，1930.12.19，
　　　2 版。

圖 6-3：昭和二年基隆許姓宗親會成立圖

資料來源：基隆許姓宗親會提供。

台灣許姓宗親會創會成立紀念照片㈠

圖6-4：昭和三年臺灣許姓宗親會成立圖（兩幅）

資料來源：許漢卿總編，《臺灣許姓宗親會創立六十週年特刊》，頁38-39。

台灣許姓宗親會創會成立紀念照片㈡

第七章
社會動員和政治參與：
日治時期的基隆中元祭

　　節慶活動之於中國傳統民間社會，不僅是日常生活勞碌工作下的難得休閒時間，更是小民百姓文化表現之重要展示舞臺。尤其，節慶活動的多樣化與多元化，體現中國各地民情風俗之特殊性與異質性，而促成節慶活動產生與形塑其外觀樣態之背後推動力，更顯現當時民間社會一定水準的物質條件與政府當局相當程度的權力運作。

　　本章著眼於源自中國傳統思想與佛道宗教信仰，而於唐宋以後普遍流行民間社會的中元節慶活動，至於關懷之時空範疇則為日治時期的基隆。蓋以往對於基隆中元祭之研究，主要關注於宗親組織與基隆中元祭之關連性，然日治時期的基隆中元祭並非僅有宗親組織的統籌規劃而已，當時社會上另有不同的工商團體與新式社團加入此一活動。又日治時期的地方政府亦有相當程度之參與及影響，此包括殖民政府對相關活動的協助、支援、調整、掌控等作為。綜觀這些社會團體及政治力量在基隆中元祭活動裡，均扮演相當重要

之角色，且共同形塑出基隆中元祭之外觀樣態與內涵意義。

有鑑於此，筆者欲立基以往之研究成果，更進一步地將上述各方力量在基隆中元祭裡的參與及運作情形予以深入了解與分析說明；尤其，這些不同社會團體，如工商團體、新式社團的關係，無論是合作或競爭、協助或約束，以及殖民政府之行政支援或政治調控，均是互相糾葛，纏繞不已，合作中有競爭、協助中有約束、支援中有調控，如此既平行亦對立的角色扮演，確令基隆中元祭之實質面貌更為複雜多樣，而筆者以為，透過如此層次分明的剖析探究，或可將日治時期基隆中元祭課題予以較完整而全面地掌握。

第一節　工商團體的角色

日治時期工商團體之參與基隆中元祭主要表現於水燈及花車遊行的競賽活動中。如大正五年江姓輪值主普時，有商船苦力組、大商組、水產製冰會社、輕鐵會社、魚菜商團、運輸會社等工商團體參與競賽；評比結果是「商船苦力四百五十燈，大商組三百五十燈，斯為最上」。[1]大正十一年吳姓輪值主普時，有三陽公司海部、打錫團等工商團體參與競賽，當年報紙觀察各團表現後評曰：「最長者三陽公司海部一排，多至二十餘節，綿亙一街，二層燈數，計三百餘，聞由苦力一人一籌，故如是多，但皆紙製提燈，稍為遜色」。[2]昭和二年江姓輪值主普時，輕鐵會社又參加遊行活動，被人注意

1　〈基隆普渡〉，《臺灣日日新報》，1916.08.26，6版。

2　〈基隆特訊——河燈盛況〉，《臺灣日日新報》，1922.09.19，6版。

到當年遊行隊伍各團中，「燈數最多者，期為輕鐵會社團之龍燈」。[3]昭和三年鄭姓輪值主普時，有新合順豚商、驛前舸船團、魚菜商團、輕鐵會社團、芭蕉仲賣團等工商團體參與競賽，結果報載「就中芭蕉仲賣團所裝藝閣，閣上滿飾花燈，燃以瓦斯火，燦爛奪目，比晝間所裝者，尤為雅觀」。[4]昭和四年何藍韓姓輪值主普時，輕鐵會社又參加遊行活動，被發現是當年所有參加團體中龍燈最長者，達二十餘丈。[5]昭和五年賴姓輪值主普時，芭蕉仲賣團之表現，報紙評論曰：「以貨物自動車，裝一水淹湯陰縣，岳飛出世，即如藝閣亦布水景，最喚人氣」。[6]昭和七年張廖簡姓輪值主普時，有三井海陸炭部、泰記汽船會社、新興泰、新合順等工商團體參與競賽，其中以「三井海陸石炭部人夫之龍燈一排，燈數千盞，長二百米突，即六百餘尺」，如此大規模陣頭的參與，顯示此一團體全心投入之熱情，故「主普當局，嘉其熱忱，賞與金牌一面，以表謝意」。[7]昭和八年吳姓輪值主普時，讓人印象深刻者乃「三井物

3　〈基隆河燈盛況惜行列中電燈全滅〉，《臺灣日日新報》，1927.08.25，夕刊4版。

4　〈基隆普施河燈行列竝有藝閣參加〉，《臺灣日日新報》，1928.09.10，4版。

5　〈基隆慶安宮放河燈龍燈長二十餘丈頗呈熱鬧青年會警戒奉仕〉，《臺灣日日新報》，1929.08.31，夕刊4版。

6　〈基隆中元普度續報因前夜觀河燈被雨觀眾大不如前年〉，《臺灣日日新報》，1930.09.20，4版。

7　〈慶安宮河燈極呈盛況〉，《臺灣日日新報》，1932.08.28，8版；〈慶安宮中元第二日牲豚一千開費約八萬圓鐵道部亦添煙火餘興〉，《臺灣日日新報》，1932.08.30，4版。又當時報紙相關刊載亦可見該團體

產苦力之龍燈一排最長，燈數千個，長約三百米突，因河燈總數延長，約達兩千米突」。[8]昭和九年劉唐杜姓輪值主普時，報載各參與團體中，以「三井海陸石炭部龍燈一排，燈數約千餘個，最為壯觀」。[9]

　　一般說來，日治時期遊行活動之行列順序是由當年輪值主普姓氏居最前，次輪值主普十姓，再為負責主普外三大柱者，至於其它外姓及團體則無固定排序；如昭和四年何藍韓姓輪值主普，報載遊行順序為「主普何姓為先，次三柱首，次賴許張吳劉陳謝林江鄭諸姓，以後十一姓外各姓及各團體等」。[10]而為在此一盛大遊行活動中爭取眾人目光，成為關注焦點，參與者除有固定位置的輪值主普十一姓與三大柱外，其餘各團體往往「互相競爭為前，以致紛爭不少」，故昭和元年林姓輪值主普時，眾人希望由主普當局負責，事

龍燈之引人注意，如其曰：「三井海陸炭部大人，龍燈一排，燈數千五百盞，泰記汽船一排」、「三井石炭部勞働團，特備河燈約有千五百盞，牲豚約有千餘頭之多，十一姓外河燈最長者及牲豚最龐大者，皆決贈與金牌」，參見：〈慶安宮中元普施廿五放河燈廿六普施鐵道部運轉臨時車〉，《臺灣日日新報》，1932.08.22，夕刊4版；〈各地通信——基隆張姓主普頗見盛況〉，《新高新報》，1932.08.26，19版。

8　〈慶安宮中元河燈盛況普度被雨掃興〉，《臺灣日日新報》，1933.09.19，4版。

9　〈基隆中元河燈盛況觀眾擁擠不開〉，《臺灣日日新報》，1934.09.05，4版。

10　〈基隆慶安宮放河燈龍燈二十餘丈頗呈熱鬧青年會警戒奉仕〉，《臺灣日日新報》，1929.08.31，夕刊4版。

先拈鬮，決定先後順序，以免紛爭。[11]可見參與此一活動確可提高相當知名度，故各團體不但爭陣頭表現名次，亦爭出場先後順序。

另根據目前可掌握之資料，日治時期參與基隆中元祭水燈與花車遊行活動的工商團體有下列數個，[12]茲依其行業別分類如下：

表 7-1：日治時期參與基隆中元祭遊行活動之工商團體分類表

行業類	團體（參與年份）
運輸倉儲業	丸大苦力組（1914）、商船苦力（1916）、大商組（1916）、基隆輕鐵會社（1916、1926、1927、1928、1929）、運輸社（1916）、三陽公司海部（1922）、臺灣運送荷役社（1925）、哨船組團（1926）、驛前艀船團（1928）、泰記汽船（1932）、三井海陸炭部（1932、1934）、三井物產苦力（1933）
商業	臺北泰芳商行（1914）、魚菜商（1916、1928）、青果菜團（1926）、豚商團（1926）、新合順豚商團（1928）、芭蕉仲賣團（1928、1930）、新興泰（1932）
製造業	水產製冰（1916）、打錫團（1922）

---

11 〈基隆河燈行列希望拈鬮〉，《臺灣日日新報》，1926.08.18，4 版；〈河燈行列順序拈鬮決定未拈者報明〔名〕〉，《臺灣日日新報》，1926.08.25，夕刊 4 版。相關解釋亦可見吳蕙芳，〈《臺灣日日新報》的地方節慶史料——以基隆中元祭為例〉，頁 31。

12 各年參與之工商團體資料除來自前述文字所載外，另大正三年、十四年及昭和元年資料參見：〈基隆盂蘭盆盛況〉，《臺灣日日新報》，1914.09.17，6 版；〈基隆中元普施盛況〉，《臺灣日日新報》，1925.09.18，4 版；〈基隆慶安宮祭典〉，《臺灣日日新報》，1926.09.03，夕刊 2 版。

　　由上表可知其行業類別以運輸倉儲業最多，商業次之，製造業較少；又若將其中明確可知商號者加以分析，可知有屬日資者，如臺灣運送荷役社，有屬臺資者，如丸大苦力組，亦有屬日臺合資或臺日合資者，如泰記汽船會社、基隆輕鐵會社等，[13]可見日治時期參與基隆中元祭陣頭遊行活動之工商團體不限各種類型。

　　這些工商團體不僅參與中元普度活動的水燈與花車陣頭行列，亦加入基隆其它廟會活動中，吸引人們注意；如大正九年慶安宮繞境活動有青果商團、豚商團及基隆輕鐵會社所屬的運送團、泰記汽船會社所屬的福清丸團參加；[14]大正十一年神社與慶安宮、城隍廟、奠濟宮三廟聯合遊行活動有豚商團及泰記汽船會社所屬的福清丸團參加；[15]大正十二年三廟再次聯合繞境活動有青果商團參加；[16]大正十四年城隍廟繞境活動有青果商團、豚商團參加，且豚商團獲特等獎賞；[17]昭和元年慶安宮繞境活動有魚菜商團、青果商

13　臺灣運送荷役社創於大正七年，代表者長谷川、彌兵衛等；丸大苦力組由謝水乞負責；泰記汽船會社創於昭和八年，代表者江口豐次，重要臺籍社員為曹德滋；基隆輕鐵會社創於大正元年，代表者木村久太郎、顏雲年、顏國年、顏欽賢等。相關資料參見：臺灣新聞社編，《臺灣商工便覽（第一版）》，頁 129；陳燕如，〈中元普度與政商之間：日據時期基隆地方領袖的發展〉，頁 57、59。

14　〈基隆二大祭典〉，《臺灣日日新報》，1920.06.07，4 版。

15　〈基隆賽會〉，《臺灣日日新報》，1922.06.09，6 版。

16　〈基隆特訊——迎神記事〉，《臺灣日日新報》，1923.06.06，6 版。

17　〈コレラも去つて大賑ひの基隆城隍爺祭餘興行列〉，《臺灣日日新報》，1925.10.23，5 版；〈基隆特訊〉，《臺灣日日新報》，1925.10.29，夕刊 4 版。

團、新合順豚商團參加，[18]城隍廟繞境活動有豚商團、芭蕉仲賣團、青果商團、魚菜商團參加；[19]昭和四年奠濟宮繞境活動有芭蕉仲賣團參加；[20]昭和五年慶安宮繞境活動有芭蕉仲賣團、新合順豚商團參加；[21]昭和七年慶安宮繞境活動有芭蕉仲賣團、泰記汽船團參加，[22]奠濟宮繞境活動有青果商團參加等。[23]由此可知日治時期參與各傳統節慶活動的陣頭遊行或繞境行列，實商行店家甚為普遍之宣傳手法與行銷方式，無怪乎當時報紙觀察此現象後評論曰：「島人漸能利用賽會以為廣告，亦商業智識漸進之一證也」。[24]

事實上，工商團體之參與基隆中元祭活動，並不限於加入水燈與花車遊行之陣頭競賽而已，如三陽公司於大正十四年陳胡姚姓輪值主普時，與基源商行共同負責主壇普度事。[25]泰記汽船會社於昭

18　〈基隆迎媽祖盛況行列通過約費一時間地方來觀者七八萬人〉，《臺灣日日新報》，1926.05.29，4 版。

19　〈基隆迎城隍盛況地方觀客三四萬人不見披髮帶枷扮裝官將者尚多〉，《臺灣日日新報》，1926.09.25，夕刊 4 版。

20　〈基隆聖公遶境陣頭及路關〉，《臺灣日日新報》，1929.11.19，夕刊 4 版。

21　〈基隆市媽祖繞境陣頭比前年增加觀眾數萬擁擠不開〉，《臺灣日日新報》，1930.05.17，夕刊 4 版。

22　〈基隆慶安宮迎神各音樂團蜿蜒相接汽車乘合車滿載觀客〉，《臺灣日日新報》，1932.05.24，夕刊 4 版。

23　〈基隆開漳聖王繞境陣頭雖多觀眾較少隨香者有披髮帶枷陋習〉，《臺灣日日新報》，1932.11.18，夕刊 4 版。

24　〈基隆市媽祖繞境陣頭比前年增加觀眾數萬擁擠不開〉，《臺灣日日新報》，1930.05.17，夕刊 4 版。

25　〈慶安宮中元豫聞〉，《臺灣日日新報》，1925.08.15，夕刊 4 版。

和十年陳胡姚姓再次輪值主普時，獨立負責主壇普度事；[26]而昭和十一年謝姓輪值主普時，泰記汽船會社又參與普度工作，此次是與陳漢周共同負責主醮普度事。[27]同時，某些類型行業因具相當危險性，亦往往於中元祭期間自行舉辦普度，以超度於此行業中不幸死難之亡魂，如大正二年陳胡姚姓輪值主普時，基隆操船家照例延請僧眾，普度「歷來為輪船小船搬運貨物，以及渡江溺水諸水底幽魂」，而「會社來泊船隻，以及基隆街眾，亦多赴助普」。[28]大正三年謝姓輪值主普時，因「例年基隆港內有死於非命之大普度，本年如例由重要運輸業者及郵船組、大商組等發起，假第一上屋倉庫一座，延僧超度，是日遺族故舊來拜者百數十人」。[29]又大正八年賴姓輪值主普時，基隆倉庫會社眾苦力合併普施，事後設宴於醉鄉居。[30]從前述數例可知運輸倉儲業因行業之高度危險性，故往往利用此節慶活動祈求平安，成為中元普度之重要參與者。

值得注意的是，工商團體參與基隆中元祭活動亦與宗親組織關係密切，因當時負責主普、主會、主醮、主壇四大柱工作者，無論是屬輪值主普十一姓或外姓，亦多具工商背景，即為公司行號經營者或商家店主，乃能有充裕財力與足夠能力承擔重責大任。茲將目

26　〈慶安宮中元普施盛況觀眾四五萬人〉，《臺灣日日新報》，1935.08.27，8 版。

27　〈基隆——普度柱首〉，《臺灣日日新報》，1934.08.15，夕刊 4 版。

28　〈普濟陰光〉，《臺灣日日新報》，1913.08.22，6 版。

29　〈普濟死於非命〉，《臺灣日日新報》，1914.09.30，6 版。

30　〈楓葉荻花〉，《臺灣日日新報》，1919.11.20，5 版。

前可知日治時期參與基隆中元祭四大柱工作之相關人物（參見表
7-5），依輪值主普十一姓、外姓及其職業背景分類統計如下：

表 7-2：日治時期各姓負責基隆中元祭四大柱工作者職業分類統計表

姓氏/分類	屬輪值主普十一姓者											不屬輪值主普十一姓者					總計/比例
	張廖簡	吳	劉唐杜	陳胡姚	謝	林	江	鄭	何藍韓	賴	許	聯姓會	李	黃	郭	其它	
工商	6	5	7.5	9	2	8.5	2	1	2	4	1	10	0	0	1	5	64
合計	共 48 人占 58.6%											共 16 人占 19.5%					78.1%
行醫	0	0	0.5	1	0	0.5	0	0	0	0	0	2	0	1	1	0	6
合計	共 2 人占 2.4%											共 4 人占 4.9%					7.3%
不明	0	1	1	2	2	0	0	1	2	2	0	0	0	0	0	1	12
合計	共 11 人占 13.4%											共 1 人占 1.2%					14.6%
總計	6	6	9	12	4	9	2	2	4	6	1	12	0	1	2	6	82
	共 61 人占 74.4%											共 21 人占 25.6%					100%
總排序	四	四	二	一	七	二	九	九	七	四	十一	一	五	四	三	二	

說明：1. 聯姓會含楊、柯、蔡、周、董等姓，其它姓含朱、汪、范、曹、顏等
姓。

2. 職業背景若跨兩者則比例各占一半。

從統計數據可知，日治時期各姓參與基隆中元祭四大柱工作者，僅不到一成比例為開業醫師、具醫院主身份，如劉清福、陳漢周、楊火盛、楊阿壽、黃玉階、郭太平等人，[31]餘均屬經營工商業者，比例近八成。

若仔細觀察內容，可知這些地方人士實從事各不同類型之工商業活動，有屬倉儲運輸業者，如張士文經營建成海陸運送店、劉通經營三福公司所屬勞力請負業、陳懋趖經營錦成運送店、朱祿經營朱祿運輸部等。[32]

亦有屬製造業者，如張井經營石井鐵工廠、吳百川經營石炭業於草店尾、劉阿禎經營雲源鐵工所及日新金物店、劉麒麟經營炭鑛業、林大化於草店尾經營石炭業大祥行、林開郡於三峽經營炭礦業等。[33]

而屬商業者尤多，如經營米穀買賣有吳永金的振發行米店、吳和與吳德良（1854-1913）各自有位於新店的米行、陳大頭的陳東興米行、何微力的建裕米行、蔡煥章與朱添才等人合營的大和精米

---

31 簡萬火，《基隆誌》，「附錄」，頁 19、23；千草默仙編，《會社銀行商工業者名鑑》，〈全島商工人名錄：基隆市商工人名錄〉，頁 140；《基隆商工名鑑》，頁 2、4 及附載廣告；《臺灣紳士名鑑》，頁 118；〈增設齒科〉，《臺灣日日新報》，1927.06.02，夕刊 4 版。

32 千草默仙編，《會社銀行商工業者名鑑》，〈全島商工人名錄：基隆市商工人名錄〉，頁 148；臺灣新聞社編，《臺灣實業名鑑》（臺中：臺灣新聞社，1934），頁 7；《基隆市商工人名錄》（1935），頁 53。

33 簡萬火，《基隆誌》，「附錄」，頁 6、7、21、27、38；臺灣新聞社編，《臺灣實業名鑑》，頁 8、19。

所、周阿食經營順發商店、董湖的福亨商店；[34]從事藥材生意有林清芳的東元藥行、江瑞英的江茂源藥行；[35]為海產物商有陳阿佳的三合和漁行、柯炳謙的隆順謙記行、蔡金池的利記商行、郭進昌的新泉利商行；[36]而經營材木生意有何萍的老建和材木商行、柯馨盛的新吉發商店等。[37]

此外，張阿呆經營雜貨商號金捷成、張東青經營張東隆商行、陳影帆經營日勝行、陳錦堂經營陳源裕行、謝清桐經營謝裕記商行、林秋波經營雜貨店、江烏定於福德町經營雜貨店、賴雲經營吉

34　〈負笈從師〉，《臺灣日日新報》，1913.09.30，6 版；〈基隆查稅委員〉，《臺灣日日新報》，1903.04.09，5 版；〈基隆の地方稅調查委員〉，《臺灣日日新報》，1903.04.18，2 版；〈基隆施米會議即席寄附數百金〉，《臺灣日日新報》，1927.01.09，夕刊 4 版；〈基隆同風會依例施米各米二斗金五角〉，《臺灣日日新報》，1929.02.05，夕刊 4 版；〈基隆同風會恤貧施米及給予金錢每人米二斗金五角〉，《臺灣日日新報》，1930.01.22，4 版；〈事故米の落札損失約二萬圓〉，《臺灣日日新報》，1926.06.12，3 版；〈正米市場新加入董湖の初商內〉，《臺灣日日新報》，1928.09.20，3 版；簡萬火，《基隆誌》，「附錄」，頁 37、70；《基隆商工名鑑》，頁 41。

35　〈基隆特訊——迎神先聲〉，《臺灣日日新報》，1923.05.22，6 版；簡萬火，《基隆誌》，「附錄」，頁 49。

36　簡萬火，《基隆誌》，「附錄」，頁 32、68；《基隆商工名鑑》，頁 7；基隆市役所編，《基隆市商工人名錄》（1935），頁 3、55；《基隆市志》，第二十種，人物篇，頁 27。

37　簡萬火，《基隆誌》，「附錄」，頁 33；《基隆商工名鑑》，頁 42。

野屋商店、賴南桂經營賴順發商店、柯漢忠經營隆順商行、周百年經營周百年商店等，[38]亦均屬商業性質。

　　也有多角化經營，同時兼顧數種行業者，如張保經營義源商店與寶隆運送店、劉猛於曾子寮開米店亦兼營石炭船勞工請負業、林冠世經營林振盛商行並兼營炭礦業於獅球嶺、楊火輝經營金銅礦勞力請負及海運業等。[39]

　　其實，這些屬輪值主普十一姓或外姓之商行店家負責人不僅承擔基隆中元祭四大柱工作，亦多為慶安宮、城隍廟、奠濟宮三大廟的爐主、頭家，以普遍參與地方節慶活動方式，展現其雄厚實力與地方勢力，並提高個人聲望或自家商號名聲。茲將日治時期參與基隆各式傳統節慶活動之相關人物（參見表 7-5），依輪值主普十一姓、外姓，及僅參與中元普度、三大廟活動與兩者皆參與三種情形統計如下：

38　簡萬火，《基隆誌》，「附錄」，頁 9、16、20、27、31；〈日勝行支配人詐五萬元圓由基署嚴究中〉，《臺灣日日新報》，1933.03.01，夕刊 4 版；〈輸出青果組合通常總會〉，《臺灣日日新報》，1937.07.01，3 版；臺灣新聞社編，《臺灣商工便覽（第一版）》，頁 168；《基隆商工名鑑》，頁 41；陳燕如，〈中元普度與政商之間：日據時期基隆地方領袖的發展〉，頁 171、173。

39　千草默仙編，《會社銀行商工業者名鑑》，〈全島商工人名錄：基隆市商工人名錄〉，頁 148；簡萬火，《基隆誌》，「附錄」，頁 8、15、19。

表 7-3：日治時期各姓負責基隆中元祭四大柱及三大廟爐主、頭家
工作者統計表

| 姓氏/分類 | 屬輪值主普十一姓者 | | | | | | | | | | | 不屬輪值主普十一姓者 | | | | | 總計/比例 |
	張廖簡	吳唐	劉唐杜	陳胡姚	謝	林	江	鄭	何藍韓	賴	許	聯姓會	李	黃	郭	其它	
中元	2	2	5	8	2	3	0	1	3	3	0	6	0	0	1	3	39
合計	共29人次占19.9%											共10人次占6.9%					26.8%
三廟	6	2	4	7	0	6	1	3	2	1	1	12	3	2	2	12	64
合計	共33人次占22.6%											共31人次占21.2%					43.8%
兩者	4	4	4	4	2	6	2	1	1	3	1	6	0	1	1	3	43
合計	共32人次占21.9%											共11人次占7.5%					29.4%
總計	12	8	13	19	4	15	3	5	6	7	2	24	3	3	4	18	146
	共94人次占64.4%											共52人次占35.6%					100%
總排序	四	五	三	一	九	二	十	八	七	六	十一	一	四	四	三	二	

說明：聯姓會含王、楊、柯、蔡、邱、周、連、董、高、葉等姓，其它姓含朱、
汪、阮、范、莊、曹、潘、游、鄧、顏、羅等姓。

由統計數據可知，日治時期基隆各姓地方人士以參與三大廟之
爐主、頭家比例較高，次為兩者均參與者，再次為中元祭四大柱負
責人，所以如此，實因三大廟會活動次數較中元祭為多，曝光頻率
較高所致；其中，外姓參與三大廟爐主、頭家比例較參與四大柱比

例高出許多，原因應在於中元祭四大柱中，主普全由固定的十一姓輪流負責，外姓僅能爭取主普外三大柱工作，故積極參與三大廟爐主、頭家工作以展露頭角。此外，若將兩者均參與部分之比例平均分至其它兩項中，則參與三大廟爐主、頭家及參與中元祭四大柱之比例各約占五成多、四成多（58.5：41.5），可知當時基隆各姓地方人士對兩類活動的參與程度大致相當。

又因日治時期擔任基隆中元祭四大柱及慶安宮、城隍廟、奠濟宮三大廟爐主、頭家之地方人士多具工商業背景，故當時報紙刊載各工作之負責人時，往往以商行店家名稱替代地方人士姓名；[40]且不論是中元祭的水燈與花車遊行或三大廟的繞境活動，其路徑均主要在以漢人為主的大基隆地區內，蜿蜒繞行於各式商行店家間，再跨越分隔大、小基隆地區的田寮河，朝以日人為主的小基隆地區直行，最後折返大基隆地區，[41]由此可見工商力量在這些傳統地方節慶活動中的角色扮演與重要地位。

---

[40] 日治時期中元祭四大柱負責人表及慶安宮爐主、頭家表，分載於本書第四章第三節表 4-2；吳蕙芳，〈海港城市的傳統節慶活動：以慶安宮為中心之探討〉，頁 328-329。

[41] 日治時期基隆中元祭遊行、三大廟各自繞境及聯合繞境路線資料參見：〈基隆の舊盆祭提灯行列て全市を繞ゐ〉，《臺灣日日新報》，1926.09.02，夕刊 2 版；〈媽祖繞境路關〉，《臺灣日日新報》，1927.05.17，4 版；〈基隆媽祖繞境時刻及路關〉，《臺灣日日新報》，1928.06.03，夕刊 4 版；〈基隆本日大迎神〉，《臺灣日日新報》，1925.10.22，夕刊 4 版；〈基隆聖公遶境陣頭及路關〉，《臺灣日日新報》，1929.11.19，夕刊 4 版；〈基隆三神合併繞境鐵道部運轉臨時車繞境後舉合併大祭典〉，《臺灣日日新報》，1935.06.09，8 版。其中，基隆中元祭遊行、

　　另須加以說明的是，這些參與基隆中元祭四大柱及慶安宮、城隍廟、奠濟宮三大廟會爐主、頭家工作的地方人士，雖因早期基隆開發歷史之背景影響，以漳人身份者居多，然亦有不少祖籍爲泉州者，如參與基隆中元祭四大柱且屬輪値主普十一姓之泉人有陳讚珍、陳影帆，而劉火生之外祖父江潘亦爲泉人；另屬十一姓外之泉人有柯炳謙、柯漢忠、蔡慶雲。至於參加三大廟會活動且屬輪値主普十一姓之泉人有吳萬輝，另屬外姓之泉人有柯炳謙、柯文理（1870-1956）、汪福蔭、汪榮振等。[42]其中，較受矚目者乃陳讚珍家族，蓋光緒廿年（1894），祖籍漳州南靖的張達源與來自泉州惠安的陳兆齊（1870-1921）共創金建順號於基隆港區，張達源爲行東代表，陳兆齊任經理，彼此結爲金石交，聯手共創事業，此實立下基隆漳人與泉人合作之典範，而陳讚珍即屬陳兆齊家族成員，亦曾任職金建順號達十三年之久，長期爲張達源倚重，後自立門戶，

慶安宮媽祖繞境與奠濟宮聖王繞境三路徑示意圖可見：吳蕙芳，〈海港城市的傳統節慶活動：以慶安宮與基隆中元祭爲中心之探討〉，頁337-338；陳凱雯，〈日治時期基隆慶安宮的祭典活動——以《臺灣日日新報》爲主〉，頁187；陳凱雯，〈基隆奠濟宮之研究（1875-1945）〉，頁177。

42　這些泉籍地方人士之背景說明可參見：陳其寅，〈劉君火生傳〉、〈蔡鳳儀先生家傳〉、〈陳讚珍先生行述〉、〈陳兆毓族叔事略〉，四文均收入《懷德樓文稿》，頁19、43、50、173；簡萬火，《基隆誌》，「附錄」，頁3、11、17、33；《基隆市志》，第二十種，人物篇，頁28-29；《基隆市志》，卷7，人物志，列傳篇，頁41；〈基隆柯許兩家糾紛之真相双方臆度均有過失道明始末以釋群疑〉，《新高新報》，1932.07.15，17版。

先後創建泰行、泉泰行，營帆船業與火柴經銷事。[43]由此可知日治時期基隆工商人士實不分漳、泉背景，均參與各式傳統節慶活動以收個人商業利益，並達繁榮地方經濟之功效。

第二節　新式社團的介入

　　日治時期介入基隆中元祭活動的新式社團，以同風會最具代表性。基隆同風會原名敦俗會，成立於大正三年，目的在改革社會不良習俗，會長爲許梓桑，副會長初爲張達源，後爲顏雲年，另設評議員十二人協助會務運作。[44]大正年間順應臺北州各地同風會陸續興起，基隆敦俗會亦於大正九年更名爲同風會，會長仍爲許梓桑，副會長初爲顏雲年，後爲顏國年；[45]同風會成立後固定開月例會及各式會議討論相關事項，以利會務進行，且因會長許梓桑亦爲慶安宮管理人，故同風會的各種會議往往召開於慶安宮內。[46]至昭和十

43　陳其寅，〈張公達源墓誌銘〉、〈自述〉，兩文均收入《懷德樓文稿》，頁 13-14、150；陳其寅，〈陳讚珍先生行述〉，頁 50-51。又《基隆市志》，第十九種，文物篇，頁 34，亦可見相關陳讚珍之背景說明。

44　〈基隆敦俗會開會〉，《臺灣日日新報》，1918.08.26，4 版。

45　〈基隆特訊〉，《臺灣日日新報》，1920.07.07，6 版；〈基隆——同風會總會〉，《臺灣日日新報》，1923.06.01，4 版。

46　同風會開會於慶安宮之實例甚多，茲舉數例以爲說明：〈基隆同風會月例會〉，《臺灣日日新報》，1926.12.16，2 版；〈基隆施米會議即席寄附數百金〉，《臺灣日日新報》，1927.01.09，夕刊 4 版；〈同風評議員會〉，《臺灣日日新報》，1927.05.04，夕刊 4 版；〈基隆同風會開戶主會宣傳國語日〉，《臺灣日日新報》，1927.06.30，4 版；〈基

一年基隆同風會改組，成立社會教化、生活改善、社會事業、幼稚園、國語普及、博愛醫院、體育、調查共八部，各置部長一人（由理事充任）及委員若干人，並設理事、常任理事、評議員等職，成爲網羅全市諸多重要人物的社會團體。[47]

基隆同風會的參與中元祭活動，主要基於經費節約、衛生考量與社會秩序維持等目的而對輪值主普各姓氏，特別是針對財豐勢盛的幾個大姓與市民群眾進行宣導及規範工作，其內容從最初主張廢祭品贈答、牲豚競賽，到以孤米取代孤飯、禁行腳僧與乞丐，乃至廢燒金紙、禁搶掠祭品，亦籌建固定主普壇取代年年搭建、事後拆除之臨時主普壇等部分，同風會對諸多項目無不努力宣傳，詳細說明，以改良舊俗之奢華競爭與耗損資源。[48]

惟基隆同風會雖對中元普度有種種限制，然其亦對此一傳統節慶活動提供相當程度之協助，如昭和元年林姓輪值主普時，同風會即與主普當事者磋商，願提供設備及茶果，並與市內靈安郡及慶保堂兩音樂團接洽演奏事，惟靈安郡因故不能應請，擬於另日自爲演奏，慶保堂則承諾於舊曆七月廿六日夜義務洋樂演出，供一般人欣賞，以增加民眾娛樂內容，[49]當時報紙甚至刊載慶保堂的洋樂演奏

隆同風會協議事項決定〉，《臺灣日日新報》，1927.09.27，2 版；〈役員例會〉，《臺灣日日新報》，1929.10.27，夕刊 4 版。

47　〈基隆同風會改正會則〉，《臺灣日日新報》，1936.05.03，8 版；〈基隆同風會改會則設部長制置八部門決議講演禁止扮裝官將〉，《臺灣日日新報》，1936.06.02，8 版。

48　有關基隆同風會對中元普度活動的種種規範與約束，參見本書第六章第三節。

49　〈利用主普壇主催音樂會〉，《臺灣日日新報》，1926.09.01，4 版。

內容，即マーチ日光、小曲マ那名曲大湖船、マーチユーセー、マーチ東洋、德勝會、ワルっ流れの星、マーチ教育の曲、ショウリのマーチ等曲目。[50]

　　又同風會所屬的青年團體——第一青年會與第二青年會亦參與基隆中元祭活動。蓋此二青年會組成於昭和四年，[51]係召募年齡介於十六至廿二歲間之基隆第一公學校（即壽公學校）與第二公學校（即寶公學校）畢業生，從事社會服務工作；[52]會長分由兩公學校訓導蔡慶濤、李登瀛（1899-1945）擔任。[53]昭和四年何藍韓姓輪值主普時，兩青年會初次參與基隆中元祭活動，當時報載：

> 基隆第一、二青年會，于前一日，即廿八日，會員全部齊出，印刷宣傳單數千枚，宣傳各種注意事項及其他，是夜會員六

50　〈洋樂の演奏基隆での催し〉，《臺灣日日新報》，1926.09.02，夕刊
　　2版。

51　同風會附屬第一、二青年團於昭和四年五月即開會組織，惟正式的結
　　團式至當年九月才舉行；見〈基隆兩青年會舉結團式來賓多數列席〉，
　　《臺灣日日新報》，1929.09.17，夕刊4版；〈鷄寵〔籠〕近訊——基
　　隆青年團〉，《新高新報》，1929.09.15，15版。

52　據簡萬火，《基隆誌》，頁171云：「基隆第一、二、青年會，乃同
　　風會之附設也。會員皆血氣旺盛之青年，對於社會事業，無不率先努
　　力。且每月一回，會員集合，研究社會問題，修養精神，為將來可矚
　　望之團體也」；又當時報紙亦有對青年會情況加以說明者，見〈基隆
　　青年會〉，《新高新報》，1929.10.15，6版。

53　〈基隆——兩青年會〉，《臺灣日日新報》，1929.07.05，夕刊4版；
　　〈基隆同風會第二青年會會長〉，《臺灣日日新報》，1929.07.26，夕
　　刊4版。

十名，為初回社會奉仕，各呈緊張，隨陣頭進行警戒。[54]

　　昭和五年賴姓輪值主普時，第一、二青年會預想中元活動兩日間人眾雜踏，故全體總動員協助維持交通秩序，並設迷兒保護所及臨時救護所，提供民眾需求；該迷兒保護所設於兩處，其中之一在慶安宮左室，另一則在基隆同風會館，而臨時救護所則與基隆博愛醫院、草店尾濟生醫院、新興廣生醫院、媽祖宮口仁德醫院合作，提供免費醫療救助與照護。[55]如此設立實因這些社會服務事業均屬新式社團，特別是同風會負責之工作；故設立地點亦與同風會等新式社團密切相關，如慶安宮管理人即同風會會長許梓桑，博愛醫院乃同風會為救濟市內貧困者而創設之慈善醫院，[56]濟生醫院負責人為同風會成員蔡星穀，[57]廣生醫院負責人乃同風會、尚志會成員郭欽蓉，[58]仁德醫院負責人為尚志會成員楊火盛。[59]

　　又據報紙刊載：當年兩青年會分由蔡、李兩會長指揮，於中元祭活動時的兩夜間均全員出動維持交通與協助老幼，而兩日內需要

54　〈基隆慶安宮放河燈龍燈二十餘丈頗呈熱鬧青年會警戒奉仕〉，《臺灣日日新報》，1929.08.31，夕刊 4 版。

55　〈基隆慶安宮普施舊廿五廿六日盛大舉行祭品搶奪嚴為取締〉，《臺灣日日新報》，1930.09.16，8 版；〈慶安宮放水燈燈排遭雨零亂每番列車觀客擁到〉，《臺灣日日新報》，1930.09.20，夕刊 4 版。

56　博愛醫院主任醫師為張進文，甚受地方人士推崇；見〈重醫德仁術可嘉〉，《新高新報》，1931.01.15，12 版；簡萬火，《基隆誌》，頁174-175。

57　簡萬火，《基隆誌》，「附錄」，頁 12。

58　簡萬火，《基隆誌》，「附錄」，頁 72。

59　簡萬火，《基隆誌》，頁 175。

保護的迷兒僅三名，分析原因實在於，「迷兒保護數年來徹底宣傳，外出之人，各甚注意，故其數漸減」，而「青年會當局，甚喜達其目的」，[60]可見兩青年會長期參與此一社會服務工作的實際成效。

昭和六年許姓輪值主普時，因楊姓自臺北引進特大水燈排，交通維持頗為不易，而第一、第二青年會仍極力整理交通，使市內各地得暢通無阻。又當時觀者甚多，特別是「主普一柱，往觀之人最多，故福德橋、新興橋、公園入口等處，通行之人最為雜踏」，而「第一、二青年會員，極力整理交通，各使左側通行」，當時民眾中有不照規定通行，青年會員勸阻致發生衝突，惟報紙亦載：該年由於第一、第二青年會員「以總動員，出動于各方面，故不發生事故」。[61]

基隆同風會附屬第一、第二青年會後分別改稱為雙葉青年團、寶青年團，仍由蔡慶濤、李登瀛擔任團長，[62]並持續在基隆中元祭活動裡協助相關事項。如昭和七年張廖簡姓輪值主普時，報載：「警官及寶、双葉兩青年團，皆出整理交通，竝警戒擅搶祭品之不軌者」，而由於「其警戒頗嚴，故本年皆不被搶」。[63]

---

60 〈基隆中元普度續報因前夜觀河燈被雨觀眾大不如前年〉，《臺灣日日新報》，1930.09.20，4版。

61 〈基隆慶安宮中元加蚋仔燈排好評青年會員整理交通不軌之徒加以惡言〉，《臺灣日日新報》，1931.09.10，8版。

62 雙葉青年團正式成立於昭和六年、寶青年團正式成立於昭和四年；見《基隆市社會教育概要》（基隆：基隆市役所，1935），頁65。

63 〈慶安宮中元第二日牲豚一千開費約八萬圓鐵道部亦添煙火餘興〉，《臺灣日日新報》，1932.08.30，夕刊4版。

　　昭和十年陳胡姚姓輪值主普時，報載：基隆「寶青年團團長李登瀛氏，亦率團員等，出為保護迷兒，置本部於同風會館，市內各處設支部，河燈未出發，則發見數名，終各交還失主，成績優良」；[64]又載：「觀覽者，當在四五萬人之多，双葉及寶兩青年團，出為整理交通，屬行左側通行，又迷兒悉由寶青保護」。[65]事實上，當年寶青年團的西洋樂隊甚至自發性的參加基隆中元祭，提供娛興節目。[66]

　　值得注意的是，青年團之維持交通及秩序往往是配合官方或同風會規劃進行的；如前述昭和七年寶與雙葉青年團之行動即是如此，而昭和八年同風會乘中元普度印製宣傳單三千枚，宣導禁止行腳僧擅至各戶誦經，索取紅包，與嚴格取締到處徘徊之入市乞丐二事，亦是與寶青年團幹部陳清木及雙葉青年團幹部沈柏庭等人合作討論而共同進行的。[67]昭和十一年謝姓輪值主普，報載：「警官以外之壯丁團、青年團等，亦出為整理交通，村夫不諳交通法則者，藉以領略智識，又市內各開業舖，對於事故者，以無料診察，各要

64　〈基隆慶安宮中元第一日河燈盛況同風會乘機宣傳自治〉，《臺灣日日新報》，1935.08.25，夕刊 4 版。

65　〈慶安宮中元普施盛況觀眾四五萬人〉，《臺灣日日新報》，1935.08.27，8 版。

66　〈基隆慶安宮中元第一日河燈盛況同風會乘機宣傳自治〉，《臺灣日日新報》，1935.08.25，夕刊 4 版。

67　〈慶安宮中元河燈盛況普度被雨掃興〉，《臺灣日日新報》，1933.09.19，夕刊 4 版。

處設迷兒保護所」，[68]而「交通整理警官，停止車場來往，壯丁團、青年團，亦出援助，其奉仕社會精神，令人感嘆」。[69]

至昭和十二年，由黃樹水擔任團長的基隆同風會青年團正式成立後，即於年度工作計畫書中明文規定在基隆中元祭活動的服務工作，應包括提供免費休憩所、患者救護、交通取締、迷兒保護、茶湯設備等事項。[70]

新式社團之參與基隆中元祭活動除前述同風會及其附屬之青年會、青年團外，另有大正十五年（1926）創立的尙志會。尙志會由郭文科發起，乃「基隆市本島人青年所組織」，「以人格修養，智識交換，及圖親睦爲目的」，[71]日人視之爲基隆漢人中堅分子的少壯派組織。[72]而尙志會在基隆中元祭裡的主要工作亦是協助維持秩序、提供老幼救助，並藉此機會宣傳傳統節俗之改良。如昭和二年江姓輪值主普時，報紙連續數日刊載尙志會於中元普度時的服務

---

68 〈基隆慶安宮河燈盛況十一夜普施〉，《臺灣日日新報》，1936.09.12，夕刊4版。

69 〈基隆慶安宮中元第二夜普施盛況〉，《臺灣日日新報》，1936.09.15，夕刊4版。

70 黃樹水編，《基隆同風青年團概覽》（基隆：基隆同風會，1937），頁41。

71 〈尚志會例會期〉，《臺灣日日新報》，1926.08.21，夕刊4版。另據昭和年間漢人記者簡萬火觀察：尚志會會員「以市內諸青年而組織之，茲為圖人格修養，智識向上，身體健康，並互相親睦勉勵，以資地方向上起見，故凡有公益之事，莫不慫慂當先，而其對地方社會事業，貢獻諸益，實為不少，如設臨時救護所，及迷兒保護等，頗舉佳績，誠堪為一般社會之好評也」；見簡萬火，《基隆誌》，頁175。

72 〈基隆記事——尚志會活躍〉，《臺灣日日新報》，1927.08.24，5版。

情形如下：

> 基隆尚志會，鑑當地中元普施，由地方來觀者，每有數萬人，
> 頗形雜踏，爰訂古曆來二十五日，燃放河燈，竝二十六日，
> 普施當日，開始迷兒保護，設保護所於慶安宮內竝置臨時救
> 護所，於新興郭欽蓉、媽祖宮口楊火盛兩醫師處，以無料救
> 護臨時發生病故者，希望市人，若發見迷兒，請携到保護所，
> 交他保護，以俾遺失者有一定場所早得認回，倘有遺失小兒
> 之人，請到慶安宮內保護所領回。[73]

> 基隆尚志會，為社會奉仕，乘當地普施，人眾雜踏，自舊二
> 十五日起二日間，以會員總出動，保護迷兒，竝救護事務，
> 其第一日早晨撒布宣傳單六千枚於市內，及鳴鑼廣告，以俾
> 市民周知，其傳單內，附印基隆驛臨時車與普通列車，發車
> 時間表，每列車到基之時，則飭人在車站配付，俾地方來客
> 之便。[74]

> 基隆尚志會，為該地普施，引早於十六日，開迷兒保護，及
> 救護事務，其成績舊二十五、六兩日間，迷兒二十七件，迷
> 途老人一名，臨時病患二名，而迷兒等，皆於經過數十分，
> 或數小時之內交還於其親，該會會員，各自發的，於每早八
> 時，至夜十二時，在該保護所活動，輪番於市內，尋覓迷兒，

---

73 〈尚志會因普度再開迷兒保護竝救護所〉，《臺灣日日新報》，
  1927.08.22，夕刊 4 版。
74 〈尚志會迷兒保護〉，《臺灣日日新報》，1927.08.23，4 版。

若發見時，則將其氏名，特徵其他，揭出廣告，俾遺失者早
為率去，其辦理方法，極為敏捷，且二日間，火傘高張，各
會員，不厭勞苦，終日奔走。[75]

昭和四年何藍韓姓輪值主普，報載：「尚志會，依例於廿九、
三十兩日，當地普施，開催迷兒保護，及臨時救護事務，一面第一、
二青年會，亦出為活動，為地方可喜之現象也」；[76]「尚志會，依
例設迷兒保護所于慶安宮左室，及設臨時救護所於新興及媽祖宮口
兩處，全員盡出活動，各分區域，巡邏全市，是日僅保護迷兒五件，
各交其父母領回」。[77]

另尚志會的社會服務工作亦與基隆第一、第二青年會合作進
行，並借用官方場地為據點；如昭和四年報載：「本二十九、三十
兩日，基隆普施，兩會會員六十名，將盡出社會奉仕，整理交通，
保護迷兒（與尚志會合同舉行）及配置於四大柱，各祭品陳列場，
以當取締祭品強奪之事，本部置在市役所構內」。[78]

惟令人頗感好奇的是，日治時期基隆這些新式社團的成員究竟
為何人？其背後涉及之人際網絡及社會意義為何？茲將目前可掌
握之敦俗會、同風會、青年會（青年團）、同風會青年團、尚志會

---

75 〈基隆尚志會迷兒保護成績凡廿七件〉，《臺灣日日新報》，1927.08.25，
　　4版。

76 〈基隆——社會奉仕〉，《臺灣日日新報》，1929.08.30，夕刊4版。

77 〈基隆慶安宮放河燈龍燈二十餘丈頗呈熱鬧青年會警戒奉仕〉，《臺
　　灣日日新報》，1929.08.31，夕刊4版。

78 〈基隆一、二青年會初次奉仕市民好感〉，《臺灣日日新報》，1929.08.29，
　　4版。

五個新式社團之相關人物（參見表 7-5），以基隆中元祭裡輪值主
普十一姓與外姓兩大類統計如下表：

表 7-4：日治時期各姓參與新式社團者統計表

姓氏/分類	屬輪值主普十一姓者											不屬輪值主普十一姓者					總計/比例
	張廖簡	吳	劉唐杜	陳胡姚	謝	林	江	鄭	何藍韓	賴	許	聯姓會	李	黃	郭	其它	
1.敦俗會	3	1	1	1	0	1	0	0	1	0	1	2	1	0	0	3	15
合計	共 9 人次占 4.6%											共 6 人次占 3.1%					7.7%
2.同風會	8	3	6	5	2	7	0	1	2	1	3	10	3	2	2	9	64
合計	共 38 人次占 19.5%											共 26 人次占 13.3%					32.8%
3.青年會（團）	1	0	3	1	0	1	0	0	0	0	0	4	2	1	1	2	16
合計	共 6 人次占 3.1%											共 10 人次占 5.1%					8.2%
4.同風會青年團	7	1	1	9	3	13	2	1	1	1	4	13	6	2	0	10	74
合計	共 43 人次占 22.0%											共 31 人次占 15.9%					37.9%
5.尙志會	4	1	2	1	0	3	0	0	2	0	1	4	1	2	2	3	26
合計	共 14 人次占 7.2%											共 12 人次占 6.2%					13.4%
總計	23	6	13	17	5	25	2	2	6	2	9	33	13	7	5	27	195
	共 110 人次占 56.4%											共 85 人次占 43.6%					100%
總排序	二	六	四	三	八	一	九	九	六	九	五	一	三	四	五	二	

說明：聯姓會含王、楊、蔡、邱、周、高、徐、蕭、葉等姓，其它姓含朱、汪、
　　　阮、范、潘、游、顏、羅、宋、方、施、盧、邵、塗、沈、倪等姓。

　　從統計表中可知，日治時期參與基隆中元祭活動的新式社團成員以輪值主普十一姓爲主，比例超過一半，然不屬輪值主普的其它姓氏亦占四成以上比例。

　　又若觀察這些新式社團的核心分子或領導幹部亦可發現其不同的比例分布情形，如敦俗會的組織設有會長許梓桑，副會長張達源、顏雲年，及評議員周碧、汪福蔭、張添慶、林清芳、張士文、劉比山、李家齊、何學山、陳疋、周莫、吳文質、范昆輝等人；[79]其中，屬輪值主普十一姓者九人，占 60%，其它姓氏者六人，占40%。而同風會於昭和十一年修改會則，調整組織，其領導階層含會長許梓桑，副會長顏國年，常任理事顏欽賢（1901-1983）、何鵬，理事及部長有：王塗盛、張士文、蔡金池、蔡星穀、顏窓吟、謝國器、林應時、簡萬火（兼調查部長）、陳漢周（兼體育部長）、周石金（兼生活改善部長）、張福進（兼幼稚園部長）、楊慶珍（兼博愛醫院部長）、楊阿壽（兼社會教化部長）、林双輝（兼博愛醫院部長）、黃樹水（兼國語普及部長）、蔡慶雲（兼社會事業部長）、楊火輝、陳杰等共廿二人；[80]其中，屬輪值主普十一姓者僅十人，

79　〈基隆敦俗會開會〉，《臺灣日日新報》，1918.08.26，4 版。

80　〈基隆同風會改正會則〉，《臺灣日日新報》，1936.05.03，8 版；〈基隆同風會改會則設部長制置八部門決議講演禁止扮裝官將〉，《臺灣日日新報》，1936.06.02，8 版；〈基隆同風會〉，《新高新報》，1936.04.29，9 版。又博愛醫院部長於《臺灣日日新報》中載為林双輝兼任，然《新高新報》中則載由楊慶雲兼任。

占 45.5%，其它姓氏者達十二人，占 54.5%。又昭和十二年成立的同風會青年團全部成員七十四人，包括領導階層三十一人，含團長黃樹水、副團長簡銘鐘、林健基，幹事長汪榮振，幹事林石義、高建榮、宋孔明、楊源、張添河、許應麟（1902-1945）、林金塗、蕭庚木、張添壽、葉水盛、林火鼓、劉福來、李朝麟、陳桂全、陳錫銘、鄭儀正、邱塗生、李煌村、林牛、陳連壽、陳水源、蔡烓炘、江添彩、林崧生、王承通、林慶添、朱桔等；[81]其中，屬輪值主普十一姓者十八人，占 58.1%，其它姓氏者十三人，占 41.9%。由此可知日治時期敦俗會、同風會與同風會青年團等新式社團的核心成員中，屬輪值主普十一姓及其它姓氏者，比例約各占 55%、45%，幾乎達到勢均力敵狀況，亦即日治時期基隆新興姓氏透過新式社團的發展及參與社會服務事業，已逐漸展露頭角，可與傳統姓氏力量並駕齊驅。

又若將前述第一與第二青年會、雙葉與寶青年團領導者與尚志會發起者等人計入，則新式社團中新興姓氏力量之增長愈發可見，因擔任第一青年會會長亦雙葉青年團團長的蔡慶濤、擔任第二青年會會長亦寶青年團團長的李登瀛、發起成立尚志會的郭文科三人，均不屬輪值主普十一姓之成員。

更值得注意的是，新式社團成員中不屬輪值主普十一姓者，不少為泉人背景，甚至具血緣關係，如顏氏家族的顏雲年、顏國年、

---

81 黃樹水編，《基隆同風青年團概覽》，頁 50-52。惟資料載同風會青年團團員共七十五人，其中含役員三十一人，然團員名單中編號第四十一與第七十五者均為陳木桂，有重覆計算情形，故同風會青年團團員的實際數字應為七十四人。

顏欽賢，[82]與汪福蔭、汪榮振父子，[83]蔡慶濤、蔡慶雲兄弟及李登瀛等。[84]這些人在新式社團中往往身兼要職具重要地位，如顏雲年曾任敦俗會、同風會副會長，顏國年曾任同風會副會長，顏欽賢於同風會內歷任博愛醫院研究委員會委員、博愛醫院創設委員會委員、常任幹事、常任理事等職；汪福蔭曾任敦俗會評議員、同風會成員等職，汪榮振則為同風會青年團幹事長；蔡慶濤為基隆第一青年會會長、雙葉青年團團長、尚志會成員，蔡慶雲則於同風會內歷任博愛醫院研究委員會委員、理事兼社會事業部長等職，並為青年會委員；李登瀛為基隆第二青年會會長、寶青年團團長及同風會役員。由此可知，日治時期基隆屬泉人背景的地方領袖型人物，亦透過各種新式社團的服務工作而參與基隆中元祭活動，展現其地方影響力。

---

82 顏家祖籍福建安溪，清乾隆年間首次渡臺發展不成，嘉慶年間再次入臺定居臺灣中部，後因漳泉械鬥事遷移基隆；見唐羽，《基隆顏家發展史》，頁 421-424。

83 汪福蔭、汪榮振父子祖籍福建同安；見《基隆市志》，卷 7，人物志，列傳篇，頁 41。

84 蔡慶濤、蔡慶雲兄弟乃漢學家蔡鳳儀四子中之長子與次子，而蔡鳳儀祖籍福建同安，於父親輩遷居基隆，日人治臺後，初任通譯，後為基隆公學校漢文教師；見簡萬火，《基隆誌》，「附錄」，頁 11；《基隆市志》，第二十種，人物篇，頁 40。李登瀛祖籍福建安溪，於曾祖父時遷臺務農，後移居基隆；見《基隆市志》，第二十種，人物篇，頁 25。

第三節　行政部門的態度

　　明治廿八年（光緒廿一年）日本占領基隆，當年中元活動輪值
鄭姓負責主普工作，然因時逢政權更迭之動亂期間，廟宇被日軍占
用，[85]基隆並未如往年般進行中元普度之相關活動。次年（明治廿
九年，1896），應由何藍韓姓輪值主普，惟基隆行地方戒嚴，放水
燈一事因殖民政府恐滋生事端，故由總理出面阻止。然明治三十年
（1897）夏季，基隆疫疾盛行，人口不安，紳商們要求恢復普度活
動，[86]於是依例於「（農曆）二十五日先放水燈，各舖戶以及值年
主普等，曾先期邀請藝妓偹鑼鼓，共相爭勝」，[87]開啟日治時期的
基隆中元祭活動。[88]

　　從地方殖民政府於統治初始即以「恐滋生事端」為由，干預基
隆歷史悠久之中元普度活動，可知其考量點主要在於活動中群眾大
量聚集產生的社會秩序維護問題，而觀諸後續之相關舉措，亦明顯
可見行政部門之用心與意圖。如明治卅一年許姓輪值主普，地方士
紳將普度事項報告基隆辦務署長，報載行政部門的舉動是：

　　　　署長乃稽之往昔，揆以近時，謂神道說教，怪人不慶，民之
　　　　趨向，當與樂成。惟士商雲集，恐宵小潛生，或盜賊潤跡，

85　〈修塑神像〉，《臺灣日日新報》，1897.07.16，1 版。

86　〈普度平安〉，《臺灣日日新報》，1897.09.05，1 版。

87　〈普度依舊〉，《臺灣日日新報》，1897.08.20，1 版。

88　據當年報紙刊載：「此兩天海水加漲高三尺，見者互為駭異，或謂澤
　　國孤魂，聽經度脫水府，旅魄聞懺超昇，彼河伯即為之興波鼓浪以
　　賀耳」；見〈普度誌異〉，《臺灣日日新報》，1897.09.05，1 版。

> 於是派警官出張路口要區，以備不虞。岩元課長，金子警部，
> 帶同警官，往來巡策，七里署長，亦親自巡視，以及憲兵步
> 兵，亦皆協力防衛。[89]

亦即殖民政府考慮漢人民情風俗，對普度事樂觀其成，惟仍派軍警力量防範不法。而昭和四年何藍韓姓輪值主普，報載，「是夜基隆警察署全員出為整理交通及恐有臨時發生意外事故，備自動車于各重要派出所，以應臨時出動」。[90]

此種透過行政力量以維持社會秩序情形，亦有由主普當事者請求之實例，如昭和五年賴姓輪值主普時，因恐「祭品陳列後，每有不軌之徒，擅為搶奪，本年特向當局，懇請官私服警官，暗中取締」，並配合青年會力量「為之警戒，以杜效尤」。[91]又昭和六年許姓輪值主普時，報載：「聞前年，主普及外三大柱，竝爐主等，所陳列之祭品，每有不軌之輩，擅自奪取」，因而向當局陳情取締，故「本年基隆警察署，對此不軌之輩，特欲嚴重取締，各柱首及爐主祭品陳列處，將各派警官數名，在現場取締」。[92]該年普度最熱鬧的兩夜均由「警察當局，派遣私服警員各五十名，及消防組員十餘名，

---

89 〈基隆盂蘭盛會記〉，《臺灣日日新報》，1898.09.16，3 版。

90 〈基隆慶安宮放河燈龍燈二十餘丈頗呈熱鬧青年會警戒奉仕〉，《臺灣日日新報》，1929.08.31，夕刊 4 版。

91 〈基隆慶安宮普施舊廿五廿六日盛大舉行祭品搶奪嚴為取締〉，《臺灣日日新報》，1930.09.16，8 版。

92 〈基隆慶安宮普度預聞警官將出取締〉，《臺灣日日新報》，1931.09.06，8 版。

嚴行取締，竝注意祭品陳列場」，並結合第一、二青年會的總動員，乃「不發生事故」。[93]

　　政府部門於中元普度時之維持社會秩序，不僅是嚴禁不軌之徒的掠奪祭品行為，另有防止西皮、福祿兩派地方團體的對峙較勁。蓋西皮、福祿是同屬北管系統的兩個不同派別，因演奏樂器及供奉主神的差異而彼此對立較勁；其中，西皮樂器以吊奎絃為主，供奉田都元帥，福祿樂器以提絃為主，供奉西秦王爺。西皮、福祿團體均以地方人士為成員，具地域特性，平時共同練習，凝聚向心力，遇婚喪喜慶或廟會活動時則各自代表地方參與活動，顯示成果展現實力。大致而言，西皮、福祿兩派的對立較勁約始於道光年間，從宜蘭蔓延至三貂、雙溪、瑞芳、九份、基隆等地，光緒年間即有滋事紀錄，[94]日人據臺之初便發現兩派力量「引類呼群，多聚盈千，

93　〈基隆慶安宮中元加蚋仔燈排好評青年會員整理交通不軌之徒加以惡言〉，《臺灣日日新報》，1931.09.10，8 版。

94　日治初期報紙即有關於西皮、福祿起源與對立情形之報導，參見：〈西皮福祿の取締〉，《臺灣日日新報》，1902.10.21，5 版；〈西皮福祿の起原〉，《臺灣日日新報》，1902.10.26，4 版。至於此一課題的相關研究成果，參見：王一剛，〈西皮福祿及軒園之爭〉，《臺灣風物》，23 卷 3 期（臺北，1973.09），頁 7-9；邱坤良，〈北管劇團與臺灣社會〉，《中華文化復興月刊》，10 卷 1 期（臺北，1977.01），頁 101-107；周志煌，〈臺灣北管「子弟班」所反映的社群分類現象──以西皮福祿及軒園之爭為中心的探索〉，《國文天地》，10 卷 1 期（臺北，1994.06），頁 70-75；邱坤良，《日治時期臺灣戲劇之研究（1895-1945）：舊劇與新劇》（臺北：自立晚報社文化出版部，1992），頁 258-259。

少集數百」，[95]故官方及地方士紳曾數次出面調解，[96]惟仍難化解雙方對立狀況。[97]

日治時期基隆的西皮勢力分布玉田、草店尾一帶，以奠濟宮爲據點稱得意堂，福祿範圍則遍及媽祖宮口、蚵殼港附近，以城隍廟爲基礎稱聚樂社，兩股力量依福德橋爲界，[98]雄踞東西兩邊，[99]各自擴展。一般說來，西皮派人力較多，福祿派財力較豐，故當時人們習稱「福富而西強」。[100]據報紙報導，明治卅五年陳胡姚姓輪值主普，因時逢西皮、福祿兩派爭鬥，當局恐引起社會不安，故諭令禁止放水燈與普度兩夜的活動。[101]

惟值得注意的是，日治時期西皮、福祿兩派的對立衝突或拼場較勁，並不限迎神賽會場景，乃遍及日常生活諸事，如明治卅五年

95　〈蘭匪宜急除〉，《臺灣日日新報》，1897.07.17，1 版。

96　官方與士紳曾有數次調解西皮、福祿的對立衝突，參見〈兩黨攸分〉，《臺灣日日新報》，1901.07.02，4 版；〈西福和議〉，《臺灣日日新報》，1902.07.30，4 版；〈爭端稍息〉，《臺灣日日新報》，1902.08.22，4 版；〈金山旺相〉，《臺灣日日新報》，1902.08.24，6 版。

97　〈黨禍難解〉，《臺灣日日新報》，1902.09.30，4 版。

98　也有說以旭川運河爲界，見〈基市福祿西皮兩派暗鬪署長促注意〉，《臺灣日日新報》，1933.05.23，12 版。

99　〈西皮福祿兩派の爭鬪〉，《臺灣日日新報》，1902.09.26，5 版；〈西皮福祿の再燃〉，《臺灣日日新報》，1908.07.11，5 版；〈基隆殺案重重〉，《臺灣日日新報》，1923.06.14，6 版；〈各地通信——基隆公然滅義私心屈理〉，《新高新報》，1931.12.10，14 版。

100　〈西福啟釁後聞〉，《臺灣日日新報》，1913.05.06，6 版。

101　〈基隆の普度會〉，《臺灣日日新報》，1902.08.31，7 版。

西皮、福祿起爭執即因兩派人馬爭界越地發生衝突造成，[102]而大正六年有西皮派人在街上偶踏福祿派人之足產生雙方人馬互相鬥毆局面。[103]又即使雙方對立是發生於迎神賽會場景，主要亦非在中元普度活動時，多是發生於代表兩派各自廟宇，即奠濟宮（開漳聖王廟）、城隍廟的繞境活動陣頭上，[104]或慶安宮的媽祖廟會活動中；尤其是後者，據大正二年時人之觀察指出：

> 基隆地方之所謂西皮、福祿二黨，自前清時代，則已此疆彼界，如轟鴻溝，每至四月初一將迎媽祖之時即尋事啟釁，禍結連戶，幾如漳泉之械鬥，每次皆有死傷。改隸以來，經當道用心調和，防範於未來，……乃不意近日西福之間，忽因小故，又惹起爭端，每至黃昏時候，呼群聚黨，拼死力爭者四五夜矣。[105]

而該年西皮、福祿兩派於基隆不同地區爭迎媽祖，競以奢華勝過對方，報紙亦有相當篇幅的詳細報導，[106]即可知其對立衝突之嚴重。

102　〈西皮福祿兩派爭鬥的後聞〉，《臺灣日日新報》，1902.10.03，5版；〈構怨近狀〉，《臺灣日日新報》，1902.10.04，4版。。

103　〈福祿西皮之衝突將降血雨〉，《臺灣日日新報》，1917.02.05，4版。

104　有關日治時期基隆西皮、福祿於廟會活動中的爭鬥情形與說明；可參見陳凱雯，〈基隆奠濟宮之研究（1875-1945）〉，頁168-173。

105　〈西福肇釁〉，《臺灣日日新報》，1913.05.01，6版。

106　參見：〈西福啟釁後聞〉，《臺灣日日新報》，1913.05.06，6版；〈愚民鬥奢〉，《臺灣日日新報》，1913.05.15，6版；〈少人之爭〉，《臺灣日日新報》，1913.05.18，6版；〈惡俗當除〉，《臺灣日日新報》，1913.06.06，6版。

故日治時期報紙刊載屬西皮派的得意堂，或屬福祿派的聚樂社參與之相關活動，主要仍是聖王、城隍出巡，[107]或慶安宮的媽祖繞境，[108]並非中元普度的陣頭遊行。此與戰後一般認為基隆西皮、福祿兩

[107] 日治時期報紙刊載得意堂、聚樂社之參與奠濟宮、城隍廟的廟會活動，自大正十四年即有，昭和年間記載亦多，相關資料參見：〈基隆特訊——城隍繞境盛況〉，《臺灣日日新報》，1925.10.29，夕刊 4 版；〈基隆迎城隍盛況地方觀客三四萬人不見披髮帶枷扮裝官將者尚多〉，《臺灣日日新報》，1926.09.25，夕刊 4 版；〈基隆城隍中秋繞境陣頭無數運轉臨時列車尚志會再開迷兒保護〉，《臺灣日日新報》，1927.09.11，夕刊 4 版；〈基隆城隍遶境豫聞禁披髮帶枷執掃地方音樂多數參加〉，《臺灣日日新報》，1928.09.26，夕刊 4 版；〈聖王公繞境非常熱鬧爐主其他決定〉，《臺灣日日新報》，1929.11.23，夕刊 4 版；〈基隆城隍祭典先聲將請島都大音樂團參加自地商團及音樂亦盡出〉，《臺灣日日新報》，1930.09.24，4 版；〈基隆開漳聖王繞境陣頭雖多觀眾較少隨香者有披髮帶枷陋習〉，《臺灣日日新報》，1932.11.18，夕刊 4 版；〈基隆初次三神合迎共稱空前絕後之鬧熱三十一陣歷時經三時餘久〉，《臺灣日日新報》，1934.07.03，夕刊 4 版；〈基隆媽祖城隍聖王三神合併繞境先聲備優勝旗金牌賞陣頭嚴禁披髮帶枷諸陋習〉，《臺灣日日新報》，1935.06.04，8 版。

[108] 日治時期報紙刊載得意堂、聚樂社之參與慶安宮廟會活動，自大正九年即有，昭和年間亦持續，相關資料參見：〈基隆二大祭典〉，《臺灣日日新報》，1920.06.07，4 版；〈基隆聯合祭典紀盛〉，《臺灣日日新報》，1921.06.05，6 版；〈基隆新神雜觀詩意閣爭奇鬥巧音樂團搜羅繡旗〉，《臺灣日日新報》，1926.05.30，4 版；〈基隆慶安宮迎神各音樂團蜿蜒相接汽車乘合車滿載觀客〉，《臺灣日日新報》，1932.05.24，夕刊 4 版；〈基隆初次三神合迎共稱空前絕後之鬧熱三十一陣歷時經三時餘久〉，《臺灣日日新報》，1934.07.03，夕刊 4 版。

派勢力的競爭比賽、互較高下，實肇始於咸豐年間漳泉械鬥促成姓氏輪值主普制的產生，並因有識之士力主「以賽陣頭代替打破頭」致成雙方如此競賽對立情況之說法，[109]有若干出入。

除注重社會秩序維持，殖民政府亦關切公共衛生問題而參與基隆中元祭事，如前述明治卅五年陳胡姚姓輪值主普時，因有西皮、福祿之爭，當局恐社會不安，故不許放水燈與普度活動的進行，然當時亦流行虎疫，地方政府為預防起見，自然主張普度停止。[110]而大正八年賴姓輪值主普時，又因基隆市內虎疫盛行，「當道為注重衛生起見，命其延期於下月」，[111]惟屆時疫情未靖，行政當局再將活動延期至舊曆九月廿六日才舉行，[112]即當年中元普度活動整整延遲兩個月才得以進行。

此外，基於政治氛圍或安全考量，殖民政府亦對中元普度活動有若干限制，如大正元年值明治天皇逝世之國喪期間，普度活動被要求一切從簡，[113]中元祭甚至因國喪而暫停。[114]又如前提及昭和

---

109 相關說法參見：廖穗華主編，《耆宿懷基隆》（基隆：基隆市立文化中心，1992），頁 143-146、151-152，又該書屬基隆市政府出版的「基隆文心叢刊」系列書籍中的第廿七種；《基隆市志》，風俗篇，頁 301-303；陳世一編，《港都雞籠‧文化出航：基隆港人文拼圖調查研究》，頁 195。

110 〈普度雜俎〉，《臺灣日日新報》，1902.08.26，4 版；〈基隆の普度會〉，《臺灣日日新報》，1902.08.31，7 版。

111 〈基津特訊——普度延期〉，《臺灣日日新報》，1919.08.18，4 版。

112 〈基津特訊——蘭盆祭典〉，《臺灣日日新報》，1919.11.06，6 版。

113 〈基隆普度先聲〉，《臺灣日日新報》，1913.08.26，6 版。

114 〈基隆蘭盆盛況〉，《臺灣日日新報》，1913.08.29，6 版。

七年三井海陸炭部龍燈規模之大，曾受主普當局肯定，致贈金牌一面，以表謝意，「然警察當局，因其過長，道路曲處，有碍交通，自明年起，不許有超過二百五十尺者，一排之長若二百五十尺以內則無防，一般宜豫早留意」，[115]此亦屬殖民政府對普度活動的約束範例。

事實上，殖民政府對地方節慶活動的干預行為，並不僅於基隆中元祭活動而已，當時基隆其它廟會活動，如供奉媽祖的慶安宮、供奉城隍爺的城隍廟，以及供奉開漳聖王的奠濟宮，亦均曾被約束。如大正九年慶安宮的媽祖祭典被殖民政府透過同風會，要求與神社祭典合併於六月三日舉行，因當年兩個活動日期為同一日，[116]當局為節約起見才如此規定。而大正十四年殖民政府又應公眾以神性互異理由要求分開祭典之舉行日期，惟其真正目的實考量景氣不佳，欲藉賽會挽回市況，[117]然而當年城隍廟祭典並未依例於農曆八月十六日舉行，因當時恰值官府進行國勢調查，故改至農曆八月二

115　〈慶安宮中元第二日牲豚一千開費約八萬圓鐵道部亦添煙火餘興〉，《臺灣日日新報》，1932.08.30，4版。

116　日治時期基隆重要祭典活動依序為：農曆二月十五日的奠濟宮、農曆四月十七日的慶安宮、國曆六月三日的神社、農曆七月廿五日的中元普度、農曆八月十六日的城隍廟；惟中元普度時間並非絕對固定於農曆七日廿五日普度，因配合退潮時間，普度日期並非年年相同。

117　〈基隆特訊──迎神期日還照古例〉，《臺灣日日新報》，1925.03.11，夕刊4版；〈基隆迎神協定〉，《臺灣日日新報》，1925.04.01，夕刊4版。

十日舉行祭典，[118]但後來又因臺北的萬華流行虎疫，影響所及，當局再予延期，[119]最終於農曆九月五日（即國曆十月廿二日）才舉行繞境活動。[120]值得注意的是，同樣因為經濟景氣問題，殖民政府又於昭和八年討論，決定次年（昭和九年）將慶安宮、城隍廟與奠濟宮供奉的媽祖、城隍爺及開漳聖王三神祭典活動再度合併，首年以迎城隍為主，次年（昭和十年）以迎媽祖為主，第三年（昭和十一年）以迎聖王為主，[121]依此順序逐年進行，然此次的合併之舉實因應景氣不佳，[122]經費有限，為避免舖張浪費，故再度將三大廟祭典合併舉行。以上數例明顯可見日治時期殖民政府干預基隆各式地方節慶活動實況。

地方殖民政府固然對漢人民間社會傳統節慶活動有若干限制，然其亦提供不少交通運輸之協助服務，如昭和元年林姓輪值主普時，因「九月一日至九月二日，此兩日間為基隆市慶安宮普度，

118　〈基隆城隍祭典延期〉，《臺灣日日新報》，1925.09.27，夕刊 4 版；〈基隆特訊──城隍祭典〉，《臺灣日日新報》，1925.10.07，夕刊 4 版。

119　〈基隆城隍遶境再延〉，《臺灣日日新報》，1925.10.05，4 版。

120　〈基隆城隍迎期決定〉，《臺灣日日新報》，1925.10.17，4 版；〈基隆本日大迎神〉，1925.10.22，夕刊 4 版。

121　〈基隆城隍遶境續報按明年起三廟合迎年可省費二十萬圓〉，《臺灣日日新報》，1933.10.09，8 版；〈基隆媽祖城隍聖王公明年起合併遶境年可節約二十萬圓〉，《臺灣日日新報》，1933.11.01，8 版。

122　〈基隆初次三神合迎共稱空前絕後之鬧熱三十一陣歷經三時餘久〉，《臺灣日日新報》，1934.07.03，夕刊 4 版。又當時報紙輿論早已指出景氣不佳應將迎神賽會合併舉行以省花費，見〈基隆鐵棒〉，《新高新報》，1933.04.28，28 版。

觀客雲集。鐵道部當局特為計來往利便，於基隆臺北間，基隆頂双溪間，基隆猴峒間，增發日數回臨時列車」，[123]後來更增加往宜蘭方向的臨時列車，並刊出班次時間表，[124]方便觀眾及乘客利用。除鐵道部主動增加列車班次方便參觀者外，亦有輪值主普當事人向鐵道部申請之例，昭和二年江姓輪值主普時，報載：

> 基隆市慶安宮，自八月二十一日至同二十三日，即古曆七月二十四日至二十六日，前後三日間，大施餓鬼。例年參觀客甚夥，鐵道部為一般往來觀客利便，爰自二十二、三兩日，將基隆臺北間，及基隆猴峒間，增發列車。[125]

報紙亦分別刊載從臺北車站出發及從基隆車站出發之各列車班次時間，[126]鐵道部此舉實應當年輪值主普的江姓代表江瑞英氏之請而來。[127]此外，昭和四年何藍韓姓輪值主普、昭和五年賴姓輪值主普、

123　〈基隆慶安宮普度增發臨時列車〉，《臺灣日日新報》，1926.08.31，
　　　4 版。

124　〈基隆慶安宮祭典臨時列車運轉〉，《臺灣日日新報》，1926.09.01，
　　　夕刊 2 版；〈基隆慶安宮祭典運轉臨時列車〉，《臺灣日日新報》，
　　　1926.09.01，4 版。

125　〈基隆普施增發列車〉，《臺灣日日新報》，1927.08.20，4 版。相
　　　關說明亦可見〈臨時列車基隆市慶安宮盆祭りに〉，《臺灣日日新
　　　報》，1927.08.20，5 版。

126　另有相關刊載見〈臨時列車基隆市慶安宮盆祭りに〉，《臺灣日日新
　　　報》，1927.08.20，5 版。

127　〈基隆中元普施主普壇開火往觀者數千人〉，《臺灣日日新報》，
　　　1927.08.22，夕刊 4 版。

昭和六年許姓輪值主普、昭和七年張廖簡姓輪值主普，及昭和十一年謝姓輪值主普時，均是由主普當局向鐵道部申請此種服務；[128]而由鐵道部安排的車程往返不脫基隆與臺北、宜蘭或雙溪、猴硐等地之班次，可知日治時期基隆中元祭之參與者不限基隆一地，實吸引鄰近各地群眾之共襄盛舉。且鐵道部此種服務措施不僅嘉惠外地而來的參觀者，亦方便主普當事人進行相關工作，如昭和十一年謝姓輪值主普時之申請加開列車，目的之一就是爲載運各地謝姓宗親協助提供之祭祀牲豚回雙溪。[129]又昭和七年的中元普度，不僅有火車的增班車，亦有瑞芳與基隆間的汽動車運轉；[130]而昭和五年的基隆中元祭，爲方便參與群眾，市內乘合自動車及往來臺北、基隆間之乘合車增發回數，每十五分鐘即發車一次；[131]至昭和九年的中元普

128　〈基隆舊中元祭典鐵道當局臨時方便發行特別列車時間〉，《臺灣日日新報》，1929.08.29，4 版；〈基隆慶安宮普施舊廿五廿六日盛大舉行祭品搶奪嚴爲取締〉，《臺灣日日新報》，1930.09.16，8 版；〈基隆普度臨時列車主普壇開火〉，《臺灣日日新報》，1931.09.07，8 版；〈慶安宮中元普施廿五放河燈廿六普施鐵道部運轉臨時車〉，《臺灣日日新報》，1932.08.22，夕刊 4 版；〈瑞芳——增發列車〉，《臺灣日日新報》，1932.08.25，4 版；〈基隆慶安宮中元第二夜普施盛況〉，《臺灣日日新報》，1936.09.15，夕刊 4 版。

129　〈基隆慶安宮中元第二夜普施盛況〉，《臺灣日日新報》，1936.09.15，夕刊 4 版。

130　〈瑞芳基隆間汽動車運轉時刻〉，《臺灣日日新報》，1932.08.27，4 版。

131　〈基隆中元普度續報因前夜觀河燈被雨觀眾大不如前〉，《臺灣日日新報》，1930.09.20，4 版。

度也出現增發之自動車，[132]即當時來自各地參與者的交通安排可有
較多樣化之選擇。

　　日治時期基隆地方政府甚至爲中元節慶活動助興而施放煙
火，如昭和七年張廖簡姓輪值主普時，報載：「鐵道部當局，因島
人之熱誠，爲添餘興，決定舊二十五日夜，乘放河燈之時，自八時
至九時之間，特於公會堂邊海中，燃放仕掛煙（即在海中，燃放火
獅），供一般觀覽」，[133]惟後來因爲天候關係，延至廿七日夜，才
選擇在驛前海中施放。[134]此種仕掛煙來自彰化，燃放後會出現火
鶴、火龜等圖像，費用六百圓，係由鐵道部負擔。[135]昭和十年陳胡
姚姓輪值主普時，「又聞鐵道部，在基隆驛前港中燃放彰化煙火，
以助熱鬧」。[136]

　　而爲答謝各方力量的支援與協助，輪值主普各姓負責人往往於
各式活動完成後設宴款待，致日本殖民政府與漢人地方領袖可藉此

132　〈基隆中元河燈盛況觀眾擁擠不開〉，《臺灣日日新報》，1934.09.05，
　　　4版。

133　〈慶安宮中元普施廿五放河燈廿六普施鐵道部運轉臨時車〉，《臺灣
　　　日日新報》，1932.08.22，夕刊4版；該史料亦見於〈基隆慶安宮祭
　　　典二十六、七の兩日臨時列車運轉〉，《臺灣日日新報》，1932.08.25，
　　　夕刊2版；〈慶安宮中元普施主普小壇吹倒再建如豫定盛大舉行〉，
　　　《臺灣日日新報》，1932.08.27，夕刊4版。

134　〈慶安宮河燈極呈盛況〉，《臺灣日日新報》，1932.08.28，8版。

135　〈慶安宮中元第二日牲豚一千開費約八萬圓鐵道部亦添煙火助興〉，
　　　《臺灣日日新報》，1932.08.30，夕刊4版。

136　〈基隆慶安宮中元廿三河燈廿四普本年主普輪值陳姓承辦〉，《臺
　　　灣日日新報》，1935.08.17，8版。

機會彼此接觸並交流互動；如昭和元年林姓輪值主普，於九月三日夜在公會堂開慰勞宴，招待官民及祭典關係者百餘人，即有佐藤市尹列席並致答辭；[137]昭和二年江姓輪值主普，該姓代表於高砂樓設宴招待二百多名主客人員，來賓係由豬狩司令官代表敘禮辭；[138]而昭和九年劉唐杜姓輪值主普，該姓負責人於九月八日午後七時，假高砂樓旗亭開慰勞宴款待一百五十餘名賓客，其中參與者除地方士紳許梓桑、潘榮春外，亦有日本官員河田要塞副官、山下市助役等人，據報載當時宴席場面是：

> 席定由代表劉阿禎氏，向來賓敘禮，簡單明瞭，中云際此非常時，極力簡約，不副當事者期待之點，請為原諒云云。來賓代表，山下助役，起為道謝，稱讚本年普施，由同風會提倡，改孤飯為孤米，廢祭品答贈，及他數項，受主普以下關係者理解，成績皆優，如孤米利用為養命堂救護者，及其他窮民食糧，一面祭孤魂，一面恤窮民，一舉兩得。於是宴開，紅裙勸飲至九時頃，賓主盡歡而散。[139]

可見日治時期居殖民統治者地位的行政部門，及與其關係密切的新式社團組織，雙方聯合對代表漢人社會與民間力量表現的地方傳統節慶活動之各種協助、支援或約束、調控作為，令扮演主人角色的輪值主普姓氏負責者除表達致謝之意，亦須對其要求之事勉力為

137　〈基隆舊盆祭慰勞宴〉，《臺灣日日新報》，1926.09.05，5版。

138　〈慶安宮祭の招宴〉，《臺灣日日新報》，1927.08.26，夕刊2版。

139　〈會事〉，《臺灣日日新報》，1934.09.11，夕刊4版。

之，乃能符合政治環境與現實處境之需要。

小結

昭和二年江姓輪值主普時，當時報紙曾比較內地人（日人）與本島人（臺人）進行中元祭活動的差異曰：

> 中元祭典之舉行，固亦敬神觀念之一發露者，內地人為之，本島人亦為之，習俗相沿久矣，然內地人善為之，蓋其費用雖少，而所以致其誠者，則在人上也，反而觀之本島人，或有流於媚者矣，或有類於戲者矣，舉家遷鄉，祭品積山，或竟日，或徹夜，競誇多大，爭尚奇巧，不知腐敗之豫防，不作疾病之警戒，祭餘之享，除少數者外，大抵牛飲馬吞，猶原始時代之所為也，大則碍衛生防保健，小則費資財，瀆經濟，當此文化進步之今日，而數十年來，猶未甚改善者，遺憾何堪。[140]

由此可知中元祭活動對殖民統治者而言並不陌生，因日人也有同樣習俗與活動，故其對此一活動往往冠上「盂蘭」二字。[141]事實上，

140　〈全島中元總決算可二百萬圓共籌改善如何〉，《臺灣日日新報》，1927.08.29，4 版。又日人之類似言論亦見於〈普度小言〉，《新高新報》，1930.09.25，13 版。

141　〈基隆盂蘭勝會記〉，《臺灣日日新報》，1898.09.16，3 版；〈基隆慶安宮盂蘭盆祭頗る盛大〉，《臺灣日日新報》，1927.08.23，夕刊 2 版。又有關中國中元節與日本盂蘭盆節之比較，日本學界有多人

日人在長期觀察臺人的基隆中元祭活動特色後，甚至直接稱此活動為「提灯會」、[142]「提灯祭」，[143]或「豚祭」、[144]「盆祭」，[145]可見日人對漢人中元祭活動之了解情形與掌握狀況。

惟日人在長時間觀察及比較兩者在此一節慶活動之各自表現後，認為漢人的中元節慶活動始終未能跟上進步潮流，尤其是對日人特別重視與強調的節約、衛生等原則，數十年來仍不見改善。此種觀察結果，暫且不論其是否涉及族群對立或殖民統治造成的偏差影響所致，惟日人在統治基隆卅二年後仍持此種論點，可見中元祭此一地方節慶活動之堅強傳統特性，即使被殖民統治數十年後，仍不見令人印象深刻的大幅度變化。

然值得注意的是，日治時期之基隆中元祭活動不論被認為是堅持傳統或跟不上時代潮流，其實際情況確實普遍為各個團體積極投入、熱烈參與，除以往為眾所周知、涉及姓氏輪值主普制的十一姓及外姓之宗親組織外，各工商團體、新式社團及行政部門，均在此一節慶活動中占有一席之地，而分析這些以往較被忽略的團體或部門，其性質實包羅萬象，有來自民間社會、殖民政府者，有含漢人力量、日人勢力者，而漢人力量又包括漳人、泉人不同背景，且這

研究，相關說明可參見大島建彥，〈解說〉，收入大島建彥編，《無緣佛》，頁203-213。

142 〈基隆の提灯會〉，《臺灣日日新報》，1915.09.07，7版。

143 〈基隆だより〉，《臺灣日日新報》，1910.09.06，5版。

144 〈基隆の豚祭〉，《臺灣日日新報》，1918.09.03，7版；〈基隆——中元豚祭〉，《臺灣日日新報》，1921.08.31，4版。

145 〈基隆の舊盆祭提燈行列て全市を練る〉，《臺灣日日新報》，1926.09.02，夕刊2版。

些團體或部門彼此間互有關連，如參與水燈與花車遊行活動的各工商團體，不僅有屬臺資商號、日資企業者，亦有屬臺日或日臺聯合經營者，而負責中元祭四大柱工作者，亦多屬工商業經營者，且遍布倉儲運輸業、商業、製造業等領域；這些商行店家雖彼此互相競爭排序與名次，卻也攜手共創商機，帶動並刺激地方經濟與繁榮景氣。而新式社團如同風會、尚志會或青年會、青年團等，其領導階層除漢人地方領袖外，亦受日本殖民政府力量影響；又這些新式社團之種種行動，固然有與殖民政府合作，四處宣傳與節約、衛生等有關之各式措施，對傳統節慶活動提出種種改革與限制，然其亦協助公權力維持秩序、照顧老幼，而行政部門更對節慶活動提供增加班次的交通運輸、燃放煙火助興等額外服務。綜觀前述種種歷史事實所呈現之顯著意涵為：基隆中元祭此一傳統地方節慶活動發展至日治時期，其事實上已成為基隆整體社會力量動員與政治力量普遍參與的重要公共場域；同時，透過這個傳統節慶活動的文化空間，內地人與本島人、殖民者與被統治者、漳人與泉人，亦已展開廣泛而普遍的跨界接觸與交流。

表 7-5：日治時期基隆地方人物表

（一）屬輪值主普十一姓者

姓名	政治背景	經濟背景	新式社團背景	傳統工作背景
張廖簡姓：26 人				
01.張士文	媽祖宮口、崁仔頂保正、保甲聯合會副會長、市協議	經營建成海陸運送店、丸基運送業 臺灣海陸物產	敦俗會評議員 同風會委員、役員、理事	1932 中元主普 1916、1923 慶安宮爐主 1932 奠濟宮爐主

	會員	株式會社監查役、基隆養豚合資會社社長、基隆商工組合理事、基隆總商會評議員、監事		1925 城隍廟爐主慶安宮理事
02.張月水		經營石炭業		1910 中元主普
03.張　井	保正	經營石井鐵工廠		1932 中元主會
04.張水福			尙志會成員	
05.張石水		店員	同風會青年團成員	
06.張阿呆（張國錫）1867-1938子張福進	草店尾、石牌保正	經營雜貨商號金捷成、設立深澳坑書房基隆總商會評議員、監事	張姓代表同風會委員	1921、1932 中元主普、1931 中元主壇1921 慶安宮爐主、1930 頭家1927、1933 城隍廟爐主慶安宮理事
07.張福進		基隆商工組合委員	同風會役員、委員、理事、部長尙志會成員	
08.張阿屘		經營福德市場物品販賣、房屋出租業		1934 城隍廟頭家
09.張阿福			同風會委員	
10.張明結子張文生				1927 奠濟宮爐主

11.張東青 子張歐田		經營張東隆商 行		1932 中元主普、 1926 中元主壇 1928 慶安宮爐主 1931 城隍廟頭家
12.張　忠		會社員	同風會青年團 成員	
13.張　保	保正	經營義源商店 、寶隆運送店 、建築業 基隆商工組合 委員	同風會委員、 幹事	1930 中元主醮 1932 奠濟宮頭家
14.張純甫 1888-1941		寓新店街設館 授徒		1928 城隍廟爐主
15.張埕溪		組合雇員	同風會青年團 成員	
16.張添福 1873-1938 子張生塗	後井子保正	煙草小賣人、阿 片小賣人	同風會委員	1922 慶安宮爐主 慶安宮理事 代明宮管理人
17.張添慶			敦俗會評議員	
18.張添壽		商店員	同風會青年團 幹事	
19.張進文		博愛醫院主任 醫師		1936 慶安宮爐主
20.張達源 1864-1915	保甲局長、 保正、地方 委員	金建順號行東 、深澳坑庄礦業 主	敦俗會副會長 尚志會監事	慶安宮董事
21.張添河 1906-1980 父張達源		會社員	同風會青年團 幹事	

01.簡金炎			雙葉青年團成員	
02.簡　烏	蚵殼港保正	於寶町經營新復興行	同風會委員	1926 城隍廟爐主
03.簡萬火 1908-1975		新聞記者	同風會委員、理事、部長	
04.簡銘鐘		會社員、設石硬港步雲齋書房	同風會青年團副團長 尚志會成員	
05.簡德麟		會社員	同風會青年團成員	
吳姓：11 人				
01.吳文質			敦俗會評議員	
02.吳北洋			尚志會成員	
03.吳永金		基隆米商，經營振發行	同風會評議員、委員	1922、1933 中元主普、1930 中元主壇 1928 慶安宮頭家 1933 奠濟宮爐主 慶安宮理事
04.吳　皮		經營瑞芳九份金礦、新建發商會		1936 中元主醮
05.吳百川	市協議會員	經營石炭業於草店尾	同風會委員	1933 中元主普 1931 城隍廟爐主
06.吳　和		住新店開米店（長盛商店）		1922 中元主普 1930 奠濟宮頭家
07.吳梓生	哨船頭、鼻子頭保正	於三沙灣設立養正書房	同風會委員	1924 慶安宮爐主

08.吳森求				1931 中元主壇 1930 慶安宮頭家
09.吳智義		學校雇	同風會青年團成員	
10.吳萬輝		株式會社萬樂組組長、株式會社萬榮組社長、金生運送店專務		1927、1934 慶安宮頭家
11.吳德良 1854-1913	基隆地方稅調查委員	新店街米商		1900、1911 中元主普 慶安宮董事
劉唐杜姓：21 人				
01.劉比山		經營金德發海產店	敦俗會評議員	
02.劉林福來			同風會委員	
03.劉天財	保正	經營料理業、山梅旅館（合）		1924 慶安宮爐主
04.劉火生 （幸田英佑） 1904-1944		基隆輕鐵會社運輸部主任	尚志會成員	1934 中元主普
05.劉石乞		石碇庄礦業人		1934 中元主普 1928 慶安宮頭家 慶安宮理事
06.劉阿木		經營順美商行		1935 慶安宮頭家 1927 城隍廟爐主、1935 頭家

07.劉阿禎 （柴田禎造） 父劉維周	市協議會員	金物業商，經營 雲源鐵工所、日 新金物店	同風會評議員 、委員、役員 尚志會成員	1934 中元主普、 1930 中元主醮 1930 城隍廟頭家 慶安宮理事
08.劉坤旺			雙葉青年團成 員	
09.劉昆旺			寶青年團成員	
10.劉明安			雙葉青年團成 員	
11.劉明祿			同風會委員	
12.劉清福		廣福醫院主、經 營廣聚樓	同風會委員	1932 中元主醮
13.劉添順		經營大和精米 所（合）		1930 中元主壇 1935 慶安宮頭家 1930、1935 城隍 廟頭家
14.劉　通		請負業商、三福 公司所屬勞力 供給		1934 中元主普、 1927 中元主醮 1929 城隍廟爐主
15.劉　猛	市方面委員	經營雜貨業兼 石炭船積勞工 請負、住曾子寮 開米店		1934 中元主普、 1927 中元主醮
16.劉新屋			同風會成員	
17.劉福來		會社員	同風會青年團 成員	
18.劉憨母		投資基隆義成 興家畜合資會 社		1930 城隍廟爐主
19.劉　戀				1934 中元主普

20.劉麒麟 父劉正寬	保甲役員	經營炭鑛業	同風會委員	1934 中元主普
01.杜天禎		株式會社裕餘 行社長		1931 城隍廟頭家
陳胡姚姓：30 人				
01.陳大頭		經營陳東興米 商行、義成商號 （海產物） 入臺灣米穀商 同業組合		1935 中元主普 1930 慶安宮頭家
02.陳水源		海產物商	同風會青年團 幹事	
03.陳水業		會社員	同風會青年團 成員	
04.陳木桂		署雇人	同風會青年團 成員	
05.陳天從		經營隆泰商店、 基隆官鹽配運 館主任(經營石 炭米肥料及運 送業)		1933 城隍廟頭家
06.陳玉振	保正	投資基隆義成 興家畜合資會 社		1932 中元主會
07.陳式三				1928 城隍廟頭家
08 陳　却		會社員	同風會青年團 成員	
09.陳志銳	保正	歐美雜貨店		1924 慶安宮爐主

10.陳　杰	新店保正、市協議會員	海產物商、海南興業公司理事長、投資基隆果菜合資會社臺灣海陸物產株式會社專務取締役、基隆海陸物產株式會社社長、基隆總商會評議員、理事	同風會評議員、幹事、委員理事尙志會成員	1935 中元主普1934 城隍廟頭家慶安宮理事
11.陳阿土			同風會評議員、幹事	
12.陳阿佳1891-1953父陳紅番母劉氏查某1856-1935		三合和漁行主	陳姓代表	1935 中元主普
13.陳漢周父陳阿佳	市協議會員	花花齒科醫院主	同風會理事、部長	1935 中元主普、1936 中元主會
14.陳　屋				1924 中元主普
15.陳紅龜		經營陳紅龜商店、陳裕豐商店		1928 城隍廟頭家
16.陳桂全		會社員	同風會委員同風會青年團幹事	
17.陳連壽		會社員	同風會青年團幹事	
18.陳清木			寶青年團團長	

19.陳振芳		投資基隆義成興家畜合資會社		1926 中元主醮
20.陳泰成		基隆海產物商		1927 慶安宮頭家
21.陳 厎 ?-1925	保正	海產物商、經營陳和合商行 臺灣海陸物產株式會社社長	敦俗會評議員	1920 慶安宮爐主
22.陳萬發		店員	同風會青年團成員	
23.陳榮順		會社員	同風會青年團成員	
24.陳影帆 （陳彰帆）		經營日勝行	基隆中華會館主席	1929 中元主壇
25.陳錦堂		陳源裕行主	基隆中華會館主席	1928 中元主醮 1930 城隍廟頭家
26.陳錫銘		自營商	同風會青年團幹事	
27.陳曜東 父陳授時		於新店街經營聯成吳服店（陳茂德布店主）		1930 奠濟宮爐主
28.陳攏茂				1902 中元主普
29.陳讚珍 1887-1958		經營建泰行、陳泉泰商行、船問屋 基隆船商公會理事兼會計	基隆中華會館經濟科科長	1928 中元主壇 1930 慶安宮爐主
30.陳蠹趖		經營錦成運送店	同風會委員	1929 中元主醮
謝姓：8 人				

01.謝文理		經營大和精米所（合）加入臺灣米穀商同業組合		1930 中元主壇 1935 慶安宮頭家 1930、1935 城隍廟頭家
02.謝玉蓮		商店員	同風會青年團成員	
03.謝知母	保正			1932 中元主會
04.謝清桐	市協議會員	海產物商、經營謝裕記商行	同風會委員	1925、1936 中元主普、1932 中元主壇 1928 奠濟宮頭家慶安宮理事
05.謝國器 兄謝清桐	市協議會員	基隆總商會副會長	同風會役員、委員、理事	
06.謝煥卿				1914 中元主普慶安宮董事
07.謝滿塘		店員	同風會青年團成員	
08.謝銅義		學校雇人	同風會青年團成員	
林姓：32 人				
01.林大化		經營石炭業於草店尾大祥行、成立南國商社株式會社源豐商行、興業公司		1926 中元主普、1928 中元主壇 1926 慶安宮爐主 1928 奠濟宮頭家
02.林大義		蚊仔坑礦業主、經營義益商號		1914 慶安宮爐主 1914 城隍廟爐主慶安宮董事

03.林双輝		日用雜貨商 基隆總商會理 事	同風會委員、 幹事、理事、 部長	
04.林　牛		會社員	同風會青年團 幹事	
05.林火鼓		組合書記	同風會青年團 幹事	
06.林本青				1928奠濟宮頭家
07.林永成		會社員	同風會青年團 成員	
08.林石義			同風會書記 同風會青年團 幹事	
09.林金水		會社員	同風會青年團 成員	
10.林金木		家事手傳	同風會青年團 成員	
11.林金生		店員	同風會青年團 成員	
12.林金塗		貸家業	同風會青年團 幹事	
13.林國章		役所雇	同風會青年團 成員	
14.林崧生		會社員	同風會青年團 幹事	
15.林清南		會社雇員	同風會青年團 成員	

16.林清芳 ?-1926 子林希賢	保正、基隆保甲聯合會會長	經營東元藥行、醫士	敦俗會評議員 同風會評議員、幹事	1915 中元主普、 1934 中元主會 1919、1925 慶安宮爐主、1935 頭家[146] 1933、1935 城隍廟頭家 慶安宮董事
17.林希賢	玉田街保正	曾奉職於櫻井印刷部	同風會評議員、幹事	1930 中元主會
18.林阿呆	保正	住石牌經營米店	同風會幹事	1921 慶安宮爐主
19.林榮欽	保正	經營石炭業		1918 慶安宮爐主 慶安宮董事
20.林冠世 1891-1932 父林榮欽 弟林德新	保正	經營林振盛商行及炭礦業於獅球嶺	林姓代表	1926 中元主普、 1925、1928 中元主會 1931 慶安宮爐主 1928、1931 城隍廟頭家 慶安宮理事 奠濟宮管理人
21.林秋波	保正	與弟共同經營雜貨店		1927 中元主會 1918、1931 慶安宮爐主

---

146 本表將負責昭和九年中元主會與昭和十年慶安宮頭家之東元藥行，歸屬於位在新興街，由林清芳經營的東元藥行中計算，而非位於草店尾，由謝淋漢經營之東元藥材行，又任何一種歸屬方式對表 6-1、6-2 及表 7-3 之統計結果所形成之結論沒有不同影響。

22.林秋坤			尚志會成員	
23.林添旺	基隆區街市衙書記、保正、町委員、方面委員	經營阿片小賣及雜貨代書業	林姓代表尚志會成員	1926 中元主會慶安宮理事
24.林健基		商業	同風會青年團副團長	
25.林登貴			同風會成員尚志會成員	
26.林朝寶		經營三陽公司、瑞成行		1926 中元主普、1925 中元主壇1927 慶安宮爐主、1936 頭家1928 城隍廟爐主
27.林新富		金日利行主、經營房屋出租業		1927 城隍廟頭家
28.林義源				1934 城隍廟頭家
29.林開郡		三峽炭礦主		1933 中元主壇1934 慶安宮爐主1934 奠濟宮爐主1934 城隍廟爐主
30.林應時1888-1970	石硬港、獅球嶺保正市保甲協會長、保正會長、保正町委員、市協議會員、方面委員	任職瑞芳礦山九份	同風會委員、理事	1932 中元主會慶安宮理事基隆眞宗崇佛會會長
31.林慶添		商業	同風會青年團幹事	

32.林聰明			雙葉青年團成員	
江姓：5 人				
01.江春瑄		店員	同風會青年團成員	
02.江烏定		於福德町經營雜貨店		1935 中元主會 1937 城隍廟頭家
03.江添彩		會社員	同風會青年團幹事	
04.江瑞英 子江秋華	區町委員	藥種商、經營江源茂藥行	江姓代表 基隆中華會館主之一	1927 中元主普、 1933 中元主會 1929 慶安宮爐主 慶安宮理事
05.江增桂		江義隆商店主 基隆總商會幹事、理事 基隆陶器商組合長		1933 慶安宮爐主
鄭姓：7 人				
01.鄭　元	石牌町委員 屬調人	成興行主	鄭姓代表	1928 中元主普 1931 慶安宮頭家
02.鄭乞食		草店尾吳服商、礦業起家	鄭姓代表	1932 城隍廟頭家 慶安宮理事
03.鄭查某				1926 中元主醮
04.鄭振芳		經營建德運輸部、進享運送店、丸テ建德運送店主 基隆總商會評議員、副會長	鄭姓代表	1936 慶安宮頭家
05.鄭貴松			同風會成員	

06.鄭儀正		會社員	同風會青年團幹事	
07.鄭蕙趱	保正、區委員、瑞芳庄協議會員	經營商業於當地、營鑛業於鑛山、九份雜貨商、設大粗坑書房	鄭姓代表	1931 慶安宮頭家
何藍韓姓：10 人				
01.何文秀			尙志會成員	
02.何天靜				1929 中元主普
03.何　君		木材商	基隆中華會館主席	1928 城隍廟頭家
04.何能近				1929 中元主普
05.何　萍 1894-1943		材木商、於媽祖宮口經營老建和材木商行 基隆總商會理事	何姓代表	1929 中元主普 1929 慶安宮爐主 慶安宮理事
06.何微力		經營建裕米商行 加入臺灣米穀商同業組合		1934 中元主壇
07.何義昌				1934 慶安宮頭家
08.何萬壽		會社傭人	同風會青年團成員	
09.何學山		經營榮和棧米店、（何）榮德商行	敦俗會評議員 同風會幹事	

10.何　鵬	市協議會員	基隆總商會評議員、理事	同風會評議員委員、幹事、理事 尚志會成員	慶安宮理事
賴姓：8 人				
01.賴南桂		經營賴順發（新順發）商店、星醬油製造會社社長	賴姓代表	1930 中元主普、1933 中元主壇 1936 慶安宮頭家 慶安宮理事
02.賴　旺				1930 中元主普 1929 奠濟宮爐主 1927 城隍廟頭家
03 賴崇璧	金山庄庄長	經營石炭開採		1930 中元主普
04.賴　雲	媽祖宮口町委員屬調人	吉野屋商店主基隆漁業會社常董		1930 中元主普
05.賴　烈	區長、州協議會員	土地、房屋出租		1930 中元主普
06.賴榮春		會社員	同風會青年團成員	
07.賴戇（賴愗、賴憨）	後井子保正		同風會委員	1930 中元主普、1933 中元主醮 1920 慶安宮爐主
08.賴某		經營賴合興建生行		1927 慶安宮頭家
許姓：8 人				
01.許子修			同風會委員	
02.許天花			同風會役員	
03.許梓桑 　　1874-1945	書記、街庄長、區長、	經營錦紋店、阿片煙膏賣捌人	敦俗會會長、同風會會長、	1902 中元主會、1931 中元主普

子許應麟	街協議會員、街名譽助役、市協議會員、州協議會員	基隆商工組合理事、基隆水產株式會社監查役、株式會社雲泉商會監查役、基隆果菜合資會社社長、基隆總商會會長	委員 許姓代表	1925、1935 慶安宮爐主 1935 城隍廟爐主 慶安宮管理人 城隍廟管理人
04.許應麟 1902-1945		自營商	同風會青年團幹事 尚志會成員	
05.許朝正		店員	同風會青年團成員	
06.許朝恭		家事手傳	同風會青年團成員	
07.許清英		海產物商 臺灣海陸物產株式會社監查役	許姓代表	1932 城隍廟爐主 慶安宮理事
08.許騰輝		會社員	同風會青年團成員	

（二）不屬輪值主普十一姓者

姓名	政治背景	經濟背景	新式社團背景	傳統工作背景
戰後屬聯姓會者 一、王姓：6 人				
01.王　耳				1932 奠濟宮頭家
02.王承通	訓導		同風會青年團幹事	

03.王春連			雙葉青年團成員	
04.王　港				1926 慶安宮爐主
05.王棋發			同風會成員	
06.王塗盛（大島盛拓）弟王柳	基隆街、市協議會員、方面委員顧問、衛生委員	位新店街保生醫院主、基隆公學校校醫	同風會委員、役員、理事	1931 慶安宮頭家、1935 爐主 1935 城隍廟爐主 慶安宮理事
二、楊姓：8 人				
01.楊天能		會社員	同風會青年團成員	
02.楊　火	哨船頭町委員	經營楊義芳		1930 奠濟宮頭家
03.楊火盛		媽祖宮口仁德醫院主	尙志會成員	1931 中元主醮
04.楊火輝 弟楊火勞	蚵殼港方面委員 町委員	曾經營商業炭礦包辦、後改營金銅礦石船積荷揚及勞工給付兼海運業	同風會委員、理事	1935 中元主醮
05.楊阿壽 1900-1991		經營長壽齒科醫院	同風會役員、委員、理事、部長 尙志會成員	1934 中元主醮 1933 慶安宮爐主
06.楊　源		材木商	同風會青年團幹事	

| 07.楊萬賜
1871-1936 | | 經營貸負業
基隆義成家畜
會社長 | | 1932 慶安宮爐主 |
| 08.楊慶珍 | | 慶成公司
基隆總商會幹
事、理事 | 同風會理事、
部長 | |

三、柯蔡姓：12 人				
01.柯文理 1870-1956	七堵庄協議 會員、暖暖街 長、街學務委 員	經營石炭業		1928 奠濟宮頭家
02.柯炳謙		海產物商、經營 隆順謙記行、船 問屋 基隆船商公會 副會長		1927 中元主壇 1932 奠濟宮頭家
03.柯基生		穀物商、經營東 昇公司		1936 慶安宮爐主
04.柯漢忠		經營物品販賣 業隆順商行、與 人合組基隆興 業公司		1929 中元主壇
05.柯馨盛		海產物商與材 木商、經營新吉 發商店、新吉和 商店 基隆商船公會 理事、臺灣海 陸物產合資會 社成員		1925 中元主醮 1931 慶安宮頭家 1928 奠濟宮爐主

01.蔡金池		海產巨商利記商行主 基隆船商公會會長、基隆總商會副會長、理事	同風會理事	1926 中元主壇 1934 慶安宮頭家
02.蔡烆炒		築港雇	同風會青年團幹事	
03.蔡星穀	市協議會員	玉田濟生醫院主	同風會理事	
04.蔡煥章		經營大和精米所（合）		1930 中元主壇 1935 慶安宮頭家 1935 城隍廟頭家
05.蔡瑞全		家事手傳	同風會青年團成員	
06.蔡慶雲 父蔡鳳儀	保正、玉田方面委員	蔡義成商店（義成行主）、設立養心齋書房	同風會委員、幹事、理事、部長 青年會委員	1931 中元主會 1919、1925、1928 慶安宮爐主 1930 奠濟宮頭家 1934 城隍廟爐主
07.蔡慶濤 ?-1962 父蔡鳳儀	學校訓導		尙志會成員 双葉青年團團長 第一青年會會長	
四、丘邱姓：2 人				
01.邱塗生		基隆總商會評議員、理事	同風會青年團幹事	
02.邱錦順				1933 城隍廟頭家
五、蘇周連姓：7 人				

01.周石金		基隆總商會評議員、理事	同風會委員、理事、部長	
02.周百年		經營周百年商店、萬菓物委託問屋		1928 中元主醮
03.周阿食		經營順發商行		1927 中元主壇
04.周旺盛		店員	同風會青年團成員	
05.周　莫			敦俗會評議員	
06.周　碧	市協議會員		敦俗會評議員同風會委員	
01.連朝明				1937 城隍廟爐主
六、白童董姓：1 人				
01.董　湖		米商，經營福亨商店		1929 中元主醮
七、高姓：2 人				
01.高文秀		經營炭礦業海山岩礦株式會社取締役、昭和採炭株式會社社長		1929 奠濟宮頭家1927 城隍廟頭家
02.高建榮		會社員	同風會青年團幹事	
八、余徐涂姓 1 人				
01.徐德旺		店員	同風會青年團成員	
九、鍾蕭葉姓：7 人				
01.蕭庚木		組合書記	同風會青年團幹事尚志會成員	

01.葉水盛		會社員	同風會青年團幹事	
02.葉文成			雙葉青年團成員	
03.葉木桂	保正			1923 慶安宮爐主
04.葉　獅		葉獅商會主兼營海產及漁業		1934 城隍廟頭家
05.葉煌基		請負業	同風會青年團成員	
06.葉增叡		印刷業	同風會青年團成員	
李姓：12 人				
01.李天慶		會社員	同風會青年團成員	
02.李　江				1933 奠濟宮爐主
03.李安喜			寶青年團成員	
04.李家齊父李仁貴	曾子寮保正	玉泉製酒公司長	敦俗會評議員同風會委員李姓宗親會基隆分會長	1922 慶安宮爐主1934 慈雲寺中元值東
05.李登瀛1899-1945			同風會役員寶青年團團長第二青年會會長	
06.李進昌	保正			1930 城隍廟頭家
07.李溪泉		家事手傳	同風會青年團成員	
08.李瑞標		代書業	同風會青年團成員	

09.李煌村		海運業	同風會青年團幹事	
10.李朝麟		商店員	同風會青年團幹事	
11.李慶紅			同風會委員 尚志會成員	
12.李寶松		社員	同風會青年團成員	
黃姓：6 人				
01.黃永富		店員	同風會青年團成員	
02.黃玉階		旭東醫院主		1936 中元主壇 1937 城隍廟爐主
03.黃再興			雙葉青年團成員	
04.黃奕溪			尚志會會員	
05.黃鄉齒 1871-1957	新興、福德保正、市協議會員、方面委員	貿易商、丸越礦泉製冰會社代表、陸海軍御用達、金崇德商店、崇德礦泉會社社長、阿片小賣人 基隆商工會評議員、基隆商工組合理事、監事	同風會委員、幹事 黃姓代表	1919、1925 慶安宮爐主 1916 城隍廟爐主 1937 城隍廟頭家 慶安宮理事
06.黃樹水 1899-1971 父黃鄉齒	市協議會員	經營家族事業、丸越礦泉製冰會社理事、包辦	同風會委員、理事、部長 尚志會成員	1932 城隍廟頭家

		陸海軍御用達等事業 基隆商協會（基隆總商會）會長、副會長、理事、評議員、基隆倉庫利用組合理事	同風會青年團團長	
郭姓：8人				
01.郭文科		文記商行	尚志會發起人	
02.郭太平		為旭町高砂橋畔太平醫院主		1929中元主醮
03.郭登貴			寶青年團成員、副團長	
04.郭振芳				1932奠濟宮頭家
05.郭進昌 ?-1935		經營三河商行支店（合）、新泉利商行（合）與日人合創基隆養豚合資會社 臺灣海陸物產株式會社取締役、花蓮港定置漁業組合理事		1928中元主醮 1930慶安宮頭家 1927城隍廟頭家
06.郭欽蓉		廣生醫院主	同風會委員 尚志會成員	
07.郭添發	市協議會員	於草店尾經營郭添發商店、	同風會委員	

		酒類賣捌人 基隆商工組合 監事		
08.郭清泰				1937 城隍廟頭家

其它姓氏
一、朱姓：6 人

01.朱木炎			尚志會成員	
02.朱　桔		行員	同風會青年團 幹事	
03.朱育才			同風會委員	
04.朱春長		店員	同風會青年團 成員	
05.朱添才		經營大和精米 所（合）、大和 商店 加入臺灣米穀 商同業組合		1930 中元主壇 1935 慶安宮頭家 1935 城隍廟頭家
06.朱　祿		經營朱祿運輸 部、臺灣總督府 交通局鐵道部 專屬、大阪商船 株式會社專屬 荷扱店		1937 中元主醮

二、汪姓：4 人

01.汪水木		福德町青菓商		1936 慶安宮頭家
02.汪福蔭 　？-1928	保正、保甲聯 合會會長、市 協議會員、市 方面委員	鴉片煙膏取次 人、海陸物產 商、經營振隆商 行 基隆商工組合 理事	敦俗會評議員 同風會成員	1920 慶安宮爐主 慶安宮董事、理 事 基隆眞宗崇佛會 會長

03.汪榮振 （大田榮俊） 父汪福蔭	保正、市協議 會員	海產物商、貸家 業 臺灣海陸物產 株式會社常任 監查役、基隆商 工組合評定員 、基隆總商會評 議員	同風會青年團 幹事長	1930 慶安宮爐主 1931 奠濟宮爐主 慶安宮理事
04.汪漢忠				1902 中元主壇
三、阮姓：1 人				
01.阮茂林		經營金裕德商 店、煙草小賣人 臺灣貿易商同 盟基隆支部理 事、基隆商工組 合委員、基隆總 商會理事	青年會委員	1934 慶安宮頭家
四、范姓：1 人				
01.范昆輝 父范元成	曾任基隆區 書記、保正	基隆養豚合資 會社理事	敦俗會評議員	1929 中元主會 1921 慶安宮爐主 、1935 頭家 1935 城隍廟頭家 慶安宮理事
五、莊姓：2 人				
01.莊阿某				1928 慶安宮頭家
02.莊　敬	保正	經營海產物於 哨船頭並賣書 籍、水產仲賣人 基隆商工組合 委員		1933 城隍廟頭家
六、曹姓：1 人				

01.曹德滋		泰記汽船株式會社代表 基隆總商會評議員		1936 中元主會、 1935 中元主壇 1932 城隍廟頭家
七、潘姓：1 人				
01.潘榮春	第一公學校訓導、街協議會員、市協議會員、州協議會員	經營石炭業 基隆商工組合理事、基隆總商會會長	同風會委員、評議員、役員	1928 城隍廟頭家 慶安宮理事
八、游姓：3 人				
01.游連錦		雲源鐵工廠常務取締		1927 城隍廟頭家
02.游連樹		店員	同風會青年團成員	
03.游清炎		會社員	同風會青年團成員	
九、鄧姓：1 人				
01.鄧德能		經營錦成吳服店		1934 慶安宮爐主
十、顏姓：5 人				
01.顏赤九		位於雙葉町益隆商會負責人、經營木炭業、貸屋業		1931 中元主醮
02.顏窓吟	市協議會員	基隆輕鐵會社支配人 基隆商工組合監事	同風會理事	
03.顏欽賢 1901-1983 父顏雲年	市協議會員	經營家族事業	同風會委員、役員、幹事、理事	

04.顏雲年 1874-1923 弟顏國年	區長、廳參事、州協議會員、府評議員	基隆輕鐵株式會社、雲泉商會等	敦俗會副會長 同風會副會長	慶安宮董事
05.顏國年 1886-1937	府評議員	基隆輕鐵株式會社、雲泉商會、基隆炭礦會社等[147] 基隆商工組合組合長、理事	同風會副會長	慶安宮理事
十一、羅姓：4人				
01.羅水木		吳服商、位新興街裕興商店主		1928 慶安宮頭家 1931 城隍廟頭家
02.羅金生		草店尾酒小賣人		1927 慶安宮爐主
03.羅　欽	保正	菓子商、義成興糕餅商主人（義成興商店）		1918、1932 慶安宮爐主 慈雲寺管理人 基隆眞宗崇佛會會計、副會長
04.羅慶雲			同風會委員	
十二、宋姓 1 人				
01.宋孔明		商業	同風會青年團幹事	
十三、方姓 1 人				
01.方萬發		代書業	同風會青年團成員	

---

147 日治時期基隆顏家經營之事業及擁有之頭銜甚多，此處僅列舉大要，較完整說明可參見：唐羽，《基隆顏家發展史》，頁 387-401；唐羽，《魯國基隆顏氏家乘》，冊 8，卷 17，貨殖 12 上、冊 9，卷 18，貨殖 12 中；陳慈玉，《臺灣礦業史上第一家族——基隆顏家研究》，頁 2。

十四、施姓 2 人				
01.施贊成		左官	同風會青年團成員	
02.施錫雲			尚志會成員	
十五、盧姓 1 人				
01.盧水三		會社雇員	同風會青年團成員	
十六、邵姓 1 人				
01.邵木通		店員	同風會青年團成員	
十七、塗姓 1 人				
01.塗川河			同風會委員	
十八、沈姓 1 人				
01.沈柏庭			雙葉青年團成員	
十九、倪姓 1 人				
01.倪蔣懷 1894-1943		石炭商	尚志會成員	

資料來源：《臺灣日日新報》、《臺灣新民報》、《新高新報》各期；《基隆商工名鑑》、《臺灣紳士名鑑》；千草默仙編，《會社銀行商工業者名鑑》；大園市藏編，《臺灣人物志》；上田元胤、湊靈雄編，《臺灣士商名鑑》（にひたか社，1900）；杉浦和作編，《臺灣商工人名錄（明治 44 年）》（臺北：臺灣總督府，1917）；內藤素生編，《南國之人士》（臺北：臺灣人物社，1922）；基隆市役所編，《基隆市商工人名錄》（1935）；基隆市役所編，《基隆市商工人名錄》（1936）；臺灣新聞社編，《臺灣商工便覽（第一版）》；臺灣新聞社編，《臺灣實業名鑑》；鷹取田一郎編，《臺灣列紳傳》；賴澤涵、朱德蘭、市川信愛主編，《長崎華商泰益號關係商業書簡

資料集 1〈基隆地區商號〉1901-1938 年》（臺北：中央研究院中山人文社會科學研究所，1992，複印本），「基隆地區委託批發商號」；〈基隆廳三貂堡蚊仔坑庄ノ內鑛第三八七號石炭採掘願林大義ヘ許可〉（1902.05.05），《臺灣總督府公文類纂》，751 冊 11件；〈張達源外一名石炭礦區增區願許可ノ件〉（1908.08.28），《臺灣總督府公文類纂》，1400 冊 7 件；〈〔羅欽、林冠世、林德新、劉石乞、吳清和、林求〕鑛業許可伺〉（1930.05.01），《臺灣總督府公文類纂》，4139 冊 4 件；黃樹水編，《基隆同風青年團概覽》，頁 50-52；簡萬火，《基隆誌》，頁 140-141、158-159、181-182、附錄；吳蕙芳，〈海港城市的傳統節慶活動：以慶安宮與基隆中元祭為中心之探討〉，頁 327-329；陳燕如，〈中元普度與政商之間：日據時期基隆地方領袖的發展〉，頁 56-65、126-131、170-176；臺灣省文獻委員會編，《基隆市鄉土史料──基隆市耆老口述歷史座談會紀錄──》，頁 98。

第八章　結論

　　廿世紀七〇年代，美國史學界面對歷史專業人才無法充分就業之嚴重危機，提出與傳統 "學院歷史學" 較不相同的 "公共歷史學" 概念，其內涵有二，一強調史學的應用，故有稱公共歷史學為 "應用歷史學（Applied History）" 者，一著重史學的實踐，因此公共歷史學亦被稱為 "實踐歷史學（Practicing History）"。就前項而言，提倡者乃較早投入此領域的美國加州大學聖塔芭芭拉分校（University of California at Santa Barbara）環境史家 Robert Kelley，他認為公共歷史學關係到史學家的工作問題和史學方法在學術體制外的運用，而此學術體制外範疇包括政府部門、私人企業、傳播媒體、歷史社團與博物館，甚至其它私人活動中；因為任何問題的解決、政策的制定、資源的開發、活動的規劃等事項，都需要運用歷史學家及史學方法。[1] 而後者則將重心置於社會群體的參與，認為公共歷史學應擴大其接受者範圍，使歷史學普遍為庶民大眾關注，此乃 Ronard Grele 所強調的：公共歷史學可創造出一個廣大群

1　Robert Kelley, "Public History: Its Origins, Nature, and Prospects," *The Public Historians*, vol.1, no.1（Fall, 1978）, p.16.

眾均能參與及建立出自己歷史的社會，公共歷史學運動旨在普及歷史意識使成為美國社會生活中之重要部分。[2]

　　自公共歷史學概念提出後在美國學界迅速發展，1978 年即創立專門的定期刊物 *The Public Historians*（公共歷史學家），[3]1980年已組織全國性的學術團體 "National Council on Public History（美國公共歷史學學會, 簡稱 NCPH）"，1983 年更由該學術團體出版其首部專書 *The Craft of Public History*，[4]將相關概念內容、人才培育方法與各種活動模式積極推廣全國各地，甚至擴及亞洲、澳洲與歐洲等地區；如中國於廿世紀八〇年代初即有學者提及當時在美國興起不久的公共歷史學潮流，[5]八〇年代末及九〇年代初已詳細說明，[6]至廿一世紀相關討論更多，除環繞其理論內涵、發展演變、

2　Ronard J. Grele, "Whose Public? Whose History? What is the Goal of a Public History?" *The Public Historians*, vol.3, no.1（Winter, 1981）, p.48.

3　該期刊於 1978 年秋季創刊 1 卷 1 期，至 2012 年已出刊至 34 卷 1 期。

4　David Trask and Robert W. Pomeroy Ⅲ, eds., *The Craft of Public History*, Westport: Greenwood Press, 1983.

5　羅榮渠，〈當前美國歷史學的狀況和動向〉，《世界歷史》，1982 年 5 期（北京，1982.10），頁 69-76；該文後改名為〈對美國歷史學的狀況和動向的思考〉，收入羅榮渠，《美國歷史通論》（北京：商務印書館，2009），頁 223-243。

6　王淵明，〈美國公共史學〉，《史學理論》，1989 年 3 期（北京，1989.09），頁 126-137；游恒，〈公共歷史學在美國的興起與發展〉，收入中國留美歷史學會編，《當代歐美史學評析──中國留美歷史學者論文集》（北京：北京人民出版社，1990），頁 160-171。

困境爭議外，[7]更涉及學科屬性、[8]中國高校人材培養、[9]與中國應用史學發展的比較等課題；[10]而澳洲於廿世紀八〇年代末引進公共歷史學概念，九〇年代已出現定期刊物、專門著作；歐洲的英、德等國亦有數種定期刊物的持續討論，廿一世紀並召開數次國際學術研討會，分別以"Historians and their Publics"（2001）、"People and their Pasts"（2005）、"History and the Public"（2006）、"People and the Pasts"（2009）為主題提出論文報告，彼此交流心得與溝通意見。時至今日，公共歷史學在美、歐等地頗為興盛，投入者包含

7　公共歷史學在廿一世紀的中國討論頗多，重點不一，茲依其時間先後列舉如下：楊祥銀，〈美國公共歷史學綜述〉，《國外社會科學》，2001 年 1 期（北京，2001.01），頁 33-37；張云，〈在歷史與現實之間：歷史學的研究與應用〉，《歷史教學問題》，2004 年 1 期（上海，2004.02），頁 67-70、112〔該文原載於《江漢論壇》，2003 年 5 期（武漢，2003.05），頁 67-71〕；陳新，〈從後現代主義史學到公眾史學〉，《史學理論研究》，2010 年 1 期（北京，2010.01），頁 12-14；姜萌，〈通俗史學、大眾史學和公共史學〉，《史學理論研究》，2010 年 4 期（北京，2010.10），頁 136；姜萌，〈學院派史學與公共史學〉，《山東社會科學》，2010 年 9 期（濟南，2010.09），頁 50-55。

8　王立樁，〈"應用史學"還是"史學應用學"──淺論公共史學的學科屬性〉，《西華師範大學學報（哲學社會科學版）》，2011 年 5 期（南充，2011.09），頁 69-75。

9　姚霏、蘇智良，〈公共歷史學與高校史學人才的培育〉，《歷史教學》，2008 年 10 期（天津，2008.10），頁 92-95。

10　姜新，〈20 世紀美國公共史學與中國應用史學的不同命運〉，《歷史教學問題》，2012 年 1 期（上海，2012.04），頁 87-91、79。

學院內、外各不同領域與專長之人士，並已衍生出許多不同支派，各有其強調重心與發展特點。[11]

綜觀公共歷史學的核心觀念實不僅涵蓋以往學界所強調的：透過歷史學將「現在（Present）」與「過去（Past）」作連結，如英國史家 Edward Carr（1892-1982）的名言：歷史「是現在跟過去之間，永無止境的對話」；[12]而是更進一步地將歷史學與「公共（Public）」緊密連繫，以發揮歷史學於現在社會的功能，著重歷史學家於當今角色之扮演，如前述美國公共歷史學的重要代表人物 Robert Kelley 曾言：公共歷史學家依恃專業特長成為「公共進程（public process）」的一部分。[13]在此，「公共」之意涵可理解為：「公共事務」（如政府部門及社區的決策、由納稅人支持的中小學歷史教學等）、「公眾社會」（包括向公眾傳播信息和提供知識的媒體、電影、電視、出版業等）、「公眾文化」（如向公眾開放的博物館、歷史遺址、紀念場所或公眾紀念活動等）部分；[14]而窺諸

---

11 有關公共歷史學較近期的發展狀況可參見 Paul Ashton and Hilda Kean, eds., *People and their Pasts: Public History Today*, London: Palgrave Macmillan, 2009. pp.1-2,11-13. 又本書共收錄十六篇文章，包含英國、澳洲、加拿大、紐西蘭、丹麥等地之研究成果。

12 愛德華·卡爾（Edward H. Carr）著，江政寬譯，《何謂歷史？》（臺北：博雅書屋，2009），頁 126。

13 Robert Kelley, "Public History: Its Origins, Nature, and Prospects," p.16.

14 Robert Kelley 當年言此語時並未對「公共」或「公共進程」有明確定義，筆者採大陸學者王希之說法予以界定；見王希，〈誰擁有歷史？——

廿世紀七〇年代始創的公共歷史學代表性刊物 *The Public
Historians* 於各期所載專文之關注課題，及八〇年代以後陸續出版
的有關公共歷史學之論文集、專著所涉及之各式議題，確實包括前
述範圍內的種種討論，如 1986 年出版的 *Public History: An
Introduction* 論文集，即將書中有關公共歷史學之實踐與應用部分
區隔成博物館與歷史組織、公共計畫、政府與公共工程、國家公園
中心、公共政策、商業等六項議題共十七篇文章分別討論；[15]2004
年出版的 *Public History: Essays from the Field* 論文集，亦出現前述
議題的相關討論共十一篇文章，其中半數以上專注歷史建築物、博
物館、公園等主題；[16]而 2006 年出版的專書 *The Lowell Experiment:
Public History in a Postindustrial City*，則是對美國早期紡織業基地
所在位置的國家公園詳加考察，探究此一著名遺址之國家公園於大
眾歷史記憶中的呈現及其意義。[17]至於創刊以來持續由各不同學術
背景及各式社經地位人士大量投入、關注種種公共歷史學議題的代
表性期刊 *The Public Historians*，不僅普遍著眼於美、歐等地區的相
關討論，至廿一世紀初亦出現涉及中國公共歷史學的研究，即透過
博物館、歷史紀念物及公眾記憶對中國山東省的文化資產予以剖析

美國公共史學的起源、發展與挑戰〉，《歷史研究》，2010 年 3 期（北
京，2010.06），頁 36。

15 Barbara J. Howe and Emory L. Kemp, eds., *Public History: An
Introduction*, Malabar: Robert E. Krieger Publishing Company, 1986.

16 James B. Gardner and Peter S. LaPaglia, eds., *Public History: Essays from
the Field (Revised Edition)*, Malabar: Krieger Publishing Company, 2004.

17 Cathy Stanton, *The Lowell Experiment: Public History in a Postindustrial
City*, Amherst: University of Massachusetts, 2006.

說明；[18]而本書則是承此學術方向，嘗試對基隆地方上最受矚目的傳統節慶活動——基隆中元祭課題予以深入了解與釐清。

蓋基隆中元祭於 2001 年被觀光局訂為臺灣十二大節慶之一，2008 年又被文建會訂為臺灣重要文化資產，此乃全臺首個被政府核可認證的地方無形資產，可見基隆中元祭的價值與意義。而此一公共歷史學課題亦吸引學院內外、各方面人士之關注與投入，尤其是學界具不同學科背景者，實自不同角度與立場探究分析以觀察其貌。惟今日基隆中元祭最為人強調的特色——姓氏輪值主普制，及倍受關注的漳泉族群融合、普度賽會取代武力械鬥等內涵，即一般習稱的「以血緣關係化解地域衝突」、「以賽陣頭代替打破頭」之說法，實立基於戰後官方修纂印行的地方志書、民間宗親會刊物及廟宇碑刻等，主要源自個人記憶與傳說之記載，而據此形塑出來的基隆中元祭圖像與其歷史事實面貌，即清代及日治時期的狀況已有相當差距，然戰後形塑出來的基隆中元祭圖像卻普遍為前述學院內外、各不同學科背景者一再強調、突顯與複製，成為民間社會一般群眾廣泛接受、認知而流傳之內容，此實有必要加以解說釐清。

首先就姓氏輪值主普制的緣起而言，據今日可見之清代若干方志與檔案，以及日治時期遺留下來的地方志書、個人記載、寺廟調查、田野紀錄等資料可知，姓氏輪值主普制確實始於清咸豐五年，且與當時漳泉械鬥造成之大量死傷密切相關，然促成姓氏輪值主普

---

18 James A. Flash, "Managing Historical Capital in Shandong: Museum, Monument, and Memory in Provincial China," *The Public Historian*, vol.24, no.2（Fall, 2002）, pp.41-60.

制產生的漳泉械鬥事應發生於咸豐三年而非咸豐元年，且咸豐四年
另有小刀會動亂加重基隆當地的傷亡程度，亦為姓氏輪值主普制出
現的重要背景；而歷經兩次動亂倖免於難的生還者，自然希望經由
虔誠的普度儀式撫慰大量死於非命之亡魂，並令生者得安心度日，
故地方士紳協議由當時頗具勢力的十一姓輪流負責每年主普祭祀
活動，以使相關工作得延續不斷，此乃姓氏輪值主普制的真正目的
與原始意涵；事實上，姓氏輪值主普制施行後，並未促成戰後所說
的「以血緣關係化解地域衝突」之情況產生，因咸豐九年、十年又
持續發生漳泉械鬥事，基隆仍有來自原鄉地域觀念下的族群對立問
題。

又姓氏輪值主普制於清咸豐五年開始施行，當時輪值主普各姓
是否於普度前日參與盛大之水燈遊行與陣頭競賽活動，出現戰後所
說的「以賽陣頭代替打破頭」之場景，由於無法掌握確切史料難以
證實；惟從姓氏輪值主普制實行後的咸豐九年、十年仍有漳泉械鬥
事發生，則可知「以賽陣頭代替打破頭」之族群融合目標，至少於
咸豐年間是未能達成的。而目前可見史料記載基隆中元祭裡普遍出
現競爭場景、比賽畫面，應在日治時期而非清代，當時競賽之項目
有三，即賽牲豚、賽主普壇、賽水燈與花車之遊行陣頭，而三者實
涉及同一姓氏（屬輪值主普十一姓中之各姓）、不同姓氏（分屬十
一姓、外姓之各姓）、不同團體（宗親組織、工商團體等），於同
一年、不同年間的競爭比賽；其中，最令人關注者乃遊行陣頭之競
賽項目。惟細究當時陣頭競賽之真正目的，實在於廣告宣傳效果與
商業利益之考量，並非以此化解漳泉族群之對立。因日治時期參與
基隆中元祭裡水燈遊行與陣頭競賽者主要為宗親組織與工商團體，

而宗親組織無論是輪值主普十一姓或外姓之代表人物，亦不分負責主普、主會、主醮、主壇何項工作者，除部分屬醫師身份、為醫院主外，其餘亦多為工商業之經營者，從事倉儲運輸業、商業及製造業等，故為宣傳自家商品，增進個人商業利益，自然積極參與相關活動以提高知名度；且這些宗親組織及工商團體負責人並非僅置身基隆中元祭活動，其亦參與媽祖、城隍、開漳聖王等廟會活動，擔任爐主、頭家或加入繞境之陣頭遊行行列，以展現實力並累積地方聲名。

事實上，日治時期的族群問題已非清代同屬漢人間的漳泉地域衝突，而是日本殖民統治者與臺灣漢人族群間之對立。然從日治時期漢人地方領袖之不分漳、泉地域背景，無論屬輪值主普十一姓與否，往往透過宗親組織、傳統廟宇或工商團體、新式社團中之各式不同身份，在基隆中元祭活動裡扮演一定角色並發揮其作用，實可見異族政權統治下之漢人社會力量總動員；而日本殖民勢力，除部分以工商團體身份參與基隆中元祭之陣頭遊行外，主要藉由行政部門、新式社團力量參與基隆中元祭活動，展示其統治地位與政治影響力，故日治時期殖民統治者與漢人地方領袖在基隆中元祭活動裡的參與情形可圖示如下：

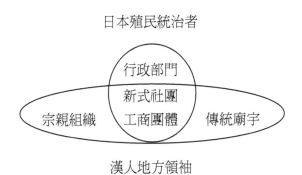

日本殖民統治者

漢人地方領袖

其中,日本殖民統治者與漢人地方領袖於此傳統節慶活動中雖互有
競爭、約束與調控等作為,然亦有合作、協助與支援等運作情形,
而透過彼此在基隆中元祭活動裡之密切互動,雙方確已展開普遍、
廣泛的跨界接觸及交流,此種族群關係又與清代情形頗不相同,亦
非戰後基隆中元祭圖像所能描繪者。

　　惟戰後基隆中元祭圖像涉及之基隆中元祭緣起與內涵雖與其
清代及日治時期的歷史事實頗有差距,然就基隆中元祭的實際運作
面而言,則戰後情形確有日治時期的傳承與持續,特別是在宗親組
織的表現上,各輪值主普姓氏從推舉總負責人及組織工作團隊、規
劃各項工作,到居住當地及鄰近地區之同姓宗親積極參與金錢捐
獻、牲豚祭品提供、陣頭遊行行列等活動中,以凝聚同姓宗親力量
並展現該姓在地方上之勢力,實無顯著差別;至於行政部門的投入
地方節慶活動中,則無論是基於節約原則或維持社會秩序等目的,
從日治時期的殖民政府到戰後的國民政府,均對基隆中元祭的祭祀
內容有相當程度的約束、規範,亦對此節慶活動提供協助與支援,
而綜觀這些實務操作部分的諸多項目均明顯可見基隆中元祭此一

歷史悠久的地方節慶活動之傳統特性，並未因時代演變、政權更迭而有太大差異。

又經由史學方法之深入探究與剖析，還可掌握日治時期在基隆中元祭活動裡同屬漢人族群的漳籍、泉籍或輪值主普十一姓、外姓發展之細部狀況。蓋基隆開發史中因漳人較泉人早來移民拓墾之優勢，漳人得占港口平地精華區，泉人只能以七堵、暖暖等山區為據點，故泉人力量實居漳人之下，彼此因生存競爭發生的對立衝突可想而知，惟清咸豐五年開始出現的姓氏輪值主普制究竟是漳人、泉人記取教訓下的雙方合作結果，或僅為具相當實力之漳人擔負重責大任下的表現，因史料欠缺無法確認；然日治時期的泉籍地方人士，無論屬輪值主普十一姓或外姓，確已普遍參與基隆中元祭之各式活動，除主普固定工作外，有以個人身份或工商團體名號負責主會、主壇普度事或傳統廟宇如慶安宮、城隍廟、奠濟宮之爐主、頭家工作者，有加入水燈與陣頭遊行之競賽者，更有屬新式社團如同風會、尚志會或青年會、青年團之成員或幹部者，透過其角色於基隆中元祭活動裡發揮作用，可見日治時期泉籍地方領袖之勢力發展與影響力之增長。

至於清代姓氏輪值主普制裡原居主導地位的十一姓，發展至日治時期亦有變化，有姓氏持續興盛，仍為地方大姓（如陳、林、劉、張等姓），亦有姓氏已沒落，負責主普工作頗感沈重（如許姓），故力主開放外姓加入輪值主普行列，以減輕沒落姓氏負擔，亦令新興姓氏承當大任，使傳統工作得持續進行。雖外姓正式加入基隆中元祭主普工作始於戰後，然其力量凝聚與勢力展現早於日治時期已顯露，因當時外姓除積極參與陣頭遊行活動，亦擔負主普外之三大

柱事務與傳統廟宇的爐主、頭家工作，這些新興姓氏（如黃姓）往往透過宗親組織不斷匯集同姓力量，終發展成戰後輪值主普行列擴增爲十五姓之局面。惟值得注意的是，被稱爲「臺灣五大家族」之一的基隆顏家，[19]不論是在清代、日治及戰後均不屬輪值主普姓氏成員，亦不見其有主動爭取成爲輪值主普姓氏之舉，令人甚感好奇。

蓋基隆顏家屬泉人背景，清同治年間才自八堵分宗徙居石碇堡的鯽魚坑，而定居該地之顏家即後來發展出顏雲年、顏國年兩大著名礦業家之支系；[20]又顏雲年生於同治十三年，時基隆中元祭的姓氏輪值主普制已運作近廿年，顏家在該制度出現之時的咸豐五年不屬具實力之大姓，非居輪值主普十一姓之列是可以理解的。然日治時期的顏家已爲基隆甚具實力之大姓，顏雲年與顏國年兄弟在政治地位、經濟力量上堪稱居基隆地方領袖之首，惟顏氏兄弟雖以基隆輕鐵會社名義屢屢參與基隆中元祭的陣頭遊行活動，且表現甚受矚目，亦擔任慶安宮董事、理事之職，並同樣以基隆輕鐵會社名義參與慶安宮繞境活動；同時，顏氏兄弟亦屬新式社團敦俗會、同風會之成員，甚至擔任核心幹部之職，以如此優勢地位與條件，卻未見其帶頭組織基隆顏姓宗親會凝聚宗族力量以加入輪值主普行列。所以如此之因，或在於日治時期基隆顏家勢力之興盛，實無需當地同姓宗親力量的聚集支持，而其參與基隆中元祭陣頭遊行與慶安宮繞境活動之目的僅在廣告效果與商業宣傳，並非如基隆其它姓氏，特別是不屬輪值主普十一姓的外姓，除個人商行店家之經濟利益考量

19　司馬嘯青，《臺灣五大家族》（臺北：自立晚報社文化出版部，1987）。

20　唐羽，《基隆顏家發展史》，頁 101-102、118-119。

外，亦欲藉參與四大柱負責人及三大廟爐主、頭家工作以凝聚該地區同姓宗親力量並提高知名度、展現地方實力；若此論點確實成立，則或可說明日治時期積極參與基隆中元祭活動之各姓地方人士，不論屬漳、泉背景，或輪值主普十一姓與否，其經濟勢力及商業活動範圍，與顏家相較仍有其規模與地域之侷限性，如日治時期每每參與基隆中元祭各項活動並力求表現，戰後又利用時機爭取加入輪值主普行列的基隆黃姓，其宗親會代表人物及核心成員主要仍活動於基隆當地或鄰近地區（即金基貂石區），尤其是來自基隆傳統商業活動範圍的仁愛區，故其對基隆中元祭各式活動之參與實較顏家來得積極與深入，而由此亦可觀察出基隆中元祭課題研究之具強烈地方特色及與它地甚為不同的地域特性，欲確切了解相關議題實須對基隆當地情形有更清楚而全面的掌握才是。

最後，需再說明的是，當 1978 年 Robert Kelley 提出公共歷史學概念，主張歷史學家及史學方法應普遍投入與運用於學術體制外各不同領域時；另一學者 Wesley Johnson 即補充解釋，學院歷史學與公共歷史學並不是兩個對立的觀念，亦非如自然科學般有「基礎科學」與「應用科學」之區隔，而是彼此配合、相輔相成的，其真正重點在於將歷史學應用於公共課題之討論，屬「公共領域內的歷史學」（history in public）。[21]而歷經廿多年的實驗與努力後，至 2002 年的 Jill Liddington 更明白指出：公共歷史學應提供必要的專業媒介於過去與公共之間，受過專業訓練的歷史學家投入公共歷史

---

21 Wesley Johnson, "Editor's preface," *The Public Historian*, vol.1, no.1, p.8.

學範疇，面對公共領域課題時，應維持其學術性與批判態度；[22]此即強調史學方法這個專業媒介在公共歷史學中之角色扮演與關鍵地位，由此亦可見公共歷史學與學院歷史學間之緊密關係及彼此合作之必要性與重要性。今透過本書對基隆中元祭此一甚具代表性之地方傳統節慶活動，於清代、日治及戰後三個不同時空背景的觀察討論，將戰後基隆中元祭的圖像形塑與清代、日治時期基隆中元祭歷史事實建構之不同歷程作深入之探究分析，或可提供人們日後作為相關說明之一參考例證。

---

22 Jill Liddington, "What is Public History?: Publics and their Pasts, Meanings and Practices," *Oral History*, vol.30, no.1（Spring, 2002）, p.91.

徵引書目

一、史料
(一) 檔案

01. 〈咸豐六年六月十日（上諭）〉，見《咸豐同治兩朝上諭檔第六冊》，收入臺灣史料集成編輯委員會編，《清代臺灣關係諭旨檔案彙編》，7 冊，臺北：行政院文化建設委員會、遠流出版事業股份有限公司，2004。

02. 〈咸豐八年六月六日（上諭）〉，見《咸豐同治兩朝上諭檔第八冊》，收入臺灣史料集成編輯委員會編，《清代臺灣關係諭旨檔案彙編》，7 冊。

03. 〈奏爲遵旨查明勦捕分類等五案首從匪徒在事出力文武員弁紳士義首人等擇尤獎敘繕具清單摺（咸豐八年六月初六日）〉，見洪安全總編，《清宮月摺檔臺灣史料（一）》，臺北：國立故宮博物院，1994。

04. 〈許梓桑外三名慶安宮所屬財產處分許可〉（1912.03.18），《臺灣總督府公文類纂》，1936 冊 29 件。

05. 〈許梓桑外二名慶安宮所屬財產處分許可〉（1912.04.11），《臺灣總督府公文類纂》，1937 冊 3 件。

06. 〈許梓桑外二名慶安宮所屬財產處分願許可〉（1913.04.01），《臺灣總督府公文類纂》，2126 冊 17 件。

07.〈許梓桑神明會所屬財產處分許可〉（1915.01.01），《臺灣總督府公文類纂》，5920 冊 18 件。

08.〈張達源外一名石炭礦區增區願許可ノ件〉（1908.08.28），《臺灣總督府公文類纂》，1400 冊 7 件。

09.〈基隆廳三貂堡蚊仔坑庄ノ內鑛第三八七號石炭採掘願林大義ヘ許可〉（1902.05.05），《臺灣總督府公文類纂》，751 冊 11 件。

10.〈聖王公所屬土地處分願許可〉（1913.04.01），《臺灣總督府公文類纂》，2126 冊 16 件。

11.〈剿辦臺灣各屬沿海口岸內來小刀會匪出入文武官紳人等擇尤獎敘清單（咸豐八年六月初六日）〉，見洪安全總編，《清宮月摺檔臺灣史料（一）》。

12.〈慶安宮管理人許梓桑外二名慶安宮財產處分許可〉（1916.01.01），《臺灣總督府公文類纂》，6225 冊 21 件。

13.〈〔羅欽、林冠世、林德新、劉石乞、吳清和、林求〕鑛業許可伺〉（1930.05.01），《臺灣總督府公文類纂》，4139 冊 4 件。

14.賴澤涵、朱德蘭、市川信愛主編，《長崎華商泰益號關係商業書簡資料集 1〈基隆地區商號〉1901-1938 年》，臺北：中央研究院中山人文社會科學研究所，1992，複印本。

（二）報紙

01.《中央日報》，1952、1954。

02.《中國時報》，1989、1995。

03.《新高新報》，1929-1936。

04.《詩報》，1935、1940。

05.《漢文臺灣日日新報》，1906。

06.《臺灣日日新報》，1896-1908、1910-1939、1941-1942、1944。

07.《臺灣民報》，1928-1929。

08.《臺灣新民報》，1931-1932。

09.《聯合報》，1966、1999-2000、2002。

（三）地方志書

01.《（福建）同安縣志》，北京：中華書局，2000。

02.《仁愛區志·安樂區志》，基隆：基隆市政府，1996；該書屬「基隆文獻」第六種。

03.《基隆大事記》，基隆：基隆市政府，1981。

04.《基隆市志》，基隆：基隆市文獻委員會，1954，第一種，概述。

05.《基隆市志》，基隆：基隆市文獻委員會，1956，第三種，沿革篇。

06.《基隆市志》，基隆：基隆市文獻委員會，1956，第十七種，教育篇。

07.《基隆市志》，基隆：基隆市文獻委員會，1958，第十九種，文物篇。

08.《基隆市志》，基隆：基隆市政府，1986，增印，文物篇。

09.《基隆市志》，基隆：基隆市文獻委員會，1956，第二十種，人物篇。

10.《基隆市志》，基隆：基隆市政府民政局，1979，風俗篇。

11.《基隆市志》，基隆：基隆市政府民政局，1987，交通篇。

12.《基隆市志》，基隆：基隆市政府，2001，卷 1，土地志，地理篇。

13.《基隆市志》，基隆：基隆市政府，2001，卷 6，文教志，文化事業篇。

14.《基隆市志》，基隆：基隆市政府，2001，卷 7，人物志，列

傳篇。

15. 《基隆市志》，基隆：基隆市政府，2001，卷 2，住民志，禮俗篇。

16. 《基隆市志》，基隆：基隆市政府，2003，卷 2，住民志，宗教篇。

17. 《基隆市志》，基隆：基隆市政府，2001，卷 3，政治志，社會篇。

18. 《基隆市志》，基隆：基隆市政府，2003，卷尾。

19. 《基隆市年鑑》，基隆：基隆市文獻委員會，1 輯，1958。

20. 《基隆市年鑑》，基隆：基隆市文獻委員會，2 輯，1970。

21. 《基隆市年鑑》，基隆：基隆市文獻委員會，3 輯，1973。

22. 《基隆市年鑑》，基隆：基隆市民政局，4 輯，1976。

23. 《基隆年鑑（附旅行指南）》，基隆：不明出版項。

24. 《基隆風物誌》，基隆：國民通訊社，1954。

25. 《臺北市志》，臺北：臺北市文獻委員會，1988，卷 9，人物志，宦績篇。

26. 《臺北廳誌》，臺北：株式會社臺灣日日新報社，1919。

27. 入江文太郎，《基隆風土記》，臺北：成文出版社有限公司，1985，臺 1 版，據 1933 排印版影印。

28. 不明撰者，《安平縣雜記》（清光緒廿四年刊本，1898），收入高賢治主編，《臺灣方志集成（清代篇）：1 輯（27）》，永和：宗青圖書出版有限公司，1995。

29. 不明撰人，《嘉義管內采訪冊》（清道光廿四年刊本，1844），收入高賢治主編，《臺灣方志集成（清代篇）：1 輯（30）》。

30. 六十七、范咸纂輯，《重修臺灣府志》（清乾隆十年刊本，1745），收入高賢治主編，《臺灣方志集成（清代篇）：1 輯（5）》。

31. 石坂莊作編，《基隆港》，臺北：成文出版社有限公司，1985，

臺 1 版，據株式會社臺灣日日新報社，1917，3 版影印。

32. 王必昌纂輯，《重修臺灣縣志》（清乾隆十七年刊本，1752），
收入高賢治主編，《臺灣方志集成（清代篇）：1 輯（12）》。

33. 王瑛曾纂修，《重修鳳山縣志》（清乾隆廿九年刊本，1764），
收入高賢治主編，《臺灣方志集成（清代篇）：1 輯（14）》。

34. 加藤守道編，《基隆市》，基隆：基隆市役所，1929，收入《基
隆概況》，臺北：成文出版社有限公司，1985，臺 1 版。

35. 伏喜米次郎，《グレート基隆》，臺北，成文出版社，1985，
臺 1 版；據基隆新潮社，1932 景印。

36. 李元春輯，《臺灣志略》（清嘉慶十四年刊本，1809），收入
高賢治主編，《臺灣方志集成（清代篇）：1 輯（35）》。

37. 李添春纂修，《臺灣省通志稿》，臺北：臺灣省文獻委員會，
1956，卷 2，人民志，宗教篇。

38. 余文儀纂，《續修臺灣府志》（清乾隆廿九年刊本，1764），
收入高賢治主編，《臺灣方志集成（清代篇）：1 輯（7）》。

39. 佐倉孫三，《臺風雜記》，臺北：臺灣銀行，1961。

40. 林百川、林學源合輯，《樹杞林志》（清光緒廿四年刊本，1898），
收入高賢治主編，《臺灣方志集成（清代篇）：1 輯（31）》。

41. 林豪纂輯，《澎湖廳志》（清光緒十九年刊本，1893），收入
高賢治主編，《臺灣方志集成（清代篇）：1 輯（17）》。

42. 周元文纂，《重修臺灣府志》（清康熙五十一年刊本，1712），
收入高賢治主編，《臺灣方志集成（清代篇）：1 輯（3）》。

43. 周鍾瑄纂修，《諸羅縣志》（清康熙五十六年刊本，1717），
收入高賢治主編，《臺灣方志集成（清代篇）：1 輯（10）》。

44. 周璽纂輯，《彰化縣志》（清道光十年刊本，1830），收入高
賢治主編，《臺灣方志集成（清代篇）：1 輯（16）》。

45. 柯培元，《噶瑪蘭志略》（清道光十七年刊本，1837），收入

高賢治主編，《臺灣方志集成（清代篇）：1輯（19）》。

46. 胡建偉纂輯，《澎湖紀略》（清乾隆卅一年刊本，1766），收入高賢治主編，《臺灣方志集成（清代篇）：1輯（10）》。

47. 倪贊元纂，《雲林采訪冊》（清光緒二十年刊本，1894），收入高賢治主編，《臺灣方志集成（清代篇）：1輯（30）》。

48. 高拱乾纂，《臺灣府志》（清康熙卅三年刊本，1694），收入高賢治主編，《臺灣方志集成（清代篇）：1輯（2）》。

49. 沈茂蔭纂修，《苗栗縣志》（清光緒二十年刊本，1894），收入高賢治主編，《臺灣方志集成（清代篇）：1輯（20）》。

50. 黃旺成纂修，《臺灣省新竹縣志稿》，新竹：新竹縣文獻委員會，1957。

51. 基隆市教育會編，《基隆史》，臺北：臺灣日日新報社，1934，收入《基隆概況》。

52. 陳文達纂，《鳳山縣志》（清康熙五十八年刊本，1719），收入高賢治主編，《臺灣方志集成（清代篇）：1輯（11）》。

53. 陳文達纂，《臺灣縣志》（清康熙五十九年刊本，1720），收入高賢治主編，《臺灣方志集成（清代篇）：1輯（11）》。

54. 陳培桂纂修，《淡水廳志》（清同治十年刊本，1871），收入高賢治主編，《臺灣方志集成（清代篇）：1輯（15）》。

55. 陳淑均纂輯，《噶瑪蘭廳志》（清咸豐二年刊本，1852），收入高賢治主編，《臺灣方志集成（清代篇）：1輯（18）》。

56. 陳朝龍纂，《新竹縣采訪冊》（清光緒二十年刊本，1894），收入高賢治主編，《臺灣方志集成（清代篇）：1輯（29）》。

57. 陳壽祺纂、魏敬中重纂，《福建通志臺灣府》（清道光十五年刊本，1835），收入高賢治主編，《臺灣方志集成（清代篇）：1輯（22）》。

58. 蔣毓英纂，《臺灣府志》（清康熙二十餘年刊本，1681-1690），

收入高賢治主編，《臺灣方志集成（清代篇）：1 輯（1）》。

59. 鄭用錫，《淡水廳志稿》，南投：臺灣省文獻委員會，1998。

60. 鄭鵬雲、曾逢辰纂輯，《新竹縣志初稿》（清光緒廿三年刊本，1897），收入高賢治主編，《臺灣方志集成（清代篇）：1 輯（31）》。

61. 劉良璧纂輯，《重修福建臺灣府志》（清乾隆五年刊本，1740），收入高賢治主編，《臺灣方志集成（清代篇）：1 輯（4）》。

62. 謝金鑾、鄭兼才合纂，《續修臺灣縣志》（清嘉慶十二年刊本，1807），收入高賢治主編，《臺灣方志集成（清代篇）：1 輯（13）》。

63. 簡萬火，《基隆誌》，基隆：基隆圖書出版協會，1931。

（四）時人調查、文集、編著、論著

01. 〈支那近情──許梓桑〉，《實業之臺灣》，17 卷 4 號（不明出版項），頁 77。

02. 〈寺廟祭神一覽（一）〉，《南瀛佛教》，13 卷 2 號（臺北，1935.02），頁 30-33。

03. 〈神佛會一覽〉，《南瀛佛教》，17 卷 2 期（臺北，1939.02），頁 55-58。

04. 〈基隆八景〉，《臺灣教育會雜誌》，29 號（臺北，1904.08），頁 15。

05. 〈基隆署で功勞者表彰〉，《臺北州時報》，2 卷 7 號（不明出版項），頁 58-59。

06. 《社寺廟宇ニ關スル調查：臺北廳》，手稿本。

07. 《基隆市社會教育概要》，基隆：基隆市役所，1935。

08. 《基隆商工名鑑》，臺北：三協社，1937。

09. 《臺灣紳士名鑑》，臺北，新高新報社，1937。

10. 大園市藏編，《臺灣人物誌》，臺北：谷澤書店，1916。

11. 大園市藏，《現代臺灣史》，臺北：日本植民地批判社，1934。

12. 大園市藏編，《臺灣の中心人物》，臺北：日本植民地批判社，1935。

13. 上田元胤、湊靈雄編，《臺灣士商名鑑》，にひたか社，1900。

14. 千草默仙編，《會社銀行商工業者名鑑》，臺北：高砂改進社，1928。

15. 王世慶譯，〈彭佳嶼調查報告書〉，《臺灣文獻》，20 卷 3 期（臺中，1969.09），頁 118-124。

16. 丸井圭治郎，《臺灣宗教調查報告書》，1 卷，臺北：捷幼出版社，2006，增訂 1 版；據 1919 刊印。

17. 丸井圭治郎先生遺著，曾景來譯，〈臺灣舊慣的神佛會〉，《南瀛佛教》，12 卷 12 期（臺北，1934.12），頁 17-21。

18. 內藤素生編，《南國之人士》，臺北：臺灣人物社，1922。

19. 安藤靜，〈神明會の性質〉，《臺灣慣習記事》，3 卷 7 號（臺北，1903.07），頁 659-664。

20. 安藤靜，〈神明會之性質〉，《臺灣慣習記事（中譯本）》，南投：臺灣省文獻委員會，1993，3 卷 7 號，頁 33-36。

21. 谷元二，《大衆人事錄（第 13 版）》，東京：帝國秘密探偵社，1940。

22. 池田敏雄，〈臺北市艋舺黃姓祖廟の祭典を見る〉，《民俗臺灣》，3 卷 7 號（臺北，1943.07），頁 18-22。

23. 池田敏雄，〈臺北市艋舺黃姓祖廟的祭典〉，收入林川夫編，《民俗臺灣》，臺北，武陵出版社，1990，頁 136-142。

24. 杉浦和作，《臺灣商工人名錄（明治 44 年）》，臺北：臺灣總督府，1917。

25. 林進發，《臺灣人物評》，臺北：赤陽社，1929。

26. 林進發編，《臺灣官紳年鑑》，臺北：成文出版社有限公司，1999，據臺北民眾公論社，1934，4 版影印。

27. 基隆市役所編，《基隆市商工人名錄》，基隆：基隆市役所，1935。

28. 基隆市役所編，《基隆市商工人名錄》，基隆：基隆市役所，1936。

29. 基隆市政府編，《基隆市政》，基隆：基隆市政府，1950。

30. 基隆市議會秘書室編，《基隆市議會第一屆紀念冊》，基隆：基隆市議會，1954。

31. 牽牛子，〈械鬥その他〉，《民俗臺灣》，4 卷 6 號（臺北，1944.06），頁 46-47。

32. 黃樹水編，《基隆同風青年團概覽》，基隆：基隆同風會，1937。

33. 鄭用錫，《北郭園全集》，收入《臺灣先賢詩文集彙刊》，臺北：龍文出版社股份有限公司，1992。

34. 興南新聞社編，《臺灣人士鑑》，臺北：株式會社興南新聞社，1943。

35. 臺南新報社編，《臺灣大觀》，臺北：成文出版社，1985，據1935 影印。

36. 臺灣社寺宗教刊行會編，《臺北州下に於ける社寺教會要覽》，臺北：臺灣社寺宗教刊行會，1933。

37. 臺灣新民報社編，《臺灣人士鑑》，臺北：株式會社臺灣新民報社，1937。

38. 臺灣新聞社編，《臺灣商工便覽（第一版）》，臺中：株式會社臺灣新聞社，1918。

39. 臺灣新聞社編，《臺灣實業名鑑》，臺中：臺灣新聞社，1934。

40. 鄧憲卿主編，《臺灣省文獻委員會志》，南投：臺灣省文獻委員會，1998。

41. 蔡慶濤記，《基隆地方研究資料》（手稿本）。

42. 橋本白水，《評論臺灣之官民》，臺北：南國出版協會，1924。

43. 橋本白水，《臺灣統治と其功勞者》，臺北：成文出版有限公司，1999，據臺北南國出版協會，1930 影印。

44. 鷹取田一郎，《臺灣列紳傳》，臺北：臺灣總督府，1916。

（五）碑刻、契約、地圖、照片、口訪

01.〈大正拾年辛酉冬季改築寄附金氏名列于左〉碑，1921 立。

02.〈中正公園內的新主普壇（一樓為中元祭祀文物館）〉，基隆市黃姓宗親會提供。

03.〈民國六十一年林姓輪值主普時的主普壇〉，基隆市林姓宗親會提供。

04.〈基隆文化館紀念碑〉，1976 立。

05.〈基隆市老大公廟重建緣起〉碑，1966 立，1985 改建遷立。

06.〈基隆市慶安宮謁祖進香紀事〉碑，2005 立。

07.〈基隆開基老大公廟略誌〉碑，2000 立。

08.〈獅球嶺平安宮重修誌〉碑，1921 立。

09.〈雞籠開基老大公廟略誌〉碑，1973 立。

10.《一甲子的沈·謐證言：二二八事件基隆地區口述歷史》，基隆：基隆市二二八關懷協會，不明出版時間。

11.《基隆市街圖》，昭和 10(1935)臺灣總督府交通局鐵道部印製，臺北：南天書局重印。

12. 許文堂編，《大基隆古文書選輯》，基隆：基隆市立文化中心，2004；該書屬「基隆文心叢刊」第一七三種。

13. 許庭謨先生口述，基隆：基隆市許姓宗親會，2010.07.23。

14. 黃武達編著，《日治時期臺灣都市發展地圖集》，臺北：南天書局，2006，〈基隆全圖〉(臺灣日日新報社印行，1930)。

15. 陳世一、陳雯玲訪談、記錄，《八斗子耆老訪談錄》，基隆：
財團法人海洋臺灣文教基金會，1998。

16. 張炎憲等採訪記錄，《基隆雨港二二八》，臺北：自立晚報社
文化出版部，1994。

17. 鄭桑溪，《港都舊情——五十年代基隆風貌攝影集》，基隆：
基隆市立文化中心，1990。

18. 臺灣省文獻委員會編，《新竹市鄉土史料》，南投：臺灣省文
獻委員會，1997。

19. 臺灣省文獻委員會編，《基隆市鄉土史料——基隆市耆老口述
歷史座談會紀錄——》，南投：臺灣省文獻委員會，1992。

（六）寺廟、宗親會資料

01.《2010 庚寅年雞籠中元祭紀念專輯》，基隆：基隆市吳姓宗親
會暨中元祭主普委員會，2011。

02.《二〇〇五（歲次乙酉）雞籠中元祭主普聯姓會值東基隆市柯
蔡姓宗親會紀念專輯》，基隆：基隆市柯蔡姓宗親會，2006。

03.《戊子郭姓雞籠中元志：戊子年（2008）雞籠中元祭基隆市郭
姓宗親會輪值主普全程記述專輯》，基隆：基隆市郭姓宗親會，
2009。

04.《戊寅（八十七）年雞籠中元祭謝姓宗親會主普紀念專輯》，
基隆：基隆市謝姓宗親會，1998。

05.《江夏黃姓宗親會六十八年會員大會手冊》，基隆：基隆江夏
黃姓宗親會，1979。

06.《辛未年雞籠中元祭專輯》，基隆：基隆李姓宗親會、辛未年
祭典委員會，1992。

07.《社團法人基隆主普壇管理委員會第六屆第一次社員代表大會
手冊》，1998。

08.《社團法人基隆主普壇管理委員會第九屆第一次社員代表大會手冊》，2008。

09.《第八屆第一次會員代表大會手冊》，基隆：社團法人基隆主普壇管理委員會，2005。

10.《基隆中元祭辛巳年鄭姓主普紀念專輯》，基隆：基隆市鄭姓宗親會，2004。

11.《基隆市江姓宗親會第十三屆第一次會員大會手冊》，基隆：基隆市江姓宗親會，1998。

12.《基隆市江姓宗親會第十四屆第二次會員大會手冊》，基隆：基隆市江姓宗親會，2002。

13.《基隆市江姓宗親會第十四屆第三次會員大會暨成立四十六週年紀念特刊》，基隆：基隆市江姓宗親會，2003。

14.《基隆市江姓宗親會第十五屆第一次會員大會手冊》，基隆：基隆市江姓宗親會，2004。

15.《基隆市江姓宗親會第十五屆第二次會員大會手冊》，基隆：基隆市江姓宗親會，2005。

16.《基隆市江姓宗親會第十五屆第三次會員大會手冊》，基隆：基隆市江姓宗親會，2006。

17.《基隆市江姓宗親會第十六屆第二次會員大會手冊》，基隆：基隆市江姓宗親會，2008。

18.《基隆市何藍韓姓宗親會創會九十週年紀念特刊》，基隆：基隆市何藍韓姓宗親會，2008。

19.《基隆市蘇周連姓宗親會第十六屆第二次會員大會手冊》，基隆：基隆市蘇周連姓宗親會，2007。

20.《基隆賴姓宗親會甲辰年主普報告書》，基隆：基隆賴姓宗親會，1964。

21.《基隆濟陽柯蔡姓宗親會第十八屆第一次會員大會手冊》，基

隆：基隆市柯蔡姓宗親會，2006。

22. 《基隆濟陽柯蔡姓宗親會第十八屆第二次會員大會手冊》，基隆：基隆市柯蔡姓宗親會，2007。

23. 《歲次癸未民國九十二年 2003 值年主普基隆市賴姓宗親會雞籠中元祭紀念專輯》，基隆：基隆市賴姓宗親會，2003。

24. 《慶安宮曆書》，基隆：基隆市慶安宮管理委員會，2011。

25. 甲戌年中元祭主普委員會編，《祥風瑞雨慶中元——甲戌年基隆中元祭紀念專輯》，基隆：基隆市張廖簡姓宗親會，1995。

26. 江金標主編，《公元二〇〇〇年（歲次庚辰）民國八十九年雞籠中元祭輪值主普基隆市江姓宗親會紀念專輯》，基隆：基隆江姓宗親會，2001。

27. 李豐楙總纂，《雞籠慶讚中元——己卯年林姓主普紀念專輯》，基隆：基隆市林姓主普祭典委員會，2000。

28. 吳貞吉編纂，《基隆吳姓庚申年主普報告書》，基隆：基隆吳姓宗親會，1980。

29. 吳貞吉編，《乙亥（八十四）年雞籠中元祭基隆吳姓宗親會主普紀念專輯》，基隆：基隆市吳姓宗親會，1998。

30. 吳蕙芳編著，《神人饗宴：丁亥年（2007）黃姓輪值主普雞籠中元祭》，基隆：基隆市黃姓宗親會，2008。

31. 黃氏族譜編輯委員會編，《黃氏族譜》，臺中：新遠東出版社，1961。

32. 黃昌虎主編，《天下無雙·江夏黃童——黃氏族人的溯源與尋根》，不明出版者，1997。

33. 許漢卿總編，《臺灣許姓宗親會創立六十週年特刊》，臺北：臺灣許姓宗親會，1987。

34. 基隆市何藍韓姓宗親會編，《壬午年基隆何藍韓姓宗親會中元紀念專輯》，基隆：基隆市何藍韓姓宗親會，2004。

35. 基隆市黃姓宗親會編，《（第十二屆第四次會員大會）黃姓宗親會九十一年會員大會手冊》，基隆：基隆市黃姓宗親會，2002。

36. 基隆市黃姓宗親會編，《（第十三屆第一次會員大會）黃姓宗親會九十二年會員大會手冊》，基隆：基隆市黃姓宗親會，2003。

37. 基隆市黃姓宗親會編，《（第十三屆第二次會員大會）黃姓宗親會九十三年會員大會手冊》，基隆：基隆市黃姓宗親會，2004。

38. 基隆市黃姓宗親會編，《（第十三屆第三次會員大會）黃姓宗親會九十四年會員大會手冊》，基隆：基隆市黃姓宗親會，2005。

39. 基隆市黃姓宗親會編，《（第十四屆第一次會員大會）黃姓宗親會九十五年會員大會手冊》，基隆：基隆市黃姓宗親會，2006。

40. 基隆市黃姓宗親會編，《（第十四屆第二次會員大會）黃姓宗親會九十六年會員大會手冊》，基隆：基隆市黃姓宗親會，2007。

41. 基隆市黃姓宗親會、壬申年主普委員會編，《壬申年黃姓主普雞籠中元祭專輯》，基隆：基隆市黃姓宗親會、壬申年主普委員會，1992。

42. 基隆市劉唐杜（范）姓宗親會主普委員會編，《敬天、尊祖、萬世昌——丙子（八十五）年雞籠中元祭基隆劉唐杜（范）姓宗親會主普紀念專輯》，基隆：基隆市劉唐杜（范）姓宗親會，1996。

43. 基隆江姓宗親會第八屆第二次會員大會編，《基隆江姓乙丑年主普特輯》，基隆：基隆江姓宗親會第八屆第二次會員大會，1985。

44. 基隆陳胡姚姓宗親會編，《基隆陳胡姚姓宗親會雞籠中元祭專輯》，基隆：基隆陳胡姚姓宗親會，1997。

45. 臺灣基隆何藍韓姓宗親會編，《雞籠中元祭輪值主普姓氏源流》，基隆：臺灣何藍韓姓宗親會，2005。

46. 劉清番總編，《慶安宮誌》，基隆：基隆市慶安宮管理委員會，

2001。

二、論著與編著

01.〈2006 鷄籠中元祭藝文華會：「尋根──宗親組織源流」特展〉，《文化開傳》，2006/8，基隆，2006.08。

02.〈2006 鷄籠中元祭〉，《文化開傳》，2006/8。

03.〈2011 辛卯年「鷄籠中元祭藝文華會展陳活動」──建國一百、福智鸞江〉，《文化開傳》，2011/8，基隆，2011.08。

04.〈鷄籠中元印象──白明德、林堅城攝影雙人展〉，《文化開傳》，2008/8，基隆，2008.08。

05.《2000 年鷄籠中元祭藝文華會活動導覽手冊》，基隆：基隆市立文化中心，2000。

06.《2007 丁亥鷄籠中元祭》，基隆：基隆市文化局、主普黃姓宗親會，2007。

07.《2008 戊子鷄籠中元祭》，基隆：基隆市文化局、主普郭姓宗親會，2008。

08.《2008 戊子年鷄籠中元祭主普基隆市郭姓宗親會活動手冊》，基隆：基隆市文化局、基隆市郭姓宗親會，2008。

09.《2009 己丑鷄籠中元祭》，基隆：基隆市文化局、主普張廖簡姓宗親會，2009。

10.《2005 乙酉年鷄籠中元祭》，基隆：基隆市文化局、基隆市聯姓會/值東柯蔡姓，2005。

11.《99'己卯鷄籠中元祭藝文華會活動手冊》，基隆：基隆市立文化中心，1999。

12.《八十八年鷄籠中元祭》，基隆：基隆市政府，1999。

13.《八十九年鷄籠中元祭》，基隆：基隆市政府，2000。

14.《生命祭典──當代藝術裝置展》，基隆：基隆市文化局，2009。

15. 《基隆》，基隆：基隆市政府，不明出版時間。

16. 《雞籠早期風情畫》，基隆：基隆市政府，1988；該書屬「基隆文心叢刊」第十三種。

17. 王仁君總編，《基隆鄉土文物專輯》，基隆：基隆市政府，1988。

18. 司馬嘯青，《臺灣五大家族》，臺北：自立晚報社文化出版部，1987。

19. 白明德編著，《雞籠中元印象》，基隆：編者自印，2008。

20. 行政院研究「二二八」小組，《「二二八事件」研究報告》，臺北：行政院，1992。

21. 江志宏，《臺灣傳統常民社會的明幽二元思維——普度、祭厲與善書》，臺北：稻香出版社，2005。

22. 李力庸，《米穀流通與臺灣社會（1895-1945）》，臺北：稻香出版社，2009。

23. 李豐楙等，《雞籠中元祭祭典儀式專輯》，基隆：基隆市政府，1991。

24. 李豐楙、賴政育、葉亭妤，《鬼府神宮：基隆市陰廟調查》，基隆：基隆市立文化中心，2000；該書屬「基隆文心叢刊」第一三〇種。

25. 吳佳芸，《從 Basay 到金雞貂：臺灣原住民社群關係之性質與變遷》，臺北：國史館，2011。

26. 余燧賓總編，《基隆開發史——崁仔頂文化——》，基隆：基隆市立文化中心，1997；該書屬「基隆文心叢刊」第八十七種。

27. 余燧賓主編，《一九九九年雞籠中元祭藝文華會活動成果專輯》，基隆：基隆市立文化中心，1999；該書屬「基隆文心叢刊」第一一六種。

28. 余燧賓主編，《一九九九年雞籠中元祭藝文華會：國際鬼靈信仰特展》，基隆：基隆市立文化中心，1999；該書屬「基隆文

心叢刊」第一一七種。

29. 杜披雲,《風雨海上人》,基隆:基隆市立文化中心,2000;
該書屬「基隆文心叢刊」第一二〇、一二一種。

30. 邱坤良,《日治時期臺灣戲劇之研究(1895-1945):舊劇與新
劇》,臺北:自立晚報社文化出版部,1992。

31. 范文鳳,《淡水廳名紳——鄭用錫暨其〈北郭園全集〉研究》,
臺中:白象文化,2008。

32. 洪連成,《基隆寺廟巡禮》,基隆:基隆市政府,2001;該書
屬「基隆文獻」第十種。

33. 洪連成,《滄海桑田話基隆》,基隆:基隆立市文化中心,1993;
該書屬「基隆文心叢刊」第三十五種。

34. 洪連成,《基隆文獻 2——根》,基隆:基隆市政府,1991。

35. 唐羽,《基隆顏家發展史》,南投:國史館臺灣文獻館,2003。

36. 唐羽,《魯國基隆顏氏家乘》,臺北:基隆顏氏家乘纂脩小組,
1997。

37. 唐羽,《臺陽公司八十年志》,臺北:臺陽股份有限公司,1999。

38. 莊吉發,《清代秘密會黨史研究》,臺北:文史哲出版社,1994。

39. 胡美蓮主編,《悲天憫人:中元民俗采風展專輯》,基隆:基
隆市立文化中心,1995;該書屬「基隆文心叢刊」第六十一種。

40. 黃文德主編,《日治時期的基隆與宜蘭》,臺北:國家圖書館,
2012。

41. 黃素貞主編,《中元·印象——節慶的另一種響聲》,基隆:
基隆市立文化中心,1996;該書屬「基隆文心叢刊」第七十三
種。

42. 陳世一編纂,《港都雞籠·文化出航——基隆港人文拼圖調查
研究》,基隆:基隆市立文化中心,2003;該書屬「基隆文心
叢刊」第一六三種。

43. 陳宗仁，《雞籠山與淡水洋：東亞海域與臺灣早期史研究（1400-1700）》，臺北：聯經出版事業股份有限公司，2005。

44. 陳其寅，《懷德樓文稿》，基隆，財團法人基隆市文化基金會，1992。

45. 陳迪華主編，《千秋一爐香──基隆民間宗教信仰特展專輯》，基隆：基隆市立文化中心，1991；該書屬「基隆文心叢刊」第廿三種。

46. 陳青松，《基隆第一：人物篇》，基隆：基隆市立文化中心，2004；該書屬「基隆文心叢刊」第一六五種。

47. 陳慈玉，《臺灣礦業史上第一家族──基隆顏家研究》，基隆：基隆市立文化中心，1999；該書屬「基隆文心叢刊」第一一二種。

48. 陳德潛，《基隆瑣憶──日治時代與光復初期的人事物──》，基隆：作者自印，2008。

49. 國立藝術學院傳統藝術研究中心，《雞籠中元祭》，基隆：基隆市政府民政局，1989。

50. 張勝彥，《清代臺灣廳縣制度之研究》，臺北：華世出版社，1993。

51. 許雪姬等編，《臺灣歷史辭典（附錄）》，臺北：行政院文化建設委員會，2005，3 版 1 刷。

52. 許梅貞主編，《2000 年雞籠中元祭藝文華會：千禧神佛無疆界特展》，基隆：基隆市立文化中心，2000；該書屬「基隆文心叢刊」第一三二種。

53. 許梅貞主編，《2001 雞籠中元祭藝文華會系列活動金銀紙展陳──平安・賜福・畫金銀》，基隆：基隆市立文化中心，2001；該書屬「基隆文心叢刊」第一三六種。

54. 許梅貞主編，《2002 年雞籠中元祭藝文華會國際水燈展》，基

隆：基隆市立文化中心，2002；該書屬「基隆文心叢刊」第一
五○種。

55. 許梅貞主編，《2003 年基隆中元祭藝文華會——籤情掛意·符
語傳咒》，基隆：基隆市立文化中心，2003；該書屬「基隆文
心叢刊」第一六一種。

56. 許梅貞主編，《愛國詩人——陳其寅百年紀念展》，基隆：基
隆市立文化中心，2001；該書屬「基隆文心叢刊」第一三九種。

57. 愛德華·卡爾（Edward H. Carr）著，江政寬譯，《何謂歷史？》，
臺北：博雅書屋，2009。

58. 蔡錦堂，《日本帝国主義下台湾の宗教政策》，東京：同成社，
1994。

59. 廖漢臣編，《臺灣的年節》，臺中：臺灣省文獻委員會，1973。

60. 廖穗華主編，《耆宿懷基隆》，基隆：基隆市立文化中心，1992；
該書屬「基隆文心叢刊」第廿七種。

61. 鮑曉鷗著，Nakao Eki 譯，《西班牙人的臺灣體驗（1626-1642）：
一項文藝復興時代的志業及其巴洛克的結局》，臺北：南天書
局有限公司，2008；該書英文版見 José Eugenio Borao Mateo, *The
Spanish Experience in Taiwan, 1626-1642 : The Baroque Ending of
a Renaissance Endeavor*, Hong Kong : Hong Kong University
Press, 2009.

62. 謝宗榮，《臺灣的廟會文化與信仰變遷》，蘆洲：博揚文化事
業有限公司，2006。

63. 蕭登福，《道教與佛教》，臺北：東大圖書公司，2009。

64. 薛麗妮主編，《大船入港、快樂出航：基隆的故事》，基隆：
基隆市立文化中心，2001；該書屬「基隆文心叢刊」第一三七
種。

65. 羅榮渠，《美國歷史通論》，北京：商務印書館，2009。

66. Barbara J. Howe and Emory L. Kemp, eds., *Public History: An Introduction*, Malabar: Robert E. Krieger Publishing Company, 1986.

67. Cathy Stanton, *The Lowell Experiment: Public History in a Postindustrial City*, Amherst: University of Massachusetts, 2006.

68. David Trask and Robert W. Pomeroy Ⅲ, eds., *The Craft of Public History*, Westport: Greenwood Press, 1983.

69. James B. Gardner and Peter S. LaPaglia, eds., *Public History: Essays from the Field (Revised Edition)*, Malabar: Krieger Publishing Company, 2004.

70. Paul Ashton and Hilda Kean, eds., *People and Their Pasts: Public History Today*, London: Palgrave, 2009.

71. Stephen F. Teiser, *The Ghost Festival in Medieval China*, Princeton University Press,1988.該書中譯本見〔美〕太史文著，侯旭東譯，《幽靈的節日：中國中世紀的信仰與生活》，杭州：浙江人民出版社，1999。

三、專文

01. 大島建彥，〈解說〉，收入大島建彥編，《無緣佛》，東京：岩崎美術社，1988，頁 202-218。

02. 卞鳳奎，〈日治時期基隆法國軍人公墓移交問題之探討〉，《臺灣文獻》，59 卷 2 期（南投，2008.06），頁 221-247。

03. 王一剛，〈西皮福祿及軒園之爭〉，《臺灣風物》，23 卷 3 期（臺北，1973.09），頁 7-9。

04. 王立樁，〈"應用史學"還是"史學應用學"——淺論公共史學的學科屬性〉，《西華師範大學學報（哲學社會科學版）》，2011 年 5 期（南充，2011.09），頁 69-75。

05. 王希，〈誰擁有歷史？——美國公共歷史學的起源、發展與挑戰〉，《歷史研究》，2010年3期（北京，2010.06），頁34-47。

06. 王俊昌，〈日本佛教在基隆地區的傳佈——以眞宗本願寺派爲考察對象〉，《海洋文化學刊》，7期（2009.12），頁67-110。

07. 王俊昌，〈消失的蜻蜓：基隆粉料廠的興衰〉，《檔案季刊》，9卷3期（臺北，2010.09），頁59-86。

08. 王淵明，〈美國公共歷史學〉，《史學理論》，1989年3期（北京，1989.09），頁126-137。

09. 尹章義，〈與清修《明史》外國列傳〈雞籠〉篇相關的幾個問題的初步探索〉，《東吳歷史學報》，10期（臺北，2003.12），頁151-177。

10. 中村孝志主講，曹永和譯，〈十七世紀中葉的淡水、基隆、臺北〉，《臺灣風物》，41卷3期（臺北，1991.09），頁118-132。

11. 江燦騰，〈日據前期基隆港市崛起與變遷之背景考察〉，《臺北文獻》，直字82期（臺北，1987.12），頁145-188。

12. 朱德蘭，〈日據時期長崎華商泰益號與基隆批發行之間的貿易〉，收入《中國海洋發展史論文集》，5輯，臺北：中央研究院人文社會科學研究所，1993，頁427-461。

13. 朱德蘭，〈基隆社寮島的石花菜與琉球人村落（1895-1945）〉，收入《第11回琉中歷史關係國際學術會議論文集》，沖繩：琉球中國關係國際學術會議，2008，頁427-461。

14. 朱德蘭，〈基隆社寮島の沖繩人集落（1895-1945）〉，收入《東アジアの文化と琉球・沖繩——琉球沖繩・日本・中國・越南》，東京：彩流社，2010，頁49-77。

15. 李毓中，〈北向與南進：西班牙東亞殖民拓展政策下的菲律賓與臺灣（1565-1642）〉，收入《曹永和先生八十壽慶論文集》，臺北：樂學書局有限公司，2001，頁31-48。

16. 吳季芬，〈基隆中元祭〉，《民俗曲藝》，49 期（臺北，1987.09），頁 19-29。

17. 吳蕙芳，〈基隆中元祭的淵源與發展〉，《白沙人文社會學報》，5 期（彰化，2006.10），頁 85-116。

18. 吳蕙芳，〈《臺灣日日新報》的地方節慶史料——以基隆中元祭為例〉，《臺北文獻》，直字 164 期（臺北，2008.06），頁 29-41。

19. 吳蕙芳，〈地方碑刻與基隆中元祭〉，《書目季刊》，44 卷 1 期（臺北，2010.06），頁 81-97。

20. 吳蕙芳，〈海港城市的傳統節慶活動：以慶安宮與基隆中元祭為中心之探討〉，收入《海洋文化論集》，高雄：國立中山大學人文社會科學研究中心、文學院，2010，頁 351-391。

21. 吳蕙芳，〈基隆地方史研究的拓展〉，《臺灣學通訊》，56 期（臺北，2011.08），頁 14-15。

22. 呂月娥，〈日治時期基隆港口都市形成歷程之研究〉，《臺灣史蹟》，39 期（臺北，2001.12），頁 1-38。

23. 呂青華，〈基隆社寮島における沖繩人の調查報告〉，《東方學報》，25 期（臺北，2005.10），頁 146-155。

24. 林佩欣，〈日治時期基隆街（市）人口職業結構與地方參與〉，《史耘》，12 期（臺北，2007.06），頁 71-86。

25. 卓佳芬，〈基隆八斗子漁業發展與漁村生活〉，《臺灣風物》，57 卷 2 期（臺北，2007.06），頁 127-164。

26. 松本浩一，〈中元節的產生與普度的變遷〉，《民俗與文化》，5 輯（蘆洲，2008.12），頁 5-24。

27. 松田吉郎，〈從「基隆信用組合」到「基隆市第一信用合作社」〉，《臺灣史學雜誌》，7 期（臺北，2009.12），頁 115-137。

28. 邱坤良，〈北管劇團與臺灣社會〉，《中華文化復興月刊》，

10 卷 1 期（臺北，1977.01），頁 101-107。

29. 邱馨慧，〈從基隆到淡水——荷蘭時代北臺灣的政治經濟移轉〉，《淡江史學》，23 期（淡水，2011.09），頁 205-221。

30. 周志煌，〈臺灣北管「子弟班」所反映的社群分類現象——以西皮福祿及軒園之爭爲中心的探討〉，《國文天地》，10 卷 1 期（臺北，1994.06），頁 70-75。

31. 姚霏、蘇智良，〈公共歷史學與高校史學人才的培育〉，《歷史教學》，2008 年 10 期（天津，2008.10），頁 92-95。

32. 姜萌，〈學院派史學與公共史學〉，《山東社會科學》，2010 年 9 期（濟南，2010.09），頁 50-55。

33. 姜萌，〈通俗史學、大衆史學和公共史學〉，《史學理論研究》，2010 年 4 期（北京，2010.10），頁 130-136。

34. 姜新，〈20 世紀美國公共史學與中國應用史學的不同命運〉，《歷史教學問題》，2012 年 1 期（上海，2012.04），頁 87-91、79。

35. 洪健榮，〈當「礦脈」遇上「龍脈」——清季北臺雞籠煤務史上的風水論述（上）〉，《臺灣風物》，50 卷 3 期（臺北，2000.09），頁 15-68。

36. 洪健榮，〈當「礦脈」遇上「龍脈」——清季北臺雞籠煤務史上的風水論述（下）〉，《臺灣風物》，50 卷 4 期（臺北，2001.01），頁 155-188。

37. 唐羽，〈明鄭之取金淡水、雞籠考〉，《臺灣文獻》，41 卷 3/4 期（臺中，1990.12），頁 37-51。

38. 唐羽，〈從工商社會之家乘探討今譜之體例——以基隆顏家爲個案之研究〉，《臺北文獻》，直字 152 期（臺北，2005.06），頁 115-170。

39. 高洪興，〈中國鬼節與陰陽五行：從清明節和中元節說起〉，《復旦學報（社會科學版）》，2005 年 4 期（上海，2005.07），

頁 132-140。

40. 徐麗明，〈鴉片戰役前後之雞籠〉，《德育學報》，2 期（臺北，1986.10），頁 23-30。

41. 莊珮柔，〈日治時期臺籍礦工的社會與生活──以臺北州基隆郡瑞芳庄礦工爲例〉，《史匯》，3 期（桃園，1999.04），頁 181-203。

42. 許文堂，〈清法戰爭中淡水、基隆之役的文學、史實與集體記憶〉，《臺灣史研究》，13 卷 1 期（臺北，2006.06），頁 1-50。

43. 許雪姬，〈林獻堂《環球日記》與顏國年《最近歐美旅行記》的比較〉，《臺灣文獻》，62 卷 4 期（南投，2011.12），頁 161-220。

44. 許毓良，〈基隆法國公墓考〉，《臺灣風物》，52 卷 2 期（臺北，2002.06），頁 111-137。

45. 許毓良，〈基隆獅球嶺砲臺考〉，《臺北文獻》，直字 142 期（臺北，2002.12），頁 123-156。

46. 許毓良，〈清法戰爭中的基隆之役──兼論民族英雄墓的由來〉，《臺灣文獻》，54 卷 1 期（南投，2003.03），頁 295-326。

47. 許毓良，〈「西仔反」在臺灣──清法戰爭的基隆、淡水、澎湖之役〉，《臺北文獻》，直字 150 期（臺北，2004.12），頁 299-344。

48. 許毓良，〈清法戰爭前後的北臺灣（1875-1895）──以 1892 年基隆廳、淡水縣輿圖爲例的討論〉，《臺灣文獻》，57 卷 4 期（南投，2006.12），頁 263-303。

49. 康培德，〈17 世紀上半的馬賽人〉，《臺灣史研究》，10 卷 1 期（臺北，2003.06），頁 1-22。

50. 康培德，〈荷蘭東印度公司筆下「歪哥兼帶衰」的雞籠 Kimauri 人 Theodore〉，《臺灣文獻》，62 卷 3 期（南投，2011.09），

頁 149-190。

51. 陳宗仁，〈西班牙統治時期雞籠堡壘的興築與毀棄〉，《臺灣文獻》，54 卷 3 期（南投，2003.09），頁 17-39。

52. 陳宗仁，〈十七世紀中西（班牙）交通史的轉折——雞籠據點的經營與菲律賓總督中國政策的挫敗（1626-1642）〉，收入輔仁大學歷史學系編，《天主教輔仁大學歷史學系創立四十週年學術研討會論文集》，新莊：天主教輔仁大學，2003，頁 253-288。

53. 陳宗仁，〈明朝文獻中「雞籠」與「淡水」地名的出現及其背景：兼論十六世紀下半葉北臺海域情勢的轉變〉，收入《海洋文化論集》，頁 225-254。

54. 陳青松，〈日治時期的文史瑰寶——石坂莊作〉，《臺灣文獻》，53 卷 2 期（南投，2002.06），頁 235-244。

55. 陳青松，〈全臺第一所私立職業學校——基隆夜學校〉，《臺北文獻》，直字 152 期（臺北，2005.06），頁 239-268。

56. 陳青松，〈漫談基隆地區傳統文學發展史（上）〉，《臺北文獻》，直字 160 期（臺北，2007.06），頁 69-122。

57. 陳青松，〈漫談基隆地區傳統文學發展史（下）〉，《臺北文獻》，直字 161 期（臺北，2007.09），頁 59-94。

58. 陳青松，〈基隆天鵝洞及其楹聯文學〉，《臺北文獻》，直字 171 期（臺北，2010.03），頁 171-221。

59. 陳慈玉，〈日本殖民時代的基隆顏家與臺灣礦業〉，收入《近世家族與政治比較論文集》，下冊，臺北：中央研究院近代史研究所，1992，頁 621-656。

60. 陳慈玉，〈日據時期的顏家與瑞芳礦業〉，《臺北縣立文化中心季刊》，53 期（板橋，1997.06），頁 28-35。

61. 陳慈玉，〈日本植民地時代の基隆炭礦株式會社——臺灣土著資本家と日本財閥事業研究〉，收入西嶋定生博士追悼論文集

編纂委員會，《東アジアの展開と日本》，東京：山川出版社，2000。

62. 陳慈玉，〈婚姻與家族勢力：日治時期臺灣基隆顏家的婚姻策略〉，收入游鑑明主編，《無聲之聲（Ⅱ）近代中國的婦女與社會》，臺北：中央研究院近代史研究所，2003，頁173-202。

63. 陳慈玉，〈日治時期顏家的產業與婚姻網絡〉，《臺灣文獻》，62卷4期，頁1-54。

64. 陳新，〈從後現代主義史學到公眾史學〉，《史學理論研究》，2010年1期（北京，2010.01），頁12-14。

65. 陳郁欣，〈評介陳（宗仁）著《雞籠山與淡水洋──東亞海域與臺灣早期史研究（1400-1700）》〉，《臺北文獻》，直字167期（臺北，2009.03），頁221-238。

66. 陳緯華，〈記乙亥年「雞籠中元祭」〉，《臺灣文獻》，48卷1期（南投，1997.03），頁155-177。

67. 陳凱雯，〈日治時期基隆的工人運動──以《民報》為中心〉，《史匯》，8期（桃園，2004.09），頁107-127。

68. 陳凱雯，〈日治時期基隆慶安宮的祭典活動──以《臺灣日日新報》為主〉，《民俗曲藝》，147期（臺北，2005.03），頁161-200。

69. 陳凱雯，〈從漁村到商港──日治時期基隆港口都市的形成〉，《兩岸發展史研究》，1期（桃園，2006.08），頁257-299。

70. 陳凱雯，〈日治時期基隆公會堂之研究──兼論基隆地方社會的發展〉，《海洋文化學刊》，3期（基隆，2007.12），頁75-105。

71. 陳凱雯，〈基隆奠濟宮之研究（1875-1945）〉，收入顏尚文主編，《臺灣佛教與漢人傳統信仰之研究》，嘉義：國立中正大學臺灣人文研究中心，2008，頁149-188。

72. 陳凱雯，〈日治時期基隆神社的興建與昇格之研究〉，《臺灣

學研究》，10 期（臺北，2010.12），頁 75-96。

73. 張云，〈在歷史與現實之間：歷史學的研究與應用〉，《江漢論壇》，2003 年 5 期（武漢，2003.05），頁 67-71。

74. 張云，〈在歷史與現實之間：歷史學的研究與應用〉，《歷史教學問題》，2004 年 1 期（上海，2004.02），頁 67-70、112。

75. 黃師樵，〈光復以前基隆開發小史〉，《臺灣文獻》，24 卷 1 期（臺中，1973.03），頁 84-99。

76. 黃嘉謨，〈英人與廈門小刀會事件〉，《中央研究院近代史研究所集刊》，7 期（臺北，1978.06），頁 309-354。

77. 游恒，〈公共歷史學在美國的興起與發展〉，收入中國留美歷史學會編，《當代歐美史學評析——中國留美歷史學者論文集》，北京：北京人民出版社，1990，頁 160-171。

78. 游淑珺，〈近代基隆地區俗語中的漢人移民與戰亂經驗〉，《臺北文獻》，直字 144 期（臺北，2003.06），頁 147-198。

79. 曾子良，〈雞籠中元祭之傳統及其當代轉化之探討〉，《海洋文化學刊》，創刊號（基隆，2005.12），頁 37-66。

80. 葉立誠，〈日治時期顏、施兩家服飾特徵及其意涵：以施素筠的生命史爲例〉，《臺灣文獻》，62 卷 4 期，頁 55-104。

81. 野人，〈臺灣雞籠考〉，《臺灣風物》，8 卷 1/2 期（臺北，1958.01-04），頁 1-2。

82. 楊祥銀，〈美國公共歷史學綜述〉，《國外社會科學》，2001 年 1 期（北京，2001.01），頁 33-37。

83. 楊繼東，〈書評：*Ghost Festival in Medieval China*（by Stephen Teiser, Princeton University Press, 1988）〉，《唐研究》，2 卷，北京：北京大學出版社，1996，頁 470-475。

84. 鈴木滿男，〈盆に來る靈——台灣の中元節を手がかりとした比較民俗學的試論——〉，收入大島建彦編，《無緣佛》，頁 28-86。

85. 蒲慕州，〈評 Stephen F. Teiser 著 *The Ghost Festival in Medieval China*, Princeton University Press,1988〉，《新史學》，3 卷 1 期（臺北，1992.03），頁 191-198。

86. 賴永祥，〈菲督施爾瓦之雞籠佔領報告〉，《臺灣風物》，5 卷 5 期（臺北，1955.05），頁 8-10。

87. 賴金文，〈基隆市的人口成長與分布〉，《臺北商專學報》，46 期（臺北，1996.12），頁 1-35。

88. 賴金文，〈基隆港市的成長過程及其發展課題〉，《臺北商專學報》，55 期（臺北，2000.12），頁 339-371。

89. 鄭俊彬，〈近代基隆的社會變遷——以來臺外人的觀察為中心（1624-1877 年）〉，《臺北文獻》，直字 139 期（臺北，2002.03），頁 47-103。

90. 鄭俊彬，〈臺灣光復前後基隆港檢疫業務實施的問題〉，《臺北文獻》，直字 144 期（臺北，2003.06），頁 97-125。

91. 鄭俊彬，〈被遺忘的「生煤」——煤與基隆社會的互動（1945-1980）〉，《臺北文獻》，直字 148 期（臺北，2004.06），頁 275-304。

92. 鄭俊彬，〈基隆礦工的生活紀實〉，《臺北文獻》，直字 151 期（臺北，2005.03），頁 175-213。

93. 劉敏耀，〈基隆砲臺研究〉，《臺灣文獻》，52 卷 1 期（南投，2001.03），頁 153-180。

94. 劉還月，〈祭先民、讚中元——盛大精彩的「雞籠中元祭」〉，《民俗曲藝》，42 期（臺北，1986.08），頁 4-14。

95. 廖漢臣，〈基隆普度調查報告〉，《臺灣文獻》，15 卷 4 期（臺中，1964.12），頁 123-134。

96. 謝宗榮，〈己卯年雞籠慶讚中元祭典區域與儀式空間〉，《臺北文獻》，直字 136 期（臺北，2001.06），頁 73-104。

97. 謝聰輝，〈基隆廣遠壇普度科儀與文檢研究〉，《民俗與文化》，
5 輯，頁 25-49。

98. 謝聰輝，〈臺灣道法二門道壇建醮文檢研究——以基隆廣遠壇
乙酉年松山慈惠堂七朝醮典演法爲例〉，《清華學報》，39 卷
2 期（新竹，2009.06），頁 181-225。

99. 顏義芳，〈基隆顏家與臺灣礦業開發〉，《臺灣文獻》，62 卷
4 期，頁 105-130。

100.羅榮渠，〈當前美國歷史學的狀況和動向〉，《世界歷史》，
1982 年 5 期（北京，1982.10），頁 69-76。

101.James A. Flash, "Managing Historical Capital in Shandong:
Museum, Monument, and Memory in Provincial China," *The
Public Historian*, vol.24, no.2（Fall, 2002），pp.41-60.

102.Jill Liddington, "What is Public History? Publics and their Pasts,
Meaning and Practices," *Oral History*, vol.30, no.1（Spring, 2002），
pp.83-92.

103.José Eugenio Borao, "Spanish Presence in Taiwan, 1626-1642",
《臺大歷史學報》，17 期（臺北，1992.12），頁 315-330。

104.José Eugenio Borao, "The Aborigines of Northern Taiwan
According to Seventeenth-century Spanish Sources", 《中央研究
院臺灣史田野研究通訊》，27 期（臺北，1993.06），頁 98-120。

105.José Eugenio Borao, "The Catholic Dominican Missionaries in
Taiwan, 1626-1642", 收入林治平主編，《臺灣基督教史——史
料與研究回顧國際學術研討會論文集》，臺北：財團法人基督
教宇宙光傳播中心，1998，頁 33-76。

106.Robert Kelley, "Public History: Its Origins, Nature, and
Prospects," *The Public Historians*, vol.1, no.1（Fall, 1978），
pp.16-28.

107.Ronard J. Grele, "Whose Public? Whose History? What is the Goal of a Public History?" *The Public Historians*, vol.3, no.1（Winter, 1981）, pp.40-48.

108.Wesley Johnson, "Editor's Preface," *The Public Historians*, vol.1, no.1, pp.4-10.

四、學位論文、計畫報告

01. 尹姿文,〈國際局勢、經濟政策與港口發展：戰後基隆港的營運和消長（1950-1973）〉,南投：國立暨南大學歷史研究所碩士論文,2004.06。

02. 江志宏,〈臺灣傳統常民社會的明幽二元思維——從中元普度談起〉,臺北：國立臺灣大學社會學研究所博士論文,2003.07。

03. 安城秀,〈基督教傳播與臺灣港市的韓人移民：以基隆韓國教會為中心〉,基隆：國立臺灣海洋大學海洋文化研究所碩士論文,2011.06。

04. 宋曉雯,〈日治時期圓山公園與臺北公園之創建過程及其特徵研究〉,臺北：國立臺灣科技大學建築研究所碩士論文,2003.01。

05. 余佳芳,〈從基隆中元祭探討臺灣傳統節慶演變之研究〉,臺南：國立成功大學藝術研究所碩士論文,2007.06。

06. 李宜玲,〈基隆和平島海洋文化〉,臺北：國立臺灣師範大學臺灣文化及語言文學研究所碩士論文,2010.01。

07. 李桂花,〈光復以來基隆市托兒所的發展（民國34-93年）〉,臺北：國立臺北教育大學幼兒教育學系碩士論文,2005.12。

08. 李游坤,〈臺灣基隆廣遠壇的傳承與演變研究〉,新莊：輔仁大學宗教學系碩士論文,2011.06。

09. 吳秀櫻，〈基隆慈雲社《崑腔》之研究〉，臺北：中國文化大學藝術研究所碩士論文，1991.06。

10. 吳明遠，〈中國五、六世紀盂蘭盆會之探源〉，臺北：國立臺灣大學歷史系碩士論文，2001.06。

11. 吳佳芸，〈從 Basay 到金雞貂：臺灣原住民社群關係之性質與變遷〉，臺北：國立臺灣師範大學臺灣史研究所碩士論文，2010.01。

12. 吳淑娟，〈臺灣基隆地區古典詩歌研究〉，臺北：中國文化大學中國文學研究所碩士論文，2004.06。

13. 呂月娥，〈日治時期基隆港口都市形成歷程之研究〉，桃園：中原大學建築學研究所碩士論文，2001.07。

14. 林麗卿，〈日治時期臺灣的社教團體與社會變革──以臺北州「同風會」為例〉，臺中：國立中興大學歷史學系碩士論文，1997.06。

15. 卓佳芬，〈基隆八斗子海洋文化之型塑〉，臺北：國立臺灣師範大學臺灣文化及語言文學研究所碩士論文，2007.06。

16. 俞思妤，〈「雞籠中元祭」之道教科儀唱腔研究〉，臺北：國立臺灣師範大學民族音樂研究所碩士論文，2009.06。

17. 洪淑清，〈日治時期基隆漁業史之研究〉，基隆：國立臺灣海洋大學環境生物與漁業學系碩士論文，2009.07。

18. 洪嘉蕙，〈鄉土藝術融入國小藝術與人文之課程設計──以「雞籠中元祭」為例〉，新竹：國立新竹教育大學美勞教育研究所碩士論文，2007.01。

19. 高旗，〈基隆漁民民俗研究：以外木山漁村之信仰與禁忌為例〉，基隆：國立臺灣海洋大學海洋文化研究所碩士論文，2011.06。

20. 孫涵暐，〈「基隆市書道會」的創立及其發展之研究（1933-2008）〉，臺北：臺北市立教育大學中國語文學系碩士

論文,2010.01。

21. 莊珮柔,〈日治時期礦業發展與地方社會——以瑞芳地區爲例〉,桃園:國立中央大學歷史研究所碩士論文,2000.01。

22. 郭雅婷,〈雞籠中元祭節慶文化產業行銷策略之研究〉,臺北:國立臺灣師範大學運動與休閒管理研究所碩士論文,2008.07。

23. 連明偉,〈雞籠中元祭——儀式、組織與權力〉,臺北:國立臺北教育大學社會科教育學系碩士論文,2009.07。

24. 陳宗仁,〈東亞海域多元勢力競爭下雞籠、淡水地位的轉變〉,臺北:國立臺灣大學歷史學研究所博士論文,2002.04。

25. 陳緯華,〈雞籠中元祭:儀式、文化與記憶〉,臺北:國立政治大學民族學研究所碩士論文,1997.01。

26. 陳燕如,〈中元普度與政商之間:日據時期基隆地方領袖的發展〉,臺北:國立臺灣師範大學歷史研究所碩士論文,1998.06。

27. 陳穎慧,〈地方劇團的變遷——基隆暖暖地區靈義郡爲例〉,淡水:國立藝術學院戲劇系碩士論文,1998.06。

28. 陳凱雯,〈帝國玄關——日治時期基隆的都市化與地方社會〉,桃園:國立中央大學歷史研究所碩士論文,2005.07。

29. 張慧美,〈慶安宮與基隆地方社會〉,花蓮:國立東華大學臺灣文化研究所碩士論文,2011.06。

30. 張耀方,〈敦煌文書所見唐代節慶之研究〉,臺中:逢甲大學中國文學研究所碩士論文,2003.06。

31. 曾子良主持,〈基隆中元祭祀文化特色、宗親組織之史料調查暨逐年主題特展之規畫研究〉,基隆:基隆市文化局計畫案報告,2006.06。

32. 黃清旗,〈基隆和平島民間信仰宮廟之研究〉,新莊:輔仁大學宗教學系碩士論文,2007.01。

33. 黃進仕,〈臺灣民間「普渡」儀式研究〉,大林:南華大學哲

學研究所碩士論文，2000.06。

34. 楊欽堯，〈唐代的節日——以七月十五日為主探討〉，臺北：
國立臺灣大學歷史研究所碩士論文，2000.06。

35. 辜秋萍，〈基隆市陰廟神格化現象之研究——以八斗子地區為
例〉，雲林：國立雲林科技大學文化資產維護系碩士論文，
2007.08。

36. 游秀坟，〈殖民體制下的文化革新——1920年代的同風會與文
化協會〉，臺北：國立臺灣大學社會學研究所碩士論文，
1995.07。

37. 游淑珺，〈基隆地區俗語研究〉，淡水：淡江大學中國文學研
究所碩士論文，2002.01。

38. 蔡思薇，〈日本時代臺北新公園研究〉，臺北：國立臺北藝術
大學建築與古蹟保存研究所碩士論文，2007.01。

39. 顏婉吟，〈節慶文化活動服務品質之探討——以基隆中元文化
祭為例〉，基隆：國立臺灣海洋大學航運管理學系碩士論文，
2007.06。

40. 羅曉萍，〈基隆港碼頭聚落的建構與形塑〉，臺北：國立臺灣
師範大學地理學研究所碩士論文，1996.06。

41. Evan Dawley, "Constructing Taiwanese Ethnicity : Identities in a
City on the Border of China and Japan," Cambridge, Ph. D.
Dissertation of the Department of History in Harvard University,
2006.

後記

　　2003 年暑假，從臺中護專調校至海洋大學任教是筆者與基隆結緣的開始；那時，全心投入明清以來民間日用類書與雜字書的課題中，完全沒有料到有一天會轉而從事基隆地方史的研究。

　　2005 年秋，當時所屬單位的主管──通識教育中心曾子良主任接下基隆市政府的一個計畫案「基隆中元祭祀文化特色、宗親組織之史料調查暨逐年主題特展之規畫研究」，基於筆者長期專注民間社會之學術背景，曾主任邀請參與其中的「宗親組織之史料調查」小組，負責聯姓會部分，開啟自己與基隆中元祭課題的接觸；四個月後案子結束，結案報告也寫完繳交，但是個人心中對基隆中元祭所產生的種種疑問，遠比在結案報告裡已解決的部分要超出許多，所以，這個計畫案的結束，其實是自己真正關注基隆中元祭課題的開始。

　　自 2006 年起，筆者陸續發表相關文章以解心中疑惑，包括〈基隆中元祭的淵源與發展〉（2006.10）、〈宗親組織與基隆中元祭──以黃姓宗親會為例〉（2007.12）、〈《臺灣日日新報》的地方節慶史料──以基隆中元祭為例〉（2008.06）、〈地緣衝突的血緣化解？基隆中元祭與姓氏輪值主普制〉（2009.05）、〈基隆中元祭裡的主普壇〉（2009.07）、〈海港城市的傳統節慶活動：以慶安宮

與基隆中元祭爲中心之探討〉（2010.05）、〈地方碑刻與基隆中元祭〉（2010.06）、〈許梓桑與日治時期的基隆中元祭〉（2012.05）等文，意圖透過對宗親組織、姓氏輪值主普制、主普壇、地方廟宇、漢人領袖等在基隆中元祭裡的角色扮演，及報紙、碑刻等資料的確切掌握，以釐清史實基本面貌並呈現其重要歷史意涵。

事實上，隨著對基隆中元祭之深入探究，筆者愈發對涉及公共領域之歷史課題感到好奇，因爲許多口耳相傳、爲一般社會大眾普遍認知並深信不疑的歷史知識，往往與學院中被認可的研究成果有相當差距。尤其是近幾年來，筆者應邀至花蓮教育大學鄉土文化學系（2008.03）、東華大學歷史系（2008.03）、銘傳大學通識教育中心（2009.12）、東海大學歷史研究所（2011.04）、淡江大學歷史系（2011.05）、臺南大學通識教育中心（2012.04），以及自己任教學校的人文社會科學院（2007.12）、師資培育中心（2008.11）、通識教育中心（2009.02）、水產養殖學系（2011.05）、航運管理學系（2011.11）等處作有關基隆中元祭之專題演講時，從北、中、南、東不同地區，及人文學、社會科學、自然科學領域內各學科背景者的發言與提問裡，可知其認知的基隆中元祭圖像是紛雜多樣，且與筆者立基原始資料的觀察結果頗不相同，此實令筆者甚感詫異，愈想了解箇中原委，因此持續往下探究終能形成此書。

本書撰寫期間，曾不時請教臺灣史學界的前輩、先進，而地方宗親長老們亦提供資料並耐心解釋相關問題，由於協助者眾多，爲免掛一漏萬，筆者不個別道名稱謝，謹一併於此致上由衷敬意與誠摯謝意，並滿懷感恩而銘記在心。又本書之撰成亦獲數次國科會研究計畫案的支援，包括 2007 至 2009 年度的「血緣、地緣與業緣：

基隆中元祭裡的人際網絡」、2010 年度的「從紳商到政商：日治時期的基隆地方領袖與民間社會發展」、2011 年度的「地方節慶活動中的社會動員和政治參與：以日治時期的基隆為例」，以及 2012 年度的「地方領袖與民間社會：基隆許姓與黃姓的比較研究」；同時，書中部分章節內容投稿學術期刊、專著形成亦送交外審，均獲審查通過得以刊登，對於這些研究計畫案、論文及專書之匿名審查者所提供之寶貴意見及給予通過之決定，筆者甚為感激，特別是對一個地方史研究的新進人員而言，此實莫大之鼓勵，亦是促使筆者持續研究、不斷向前之重要動力。

最後，須再說明的是，本書撰寫過程中，腦海裡不時浮現十八歲剛考進政治大學歷史系就讀之景象，當時班級導師顧立三教授（1919-2000）上「史學導論」必修課，帶領一群初入學術殿堂的新鮮人，詳細閱讀英國史家 Edward H.Carr 的名著 *What is History*，討論「什麼是歷史？」、「為什麼要讀歷史？」、「歷史有什麼功用？」等大哉問課題之情景歷歷在目，如今老師已作古十餘載，當年的懵懂學生亦已達知天命之齡，老師課堂上之辛勤教導與諄諄教誨，令學生受益無窮並影響至今，實感念莫名而難以忘懷，特此誌之。

吳蕙芳

記於海大風雨樓 412 室

2013.07.18

　　本書部分章節內容曾宣讀於學術研討會或刊載學術期刊上，並獲得行政院國家科學委員會研究計畫案的補助，茲說明如下並謹此致謝：

第一章第二節　　戰後基隆地方史研究的回顧
　　　　　　　　原篇名：戰後基隆地方史研究的回顧與展望
　　　　　　　　宣讀於「2012 海峽兩岸海洋文化專題學術討論
　　　　　　　　會」，基隆：上海海洋大學海洋文化研究中心、
　　　　　　　　國立臺灣海洋大學海洋文化研究所主辦，
　　　　　　　　2012.12.12。

第三章　　　　　宗親組織與基隆中元祭：以黃姓宗親會爲例
　　　　　　　　原載於《兩岸發展史研究》，4 期（桃園，
　　　　　　　　2007.12），頁 125-170。
　　　　　　　　【NSC96-2411-H-019-001-MY3】

第四章　　　　　地緣衝突的血緣化解：基隆中元祭與姓氏輪值主
　　　　　　　　普制
　　　　　　　　原篇名：地緣衝突的血緣化解？基隆中元祭與姓
　　　　　　　　氏輪值主普制
　　　　　　　　載於《國立政治大學歷史學報》，31 期（臺北，
　　　　　　　　2009.05），頁 51-96。
　　　　　　　　【NSC96-2411-H-019-001-MY3】

第五章　　　　　普度中的競賽：基隆主普壇的演變與發展
　　　　　　　　原篇名：基隆中元祭裡的主普壇
　　　　　　　　載於《東華人文學報》，15 期，（花蓮，2009.07），
　　　　　　　　頁 221-262。
　　　　　　　　【NSC96-2411-H-019-001-MY3】

第六章　　　　　地方領袖與民間社會：基隆中元祭裡的許梓桑
　　　　　　　　原篇名：許梓桑與日治時期的基隆中元祭
　　　　　　　　載於《國立政治大學歷史學報》，37 期（臺北，
　　　　　　　　2012.05），頁 147-196。
　　　　　　　　【NSC99-2410-H-019-004-】

第七章　　　　　社會動員和政治參與：日治時期的基隆中元祭
　　　　　　　　宣讀於「2011 海洋文化國際學術研討會」，基隆：
　　　　　　　　國立臺灣海洋大學海洋文化研究所主辦，
　　　　　　　　2011.12.01。
　　　　　　　　【NSC100-2410-H-019-009-】

國家圖書館出版品預行編目資料

基隆中元祭：史實、記憶與傳說

吳蕙芳著.－ 初版.－ 臺北市：臺灣學生，2013.09
面；公分

ISBN 978-957-15-1571-7 (平裝)

1. 中元節 2. 民間信仰 3. 基隆市

538.596   101018304

基隆中元祭：史實、記憶與傳說

著 作 者：吳　　　蕙　　　芳
出 版 者：臺 灣 學 生 書 局 有 限 公 司
發 行 人：楊　　　雲　　　龍
發 行 所：臺 灣 學 生 書 局 有 限 公 司
　　　　　臺北市和平東路一段七十五巷十一號
　　　　　郵 政 劃 撥 帳 號：0 0 0 2 4 6 6 8
　　　　　電 話：(0 2) 2 3 9 2 8 1 8 5
　　　　　傳 眞：(0 2) 2 3 9 2 8 1 0 5
　　　　　E-mail：student.book@msa.hinet.net
　　　　　http：//www.studentbook.com.tw

本 書 局 登
記 證 字 號：行政院新聞局局版北市業字第玖捌壹號
印 刷 所：長 欣 印 刷 企 業 社
　　　　　新北市中和區永和路三六三巷四二號
　　　　　電 話：(0 2) 2 2 2 6 8 8 5 3

定價：新臺幣六二〇元

西 元 二 〇 一 三 年 九 月 初 版

THE MID-SUMMER GHOST FESTIVAL IN KEELUNG :
HISTORICAL FACT, MEMORY AND LEGEND
by Huey-fang Wu

Copyright©**Student Book Co., Ltd.** 2013
All rights reserved.
No.11, Lane 75, Sec. 1, He-Ping E. Rd., Taipei, Taiwan
http://www.studentbook.com.tw
email: student.book@msa.hinet.net

ISBN 978-957-15-1571-7